Günther Nenning

Kostbarkeiten österreichischer Literatur

111 Porträts in Rot-Weiß-Rot

Herausgegeben von Peter Csulak

UEBERREUTER

Autor, Herausgeber und Verlag danken Hans Dichand für die großzügige Hilfe beim Zustandekommen dieses Buches.

ISBN 3-8000-3960-5
Covergestaltung: Martin Gubo unter Verwendung von Fotos aus dem Bildarchiv der
Österreichischen Nationalbibliothek, Sabine Hauswirth, Peter Peitsch/peitschphoto.com,
Erika Schmied/Residenz Verlag
Copyright © 2003 by Verlag Carl Ueberreuter, Wien
Printed in Austria
7 6 5 4 3 2 1

Ueberreuter im Internet: www.ueberreuter.at

INHALT

LUST AN ÖSTERREICH

Statt eines Vorwortes

Wir müssen Mut haben. Wir dürfen uns dem Zeitgeist nicht fügen. Literatur ist kein Anhängsel der Spaß- und Promikultur. Wie wehren wir uns? Nicht mit Raunzen und Jammern. Die Schatzkammer unserer eigenen Kostbarkeiten wollen wir öffnen. Das Tor knirscht in schlecht geölten Angeln, und schon sind wir in unserem Eigentum – in der österreichischen Literatur im weiten Wortsinn: alles Schriftliche, ob die Schrift nun Dichtung, Philosophie, Theologie, kritischen Text, Malerei, Musik, Architektur – wenn es nur Schönheit, Sinn und Dauer darbietet. Österreich ist immer Welt-Österreich, definiert Robert Musil.

Aus allen Zeiten und Räumen des neuen und alten Österreich quillt überreichlich die Gewissheit unseres Fortbestandes. »Ein österreichischer Plutarch«, eine Versammlung der großen Geister, so wünschte sich's im alten Kaiserreich Joseph von Hörmayr. Eine endende Aufgabe. Naturgemäß habe auch ich sie nicht entfernt erfüllt – aber daran zu schreiben, war eine Lust. Möge sie sich meinen Lesern mitteilen: die Lust an Österreich.

Wien, im Mai 2003

ABRAHAM A SANCTA CLARA

Ja, wir verdienen die Pest

Die moderne Literatur hat uns eine neue Welt geöffnet. Es ist wunderbar, was Sprache vermag. Zu jeder noch so neuen Welt liefert sie den Schlüssel. Heute hat die moderne Literatur ein Monopol – ganze Jahrhunderte werden von ihr verdrängt. Dem schönen Gewinn der Moderne entspricht ein schlimmer Verlust der »alten« Literatur.

Selten kommt es zur Wiederkehr. Romuald Pekny, der große Alte des Burgtheaters, hat mit Hilfe des ORF durch seine im Kirchenraum gehaltenen Lesungen aus dem Werk des Abraham a Sancta Clara (1644–1709) eine solche Wiederkehr vollbracht. Durch einen großen Schauspieler wurde ein großer Dichter wieder lebendig.

Abraham a Sancta Clara war Augustinermönch, Hofprediger in Wien, mit massenhaftem Zulauf. Er verstand sich durchaus auch als Literat. Nicht weniger als vierhundert Druckwerke mit seinen Texten hat der Germanist Karl Bertsche in den zwanziger Jahren ans Licht gebracht. »Was nicht ewig ist, ist nicht genug.« – Diesen Satz des heiligen Augustinus nahm sich Pekny als Motto.

Die Zeiten der Pest (1679) und der fast geglückten Eroberung Wiens durch die Türken (1683) lieferten handgreifliche Themen für den Prediger Abraham. Natürlich hielt er die Pest wie die Türken für wohlverdiente Heimsuchungen. Dass Krankheiten und Kriege Strafen Gottes sein könnten – das ist eine Theorie, die der moderne Mensch gar nicht gern hört. Er schiebt so was arrogant beiseite und hat gleichwohl keine bessere Erklärung. Was sind Aids und BSE?

Der Gottesmann Abraham kennt da natürlich keine Scheu. Es könnte langweilig sein, so eine alte Predigt. Aber Abraham ist, was immer sonst, ein aggressiver, atemberaubender Sprachkünstler.

Oskar Laske,
Der heilige Fran-
ziskus predigt den
Vögeln, Farblitho-
graphie um 1920

Der begeisterte Abraham-Forscher Herbert Eulenberg (1912): »Er hat einen dicken Busch von Haaren auf dem Kopf, in die fast täglich neu die Tonsur hineingeschnitten werden muss, funkelnde Augen unter der hohen Stirn, das eine gütig, das andere zornig, und große starke Hände an den Armen, die in der Luft mit dem Munde zusammen um die Wette reden konnten.«

»Wie er in seiner Jugend Holz klein gehackt hatte, so zerhackte er jetzt mit mächtiger Kraft die deutsche Sprache, dass sie sich biegen und fügen musste ... Wofür ein anderer mit Mühe einen Ausdruck fand, hatte er im Nu ein Dutzend und mehr bei der Hand und im Munde. Die Worte liefen ihm zu wie dem Rattenfänger von Hameln die Mäuse.«

»Zweifellos der größte Sprachbildner seit Luther« (Eulenberg). – »Er spricht deutsch wie Abraham a Sancta Clara«, sei eine beliebte Schmeichelei von Maria Theresia gewesen. – In Österreich müsse man, urteilt Herbert Zemans Literaturgeschichte, bis Grillparzer und Raimund gehen, um eine Erscheinung vom Format Abrahams zu finden.

Goethe nennt ihn ein »prächtiges Original« und Schiller fügt daraufhin in den schon fertigen »Wallenstein« die berühmte Szene mit Abraham a Sancta Clara.

Und doch tut man sich hart mit Abraham. Wir sind den barocken Überschwang nicht gewöhnt, und das ist schade. Im Ungewohnten steckt die Kraft.

»Mercks Wien / Das ist: Deß wütenden Todts Ein umständige Beschreibung In der berühmte Haubt und Kayserl. Residentz Statt ...« (1680):

»Kommt her, ihr Welt-Affen, ihr Gesichter-Narren, ihr Venus-Genossen, geht mit mir an unterschiedliche Ort zu Wien, allwo große Gruben mit viel tausend Todten angefüllt ... schaut diejenige, die euch um Schaaf und Schlaf, um Kuh und Ruh, um Wissen und Gewissen gebracht, geht her, schaut recht in die Gruben, dort liegt dieselbe, die dich mit ihren gekrausten Haarlocken verzaubert, jetzt sind dieselben Lausstaudn nicht mehr von der Puderschachtel eingepulvert, sondern vor Rotz und Eiter picken sie zusammen ...«

Der Angebeteten »magnetische Augen« sind nun »ausgehöhlte Wurmnester«, ihre »rothen Leffzen (Lippen) hat der ungelöschte Kalk verzehret, dass anjetzo die Zähn hervorblecken wie einem murrenden Hund an den Ketten«.

Zur barocken Pracht des Abraham gehört ein starker Magen. Er hat aber auch Lieblichkeit und einen Humor, der sich nicht scheut, am Katechismus zu knabbern. Die Ehe meint er, sei das siebente Sakrament, weil am siebenten Tag der Schöpfung Gott ruhte und »die Ehe nichts anderes seie als eine Ruhe zweier Gemüther und ein Ruhestand zweier Herzen«.

Abraham a Sancta Clara hieß eigentlich Johann Ulrich Megerle und kam aus Schwaben nach Wien. Geschadet hat ihm in heutigen Literaturgeschichten sein Antisemitismus. Ich weiß da keinen Rat. Der Antisemitismus ist der scheußliche Fleck, der aus der Biografie so vieler Großer nicht wegzuputzen ist.

Über die Ehe
Will er Sauer, so will ich Süß,
Will er Mehl, so will ich Grieß,
Schreit er Hu, so schrei ich Ha,
Ist er dort, so bin ich da,
Will er essen, so will ich fasten,
Will er gehen, so will ich rasten,
Will er recht, so will ich link,

Sagt er Spatz, so sag ich Fink,
Sagt er ja, so sag ich nein,
Säuft er Bier, so trink ich Wein.
Singt er den Alt, so sing ich den Bass,
Steht er auf, so sitz ich nieder,
Schlagt er mich, so kratz ich wieder.

Aus: »Merks Wien!«

PETER ALTENBERG

Angst ums Lust-Objekt

Peter Altenberg war ein Anbeter der Frauen. Aber nicht um sie zu »besitzen«, er wollte sie in ihr eigenes innerstes Wesen einsetzen. Er war ein früher Feminist höherer Art. Um 1900 schrieb er mit rücksichtsloser Direktheit:

»Meine tiefen Erkenntnisse der Frau habe ich meiner edlen, würdevollen Hungerlosigkeit zu danken, habe mit vielen, vielen Mädchen und Frauen poetische, wunderbare und selig enttäuschungslose Beziehungen gehabt ... Man sollte Ehrfurcht haben vor meiner Organisation, die die Tyrannei des ekelhaften Schwanzes besiegt und dem Altruismus der sanften Liebenswürdigkeit der nie ermattenden Zunge zum Siege verholfen hat.«

Altenberg beschimpfte seine berühmten Freunde, den Schriftsteller Karl Kraus und den Architekten Adolf Loos als »Feiglinge, die sich fürchten, ihr Lust-Objekt zu verlieren ... Sie wollen die Frau in jeder Beziehung nur unter sich haben.«

Altenberg war stets begeistert für Frauenschönheit diversester Art. Eine seiner großen Lieben war ein Mädchen vom afrikanischen Stamm der Aschanti. Eine ganze Aschantifamilie war als besondere Sehenswürdigkeit in ein Wiener Vergnügungsetablissement importiert worden.

Altenberg führte das kohlschwarze Objekt seiner Anbetung zum Heurigen und schrieb ein sehr schönes Buch über das Mädchen. Nie ist der Zauber gänzlich naturbelassener weiblicher Würde und Intelligenz zarter beschrieben worden (»Ashantee«, 1897).

Dass ein Dichter auch sein kann, wer gar nicht dichtet in der üblichen Form von Gedichten, Romanen, Dramen – zeigte sich bei Altenberg auf originellste Art. Er schrieb auf Ansichtskarten, Fotografien, Servietten. Immer nur einige Zeilen. Es wur-

Egon Schiele,
Schwarzhaariges
Mädchen, Bleistift
und Gouache auf
Papier, 1911

den Bücher draus, aber ihr Zauber ist und bleibt das Unzusammenhängende. Jeder Gedanke, jedes Gefühl kommt direkt und plötzlich aus seinem Innersten.
Altenberg schlief bis in den Mittag, denn er ging erst frühmorgens zu Bett. Er
trank unmäßig und nahm Tabletten mancherlei Art. Zugleich war er ein Gesund-
heitsfanatiker, trug komische, angeblich besonders gesunde Kleidung und wollte
jedermann bereden zum gesunden Leben. Sein Buch »Prodromos« (1905) handelt
ausschließlich von seiner Gesundheit. Knapp vor seinem Tod schrieb er:
»Ich werde am 9. März 1919 60 Jahre alt, gehe ohne Hut, mit nackten, niemals

nach dem Fußbade abgetrockneten Füßen in Holzsandalen, besitze weder Unterkleider noch Nachthemden, schlafe stets bei weitgeöffneten Fenstern, kurz, bin der abgehärtetste Organismus …«

Es stimmte alles und stimmte gar nichts. Seinen Sechziger erlebte er nicht mehr. Am 8. Jänner 1919 stirbt er an den Exzessen seines Lebens und an den Überempfindlichkeiten seiner Seele. Diese seine Todesursachen sind aber zugleich die Ursachen der tiefen Schönheiten und des damals ungeheuren Erfolges seiner Bücher.

Altenberg war nicht nur Österreichs ausgeflipptester Dichter, er war auch Österreichs Schnorrerkönig. »Gib mir zehn Kronen«, penzte er seinen Freund Karl Kraus einen ganzen Abend lang. »Peter, ich hab's nicht, tut mir Leid.« Altenberg: »Karl, du Armer, weißt was, ich borg sie dir.«

Als Altenberg starb, hinterließ er, so ging die Sage unter Freunden, 100.000 Kronen. Das wäre umgerechnet ein Millionenvermögen. Aber 1919, bei Altenbergs Tod, war das kaiserliche Geld nichts mehr wert. Er vermachte sein Vermögen, das keins mehr war, der »Kinder-Schutz- und Rettungs-Gesellschaft«. Kinder, kleine Mädchen vor allem, waren das spezielle Objekt seiner Lust nach Schönheit und Leben.

Altenberg galt zeitlebens als Not leidender Dichter. Er hatte keinerlei geregeltes Einkommen, seine Freunde, Freundinnen, Bewunderer gaben ihm aber reichlich. Bei Kriegsausbruch 1914 war Altenberg auf Reisen. Er telegrafierte an seine Freunde: »Trug wegen Krieg alles Geld auf die Bank, bitte schickt neues. Dringend.«

Altenberg liebte nicht nur die Kinder, er war selber eines, alle 60 Jahre seines Lebens. Er war das Entzücken und auch der Schrecken seiner Freunde. Er war absolut unberechenbar. Er war auf niemanden böser als auf seine Freunde, und dies fast immer auf sehr ungerechte Weise. Aber sie blieben ihm treu, vielleicht gerade deshalb.

> Neger im Tiergarten (1898)
> »Es ist kalt und ganz feucht, Tioko. Überall Wasserlachen. Ihr seid nackt. Kalte Hände hast du, Tioko. Ich werde sie dir wärmen.«
> »Wir dürfen nichts anziehen, Herr, keine Schuhe, nichts, sogar mein Kopftuch muss ich ablegen.«
> »Ihr werdet krank werden, sterben …«
> »Oh, Sir, in der Nacht stellen wir in unseren Hütten kleine Blechgefäße hin, mit glühenden Holzkohlen. Oh, wie warm ist es. Und Manombas Leib ist warm, ich drücke mich an sie. Und Akolé ist warm, und die kleine Dédé ist ganz warm in der Nacht.«
> »Tioko …!«
> »Sir … ?!«
> »Tioko …«
> »Glaubst du, Herr, dass morgen die Sonne warm scheinen wird?« …

JEAN AMÉRY

Strahlen im triumphalen Unheil

Er war der letzte Großintellektuelle, der an die Göttin Vernunft glaubte und an die Aufklärung. Er glaubte leidenschaftlich und verzweifelt. Als ihm sein Glaubensirrtum klar wurde, als er sehr spät sah, dass die von der Vernunft abgefallenen Postmarxisten Recht hatten: »Die vollends aufgeklärte Erde strahlt im Zeichen triumphalen Unheils« (Horkheimer und Adorno, »Dialektik der Aufklärung«, 1944), brachte er sich um, im geliebten Salzburg, als feiner Mann im feinen Hotel Österreichischer Hof, 1978.

Jean Améry, geboren in Wien 1912, stammend aus Vorarlberg, aufgewachsen im Salzkammergut, schrieb als Kernsatz seines Vernunft-Katechismus (»Der integrale Humanismus«, erschienen 1985):

»Man muss wissen, wie einer zur Aufklärung steht und zur Zivilisation, hier gibt's nur ein Entweder-Oder.«

An alle Politik, Philosophie, Literatur legte Améry unerbittlich diesen Maßstab – und an sich selbst. »Entweder-Oder«. Es war »Oder«. Seinem Maßstab entsprach die Welt nicht. Desto schlimmer für sie. Er verabschiedete sich. Über Kurt Tucholsky, wie er ein einst hochberühmter, wie er ein Aufklärungs-Gläubiger, wie er ein Selbstmörder (1935), schrieb Améry, und schildert sich selbst:

»Er griff, geborener Suizidär, zum weltheilenden Barbituricum.« – Wie kompliziert ihm die Welt wurde. Das Wort »Suizidär« wählt er, weil »Selbstmörder« ihm zu rau war, und »Freitödler« gibt's halt nicht. Und »Barbituricum« wählt er, weil »Schlafmittel« ihm zu banal schien. Aber sie nahmen es beide. Die kostbare Ausdrucksweise zählt dagegen wenig.

»Aufklärung« fasste Améry ganz klassisch als Aufklärung des Menschen über sich selbst. Als Freiwerden durch sich selbst und für sich selbst – mit der logischen Folgerung: Gott gibt es nicht und braucht man nicht.

»Zivilisation« fasste Améry ebenso klassisch als die Selbstzivilisation des Menschen. Der Mensch selber kann sich zum Gutmenschen machen. Die Zeit belehrte ihn vom Gegenteil.

Welch schöner, heldenhafter, zum Scheitern verdammter Anspruch. Politisch stand Améry ziemlich links, undogmatisch und ohne feste Parteibindung. Philosophisch stand er bei Kant (»Befreiung aus selbstverschuldeter Unmündigkeit«). Literarisch war Améry ein großer Stilist und ein Mann des Essays – ein Dutzend Bände in schwarzem Umschlag, einst auf jedem intellektuellen Nachtkästchen.

Unablässig und mit nie erlöschender Faszination war Améry den Großen der Weltliteratur auf der Spur.

Hätte er, der große Vernünftler, bei den Dichtern nicht herausfinden können, leicht und sicher, dass Selbstaufklärung nicht reicht – fürs Dichten nicht, fürs Leben nicht, auch nicht fürs Sterben, außer für den Freitod. Ein Drüberhinaus, ein Höherhinaus, ein Tieferhinunter – ohne dem kommt keine Kunst aus.

In Amérys erschütterndstem Werk »Hand an sich legen. Diskurs über den Freitod« (erschienen im Todesjahr 1978) steht den Dichtern zum Trotz:

»Wenn die Verbalgewitter niedergehen, deren Kraft gespeist ist aus der Wortkunst von Mallarmé bis Heidegger ... sage ich nur wie ehedem: alle sinnvollen Sätze müssen rückführbar sein auf Sätze mit wahrnehmbaren Prädikaten.«

Die große, kühne Auflehnung! Natürlich stimmt nichts von diesen Sätzen. Stéphane Mallarmé, der französische Lyriker, Martin Heidegger, der dunkle deutsche Philosoph, sie veranstalteten keine bloßen »Wortgewitter«. Sie schrieben Sätze, die *nicht* rückführbar sind auf »wahrnehmbare Prädikate«, sondern weiterführen in eine Geister- und Geisteswelt von rätselhafter Schönheit.

Améry, der Liebhaber romantischer Literatur, der Wanderer auf der Rax, dem Hausberg der Wiener, verwarf seine eigene Theorie durch seine eigene Praxis als Leser und Schreiber. Gerade aus dem Ungenügen irgendwelcher platter »Aufklärung« entspringen seine tiefsten Sätze.

Améry, Anhänger der Aufklärung, weiß sehr wohl von »jener mystischen Logik oder logischen Mystik«, die er in Musils »Mann ohne Eigenschaften« bewundert. Und Marcel Prousts Riesenwerk »Auf der Suche nach der verlorenen Zeit« deutet er nicht in einem »Satz mit wahrnehmbaren Prädikaten«, sondern so: »Ein tief Unheimliches tut sich da auf … die Sichtbarmachung der Unerkennbarkeit.«

Gustav Flaubert schrieb den berühmten Roman »Madame Bovary«, die Geschichte einer schönen Frau, die ihren braven Gatten, einen Landarzt, hinten und vorn betrügt. Jean Améry schrieb das Gegenstück, »Charles Bovary. Portrait eines einfachen Mannes« – eine Ehrenrettung. Bovary liebte seine leichte Frau. Er ahnte alles und liebte dennoch. Kein bloßer Essay, eine große Dichtung.

In Amérys Texten wie in seinem Leben stauen sich die Unheimlichkeiten. Er ist Jude, aber aus Vorarlberg (sein Stammbaum reicht in Hohenems bis ins 17. Jahrhundert). Sein Vater war ein solider jüdischer Handelsmann, aber gefallen ist er als Tiroler Kaiserjäger im Ersten Weltkrieg.

Améry ist zutiefst und gänzlich eingetaucht in deutsche Literatur, aber das Deutsche, verdorben durch die NS-Barbarei, hasst er so, dass er, ein schlichter Hans Mayer, durch Französisierung und Buchstabenvertauschung sich Jean Améry nannte.

Die Mutter, eine sehr bürgerliche Frau, konnte nichts (meint Améry in einem Fernsehgespräch im Todesjahr) als Französisch und sehr gut kochen. Sie führte eine Pension in Ischl und ging in Konkurs. Améry war tätig als Barpianist, Filmstatist, Buchhandelslehrling, Laufbursche, schließlich Journalist, der als Antinazist 20 Jahre lang nur für Schweizer Medien arbeitete, schließlich dann doch für den deutschen Rundfunk und deutsche Verlage.

An der Wiener Universität war Moritz Schlick sein Lehrer, Jude und einer der Väter des Positivismus, jener Philosophie, die sich ausschließlich auf Vernunft und Aufklärung verließ. Schlick wurde 1936 von einem NS-infizierten Studenten erschossen.

Améry entkam den Nazis 1938 nach Belgien, geriet als »feindlicher Ausländer« in das berüchtigte französische Anhaltelager Gurs, flüchtete, wurde tätig in einer kommunistischen Widerstandsgruppe. Ab 1942 war er in den mörderischen KZ-Lagern Auschwitz, Buchenwald Bergen-Belsen. Er überlebte durch eine Serie von Wundern.

An Österreich, dessen NS-Sünden er kannte, hing er mit Heimatliebe, die verborgen und närrisch sein musste – bei einer solchen Biografie.

H. C. ARTMANN

Der Blaubart von Breitensee

Wieso gibt es Sätze aus einem Buch, Zeilen aus einem Gedicht, die mit voller Genauigkeit ins Ziel treffen – nämlich in unser Herz? Die Quellen der Dichtung fließen nicht aus fachlicher »Bildung«, sie sind unbegreiflich einfach. Wie klares Wasser in einem Blumentrog.

Wer solches Wasser hat, kann über alles und über alle lachen. Ein solcher Lach- und Großmeister ist Hans Carl Artmann, ein Bauernsohn aus dem Waldviertel, Jahrgang 1921. Unlängst wurde er von einer Kulturjournalistin gefragt, als er den begehrten Büchner-Preis kriegte (1998): Was er denn gemeint habe in seiner Dankesrede.

Als Antwort lachte der Dichter und sagte: die Rede habe größtenteils seine Frau geschrieben, die habe Philosophie studiert. Er selber könne gar keine Reden verfassen. »Ich kann höchstens Dankeschön sagen oder: Das ist sehr lieb.«

Natürlich ist das Koketterie. H. C. Artmann ist Kenner vieler Sprachen und Literaturen, Liebhaber der alten Märchen und Mythologien – und stellt sich dar als »einfacher Mensch«. Wahr ist aber, dass seine umfassende Gelehrtheit eben *nicht* die Erklärung liefert für die Schönheit und das ans Herz Greifende seiner eigenen Texte. Im sicheren Besitz seines inneren Schatzes kann das Dichtergenie sich leicht lustig machen über die Fachleute, einschließlich seiner eigenen Frau.

»Adorno-Deutsch nenne ich das«, sagte Artmann. »Das ist Geplapper.« Er nimmt den komplizierten, erzgescheiten deutschen Literatur- und Musikkritiker Theodor Adorno (gest. 1969) als negatives Muster für den Stil einer Rede, die er doch selber geredet hat, die er aber seiner Frau unterschiebt. Boshaft sind sie schon, unsere großen Dichter.

Franz von Zülow,
Knabe mit Drachen,
Aquarellierte Tusch-
zeichnung, 1903

»Das schönste Gedicht ist für mich: Der Wind, der Wind, das himmlische Kind«, behauptet Artmann. In seinem Band »Die Sonne war ein grünes Ei« (1982) komme er mit 500 Wörtern aus, mehr brauche er nicht, er habe nachgezählt. Das Geheimnis des Dichters ist die Einfachheit.

Aber um »einfach« schreiben zu können, muss man eben ein großer Dichter sein. Ist man »nur« ein großer Schriftsteller, braucht man unter Umständen alle 50.000 Wörter der deutschen Sprache. Solche Fälle gibt's, Thomas Mann z. B. – ein wunderbarer Autor, aber eben kein »einfacher« Dichter.

Mit H. C. Artmann herumzuwörteln, bringt sowieso nichts. Mit seinem umwerfenden Charme zieht er sich zurück ins Lachen und – in die Lüge. »Alles was ich schreibe, ist erstunken und erlogen – aus Lust an der Lüge. Die Lüge – das ist das Phantastische, Märchenhafte«, sagte er zu Bettina Steiner (»Die Presse«, 10. 1. 98).

Ja, soll denn der Dichter schreiben, wie das Leben »wirklich« ist? Dazu brauchen wir ihn nicht! Bei Artmann geht's fast immer um unsere Sehnsucht nach dem ganz Andern.

»Auf einem großen grünen Walfisch wollen wir nach den Sandwich-Inseln reiten.«

Das ist der Reiseprospekt, den er mit seinem ganzen Lebenswerk vor uns ausbreitet. Und das Allerexotischeste ist bei ihm gar nicht die Ferne. Sondern die einfache Nähe, in der sich die irrsten Abenteuer ereignen.

In Wien gab's bis in die fünfziger Jahre *mehrere* Prater. Zwischen den Vorstädten waren Ringelspiele, Schießbuden und was halt zu einem altmodischen Prater gehört. Der Prater zwischen Breitensee und Ottakring überlebte den Krieg, nicht die Modernisierung. Als er abgerissen wurde, holten sich Artmann und seine Freunde aus dem Schutt die Bilder, die das alte Ringelspiel schmückten.

»Schauerliche Schönheit, makabre Intensität, naives Raffinement« – so beschreibt sie Artmann-Freund Friedrich Polakovics.

Das ist der feste Boden, ein Zauberboden, aus dem Artmann frühes und berühmtestes Werk wuchs, der Gedichtband in Wiener Mundart »med ana schwoazzn dintn« (1958).

Prof. Hans Sedlmayr, ein sehr konservativer Salzburger Kunsthistoriker, war ein großer Verehrer des sehr modernen H. C. Artmann. Er schrieb über den Dichter, der den französischen, damals supermodernen »Surrealismus« in Österreich heimisch machte:

»Die Wiener Vorstadt hat sich mit dem Surrealismus eingelassen und daraus ist ein Dichter entstanden, ein wirklicher. Aus unheimlich glücklicher Ehe der surrealistischen mit der Wiener Sphäre. In ihr streift der Surrealismus seine Kälte und Gehirnlichkeit ab, er wird geheimnisvoll und sogar märchenhaft.«

Hinter der »schwoazzn dintn« folgten noch viele literarisch wichtigere Werke Artmanns. In ihnen allen steckt sein Sinn für echte Exotik, die nicht aus dem Reisebüro kommt, sondern aus der Unheimlichkeit des Daheimseins.

Quer durch viele Sprachen und Literaturen, quer durch Märchen und Mythologie reist das Genie Artmanns. Er ist der ganz seltene Fall eines unübertroffenen modernen Dichters, den jeder versteht. Geliebt aber wird er wegen seines ständigen Rückgriffs, mitten in ernsten Werken, auf seinen rücksichtslos kindlichen Humor.

Nun ist er bald ein 80er (geb. 1921) und bei schlechter Gesundheit. Und immer noch, wenn er vorliest, taucht er uns in den Zauber seiner Kindlichkeit. Bitte weiter so, bitte weiter so!

Artmann ist ein Schlampsack. Nach Jahren der Verschollenheit fand er auf dem Grund einer Schublade seine allerersten Gedichte. Sie wurden 1969 in der Zeitschrift FORVM erstmals gedruckt. Er schrieb sie 1945.

> »O Stille, ihr Gräser und Blumen
> denn in die Arme der Sternnacht
> ergibt sich kriegszernarbte Muttererde.«

INGEBORG BACHMANN

Blondes Dichtergift

»Es war Mord.« Das ist der letzte Satz im Roman »Malina« (1971) von Ingeborg Bachmann. Sie ist die bedeutendste Dichterin der österreichischen Moderne. Mit großer, verzweiflungsvoller Kraft zeichnet sie die Gestalt der »neuen Frau«, die zwar neu ist, aber in sich – weit entfernt von feministischer Flachheit – alle Höhen und Tiefen der Frau enthält.

Sie leidet unter den Männern, aber untermischt ist dieses Leiden mit wilder Lust an den Männern. Ingeborg Bachmanns Thema ist nicht die Frau, sondern die Frau und der Mann. Drum ist sie Dichterin, nicht Feministin.

Als strahlendes blondes Dichtergift kam die junge Kärntnerin nach Wien, jene einzigartige Stadt, meint sie, »wo die letzten Küsse gewährt werden vor den ersten« (»Große Landschaft bei Wien«, 1953). Der Roman »Malina« handelt von der Quälung der Frau durch den Mann. »Es war Mord«, meint sie. Lust war es auch.

Frauke Meyer-Gosau schrieb kürzlich in der deutschen Wochenzeitung »Freitag«: »Als Ingeborg Bachmann 1973, 47 Jahre alt, in einem römischen Krankenhaus starb, war sie offenbar nicht nur ihren Brandverletzungen erlegen. Freunde stellten Anzeige gegen unbekannt. War sie, die tagaus, tagein Betäubungs- und Aufputschmittel in Höchstdosen nahm, letztlich an Entzugserscheinungen gestorben? Hatten womöglich Dealer den Brandfall inszeniert wegen unbezahlten Rechnungen?«

War es Mord? Die Anzeige wurde niedergeschlagen, das Geheimnis blieb. Ingeborg Bachmanns Nachlass liegt vor, aber minus »privater Aufzeichnungen«, Briefe und zehntausend Seiten unveröffentlichter Texte. Sie bleiben unter Verschluss bis 2025. Würde auf den weggesperrten Seiten »der Mörder« kenntlich?

Josef Dobrowsky,
Blumenstrauß mit
Pfingstrosen und
Rittersporn,
Aquarell, 1944

Wie ein Komet erschien Ingeborg Bachmann am österreichischen, bald auch deutschen und internationalen Literaturhimmel. In Wien war es der kundige Entdecker von Jungdichtern und Jungdichterinnen, Hans Weigel, von dem sie heftig gefördert wurde. Bald streifte sie den Reiz der hoch begabten Provinzliteratin ab und erklomm den Rang des weltgewandten Junggenies.

Elegant, bezaubernd schön, abwechselnd mit hinreißend hässlich, eine Frau mit vielen Gesichtern, Körpern und Geist. Es kannte sie in der Autorenszene jedermann, und es fällt schwer, zeitgenössische große Männer der Literatur zu finden, die ihr nicht anheim fielen und sie ihnen.

Max Frisch, der große Schweizer Dichter, war im Privatleben eher ein Macho-Monstrum. Er war genau der Typ der Bachmann-Männer. Im Hintergrund des

Dichterruhmes waren immer auch ihre Liebes- und Leidengeschichten. An Max Frisch ging Ingeborg Bachmann gerade noch nicht zu Grunde, aber fast.

Seit einiger Zeit liegt nun in einer monumentalen Ausgabe von fast 3000 Seiten Ingeborg Bachmanns Romanprojekt »Todesarten« vor, Texte, die bisher nur zum kleinsten Teil veröffentlicht waren. Es ist seither nicht mehr möglich, Ingeborg Bachmann hauptsächlich als Gedichte-Schreiberin zu sehen. Freilich sind ihre Gedichte (zusammen etwa 200 Seiten) vom Besten, was in der deutschen Sprache je geschrieben wurde. Nun aber, eher unerwartet für Bachmann-Liebhaber, hat man es mit einer ebenso bedeutenden Romanautorin zu tun.

Das Projekt »Todesarten« plante Ingeborg Bachmann als Serie von Romanen. Es blieb unvollendet. Sie war immer von der dunklen Seite des Lebens fasziniert. Sie verströmte aber auch immer, in ihrem Leben wie in ihren Gedichten, eine ebenso starke Faszination für die Üppigkeit des Lebens und Liebens. Was sie als ihr Lebenswerk plante, versah sie mit dem Titel »Todesarten« – Zeugnis der Leucht-spur ihres Genies, das sich im Dunkel verlor.

> »In die Muscheln blasend, gleiten die
> Ungeheuer
> auf die Rücken der Wellen, sie reiten
> und schlagen
> mit blanken Säbeln die Tage in Stücke,
> eine rote Spur
> bleibt im Wasser, dort legt dich der
> Schlaf hin,
> auf den Rest deiner Stunden,
> und dir schwinden die Sinne.«

In diesem frühen Gedicht (1952, da war sie 26) halten sich Dunkel und Licht noch in einem schwankenden Gleichgewicht, mit ganz freudigem sachlichen Schluss:

> »... Das Beste am Morgen,
> mit dem ersten Licht hell zu werden,
> gegen den unverrückbaren Himmel zu
> stehn,
> der ungangbaren Wasser nicht zu achten
> und das Schiff über die Wellen zu heben,
> auf das immerwiederkehrende Sonnenufer
> zu.«

Dann sinkt die Lebenskurve. »Das Rätsel« heißt ihr vermutlich letztes Gedicht: »Enigma« (1967, 41-jährig, noch sechs Jahre bis zum Tod). Die Hoffnung ist fort, die Schönheit blieb.

HERMANN BAHR

»Ich war doch immer katholisch«

Darf man sich damit aufplustern, dass man immer derselben Meinung war, ist, sein wird? Wenn du immer dieselben Ansichten hast, wenn du nie gescheiter wirst – dann bist du ein Charakter. Hermann Bahr (1863 Linz – 1934 München) war ein durchaus gegenteiliger Charakter. Es gibt auf dem dürren Feld heutiger Literaturkritik immer noch Dummis, die ihm seine zahlreichen Meinungsänderungen vorwerfen.

Er machte sich lustig über seine Kritiker, aber auch über sich selbst. Das spricht für seinen Durchblick.

In seiner Autobiografie »Selbstbildnis« (1923, 60-jährig) gibt er sich preis: »Ich habe fast jede geistige Mode mitgemacht, aber vorher, als sie noch nicht Mode war. Wenn sie dann Mode wurde, nicht mehr. Die geistigen Moden zu machen, habe ich viel Zeit und Lust vertan. Waren sie gemacht, gleich bin ich noch einer jeden wieder untreu geworden.«

Maximilian Harden, mit dem er um den Titel des führenden Theater- und Kulturkritikers konkurrierte, definierte ihn als »Mann von Übermorgen, welcher immer in der Zukunft lebt, in der Temperatur des übernächsten Tages«.

Mitten im Weltkrieg landete er (etwa 1916) in einem Übermorgen, bei dem er blieb bis zum Tod: er wurde katholisch. Im Tanz der Wandlung kam er zur abschließenden Pirouette. »Aus dem blauen Dunst in selige Klarheit, Klarheit, Klarheit« – jubiliert er in seinem »Selbstbildnis«.

Von der Religion her kommt in seine kokette Selbstkritik eine Schärfe, die alle seine Kritiker übertrifft und in der Gewissheit gefundenen Glückes mündet.

»Meiner Zeit richtiges Kind, gab ich jedem Irrtum Gehör, aber welchen Wahn ich immer eilends nachlief, die Wahrheit war noch schneller, sie holte mich

Siegfried Stoitzner,
Bildstock im Schnee,
Öl auf Karton, o. J.

doch wieder ein. Vergeblich tat ich alles, meinen Schutzengel abzuschrecken ...
Mein eigenes Tun war immer falsch, aber was mit mir geschah, behielt immer
recht ... Gnade wurde mir nicht bloß geschenkt, ich muss schon sagen, dass sie
mir aufgedrängt worden ist, und ich sündigte darauf ... Vor dem ungeheuren
Anblick der Langmut Gottes bin ich endlich in die Knie gebrochen ...«
Immer noch reiten Kritiker Bahrs darauf herum, dass er so oft seine Meinung
wechselte. Sein Katholischwerden wird abgetan als ein beliebtes Glied in der
Kette seiner Meinungswechsel. Der Mann mit dem großen Bart, das ewig wech-
selsüchtige große Kind, sei im Alter kindisch geworden. Dass es die Heimkehr in
die Dauer war, geht über den Horizont der Literaturwissenschaft.

Vom »Aberglauben an den Fortschritt«, so nennt es Bahr, kommen ja Wissenschaft und Technik niemals los. »Die Geistesgeschichte des Abendlandes ist seit zwei Jahrhunderten« – also seit dem Ende der Barockzeit! – »ein ewiger Versuch der Ohnmacht, das Erhabene loszuwerden.« Der Versuch dauert heftig an in unserem gepriesenen neuen Millennium.

Er aber sei wie der biblische Saul losgegangen, Eselinnen zu suchen, und fand ein Königreich. Das ist der Grund, warum Bahr immer noch Prügelknabe der Literaturgeschichtler ist und warum sie ihn in die Ahnengalerie großer österreichischer Dichtung nicht hineinlassen wollen.

Aus dem korrekten Computer kommt die Software: *»schillernd«.*

Vom Burschenschafter mit Schmissen im zerhauenen Gesicht zum katholischen, alt- und großösterreichischen Patrioten. Die Burschenschafter waren ja dazumals im liberalen Fortschrittslager, ehe sie bösartig deutschnational wurden; worauf sich Bahr abwandte.

Vom Verehrer Bismarcks und des preußischen »sozialen Kaisertums« zum Verkünder barocker Herrlichkeit der »großen Habsburger«, so nannte er sie.

Schon um 1904 wollte er Salzburger Festspiele begründen. Das Barock war für ihn eine Wurzel der *österreichischen* Moderne. »Jung-Wien« und »Jung-Österreich« begründete er in einer, nur durch ihn und Wien zusammengehaltenen Vielfalt der Geister, Dichter, Maler, Musiker, Schauspieler.

Von den damals Modernsten, Arthur Schnitzler, Peter Altenberg, Hugo von Hofmannsthal, schlug er immer schon den großen österreichischen Zirkel zurück zu Stifter und Grillparzer, Saar und Marie Ebner-Eschenbach, Waldmüller und Schubert.

Sein Begriff der »Moderne« lief von seiner Entdeckung des Naturalismus, Impressionismus, der Neuromantik, des Expressionismus zurück in die Tiefen der Vergangenheit. »Mein Zukunft mit Ungeduld verlangender Blick kehrt seit je am liebsten bei längst entschwundenen Vergangenheiten ein, da hole ich mir die Zukunft.«

Seine Städte sind das unentrinnbare Wien, die »Seligkeit, in Paris zu sein«, und Berlin, dessen Kühle ihn begeistert. »Hier ließ ich mich willig entwienern.« Dazu Reisen von Russland bis Nordafrika.

Mehr als hundert Bücher und Hunderte Artikel in Zeitschriften und Zeitungen. Theaterstücke, Romane, Novellen, Essays, Tagebücher. Regie und Dramaturgie in der Spannweite von Max Reinhardt bis zum neuerbauten Burgtheater.

Alle neuen Formen und die alten dazu: Er ist katholisch im griechischen Ursinn des Wortes: »das Ganze umfassend«. Er lebt und liebt das Leben: »Bis ich eines Tages lachend erwacht mit Augen sah, dass es doch gar kein Experiment, dass ich einfach immer, wenn auch unwissentlich, Katholik geblieben … Was man meine Bekehrung nennt, war einfach das Bekenntnis zu mir selbst.«

WOLFGANG BAUER

Die Hetz am Theater

Wolfgang Bauer: das war, nach dem politischen Jahr 1968, die literarische Revolte, der Umsturz auf dem Theater. Seine Heimatstadt Graz (geboren 1941), konservativ in Sachen Kunst, war – auf dem Weg über das avantgardistische »Forum Stadtpark« – ein geeignetes Sprungbrett auf die Wiener und deutschen Bühnen und schließlich auf die Bühnen der Welt.

»Magic Afternoon« (1968) – »Change« (1969) – »Gespenster« (1974) – waren die drei Stücke seiner Frühzeit, die bis heute das Rückgrat seines Ruhmes in der zeitgenössischen Dramatik sind.

Was Bauer auf Anhieb gelang, war die Übertragung der provinziell-poppigen Atmosphäre der Grazer Kaffeehaus- und Beiselszene auf die deutsche Bühne. Wonnig gaben sich die fortschrittlichen deutschen Intendanten dem groben Charme des Grazer Jung-genies hin, der so exotisch nach Wein und Schnaps roch.

Hinter der Neuentdeckung steckte ein Theatergenie mit Pranke. Wolfgang Bauer hält sich, mit mancherlei Auf und Ab, auf den deutschen Bühnen nun schon an die dreißig Jahre.

Sein spätes Stück »Skizzenbuch« (1995) ist eigentlich nicht anders als sein großer Ersterfolg »Magic After-noon«. Aus den gleich gebliebenen Bestandteilen: Künstlertypen, denen fad ist; von den Künstlern kaputt gemachte Frauen; Popmusik, Alkohol und jäh ausbrechende Brutalität – daraus gelingt Bauer immer noch und wieder ein wirksames Schauspiel und Abbild der modernen Welt.

Altersweise Lebensphilosophie schlägt sich dazu, ohne den typisch Bauer'schen Effekten Abbruch zu tun.

Von Anfang an beruht Wolfgang Bauers Kraft, mit

Herbert Ploberger,
Scherben bringen
Glück, Öl auf
Holz, um 1925

der er die Enge der Grazer Szene durchbrach, auf dem Instinkt und der Präzision, mit der er die schlimme Situation des modernen Menschen schildert ohne hochliterarische Verblasenheit. Seine Botschaft: »Der moderne Mensch ist auch nix andres als wir Grazer Künstler.«

Immer und überall fanden sich Künstler, bedeutende und unbedeutende, in Szenelokalen zusammen. Aber dann gingen sie nach Hause und mit Sorgfalt und mit Schmerzen schrieben, malten, bildhauerten sie ihre Werke. Bauer aber fand dieses ganz Neue: er hebt die Trennung zwischen Wirtshaus und künstlerischer Arbeit radikal auf.

Bauer verlässt sich auf sein sehr großes Talent. In voller Sorg- und Verantwortungslosigkeit macht er das Wirtshaus identisch mit der Kunst. »Du gehst mit an Tonbandl ... nimmst auf und lasst die Hetz am Theater spielen ... Es ist automatisch alles Handlung ...« (»Skizzenbuch«, 9. Szene).

Bauer vergeudet keine Zeit mit Stückeschreiben – und so schauen seine Stücke auch aus. »Nein! Ich brauch ja gar kein Stück entwerfen ... ein Stück ist es ja sowieso schon ...«

Die Welt ist sowieso schon ein Wolfgang-Bauer-Stück. Es muss nicht erst mühselig entstehen als ein gesondertes Kunstwerk.

Insofern sind Bauer-Stücke keine Kunstwerke, sondern Natur, *seine* Natur. Er schreibt sie nicht, sie schreiben sich selber. Er schaut zu, trinkt und muss ab und zu zur Entwöhnungskur.

Er hat's eigentlich schön. Andere quälen sich ab. Er folgt seiner Natur. Im »Skizzenbuch« tritt er selber auf als

»ICH: ... die Natur ... die Natur hat meine Ideen ... die Natur fladert olle meine bledn Ideen ... die blede Natur ... (schreit) die Natur mocht mia olles nach!

Die macht alles naaaaaaaach!

Echo-Oasch! ...

CHOR: Du bist allein, du bist allein

Und immer mehr holst du dich selber ein

Dann hast du dich vergessen

Dann wird die Katz dich fressen.«

Dieses späte Bauer-Stück enthält alle seine bisherigen Stücke und erhöht sie – obwohl alles auf den ersten Blick aus »bledn Ideen« besteht – zu einem gewaltigen Drama über Gott und die Welt.

In dem zugleich berühmten und verrufenen Wolfgang Bauer mischen sich – bald ist er sechzig – Demut, Größenwahn und Wurschtigkeit.

JOCHEN, eine Figur in dem Stück, die dazu da ist, dem ICH kontra zu geben, sagt ihm:

»Ahaaa ... du wüllst Herr über Zeit und Raum sein ... du willst ›Lieber Gott‹ spielen ... also ich würde dich fragen: Gibt es Gott? Und du muaßt mir dann natürlich antworten: Jaaa! Weil ›Naaa‹ is langweilig ...

(Aber) duuuu bist net der liebe Gott ... du bist der klane Wolfi Bauer, der sich hie und da a bisserl was ausdenkt ... bei dem im Hirn manchmal was herumspukt ...«

Aber was im klanen Wolfi Bauer herumspukt, behaupte ich, das macht ihn zu einem der bedeutendsten Theaterdichter Österreichs. Wichtiger als manche, die viel mehr Wind machen. Er bleibt und wächst in der Stille.

> Todes-Elegie
> Geh ans Meer
> die Frauen lieben es
> weil es so menschlich ist wie ein Tier
> wird es mir Welle für Welle
> alles erklären, weil es nicht spricht?
> Wenn du hineingehst, findest du mich
> und wir waschen den Tod weg
> als wäre er eine dünne Haut
> die Fruchtblase und ihr Knall
> zum Menschen
> Geh ans Meer
> gib ihm den Namen einer Geliebten
> lass dich genussvoll verschlingen ...

THOMAS BERNHARD

Wut und Topfenstrudel

Die moderne Kunst ist eine Kunst der Verzweiflung. Aller fester Boden der Tradition ist ihr weggerutscht, und sie tut, als wolle sie das auch. Gerade aus der Verzweiflung wächst die ungeheure Schöpferkraft der Moderne. Es ist nicht dumpfe Verzweiflung, Dahinbrüten, es ist Verzweiflung als Widerstand, Rebellion, Provokation, Trotz. Es ist Wille zur Ironie und Hässlichkeit, woraus neue Schönheit wächst.

Eine neue Welt ist entstanden, doch bleibt die Verzweiflung stets eingegraben ins Gesicht der Moderne. Alles Ruhende, Gelassene, Selbstverständliche ist weg. Gerade wo Tradition am stärksten war: im alten Österreich war ebendrum eine Geburtsstätte der rebellischen Moderne.

Egon Schiele, ein Klassiker der frühen Moderne, malte sein Selbstbildnis mit rotem Hemd (1914). Rot ist die Farbe der Rebellion. Lange und genau besah ich mir die Augen Schieles: die Kraft zum Widerspruch ist drin und die Verzweiflung. Was ist der Mensch? Wohin treibt er?

Schiele steht am Anfang der österreichischen Moderne, Thomas Bernhard am Ende. Die Österreicher haben sich sehr berechtigt über Bernhard gegiftet, weil er sie – sehr unberechtigt – heruntermachte. Draußen in der Welt – unbelastet von diesem »häuslichen Konflikt« – spürte man früher und stärker in Bernhards Stücken und Romanen jene zupackende Kraft der Verzweiflung.

Ein Groß- und Spätmeister der Moderne attackiert die vom modernen Fortschritt vollbrachte Zerstörung aller Schönheit, aller Natur:

»... eine ungeheuerliche Vernichtungsmaschine, in welcher tagtäglich alles vernichtet wird, das mir lieb ist. Unsere Städte sind nicht mehr wieder zu erkennen, sagte ich, unsere Landschaft ist in großer Breite

Hans Scheibner,
Die Kundschafter,
Aquarell, 1966

eine unansehnliche geworden. Die schönsten Gebiete sind der Geld- und Machtgier der neuen Barbaren zum Opfer gefallen, wo ein großer schöner Baum steht, wird er umgeschnitten, wo ein herrliches altes Gebäude steht, wird es niedergerissen, wo ein köstlicher Bach zu Tal rinnt, wird er ruiniert. Wie überhaupt alles Schöne mit Füßen getreten wird.«

Das ist nun die Essenz des modernen Dichters Thomas Bernhard in seinem letzten großen Roman, mit dem wütenden, verzweifelten Titel »Auslöschung. Ein Zerfall« (1986).

Was ist das für ein seltsamer Vogel, dieser Thomas Bernhard? Die Moderne zog doch aus gegen das Alte, um alles neu zu machen. Jetzt landet der letzte Große der altgewordenen Moderne beim Hass gegen die moderne Welt, die für ihn alles auslöscht, was schön ist und lebenswert. Der letzte Moderne hat sich zum Konservativen bekehrt.

Bernhard hat es ja schwer gehabt im Leben. Als uneheliches Kind, in armseligen Verhältnissen. Unglücklich in einem Salzburger Internat. Dann ein kleiner Journalist. Allmählich erst folgt der Aufstieg zum großen Dichterruhm, an dem er sich gefreut hat und den er zugleich sehr selbstironisch betrachtet.

Alles Unheil in seinem Leben, alles Unheil in seinem Land – fasst Bernhard zusammen unter der zeitgemäßen Anklage gegen den Nationalsozialismus. Nun war dieser ja wirklich furchtbar, wirklich kriminell. Aber indem er mit unermüdlichem, lebenslangem Zorn alle seine Landsleute als Nazis verleumdet, verfehlt und zerstört er genau das, was sein dichterisches Sehnsuchtsziel ist:

Bernhard will zutiefst heraus aus der Verzweiflung des modernen Menschen. Er will vorwärts zurück zu einem festen Halt in einer Heimat, die nicht Verzweiflung ist, sondern Freude am Leben darbietet.

Der unbestechliche Dichter, der unbeirrbar seine Texte schreibt über die Schrecken des Untergangs – ist zugleich ein Sehnsüchtiger. Er kauft drei Bauernhäuser bei Gmunden und baut sie alle um, zurück in ihren alten Zustand. Er sucht und findet behagliches Leben, der Untergängler ist zugleich ein Spießer. Der Ironiker sieht sich selbst zu beim Behagen, das ihm das Schreiben über den Untergang bereitet.

Über einen Text, der in Deutschland viel Verbreitung fand unter feinsinnigen »Bernhardisten« – und der ihnen heftigen Ärger bereitete – schrieb ich als Titel »Wut und Topfenstrudel«. Es sind die zwei Lebenspole des großen Spätmodernen. Die Wut über die Zugrunderichtung der Welt (persönlich gefasst in das unsinnige Urteil: »Lauter Nazis«) – und Lebenslust beim Kaffeehaus-Sitzen und Topfenstrudel-Essen. Rindsuppe, Kalbsgulasch mit Nockerln und Topfenstrudel waren seine Lieblingsspeisen.

Bernhard, den die eingefleischten »Bernhardisten« so entsetzlich ernst nehmen, vor allem »die Deutschen«, nahm sich selber nie ernst. Er war immer, was »die Deutschen« nie begreifen, Austro-Ironiker. Die große Statur seines Dichterwerkes wurde davon nicht berührt. Der Unernst hat seine Tiefe der Verzweiflung nicht ausgelöscht.

Bernhard hat die Leute immer ärgern wollen. Da war in seinem Leben Krista Fleischmann, ORF-Redakteurin, treue Gesprächspartnerin, ihm gänzlich zugetan auf ihrer Suche nach der Rätselfrage »Wer ist Thomas Bernhard?« – Und seine Texte lesen sich, als hätte er bloß geschrieben, um »seine« Krista Fleischmann an der Nase herumzuführen.

HUGO BETTAUER

Erschießt die Journaille

Die Verachtung der Unterhaltungsliteratur halte ich für falsch. Ihre Kritiker wissen gar nicht, was sie damit anrichten. Sie halbieren die Literatur. Sie bestand nämlich zu allen Zeiten zur größeren Hälfte aus Unterhaltung. Nur der überbleibende Rest ist »Hochliteratur«, wirkliche oder angebliche, um die sich die hochnäsigen Kritiker ausschließlich kümmern.

Der Wiener Schriftsteller Hugo Bettauer (1872 bis 1925) war ein Genie der Unterhaltungsliteratur, ein Genie für die kleinen Leute. »Hochliterat« zu sein hatte er keinen Ehrgeiz. Seine Schreibe war Rede. Er schrieb »Gesprächssprache«, genau, wie die Leute miteinander reden. Seine zwanzig Romane sowie ungezählten kleineren und kleinen Erzählungen stellten die eigene Fantasie in den Dienst einer volkstümlichen Dramatik.

Was so im Leben alles passiert oder was man sich wünscht, dass es passiert zwecks Aufregung oder gar zwecks Glück – das fanden die Leute bei Hugo Bettauer. Seine Auflagen gingen in die Hunderttausende, sein Magazin »Bettauers Wochenschrift« bediente die Instinkte des Volkes, die guten und die weniger guten. Vielleicht war er nur ein Journalist. Er schrieb absichtlich Nichtkunst. Das hat seinen Schulkollegen Karl Kraus (Franz-Josef-Gymnasium, Wien-Stubenbastei) maßlos erbittert. Aber perfekte Nichtkunst ist eben eine eigene Kunstform: Unterhaltungsliteratur.

Sein ebenso begabter ungarischer Kollege Hugo Ignotus nannte ihn »eine liebenswürdige, gar nicht aufdringliche Figur, die ihre fabelhafte Popularität mit Geschmack trägt und als Entgelt für sie die sittlich-öffentliche Pflicht empfindet, loszuziehen für Freiheit und gegen Scheinheiligkeit, namentlich in Sachen Liebe.«

Otto Rudolf Schatz,
Der Ballonverkäufer,
Öl auf Leinwand,
1929

Als »Sumpfblüte des Journalismus«, »Verderber der Jugend«, »Kloakendichter«, »Saujud«, »perverser Pornograf« beschimpfte ihn die Nazipresse und in Eintracht mit ihr die christlichsoziale Presse. Solcherart angeregt erschießt ihn der Zahntechniker Otto Rothstock, arbeitslos, zeitweise NSDAP-Mitglied. Mit allerhand juristischen Verrenkungen (»zur Gänze der Sinne beraubt«) wird Rothstock freigesprochen.

Bettauer saß in seiner Redaktionsstube, wo er täglich Beratungsstunden hielt für Frauen, die unter die Räder einer verlogenen Sexualmoral geraten waren, für Arbeitslose, die einen Posten suchten, überhaupt für jeden, der mit ihm reden wollte. Der Mörder kam zu einem Menschenfreund und Weltverbesserer.

Bettauer wurde in einer Villa in Baden bei Wien geboren. Sein Vater kam nach Wien aus Lemberg, Galizien, wird an der Börse reich, stirbt schon mit 34. Aus dem Reichtum flieht Bettauer mit 16, er reißt aus bis Ägypten. Man holt ihn zurück, er tritt von der jüdischen zur evangelischen Konfession über, dient kurz bei den »Kaiserjägern«, desertiert nach körperlicher Züchtigung (»Spangen«, d. h. »Krummschließen mit Ketten«).

Er entkommt nach Zürich, verspekuliert das väterliche Erbe, geht nach Amerika, wird dort Journalist. Als US-Staatsbürger kehrt er zurück nach Berlin, wo er Furore macht als Aufdecker großer Korruptionisten. Nochmals Amerika, fünf Romane. Zurück nach Wien, zwischen 1920 und 1924 schreibt er jährlich drei bis fünf Romane.

Meistens wird in ihnen der wirklich oder angeblich unmoralische Held ermordet und der wirkliche oder angeblich moralische Mörder freigesprochen. Groteske Vorausahnung seines eigenen Schicksals.

Bettauers kühnste Vorausahnung ist sein Buch »Die Stadt ohne Juden. Ein Roman von übermorgen«. Bundeskanzler Dr. Schwertfeger gewinnt Wahlen und verfügt die »Gesamtentjudung«. Österreichs Juden und »Judenstämmlinge« müssen das Land verlassen. Das vollzieht sich in »Menschlichkeit und größter Milde«, weil »das Alpenvolk fromm und bieder, gut und innig« sei. Verblendung oder Ironie?

Es stellt sich heraus, dass Kultur und Wirtschaft ohne Juden dahinsiechen. Die Österreicher holen ihre Juden zurück »mit grenzenlosem Jubel«.

Am 3. Dezember 1938 verkündet die NS-Besatzung in Wien einen »Tag ohne Juden« und beruft sich dabei auf Bettauer. Er sei ein »ahnungsvoller Engel« gewesen. »Die Stadt ohne Juden«, geschrieben 1922, wurde Bettauers größter Erfolg (Auflage 250.000). Verfilmt (wie viele seiner Romane) 1924 mit Armin Berg und Hans Moser.

Bettauer war Prophet und Naivling.

Robert Musil rief ihm nach (»Tagebücher« Bd. II, S. 1156 f.): »Er hatte die Gabe, auszusprechen, was Tausende fühlten – genau in der Weise und mit den Mitteln, die man heute anwenden muss, um zu wirken. Persönlich leitete ihn nie das Verlangen nach Vorteilen, die er hätte bequem erlangen können, sondern die ehrliche Überzeugung, zu bessern. Er fiel für die vornehmste Aufgabe seines Berufes: auszusprechen, was man für richtig hält.«

Gesucht werden heute und jederzeit, recht viele Journalisten, auf die dieser Steckbrief zutrifft. Sie dürfen jede Menge Fehler haben plus dieser einen Tugend: auszusprechen, was man für richtig hält.

> Die Rückkehr Leos
> »Laßt's uns durch! Der Herr Leo Strakosch, der erste Jud, der wieder in Wien ist, muss zum Rathaus!« ... Das schöne Rathaus war illuminiert ... Fanfarenklänge, der Bürgermeister von Wien, Herr Karl Maria Laberl, betrat den Balkon, streckte segnend die Arme aus und hielt eine zündende Ansprache, die mit den Worten begann: »Mein lieber Jude! ...« (Ende)
> *Aus: »Die Stadt ohne Juden«*

ELIAS CANETTI

»Ich hasse den Tod«

Muhammed Tughlak, Sultan von Delhi, ließ täglich vor seinem Palast die Leichen der auf sein Geheiß Hingerichteten aufhäufen. Damit ihm täglich die Klarheit werde: sie sind tot, ich aber lebe. Macht ist immer Macht über Tod und Leben. Machthaber ist immer jener, der den Tod aller anderen überlebt. Bis ihn der dann doch selber erwischt.

In der Zeit der großen Machthaber und Todbringer Stalin und Hitler schrieb der Dichter Elias Canetti sein Buch »Masse und Macht« (1939–1959, erschienen 1960). Es steckt voller Geschichten wie der vom verrückten Sultan von Delhi.

Canetti war ein unermüdlicher Bücherverschlinger, sammelte solche Geschichten lebenslänglich. Sie haben alle eine Pointe: den Kampf gegen den Tod.

»Ich hasse den Tod« ist Canettis Schlachtruf. Canetti – einer der größten, witzigsten und wunderbarsten europäischen Dichter, aus den dreißiger Jahren kommend, erst ab den sechziger Jahren zum Weltruhm aufgestiegen, Nobelpreis 1981, verstorben 1994 in Zürich – wusste natürlich, dass dies ein unsinniger Schlachtruf war.

»Mein Charakter, mein Stolz« – ruft Canetti (in »Masse und Macht«) – »besteht darin, dass ich dem Tod noch nie geschmeichelt habe ... Sie schreien: Ich sterbe! Ich sterbe! Aber ich habe noch nie anerkannt, dass es sein muss, bei niemandem, die Zunge soll mir verdorren, die es je anerkennt, und ich will mich eher in stinkende Schwaden auflösen, als dazu Ja zu sagen.«

Also doch. Aufgelöst in stinkende Schwaden bist du tot, großer Dichter (gest. 1994). Aber arrogant bist du schon:

»... die einzige Lösung, die sich dem leidenschaftlichen Drang, zu überleben, anbietet: eine

Egon Schiele,
Mann und Frau, Öl
auf Leinwand, o. J.

schöpferische Einsamkeit, die sich die Unsterblichkeit verdient, ist ihrer Natur nach nur für wenige eine Lösung.«

Für uns Normalmenschen ist das keine Lösung. Der Dichter begeht Verrat an uns. Er lässt uns zurück am Wegesrand. In seine Bücher vertieft, merken wir aber gar nicht, wie der lose Vogel uns entflattert in die Unsterblichkeit.

Schreiben macht ihn unsterblich, lesen belässt uns sterblich. Des Dichters Trick gegen den Tod: er schreibt so gut, dass er ewig lebt. Aber was machen denn <u>wir</u>?

Naja, Canetti vertreibt uns die Zeit bis zum Sterben gar köstlich. Man lese ihn, er ist ja so gut. Wir verzeihen ihm die Arroganz, was bleibt uns sonst übrig?

In Wien schreibt Canetti seinen großen Roman »Die Blendung« (1931). Er beginnt zu schreiben in einem Zimmer, das er in Hütteldorf-Hacking mietet. »Die Hausfrau führt mich in den zweiten Stock hinauf. Beim ersten Blick war mein Entschluss gefasst. Bäume, viele große Bäume. Auf einem Hügel gegenüber, die Stadt der Irren, Steinhof ... Seit ich in Wien war, hatte ich von Steinhof sprechen gehört, in dieser Stadt der Irren ...« (»Die Fackel im Ohr«, 1980).

In Wien verbrachte Canetti den kleineren Teil seines Lebens (1913–1938, mit Unterbrechungen), aber den entscheidenden. Hier entschied er sich fürs Schreiben, hier kam er in die Literaturszene, hier wurde Karl Kraus sein guter Stern.

Canetti wurde 1905 in Rustschuk geboren, an der bulgarischen Donau, damals noch türkisch. Er wuchs vielsprachig auf: bulgarisch und spaniolisch, englisch, französisch, deutsch. Spaniolisch ist die Sprache der spanischen Juden, die im 15. Jahrhundert ausgetrieben wurden. Sie flohen in den Handels- und Häfenstädten Italiens (Shakespeares »Kaufmann von Venedig« ist Spaniole) und weiter in den Osten.

Canetti heißt wahrscheinlich auf spaniolisch der »kleine Priester«, zu jüdisch »Kahn, Kohn«, »der Priester« mit der romanischen Verkleinerungssilbe »-etti«.

Die Canettis waren eine wohlhabende Kaufmannsfamilie, in ganz Europa zu Hause. In Wien entschied sich Elias Canetti für die deutsche Sprache und wurde, Karl Kraus folgend, ein Meister darin.

Sein großer Roman »Die Blendung« (1931) hat als Helden einen Kopf- und Büchermenschen, dessen Welt ausschließlich seine Bibliothek ist. Die Außenwelt interessiert ihn nicht – und überwältigt ihn doch. Er gerät in seltsame Kontakte, nicht nur mit seiner habgierigen Haushälterin, auch mit der Wiener Halb- und Unterwelt. Schließlich bringt er sich um, indem er seine Bibliothek anzündet und in den Flammen stirbt.

Kien, der Held der »Blendung«, ist Canetti selber. Die drei Teile des Romans: »Kopf ohne Welt« – »Kopflose Welt« – »Welt im Kopf« – sind Stationen seines Lebens. Aber Canetti ist doch nicht Kien. Dem Tod des Intellektuellen entkommt er, indem er Dichter wird.

In einem Vortrag »Der Beruf des Dichters« in den siebziger Jahren äußert er sein Misstrauen gegen die hochgestochene Selbstbenennung »Dichter«. Aber, sagt er: »Literatur mag sein, was sie will, sie ist eines nicht, so wenig wie die Menschheit, die noch an ihr festhält: sie ist nicht tot.«

Die Literatur gewinnt den Kampf gegen den Tod.

(Die Gilz, Hausbesitzerin; ihre Enkelin Toni; Lori, ein Papagei.)
TONI: Großmutterle! Großmutterle!
DIE GILZ: Bist du es, Kind?
TONI: Großmutterle, wie fühlst dich heuten?
DIE GILZ: Besser.
TONI: Besser?
DIE GILZ: Vül besser.
TONI: Großmutterle, weißt du noch, gestern mit die gschwollenen Füß, nicht aufstehen hast können!
DIE GILZ: Heut kann i.
TONI: Geh zeig!
DIE GILZ: I wüll net.
TONI: Siehgst es, so redest alleweil daher!
DIE GILZ: In mein Haus kann i redn wiar i wüll.
PAPAGEI: Haus. Haus. Haus.
TONI: Großmutterle, die deinige Hausbesorgerin unten, die stirbt a schon.

DIE GILZ: Die is scho alt.

TONI: Was glaubst, wie alt ist sie, Großmutterle.

DIE GILZ: Die muss scho sein: bald 75!

TONI: Da bist du ja jünger, Großmutterle?

DIE GILZ: I bin 73. Kannst ausrechnen. Die ist gleich zwölf Jahr älter.

TONI: Zwei Jahr willst sagen.

DIE GILZ: Zwölf. 75 und 73, das macht 12.

TONI: Zwei macht des. Du kannst ja net rechnen, Großmutterle.

DIE GILZ: In mein Haus kann i rechnen, wiar i wüll.

PAPAGEI: Haus. Haus. Haus.

TONI: Großmutterle, herst was? Na, du herst ja nimmer nix.

DIE GILZ: I her scho.

TONI: Geh sag, was herst denn jetzen?

DIE GILZ: An Dunner her i.

TONI: Ja, Großmutterle, du bist scho ganz taub. Des ist do die Musi von der Hochzeit im ersten Stock.

DIE GILZ: Is net wahr!

TONI: Herst?

DIE GILZ: In mein Haus kann i hern was i wüll.

PAPAGEI: Haus. Haus, Haus,

TONI: Gell, das Haus, des krieg i, Großmutterle?

DIE GILZ: I kann di gar net verstehn. I her nix.

TONI (lauter): Wannsd'amal nimmer da bist, das Haus!

PAPAGEI: Haus. Haus. Haus.

DIE GILZ: Die Lore schreit grad so. I versteh nix.

TONI: Das Haus, sag i, das Haus!

PAPAGEI: Haus. Haus. Haus.

Aus Canettis Komödie »Hochzeit«

PAUL CELAN

»Meine blonde Mutter kam nicht heim«

Sie ließ nichts und niemanden aus: unsere Ingeborg Bachmann, die außer einer großen Dichterin auch eine große Geniesammlerin war. Kaum ein halbes Jahr (Dezember 1947 bis Juli 1948) war Paul Celan in Wien und schon knüpfte sich eine innige Freundschaft. Celan war die Flucht aus dem kommunistischem Rumänien geglückt, Wien war seine Zwischenlandung auf dem Weg nach Paris und in den westlichen Dichterhimmel.

»Die Todesfuge« ist Celans berühmtestes Gedicht, entstanden bald nach Kriegsende. Es steht in den Lesebüchern und Schülergenerationen mussten es auswendig lernen. Das beschädigt natürlich den Zauber des größten deutschen Lyrikers nach Goethe. Celan ist ein sehr modernen Dichter unter dem Einfluss der französischen Symbolisten und Surrealisten. Aber in der »Todesfuge«, handelnd vom Holocaust, durchbricht er jegliche Zeitbindung. Für mich kommt als Zweites, die »Todesfuge« erreichend, das Gedicht »Espenbaum« (1948).

Es ist ein Gedicht an seine Mutter: »Meine blonde Mutter kam nicht heim.« Sie wurde wie sein Vater von den Nazis umgebracht. Er selbst entkam. Auf unglaublich glückhafte Weise überlebte er, konnte aufwachsen zum großen Dichter. Sein Entkommen hat ihm, dem schwer Depressiven – die Großen sind keine heiteren Naturen! – stets Gewissensbisse bereitet. Hätte er nicht mit den Eltern sterben sollen, lautet seine Selbstanklage.

Im April 1970 geht er in Paris die Stufen unterhalb der Brücke »Pont Mirabeau« hinunter und stürzt sich in die Seine. Am 1. Mai 1970 wird er aufgefischt. Wann starb er? George Steiner, der berühmte Literaturkritiker, meint kühn: Celan wählte den 30. April, Hitlers Todestag. »Tod auf Tod. Selbstmord auf Selbstmord.«

Anton Kolig,
Kauernder Akt,
Deckfarben auf
Papier, 1912

Es wäre der Gipfel dessen, was Thomas Mann »Sinnesverkehrung« nannte.

Celan hieß eigentlich Ancsel. Er kehrte die Silben um (An-csel, Cel-an), als er 27 war, des Wohllauts wegen. Er wurde in einer deutschsprechenden jüdischen Familie geboren, in Cernowitz, der Hauptstadt des k.u.k. Kronlandes Bukowina. Über Wien siedelte er nach Paris über, wo er ab 1948 lebte. Weiterhin schrieb er alles deutsch.

Herkunft und Biografie rechtfertigen mich, wenn ich Celan als österreichischen Dichter eingemeinde. Als Europäer erweisen ihn seine meisterhaften Übersetzungen, aus dem Rumänischen, Französischen, Englischen, Italienischen, Portugiesischen. Ebenso ist Celan im Hebräischen und Jiddischen zu Hause. Sein Universitätsstudium (in Cernowitz, Wien, Paris) war die Sprachwissenschaft. Seine Lebenswelt die Sprache.

Dass er die deutsche Sprache als die seine wählte, zeugt von jener jüdisch-deutschen Verwandtschaft, die schon Heinrich Heine auffiel als geheimnisvoll.

In die altösterreichische Bokuwina marschierte der Totalitarismus zweimal ein. Erst kamen die Nazis – und brachten Celans Eltern um; dann die Kommunisten – und steckten den jungen Celan in ein mörderisches Arbeitslager.

Theodor W. Adorno, der große deutsch-jüdische Kulturphilosoph, meinte: nach Auschwitz ein Gedicht zu schreiben sei barbarisch (»Prismen«, 1955). Als er Celan las, korrigierte er sein Urteil.

Celan hat nichts Geringeres geleistet als: nach der Verhunzung des Deutschen durch die NS-Sprache das Deutsche wieder hoch emporzuheben. Als er sagte (1958), die deutsche Sprache sei (durch ihn) »angereichert« worden, war das ein höllischer Sprachwitz. Das »Reich«, das dritte, schwang darin mit.

Der Erneuerer der deutschen Sprache, der Jude Celan, holte sich unbekümmert so manches von Autoren, die landläufig als »rechts« galten, von Gottfried Benn, Heidegger und Ernst Jünger.

In der »Todesfuge« stammen die Bilder von Schlangen und den Rüden aus Jüngers »Marmorklippen« (es sind die Tiere des »Oberförsters«, einer Art Hitler-Figur). Und Heideggers Philosophie des Nichts steht hinter Celans spätem Gedicht in »Die Niemandsrose« (1963), einer Verherrlichung des unergründlichen Gottes:

> »Niemand knetet uns wieder aus Erde und
> Lehm,
> niemand bespricht unseren Staub.
> Niemand.
> Gelobt seist du, Niemand.«

Celan sagt immer wieder: Eigentlich müsse man schweigen. Nur so sei Sprache neu möglich. Aber zu Zeiten birst er schier vor Wortkraft. Zwischen Juni 1967 und Januar 1968 schreibt er nicht weniger als 81 vollendete Gedichte.

Sein russisch-jüdisches Vorbild, Marina Zwetajewa, wie Celan beging sie Selbstmord (1941), eine große Lyrikerin, spottete: »Jeder Dichter ist ein Jud.« Daran ist zumindest so viel wahr, dass Celan eine europäische Zentralgestalt aus Genie und Tod ist.

> Espenbaum, dein Laub blickt weiß ins Dunkel. Meiner Mutter Haar ward
> nimmer weiß.
> Löwenzahn, so grün ist die Ukraine.
> Meine blonde Mutter kam nicht heim.
> Regenwolke, säumst du an den Brunnen?
> Meine leise Mutter weint für alle.
> Runder Stern, du schlingst die goldne
> Schleife.
> Meiner Mutter Herz ward wund von Blei.
> Eichne Tür, wer hob dich aus den Angeln?
> Meine sanfte Mutter kann nicht kommen.

FRANZ THEODOR CSOKOR

»Und ihr wollt das zerhacken, zerreißen …«

Wie kann man zugleich dreierlei sein: Dichter; Verehrer der alten Monarchie; und »links«? Man kann. Einem Dichter ist nichts unmöglich, dafür ist er ja Dichter.

Franz Theodor Csokor (1885 Wien – 1969 Wien) war, außer Dichter, vor allem guter Mensch. Literaten sind gern böse – auf die Welt, auf die anderen Literaten, auf sich selbst. Csokor nicht. Alexander Lernet-Holenia, Dichterkollege, eher boshaft, Nachfolger Csokors in der Präsidentschaft des österreichischen PEN-Clubs, meinte:

»Zweifellos war Csokor mit eine der geistigen Triebfedern, die die Republik in Gang gesetzt haben … Er hat alles gut und immer nur gut und wiederum nur gut gemeint. Zwar ist auch im Namen des Guten schon unendlich viel Schlimmes geschehen. Aber das ändert nichts daran, dass ein Mensch wie er es gewiss nicht gewollt hat …«

Csokors Dichterwerk ist von humanistischem Ernst und unbeirrbar menschenfreundlich. In seinen besten Texten geht der Dichter mit ihm durch, dann ist er stürmender Dramatiker, in seinen Stücken wie in seinen Romanen. Insofern tut ihm der boshafte Lernet-Holenia unrecht.

»Und ich sah einen Engel vom Himmel fahren, der hatte in seiner Hand den Schlüssel zum Abgrund«, heißt es in der Apokalypse des Johannes (20,1). Von daher nahm Franz Theodor Csokor den Titel seines größten Romanes (»Der Schlüssel zum Abgrund«, 1955).

Ein faszinierender historischer Film ist dieser Roman, komplett mit Kostüm und den brennenden Farben jener Zeit, als (1534/35) in Münster, Westfalen, die Wiedertäufer das Reich Gottes mit menschlichen Mitteln errichten wollten. Wilde Gewaltherrschaft und blutiger Untergang folgten.

Josef Engelhart,
Badende, Öl auf
Holz, 1896/97

Csokor kündet mit reichen dichterischen Mitteln seine Botschaft: Frieden statt Krieg.

»Wer aber, dünkt euch, überdauert den Handel, darin ihr bis zum Erdrosseln verstrickt seid, euer Reich in Münster oder der Erdkreis, gegen den es zu Feld zog?«

»Münster!«, hallte es über die schäumenden Köpfe der Menge, »selbst wenn es über uns einstürzt!«

Den Roman kann man erstens lesen, weil er so gut und spannend ist, und zweitens, weil Verblendung und Todestrieb der Wiedertäufer-Führer eine mahnende Wiederspiegelung sind vom Untergang des Dritten Reiches und aller Gewaltreiche überhaupt.

Csokor, Humanist und Friedensmann, ist, entgegen seiner schönen Ideologie, als Dichter fasziniert vom Untergang. Sein liebster Untergang ist ihm jener der Habsburger Monarchie. Er hatte die Monarchie in allen Knochen und in seinem Dichterherzen.

Sein schmerzliches Meisterstück ist das Drama »3. November 1918«: vom Untergang des alten Österreich. Er sieht alles ein, er wünscht den auseinander strebenden Nationen das denkbar Beste. Aber er ruft ihnen nach, aus dem Munde des k.u.k. Oberst Radosin, dem scheiternden Helden des Stückes:

»Wir waren doch mehr schon als eine Nation! Gerade weil es uns immer gemischt hat, weil wir uns immer nur ausgleichen müssen: Jahrhunderte schon – da versteht man einander beinahe zu viel – mit Ja und Nein und dem Trotzdem darüber – eins sind wir gewesen aus sieben Nationen – und ihr wollt das alles zerhacken, zerreißen …«

So ist es bei den Großen der klassischen Moderne Österreichs der allgemeine Brauch, und die fortschrittlichen Interpreten unserer Literaturgeschichte müssen halt irgendwie damit fertig werden: auch Robert Musil, Joseph Roth, Heimito von Doderer – unsterblich sind sie verliebt in die abgelebte Monarchie.

Bei Csokor mischen sich Nostalgie und Fortschrittsglaube besonders innig. Er hält die Monarchie für Vorbild und Vorläufer der wünschenswerten Vereinigung Europas. Das ist gewiss idealisierend, aber ebenso gewiss eine gültige historische Analogie.

Csokors »habsburgischer Humanismus«, so könnte man's nennen, zeigt sich offensiv in der ergreifenden Schlüsselszene des »3. November«. Offiziere der diversen Nationalstaaten stehen am offenen Grab ihres Obersten, er hat sich erschossen, er hatte keine andere Heimat als die k.u.k. Armee. Jeder wirft ein Schäuferl ins Grab. »Erde aus Ungarn.« »Erde aus Polen.« »Erde aus Kärnten.« »Slowenische Erde.« »Tschechische Erde.« »Italienische Erde.«

Einer fehlt noch, der Regimentsarzt Dr. Grün, Jude. »Erde – aus – Erde – aus Österreich.«

Als man 1937 Csokors Drama am Burgtheater aufführt, wird dieser Satz gestrichen. Der Ständestaat hatte den Mut, dieses österreichische Drama aufführen zu lassen, die Nazis, knapp vor der Auslöschung Österreichs, tobten. Den Mut, einen Juden für Österreich sprechen zu lassen, hatte der Ständestaat nicht.

Csokor war ein Kaffeehaus-Sitzer und Gasthaus-Esser, ein Gerne-Sitzenbleiber bis über die Sperrstunde, Geschichten-Erzähler mit schneeweißen Dichterlocken und zweifelhaft sauberem Hemd. Ulrich Schulenburg erzählt, wie Csokor sich seine Vorschüsse vom Verlag holte. Er ging nie hinauf ins Büro, er blieb unten im Hof und rief: »Zweitausend!« oder vielleicht nur: »Zweihundert!« Oben steckte man das Geld in ein Kuvert und warf es hinunter. Csokor fing es geschickt auf mit seiner Pullmannmütze.

Csokor emigrierte 1938 – »Arier«, aber NS-Gegner – nach Polen. Über Bukarest, Belgrad, Sarajevo, Dalmatien, landet schließlich in Rom. Schon 1946, heimgetrieben, ist er wieder in Wien.

»Ich war«, erzählt er, »ein richtiges österreichisches ›blend‹, wie die Angelsachsen ein würziges Gemenge aus verschiedenen Tabak- oder Teesorten nennen … im Vater serbische und kroatische Ahnen … in der Mutter Deutsche, Tschechen, Ungarn …«

Echter österreichisch als Csokor geht nicht.

     Das große Wolfslied
     Aus dem Busch, alter Wolf,
     trabe, trabe!
     Flach zum Sprung, alter Wolf,
     habe, habe!
     Friss die Lust und friss die Qual!
     Nichts kommt je zum zweiten Mal …

HEIMITO VON DODERER

»Ich bin nun einmal ziemlich verlogen«

Darf ein Dichter lügen? Ja, was soll er denn sonst machen! Einer, der nur die dürre Wahrheit schreibt – das ist doch kein Dichter. »Dichtung und Wahrheit« nannte Goethe seine Selbstbiografie.

In der europäischen Literaturgeschichte gibt es große Enthüller ihrer selbst: den heiligen Augustinus, Goethe, Rousseau. Waren die immer ehrlich? Aber nein, im Gegenteil. Die Medaille ihrer Ehrlichkeit hat eine Kehrseite von Beschönigung und Zurechtbiegung.

Dichter sind die großen Sucher nach der Wahrheit. Und große Dichter sind auch große Lügner.

Damit sind wir bei Heimito von Doderer, einem der ganz großen Schriftsteller Österreichs. Wie sein ebenbürtiger Kollege Robert Musil hielt er die bloße Welt der Tatsachen für fad und irreführend – das sei nur die »zweite Wirklichkeit«. Vordringen in die »erste Wirklichkeit« – zum wahren Wesen der Welt: dies sei die Aufgabe des »totalen Romans«.

Doderer fühlte sich als Baumeister, als rastloser Arbeiter am großen Dom der wahren Wirklichkeit. Seine Romane, gefügt aus einer Fülle von Personen und Fülle von Begebnissen – entwarf er auf dem Reißbrett, auf großen, verwirrenden Zeichenblättern. Die volle Buntheit des Lebens wollte er einfangen, er benutzte bunte Stifte: »Poikilographie« nannte dies der Liebhaber der altgriechischen Sprache: »Buntschrift«.

Doderer war ein großer Geschichtenerfinder – und in seinen Tagebüchern, dick und vielbändig, von bestürzender Ehrlichkeit.

In seinen frühen Tagebüchern (1920–1939, vom 24. bis zum 43. Lebensjahr, er starb 1966, mit 70) – findet sich der Satz: »Ich bin nun einmal unendlich faul, eitel in hohem Maße, ziemlich verlogen, geil, äußerst genusssüchtig ... ein träges Viecherl«(1924).

Ernst Graner,
Lusthaus im Prater,
Aquarell auf Papier,
o. J.

Alles wahr und alles nicht wahr. Es ist doch nicht faul, wer neun Bände Romane und Erzählungen produziert, dazu ebenso umfangreiche Tagebücher und Kommentare.

Der unablässig Schreibende, der nie abwich von seinem Lebensziel: den »totalen Roman« zu schreiben, einen nach dem anderen, unbeirrbar – bewegte sich politisch auf rutschigem Boden.

Doderer war seit 1933 NSDAP-Mitglied, nie aktiv, verheiratet mit einer Jüdin seit 1930 (Scheidung 1938, aber nicht aus politischen Gründen). In seinen privaten Tagebüchern gibt es einige arg pronazistische und antisemitische Stellen. 1940 trat er in die katholische Kirche ein; seit damals ist er NS-Gegner, aber auf ebenso passive Weise wie zuvor NS-Sympathisant. Kein einziges positives Wort über den Nationalsozialismus findet sich in seinem öffentlichen Werk.

In einem Vortrag »Österreichs europäische Rolle« (1956) nennt Doderer Österreich »eines von den deutschen Völkern«, aber: »Träger einer internationalen Rolle ... ein Zustand, ein goldener Schnitt zwischen Distanzen und Kräften ...«

Einen »barbarischen Irrtum« nennt Doderer seine zeitweilige NS-Sympathie im Tagebuch »Tangenten« (1946). Krieg und Militärdienst überstand er relativ bequem, und nach dem Krieg hatte er Glück. Eine kleine treu ergebene Truppe von begeisterten Literaturkennern stellt seine Dichtung über die politische Fehlbarkeit und setzt ihn durch.

Darunter der damals fast allmächtige Literaturkritiker Hans Weigel, als Jude von Hitler vertrieben, früh zurückgekehrt, ausgestattet mit einem großen Herzen für Österreich und seine Dichter.

1951, da war Doderer schon 55, kam mit dem Großroman »Die Strudlhofstiege« der Durchbruch zum österreichischen Ruhm, bald auch zum deutschen und europäischen. Doderers internationaler Ruhm ist im Kontrast mit dem lokal Tiefwienerischen seines Werkes. Aber vielleicht ist dies kein Kontrast, sondern der wahre Grund für seinen Ruhm.

Das Wienerische an Doderer ist, dass er sich nie herablässt zu erklären, warum etwas geschieht und warum nicht nichts geschieht. Es sind *Schicksalsromane*, und das Schicksal ist immer absurd.

Gerade dadurch ist man in Doderers Romanen immer zuhause und heimisch: weil er die wahre Wirklichkeit in breitem Erzählstrom an uns heranführt. Breit, endlos und gemütlich. Hans Weigel, sein Förderer, aber ein Bosniegel, schloss sein Loblied auf die »Strudlhofstiege« so:

»Jetzt arbeitet Doderer an einem neuen Roman. Er handelt von einem Mann, der über die Ringstraße geht. Die ersten tausend Seiten sind schon fertig.«

Doderers dickster Roman heißt »Die Dämonen« (vollendet 1956), und hier steigert er die gemütliche wienerische Absurdität zur ungemütlichen Absurdität der modernen Welt schlechthin. Im Tagebuch »Repertorium« schreibt er:

»Ich halte jeden Menschen für voll berechtigt, auf die von den Ingenieurs-gesichtern und Betriebswissenschaftlern herbeigeführte, derzeitige Beschaffenheit unserer Welt mit schwerstem Alkoholismus zu reagieren.« – Was Doderer denn auch tat.

Doderer war wendig. Sein 1300-seitiges Monsterwerk »Die Dämonen«, DD kürzte er's ab – nannte er ursprünglich »*Dicke Damen*«. Von diesen ist im vollen-deten Werk auch viel die Rede, einschließlich genauer Maße seiner Lieblings-damen in Zentimetern. In der NS-Zeit behauptete er gegenüber der »Reichs-schrifttumskammer«, um sich eine Publikationsmöglichkeit zu sichern: »Die Dämonen der Ostmark« werde sein Werk heißen. Davon findet sich absolut nichts im vollendeten Werk. 1956 konnte er es ohne jede Änderung erscheinen lassen.

Doderer war ein Grandseigneur vom ausgestorbenen Typ. Während es heute den herumwuselnden Kulturschaffenden nicht mehr gelingt, auch nur *ein* Kaffeehaus regelmäßig zu besuchen, frequentierte der Großautor mühelos ein Dutzend Stammcafés. Wo er die dicken Damen traf.

Jahrelang ging es Doderer schlecht in seinem Leben, aber er war ein Genie des Trotzdem-gut-Lebens, in Einfachkeit und eiserner Arbeitsdisziplin. Eins waren seine Exzesse, ein anderes sein Werk.

Liebe Leserin, lieber Leser, bitte sprechen Sie mir nach (aus dem Schluss der »Strudlhofstiege«):

»Glücklich ist vielmehr derjenige, dessen Bemessung seiner eigenen Ansprüche hinter einem diesfalls herabgelangten höheren Bescheid so weit zurückbleibt, dass dann naturgemäß ein erheblicher Übergenuss eintritt.«

ALBERT DRACH

Das Leben ist schön, aber ungerecht

Albert Drach (1902 Wien – 1995 Mödling) hatte in seinem langen Leben viel Glück und viel Unglück. Durch eine gänzlich unwahrscheinliche Serie von Zufällen (aber gibt es Zufälle?) überlebte er als Jude den NS-Massenmord und hatte danach noch Zeit für sein reiches Werk – Romane, Theaterstücke, Gedichte. Manches liegt noch nicht gedruckt vor, die meisten Theaterstücke sind noch nicht aufgeführt.

Drachs Unglück: spät wurde er anerkannt. Mit 62 kam der Welterfolg seines Romans »Das große Protokoll gegen Zwetschkenbaum« (1964). Beflügelt schrieb er weiter, aber ins Leere. Der »Zwetschkenbaum« war verrückt, grausam, poetisch, aber diese selben Eigenschaften wurden seinen folgenden Werken – darunter »Unsentimentale Reise« (1966); »Z.Z. das ist die Zwischenzeit« (1968); »Untersuchungen an Mädeln« (1971) – von der etablierten Kritik aberkannt. Auf Verrisse folgte Vergessenheit.

1988 – der längst vergilbte Erfolg lag 24 Jahre zurück, Drach war 86! – kam die Zuerkennung des hochangesehenen Büchner-Preises. Die Verlage Langen-Müller und Claasen hatten unverdrossen acht Bände »Gesammelte Werke« herausgebracht. Das zeitigte Wirkung, quälend langsam. Michael Krüger, selber Autor und Verleger, Jurymitglied, setzte sich schließlich durch. Er wurde der Drach-Neuentdecker.

Sieben Lebensjahre blieben Drach noch in der wärmenden Sonne literarischen Ruhms. Eine Legende. *So* hatte sich keiner durchgesetzt. War's überhaupt er, der sich durchsetzte? Er wartete, ohne Herumkrebsen in der Szene, trotzig, selbstbewusst, verbittert.

Im persönlichen Umgang war Drach ein Drache. Um sein Haus in Mödling und sonstiges ihm von Nazis entwendetes Eigentum kämpfte er, da eine

Joseph Floch,
Auf der Terrasse, Öl
auf Leinwand, 1952

komplette Rückgabe nicht erfolgte, in Prozessen durch alle Instanzen – und verlor. Dies stärkte ihn in seiner Weltanschauung: das Böse siegt und das Gute
kommt zu Schaden.

Diese grimmige Ansicht wird sowohl gemildert wie verstärkt durch den Humor
in allen seinen Texten. Der schreckliche Drach'sche Humor verschlingt alle und
alles, auch die Juden und ihr Schicksal. Dummis halten den hochberühmten für
einen jüdischen Antisemiten und haben ein Stück recht.

Die moderne Kritik liebt alles Negative. Aber sie übersieht geflissentlich die *Tiefe* seines Humors. Der Humor seines Humors ist: das Böse siegt über das nicht einfach von selber, sondern, schlimmer noch, weil Gott so schrecklich rätselhaft ist.

Die Ergebung in Gottes Willen verschafft einigen seiner Figuren und ihm selbst (laut autobiografischen Zeugnissen) immer wieder wohlbemessene Anteile von *Lebensfreude.* Die Ungerechtigkeit des Lebens wird unterbrochen von der gelegentlichen Schönheit des Lebens.

Schmul Leib Zwetschkenbaum ist eine große Gestalt der österreichischen und jüdischen Literatur. Zwetschkenbaum sitzt unter einem Zwetschkenbaum und wird verhaftet. Er leugnet durch alle Instanzen, Zwetschken gestohlen zu haben. Total sicher ist es aber nicht; zahlreich vorgefundene ausgespuckte Zwetschkenkerne werden vom Autor berichtet, aber nicht erklärt. Jedenfalls geschieht Zwetschkenbaum lebenslänglich Unrecht.

Drach ist gelernter Jurist (Rechtsanwalt). Er hält protokollarisch fest, dass juristische Protokolle statt Wahrheit die Ungerechtigkeit festhalten. Sein Zwetschkenbaum, Ostjude, Hungerleider, Pechvogel, Talmudschüler ist ein heiligmäßiger Mann, rührend und überwältigend. Drachs negativer Humor schlägt um in positive Größe.

Protokoll: »Er sei vielmehr bloß in dem recht zweifelhaften Schatten des Baumes gesessen und habe in einem der Ortsansässigen unverständlichen Bücher gelesen. Sodann hab er den großen Gott zum Zeugen angerufen, wie schön diese Welt sei, auch dabei nicht im Entferntesten an den Zwetschkenbaum gedacht, unter dem er doch saß. Er habe schließlich die Bibel hebräisch zitiert und einen hebräischen Autor mit singender Stimme aufgesagt, welch letzterer bekannt gab, dass die Blumen das jüdische Halbfünfuhrnachmittagsgebet mit allen rituellen Wackeln und Schütteln verrichten.«

Die zu Dach bekehrte Kritik feiert dessen Protokollstil als einzigartigen Gipfel von abstrakter Modernität – wieder einmal wurde das zurückgebliebene Österreich zur Chiffre für Avantgarde.

Allseits übersehen wurde: Drach schreibt im Protokollstil Mythen. Er enthüllt die Ungerechtigkeit des Weltenlaufs und ersetzt sie durch Wahrheit. Aber seine Wahrheit, die schreckliche Wahrheit – schlägt ihrerseits um ins Märchenhafte. Märchen sind fast immer grausam, und so grausam wie heute waren sie noch nie.

JEANNIE EBNER

Bis die Engel herabkommen

Provozieren ist echt schon fad. Wenn ein paar Schriftsteller provozieren, ist man froh. Wenn *alle* provozieren, wird's öd. Sie überpurzeln einander vor lauter Provokation, aber es nimmt keiner mehr ernst. Jeannie Ebner, geboren 1918, ist eine der bedeutendsten Autorinnen der österreichischen Nachkriegsjahre, viertausend Druckseiten umfasst ihr Werk: Romane, Erzählungen, Gedichte, Tagebücher, Übersetzungen. Frau Ebner hat im Spiel »Wer provoziert am allermeisten?« nie mitgespielt. Sie schrieb: »Ich will nicht provozieren, ich will *evozieren*, bis die Engel herabkommen ...«

»Evozieren«: hervorrufen, herbeirufen. So sieht es die über Achtzigjährige, seit einem Schlaganfall ist sie zu drei Viertel blind. Sehr lebendig aber, von innen her, im Zusammenstimmen von Leben und Schreiben. »Im Innern ist's getan« (Goethe). Durch Provozieren passiert nicht so viel, durch Evozieren – da kommen die Engel. »Die schlummernden Vergangenheiten« – die will Jeannie Ebner aufwecken.

Sie schlummern ja nur! Gleich sind sie aufgeweckt und da: »Es ergreift einen, als sei man über eine Schwelle ins Leere getreten, ein Schwindelgefühl, eine Ahnung: hier bin ich schon einmal gewesen – vielleicht vor tausend Jahren – und was dazwischen geschah, war nur ein Traum« (aus einem Text im Wiener FORVM, Oktober 1954).

Zu dem Aufsehen, das vor allem in Deutschland der erste Roman Jeannie Ebners erweckte, »Sie warten auf Antwort« (1954), gehörte ihre offenkundige und hoch begabte Verwandtschaft mit Franz Kafka. Sie musste sich verteidigen und absetzen als Autorin eigenen Rechts.

Nicht die gekonnte Nachahmung eines Großen ist Jeannie Ebners Geheimnis, sondern eine unheim-

Josef Dobrowsky,
Modell Frau W., Öl
auf Malkarton,
1942

liche Gabe, in allem, was sie schreibt, sie selbst zu sein. Hans Weigel, Literaturkritiker und Förderer aller jungen Talente, verteidigte sie: »Jeannie Ebner kann aus dem Stand dichten. Es dichtet in ihr, es dichtet aus ihr. Sie muss nur mitschreiben.«

Frau Ebner ist eine Nichte des bedeutenden österreichischen Philosophen Ferdinand Ebner und heißt Jeannie, weil sie in Australien geboren wurde. Ferdinand Ebner, dessen anspruchsvolle Philosophie innig verknüpft ist mit der christlichen Erneuerungsbewegung, fand bei Jeannie Ebner reichen Niederschlag. Aus strenger Philosophie wurde bei ihr ein Dichtertraum, worin sich alte Mythen und moderner Surrealismus in einer liebevollen Umarmung finden.

»Entlang der Zeit, zurück bis dorthin, wo die Erde entstand« – so schildert sie ihr

Schreiben, und so ihr Leben: »Es ist selbstverständlich, dass ich dankbar bin für mein Leben.«

Dieses Leben der Jeannie Ebner lässt sich mit drei Worten beschreiben: Schreiben, schreiben, schreiben. Die junge Dichterin war eine lebenslustige Frau, unterwegs in den ebenso lebenslustigen Dichterkreisen des Wiens der fünfziger, sechziger Jahre. »Wie viele Gedichte hätte ich schreiben können, wäre ich weniger oft tanzen gegangen.« Der Satz steht in ihrem Tagebuch, da ist sie schon siebzig.

Und doch ist es eine Art Klosterleben, das sie führt mitten in der Wiener Welt. Mit 21 legt sie bei sich selber ab, was sie »*Das Gelübde*« nennt:

»Nie wieder will ich durch Leichtsinn und Genusssucht riskieren, vom Wege abzukommen, den ich für meinen, den einzig richtigen, halte. Ich will unter allen Umständen daran festhalten, diesen Weg zu gehen, den Weg des SCHREIBENS ...«

Nach ihrem ersten Gedicht »war ich drei Tage benommen von einer unerklärlichen Freude. Da beschloss ich, nicht zu heiraten, keine Kinder zu kriegen, mich nicht um Reichtum zu bemühen ...«

Reich wird Jeannie Ebner nie. Sie wird Bürokraft. Sie schreibt, um zusätzlich zu verdienen, Übersetzungen aus dem Englischen, ganz wunderbare. Geheiratet wird dann doch: »den Mann, von dem ich nach achtzehn Jahren Zusammenlebens genau wusste, dass er der Einzige war, den ich ein Leben lang lieben würde, ohne Verrat zu üben an meinem Angelobtsein an das Schreiben.«

Schreiben ist für sie keine Mühsal, sondern Freude, reinste Lebensfreude. Eine Leichtigkeit. »Es schreibt in meinem Kopf ... Wenn Worte vorüberkommen, schreibe ich einfach mit ... Der Roman schreibt sich selbst. Er sucht sich, wie ein auf dem höchsten Berg entspringender Quell, selbst sein Bett.«

So entsteht eine stets frisch sprudelnde Fülle von Werken. Eine »Berühmtheit« im Sinne der heutigen Medienindustrie ist Jeannie Ebner nie geworden. Sie ist für die, die was von Literatur verstehen, eine Lebensbegleiterin. Und wer versteht was von Literatur? Wer, wie sich Frau Ebner dem Schreiben »anverlobt«, sich dem Lesen »anverlobt«. Es zahlt sich aus.

Vor dem Spiegel
Sie aber stand morgens auf und fand neben sich eine ausgekühlte Mulde im Bett und das Leinen in zierliche Falten zerknittert. Sie strich alles glatt und stellte sich vor den Spiegel und sprach mit sich selbst:
Hier bin ich. Ich bin hier.
Hier stehen nebeneinander meine beiden Beine und tragen meinen Leib. Hier sind meine Hände, die ich gerne fest in die Hüften stemme. Mein Hals ist rund, und ich habe zwei Augen für beide Teile der Welt. Alles ist gut verfügt und weiß die Waage zu halten. Ich werfe mein Herz in die eine Schale, in die andere aber lege ich den Augenblick des Morgens. Und wenn er schwindet, so lege ich immer wieder den Augenblick hin und bleibe mit mir selber im Einklang ...

MARIE VON EBNER-ESCHENBACH

Ohne Herz ist alles nichts

Dass ich's nur gestehe: brav und treu fress ich mich durch durch die jeweils modernste Literatur. Durch muss man, denke ich mir. Und werde auch immer wieder belohnt. Fleißig gleite ich entlang einer Skala von »Das ist ja furchtbar« über »Na ja, is ja nicht so schlecht« bis »Also das ist eigentlich sehr gut«. Aber wenn ich mich so richtig belohnen will – das braucht man doch manchmal – wandere ich kühn nach vorwärts zurück ins 19. Jahrhundert.

Das vorvorige Jahrhundert hat Schätze, die der Wiederentdeckung harren. Die wird sich desto gewisser ereignen, je deutlicher sich das Millennium demaskiert. Der Maßstab, den ich an die Großen des 19. Jahrhunderts lege, ist nicht »Schau, die waren ja auch schon modern«, sondern vorzugsweise: »Schau, wie unmodern sie waren«.

Marie von Ebner-Eschenbach (1830–1916, geboren in Mähren, gestorben in Wien) ist beides: überraschend modern und herrlich unmodern. Sie ist die richtige Erholung und Belohnung. Aus jeder Zeile spricht: sie ist eine wunderbare Frau.

Figuren, Charaktere, Schicksale, sich fortbewegende Handlung – alles dieses altmodische Zeug, das unser Gemüt und auch unser Verstand so hart entbehren müssen, wenn wir uns guten Willens und voller Neugier einlassen auf die unentbehrliche Moderne – alles das bietet die Ebner in hervorragender Qualität. Sie versteht sich auf die Liebe, die Vernunft, den Humor.

Zwar spielt alles unter Aristokraten, aber durch ihr Erzählen macht sie aus ihnen Menschen. Bezaubert von dieser Erzählerin, vergessen wir, dass es lauter Grafen, Gräfinnen und Komtesserln sind.

Die Freifrau von Ebner-Eschenbach hat sehr vernünftige Ansichten von der Liebe. Ohne Liebe

Franz Wiegele,
Die glückliche
Familie, Öl auf
Leinwand,
1931/32

läuft gar nichts. Aber – und das ist Ebners Spezialität – es gibt auch einen schrecklichen Terror der Liebe, eine Überforderung, vor allem der Männer. Die haben mit der Liebe immer ihre Probleme: mit dem Zuviel an Liebe von Seiten der Frauen. Das halten die Männer nicht aus.

In der Novelle »Ohne Liebe« ruft ein Mann laut und wild: »So viele unglücklich Liebende sind doch durch Kunst und Poesie verewigt worden. Warum niemals die viel Bedauernswerteren – die unglücklich Geliebten?« – Da ist Frau Ebner zur Stelle. Sie nimmt sich der zu viel geliebten Männer an, mit fröhlicher Überlegenheit und Milde.

Zu viel Liebe – zeigt die menschen- und männerkundige Freifrau – ist so schlimm wie zu wenig oder gar keine. Aber nur fast. Im Hintergrund, sehr spürbar, verbirgt sich Liebe, die keine närrische, überspannte ist, sondern gereift und bewährt im Zuwarten, in Trauer und Schmerzen – kurz: eben die richtige Liebe.

In Frau Ebners Lebens- und Schaffenszeit zerbröseln Traditionen und halten doch noch. Ihre Jugend erlebt sie im Biedermeier, wo noch alles in Ordnung ist und doch schon alles im Rutschen. Als die Revolution 1848 ausbricht und sich wieder verliert, ist sie 18. Als sie stirbt, 86-jährig, sind's gerade noch zwei Jahre bis zur nächsten, röteren Revolution 1918.

Ebners Blick ist der des aufgeklärten, menschenfreundlichen Adels, aber ihre Romane und Erzählungen haben keine Enge. Die Emanzipation der Frau nimmt sie ohne Verbissenheit, mit Sympathie, als moderate Vorkämpferin.

»Deine gleichgestellte Lebensgefährtin in allen Dingen«, fordert Komtesse Emma vom Grafen Marko, fügt aber hinzu, wieder recht brav: »in allen Dingen, die meinen Horizont nicht übersteigen.«

Die Freifrau Ebner, ohne ihren Blick von oben aufzugeben, stellt sich radikal auf die Seite der Untertanen und Armen. Ihr Roman »Das Gemeindekind« (1887) machte darum Aufsehen. Noch stärker ist ihre Parteinahme für die Unteren gegen die Oberen, ihre Standesgenossen, in der Novelle »Er lasst die Hand küssen«:

Ein gut gewillter, fröhlicher, stets gehorsamer Dienstbote verliert nach einer Kette von Ungerechtigkeiten sein Leben unter fünfzig Stockschlägen, die zu verordnen Gräfinnen damals berechtigt waren.

Ihre besten Erzählungen stellte Marie von Ebner-Eschenbach unter den Titel »Dorf- und Schlossgeschichten« (1883/1886). Der Titel ist ein Programm: das Dorf der Armen kommt vor dem Schloss der Reichen.

Und in ihren allerbesten Geschichten ist sie, eine der frühesten großen Frauen der österreichischen und deutschen Literatur, den großen Männern dieser Literatur gleich.

> Eine Frau – ein Wort
> Emma: Da wir ohne Liebe heiraten, wissen wir nichts von ihren Schmeicheleien.
> Marko: Ich weiß leider genug von ihnen, um sie zu verabscheuen – aber, Verehrte! Ich habe so oft Ja gesagt, sage auch du einmal Ja. Nimmst du mich?
> Emma: Ja.
> Marko: Das ist der Segen bringendste Augenblick meines Lebens! Unser Bund ist geschlossen.
> Emma: Eine Frau – ein Wort.
> (Gräfin kommt durch die Mitte)
> Marko: Ich muss dir etwas sagen, Tante, beste Tante, ich habe die Ehre, dich um die Hand Emmas zu bitten.
> Gräfin: (fassungslos zu Emma) Und du? …

ALBERT EHRENSTEIN

Gras schoss aus meinem Schädel

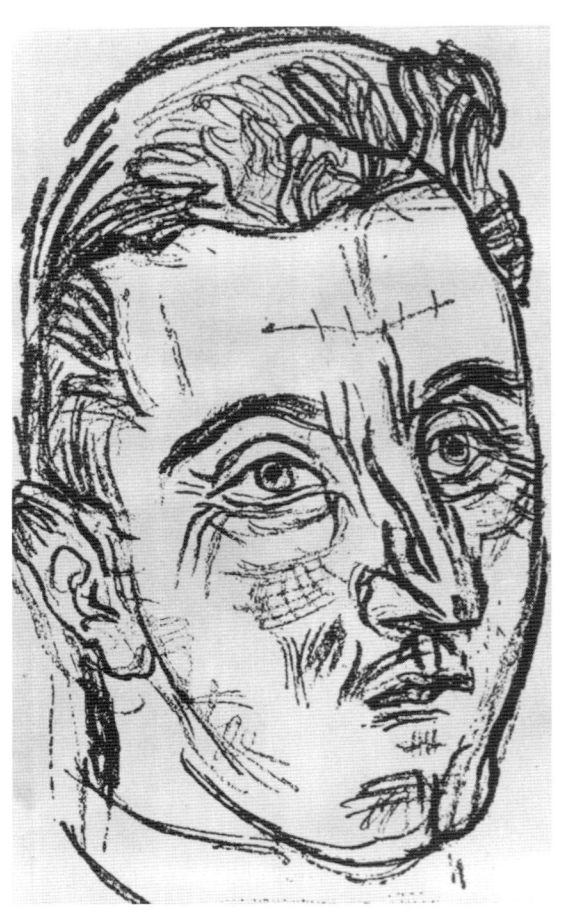

Expressionismus: Ausdruckskunst – so wild, dass alles anders wird: Die Dichter denken anders, die Maler malen anders. Der Dichter Albert Ehrenstein und der Maler Oskar Kokoschka waren eng befreundet. Kokoschka ist allbekannt, Ehrenstein, einst berühmt, muss erst wieder entdeckt werden.

»Tabu brechen« – eine zu Tode gerittene Phrase. Aber die zwei taten das. Kokoschka malte die ganz andere Verkündigung: Maria, eine reife Frau, fast schon in den Wehen, der Engel der Verkündigung nackt. Und doch – durch seine Kraft! Die Hände des Engels sind wie Flügel! – ein tief religiöses Bild.

Ehrenstein hatte mit etablierter Religion nichts auf dem Hut. Doch schrieb er Gedichte wie:

»Schlaf umdunkelt mein Gebein
im Traum starb ich schon
Gras schoss aus meinem Schädel
Aus schwarzer Erde war mein Kopf.«

»Du bist der gute Tod
Ich bin ein Häuflein Erde
O komme bald und menge mich
Erde in Erde.«

Albert Ehrenstein, geboren 1886 aus einer kleinbürgerlichen jüdischen Familie in Wien-Ottakring – schickte mit 23 Jahren an Karl Kraus ein Gedicht das dieser kommentarlos in der »Fackel« abdruckte (Nr. 296, 1910). Über Nacht war der gänzlich Unbekannte gänzlich berühmt. Damals ging das. Die »Fackel« war Medium und Evangelium der Intellektuellen.

1911, im Jahr, da Kokoschka seine Verkündigung malte, erschien Ehrensteins Erzählung »Tubutsch«, illustriert von Kokoschka. Nicht mehr als fünfzig Seiten, von Karl Kraus enthusiastisch gelobt – und der junge Ehrenstein war auf der Höhe des Wiener Ruhms. Es geschah zu Recht. Ehrenstein war ein Genie.

Oskar Kokoschka,
Die träumenden
Knaben, Postkarten-
entwurf, Tusche, Was-
ser- und Deckfarben
auf Papier, 1907

1950 starb er, von den Nazis ausgetrieben, im New Yorker Armen-Hospital Welfare Island – nach missglückter Rückkehr nach Österreich, wo sich keiner um ihn scherte.

Aus einem seiner letzten Briefe: »Die Tage hatschen vorüber, die Nächte schleichen vorbei, die Stille wächst, die Leere stöhnt, mein Schreibtisch kann mir längst gestohlen werden.«

Zur Zeit des Ersten Weltkrieges war Ehrenstein in die Schweiz geflüchtet. Er war leidenschaftlicher Pazifist und Verhöhner der bürgerlichen Gesellschaft. Die Sozialdemokratie verachtete er, die Sowjetunion bewunderte er. Mit dem stalinistischen Kommunismus ließ er sich aber nie ein. Sein Motto war: »Heilig ist der Sozialismus, heilig ist der Kommunismus, heilig ist das Urchristentum.« Vereinbarung der schärfsten Gegensätze gehörte stets zu seinem Leben und Werk.

Zum zeitgenössischen Christentum schrieb er in drei Zeilen:

»Der liebe Gott ist tot
Es bleibt uns nur
Der Gott der Liebe.«

Ehrenstein konnte nicht chinesisch, aber an Hand von Wort-für-Wort-Übersetzungen schrieb er Nachdichtungen chinesischer Romane und des Weisheitsbuches »Schi-King«. Die Auflagen übertrafen die seiner eigenen Bücher.

Viele Texte Ehrensteins sind zeitgebunden, »zum Vergessen« auch in dem Sinn, dass sie halt nicht gut waren. Der Expressionismus ist ein Gewerbe, das viel Ausschuss produziert. Es bleibt ein Rest, der großartig ist.

Expressionismus ist eine Kunst der Übertreibung. Doch in seinen kurzen Erzählungen ist Ehrenstein ein Meister der Schlichtheit. »Es war einmal ein junger Dichter namens Eduard, der lebte in einem Palaste. Und in ihm war nichts als Sehnsucht. Seine Diener aber brachten ihm Schinkensemmeln mit Kaffee.«

Ein radikal Moderner trifft den Märchenton! Er zieht uns sogleich ins Reich des Absurden und lässt uns dort im Stich. Er hat den Mut, uns nichts zu erklären und uns immer tiefer zu verwirren. Woher nimmt er diesen Mut? Es handelt sich um Schwermut. Er führt uns in die Traurigkeit, bei fortdauernder Schönheit und fernbleibender Lust des Lebens.

Der Held seiner Erzählung »Tubutsch« ist an sich eine spaßige Figur, ein Nichtstuer und Habenichts, von unstillbarer Melancholie. »Reißt mir heute unterwegs ein Schuhschnürl, danke ich Gott. Denn nun darf ich mit einiger Berechtigung in ein Geschäft treten, Schuhschnürl verlangen und die Frage, was ich sonst noch wolle, mit: Nichts! beantworten.«

Ehrenstein unternahm mit Kokoschka eine Orientreise, aber sie half seiner Schwermut nicht. Aus Ägypten brachte er das Gedicht heim:

»In der Jahrtausendwüste
Sitzen geduldig
Die Memnonkolosse
Und warten
Bis ihnen ein Weißer die Schuh putzt.«

Wir spüren die Trauer, aber wir müssen lachen.

Wanderers Lied
Meine Freunde sind schwank wie Rohr,
Auf ihren Lippen sitzt ihr Herz,
Keuschheit kennen sie nicht;
Tanzen möchte ich auf ihren Häuptern.
Mädchen, das ich liebe,
Seele der Seelen du,
Auserwählte, lichtgeschaffene,
Nie sahst du mich an,
dein Schoss war nicht bereit,
Zu Asche brannte mein Herz …

GUNTER FALK

Die Wölfe sind willkommen

Immer mehr mache ich die Erfahrung: Dichter und
Maler stimmen überein quer durch die Epochen der
Literatur- und Kunstgeschichte. Vom Grazer Poeten
Gunter Falk (1942–1983) las ich ein Haiku, ein
Kurzgedicht gemäß japanischer Tradition, 5 plus 7
plus 5 Silben:

> »eines morgens als
> die sonne und nicht nur sie
> langsam unterging«

Geschrieben um 1978. Es passt haarscharf zu einem
Aquarell des Wiener Malers Franz Probst, 1918,
»Sonjas Zimmer«, eine Illustration zu Dostojewskis
Roman »Raskolnikow«.
Die sechzig Jahre Zwischenraum spielen keine Rolle.
Das Licht im Zimmer ist ein Morgenlicht und doch
geht zugleich die Sonne unter »und nicht nur sie«.
Leer ist Sonjas Sessel, auf den alles Licht fällt. Die
Abwesende ist der Mittelpunkt. Gegen die Trauer
kommt die weiße Blume nicht auf, die in der Vase
auf dem Tisch schwach sichtbar ist.
Falk war ein Trunkenbold und ein teils rauer, teils
zarter Liebhaber.

> »In meinem Herzen
> siedet dein Blut
> in deinem Herzen
> schwindet mein Mut«

Das ist nah dran am Kitsch. Ganz seltsam, wo doch
Falk in den meisten seiner Texte ein Jungstar der mo-
dernsten Moderne war, Grazer Spielart. Von Graz
zogen sie aus, in den sechziger Jahren, zur günstigen
Begleitmusik des deutschen Feuilletons: Gerhard Roth,
Alfred Kolleritsch, Wolfgang Bauer, Helmut Eisendle,
Reinhard Priessnitz, Barbara Frischmuth, Peter Hand-
ke, Gert Jonke, Alois Brandstetter, Klaus Hoffer,
Michael Scharang, Helmut Zenker und noch einige.

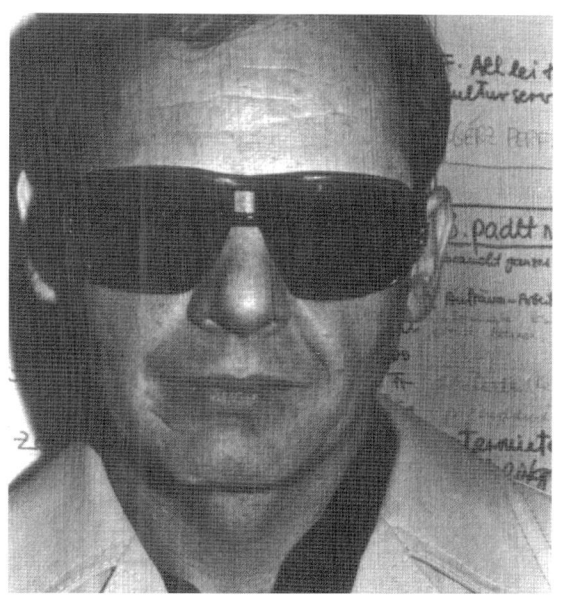

Franz Probst,
Raskolnikow –
Zimmer der Sonja,
Aquarell, 1918

Welch verdächtige Fülle aus der Provinz! Die tiefe Provinz ist eben tief. Einer landete beim Weltruhm (Handke), alle anderen zumindest beim deutschem Ruhm, fast alle soffen, einige machten sich wieder frei (Wolfi Bauer), andre starben dran (Gunter Falk).

Die nächtliche Brutstätte ihrer herzlich harmlosen Exzesse, das Weinhaus Kodolitsch beim Grazer Dom, ist zugesperrt. Die mitfühlende Chronik »Wie die Grazer auszogen, die Literatur zu erobern« (Edition Text und Kritik, München 1975) ist vergriffen.

Gunter Falk gab vor, Soziologe zu sein, Dozent an der Universität Graz und an der Grazer Volkshochschule Urania. Er schrieb einige originelle Arbeiten über Soziologie, kühn gegenläufig zu einer Gesellschaftswissenschaft, die sich amerikanisierte.

Was ihn wirklich interessierte, war allein das Experimentieren mit der Sprache. Er wollte – wie die Grazer Gruppe um das dortige »Forum Stadtpark«, aber radikaler als die meisten ihrer Mitglieder und Anhänger – eine Literatur, wie es sie noch nie gegeben hat.

Nun gibt es ja Literatur schon sehr lange, und im Lauf ihrer Jahrtausende ist alles schon probiert, in Vollendung oder in Ansätzen. Falk setzte sich ein Ziel, in welchem das Scheitern schon eingebaut war, aber auch ein teilweises Gelingen, das zu tiefem Respekt nötigt. Selbstbiografie: »Hans ist ein trinker, weil er angst hat/Hans hat angst, weil er ein trinker ist/ Hans trinkt, weil er ein trinker ist/Hans ist ein trinker.«

Falk war mit Graz eng verbunden. Alles was er wurde (ein großer Lyriker) und alles was er nicht wurde (ein über Graz hinausreichender Autor) – verdankt er Graz. Zum Drüberstreuen und ganz selbstverständlich für ihn, den instinktiv Anti-totalitären, hasste er jenes NS-Graz, das die »Stadt der Volkserhebung« war. Er dichtete eine Art Anti-Horst-Wessel-Lied. »die reihen auseinander / luft ist zum atmen da / die ehen dicht geschlossen / sag doch zum sterben ja«.

Eine Parodie, die von seiner politischen Gesinnung zeugt, aber auch von seiner drüberstehenden Unbekümmertheit. Denn die letzte Zeile enthält ein Ja zum Tod, das auch die Nazis drauf hatten. Falk kehrt es um: aus falschem Heldenpathos in tapfere Hingabe an die große Tatsache des Todes. Sein »karfreitagslied«: »im nächsten / jahrtausend / kannst du / sterben / wenn du unbedingt / lange / leben willst / die wölfe werden / dich beerben / sie fressen schon / an deinem / gesicht«.

Tatsächlich zeigen die erhaltenen Fotografien genau das. Ein Gesicht, an dem der Tod schon arbeitet. Das junge Genie *will* nicht alt werden. Die Wölfe sind willkommen.

Er teilt sein Leben in vier Welten: in der ersten Welt Soziologie, in der zweiten Dichter, in der dritten Säufer, in der vierten – über die könne er nichts sagen.

Was war die vierte Welt Falks? Das Schweigen, das der von ihm und den Grazer Rebellen so geschätzte Ludwig Wittgenstein zum ironischen Zentrum seiner Philosophie machte.

Aus dem Schweigen als höchstem Prinzip erklärt sich gleich auch die geringe Zahl und Dicke der zustandegekommenen Bände, drei insgesamt. »Der Pfau ist ein stolzes Tier«, 1965, 23-jährig. Lange Pause – 1977 »Die Würfel in manchen Sätzen«. Lange Pause – 1983 »Die dunkle Seite des Würfels«.

Die dunkle Seite des Würfels erhellt sich durch Jazz. Die Band »Neighbours« spielt und Falk liest – im »Forum Stadtpark« 1983 (2 CDs im »Dossier Falk«).

»in meiner dämmerung / versinke ich / ziegelrot / wie frisches lungenblut / hinter den hügeln / meiner großhirnrinde«.

> rüste dich auch
> vergebliche hoffnung: mutter ist lange
> schon hinüber: rüste dich auch:
> auch der mond erlischt im nebel
> noch blitzt zur letzten reise das neon …

SIGMUND FREUD

Die Psychoanalyse als Kunstwerk

Der kreative Wissenschafter ist ein Dichter. Er öffnet uns neue Wirklichkeit. Und auch die Form, in der er seine Entdeckungen beschreibt, kann ein Kunstwerk sein. Von Sigmund Freud (1856–1939) gilt dies besonders. Sein ansonst extrem kritischer Biograf Jeffrey Masson billigt ihm »die Stilmittel eines Romanciers« zu; Freud schrieb eine medizinische Fallgeschichte in Dialogform, wissenschaftlich ganz ungewöhnlich, künstlerisch ganz logisch.

Seine wichtigsten Texte über Patienten, die er heilte, lesen sich ebenso gut als Mythen oder Märchen, mit spannenden Titeln wie »Der kleine Hans« (1909), »Der Rattenmann« (1909), »Der Wolfsmann« (1919). Sehr reizvoll kontrastiert seine wissenschaftliche Zurückhaltung mit der unbezweifelbaren literarischen Qualität.

Freuds epochaler Erstling »Die Traumdeutung« (1900) ist eine wissenschaftliche Revolution und ebenso ein Kunstwerk.

Franz Bäumer, geistvoller Lebensbeschreiber Arthur Schnitzlers, bemerkt über Sigmund Freud: »Seine früheren Krankengeschichten lesen sich, wie er selbst einmal erstaunt feststellte, wie Novellen.«

Für den Literaturwissenschafter Horst Thomé steht Freuds berühmte Fallgeschichte seiner Patientin Dora (»Bruchstück einer Hysterie-Analyse«, 1900) in ihrer »narrativen Vielfalt als Experimentalroman der reifen Erzählkunst Schnitzlers in nichts nach«.

Bei Schnitzler wiederum, wie dieser in seiner Autobiografie »Jugend in Wien« bemerkt, waren es »die literarischen Neigungen, die ihn zum Studium der Nervenkrankheiten führten«, und damit zu Freud.

Freud schätzte seine Doppelbegabung als Wissenschafter und Dichter richtig ein. Sein letztes Werk, anfechtbar als Wissenschaft, ist als Dichtung sein

Anton Faistauer,
Junge Frau auf
rotem Sofa, Öl auf
Leinwand, 1913

schönstes: »Der Mann Moses«, geschrieben im Todesjahr 1939, nennt er selber »eine Art historischen Roman« in einem Brief an Lou Salomé.

Lou Salomé, Freuds Seelenfreundin, definierte bündig: Freud sei »der Dichter der Psychoanalyse«.

Da drängt sich nun freilich die kitzlige Frage vor: War Freuds Wissenschaft Dichtung, bestand sie aus bloßer Erdichtung, oder waren es »wissenschaftliche Tatsachen«. Ich meine eher umgekehrt: Dichtung ist die bessere Wissenschaft, sie lehrt ein Tiefenwissen, das die bloßen dürren Tatsachen gar nicht beibringen können.

Als der Wiener Psychiater Wagner-Jauregg 1927 den Nobelpreis bekam, meinten Freunde: »Vielleicht kriegt Freud ihn auch noch.« Wagner-Jauregg herablassend: »Ja, vielleicht – für Literatur.«

Für Dichter hat sich Freud mehr interessiert als für viele seiner Mitwissenschafter. Dostojewski hielt er für eine tiefe Quelle der Psychoanalyse. Mit Kunstwerken und Künstlern befassten sich viele seiner Werke. Antike Kunstwerke befanden sich in seinem Arbeitsraum und in seiner Wohnung buchstäblich zu Tausenden (3000 Stück umfasst die hinterlassene Sammlung).

Mit moderner Kunst tat sich Freud schwer. Aber als ihn Salvador Dali besuchte und porträtierte – fing er Feuer. In der Tat ist Dalis ganzes Werk, und das vieler anderer Surrealisten gemalte und gezeichnete Psychoanalyse.

Mit Lou Salomé, einer künstlerisch und psychoanalytisch gleichermaßen hoch begabten Frau, verknüpfte ihn eine jahrzehntelange geistige Liebe. Die Russin war Freundin Nietzsches und Rilkes. Freud war der Dritte im Bund; eine rührend innige und, von seiner Seite, sorgsam distanzierte Affäre.

Freud schrieb über Lous psychoanalytische Arbeit: »Ein unfreiwilliger Beweis Ihrer Überlegenheit über uns alle (Psychoanalytiker), entsprechend den Höhen, von denen herab Sie zu uns gekommen sind.« Sie könne »die Sammlung von Nerven, Muskeln, Sehnen und Gefäßen, in die das analytische Messer den Leib verwandelt hat, wieder zum lebendigen Organismus rückverwandeln«.

Dass Freuds Wissenschaft kein anderes Thema hatte als immer nur Sex, ist ein »Freud für Dummis«. Er war ein sehr bürgerlicher Mann, »straight« würde man auf modern sagen. Ein Besuch in seiner Wohnung (freudmuseum, Wien 9, Berggasse 19) beweist es.

Seine Deutung der Sexualität als Triebfeder menschlichen Lebens, falls unterdrückt, menschlicher Krankheit, schockierte seine prüden Zeitgenossen – aber auch ihn selbst.

Er war überhaupt nicht »freizügig« im heutigen Sinn. Seine eigene Seele hielt der Meister der Seelenforschung in strengster Disziplin. Der Erfinder der Psychoanalyse ließ sich selber nie analysieren; heute ist eine »Lehranalyse« für jeden angehenden Psychoanalytiker eine Vorschrift ihrer Zunft.

Freud stellte in reiferen Jahren (»Jenseits des Lustprinzips«, 1919) dem Sexualtrieb des Menschen den »Todestrieb« gegenüber, und er hielt diesen für mächtiger.

Die Psychoanalyse handelt von der Stärke der Seele und vom Leiden der Seele, und wie diese Kräfte des »Unbewussten« körperliche Wirkungen und seelische Krankheiten erzeugen. Sigmund Freud hatte Lippenkrebs – von den vielen Zigarren, die er mit Leidenschaft rauchte. Ist das alles? Andere rauchen und kriegen keinen Krebs. Die Sprachwerkzeuge, wenn die krank werden, deutet dies auf Verschlossenheit, auf nicht herauslassen des Inneren.

Freud hielt sich lebenslänglich im Zaum: Vieles sprach er nicht aus, hielt er verborgen vor anderen, auch vor sich selbst. Dass ausgerechnet der Vater der Psychoanalyse an solcher Verdrängung erkrankte und starb – ist ein Witz der Wissenschaftsgeschichte. Er, der große Aufdecker, starb am Unaufgedeckten in seinem Unbewussten.

Echte Fanatiker der Psychoanalyse beantworten dies mit Empörung und Leugnung. Aber 120-prozentige Anhänger der Psychoanalyse gibt's kaum mehr. Kaum wer ist gegen die Freud'sche Lehre, kaum wer ist für sie in ihrer dogmatischen Urform, die keinen Widerspruch zuließ – mit der historischen Folge der Spaltung der psychoanalytischen »Kirche« in mehrere streitbare Sekten.

Zu Freuds Zeiten nannten die Psychoanalytiker seine Lehre und ihre Anhänger eine »Bewegung«. Die Bewegung bewegte sich in die Richtung aller großen Entdeckungen: sie sind Fortschritte, aber reichlich bleibt Unerforschtes, Strittiges, auch Seltsames.

Freuds Leben und seine Texte durchfließt ein beständiger Strom souveränen Humors von bester jüdischer Art. »Der Witz und seine Beziehung zum Unbewussten« (1905) ist das erheiterndste Werk aller Wissenschaft. Dass dem Mensch sein eigener Tod nicht bewusstseinfähig sei, illustrierte er mit der Anekdote: Ehemann sagt zu Ehefrau: »Wenn einer von uns beiden stirbt, ziehe ich nach Paris.«

Durch massive Interventionen der Westmächte gelang es 1938, die Familie Freud samt Leibarzt und Haushaltshilfe und Massen von Gepäck dem Zugriff der Nazis zu entziehen.

Vor der Ausreise nach London legte die Gestapo dem weltberühmten Mann eine fertig formulierte Bestätigung vor: er sei anständig und achtungsvoll behandelt worden. Freud, unterm Unterschreiben, fragte, ob er noch hinzufügen solle: »Ich kann die Gestapo jedermann wärmstens empfehlen.«

Freuds Schwestern, alte Damen, blieben im NS-Reich zurück und wurden vernichtet. In London fand die Familie Freud erstklassige Aufnahme. Er hatte nur noch ein Jahr zu leben. Nach großen Qualen starb er friedlich mit einer großen Dosis Morphium.

Von seiner Krankheit abgesehen hatte sich Freud in England glänzend wohlgefühlt. Zu seinem Biografen Ernest Jones sagte er: »Ich bin fast versucht, Heil Hitler auszurufen.«

In Wien, in den Tagen der Nazis, fragte seine Tochter: »Sollen wir uns nicht lieber alle umbringen?« Freud antwortete: »Warum? Weil sie es gerne möchten?«

Nach der Abreise aus Wien schrieb er dem Psychoanalytiker Eitington: »Man hat das Gefängnis, aus dem man entlassen wurde, immer sehr geliebt.«

> Ich habe mich solange in geistiger Beziehung als Deutscher gefühlt, bis ich das Wachstum des Antisemitismus in Deutschland und Österreich beobachten konnte. Seither ziehe ich es vor, mich als Jude zu fühlen.
> *Sigmund Freud, 1927*

ERICH FRIED

Der Hund Schufti und die Politik

Den politischen Dichter erkennt man daran, dass er mit der Politik kein Auslangen findet – seine Träume vom guten Leben kommen ihm in die Quere. Desto mehr, je tiefer seine Poesie und je weiter sein Fortschritt zum Tode. Widerspruch liegt darin keiner, denn das Ziel idealistischer Politik ist ja nichts anderes als die Verwirklichung des Traumes vom guten Leben aller Menschen.

Wenn alle gut leben, ist die Politik an ihrem Ende. Von da ab kann erst richtig gedichtet werden, ohne Politik nämlich. Bis zu diesem gewiss unmöglichen Punkt kann der politischen Dichtung der Stoff nicht ausgehen. Bis dahin wird ihr immer etwas Undichterisches anhaften, eine gewisse Lächerlichkeit, mit der sie fertig werden muss, so gut es geht. Und oft geht es nicht sehr gut.

Erich Fried (1921 in Wien, 1988 in London) hat viele schlechte Gedichte geschrieben, und zum willkommenen Ausgleich nicht wenige sehr gute. Seine schlechten Gedichte finden sich unter den politischen, seine schönsten unter den Liebesgedichten. Fried stand weit links und kämpfte für edle Ziele, gegen den Vietnamkrieg, für den Frieden, gegen Atomkraft, für Menschenrechte rund um den Globus.

»Er, der gegenüber dem politischen Gegner stets Liebenswürdige und Verständnisvolle, hatte schnell mehr Feinde, als er lieben konnte« – schrieb sein Freund und Verleger Klaus Wagenbach im Nachwort zu Frieds Autobiografie »Mitunter sogar Lachen« (1986/1992).

Fried, der scharfe politische Angreifer, war von einer umwerfenden persönlichen Güte. Er, der Jude, ließ sich auch noch mit einem Neonazi (ich glaube, er hieß Michael Kühnen) in Gespräch und Begegnung ein, zum Missvergnügen seiner strikteren Genossen.

Ernst Huber,
Rittersporn, Öl auf
Leinwand, o. J.

Die Autobiografie ist ein schmaler Band und gehört zum Ergreifendsten, was je ein Dichter über sich schrieb. Der große Stern am fortschrittlichen Himmel ist hier als Kind und Mensch zu finden. Man liest, wie oft er weinte, noch im Alter (er wurde 67), und es waren unpolitische Tränen. Das kürzeste und schönste Kapitel gab er seinem Kindermädchen Fini. Und will man wissen, wie Dichter *werden*, hilft sehr der kleine Absatz:

»Und so, wie ich stundenlang mit meinem Hund Schufti gesprochen habe, so konnte ich meinen Vater jeden Abend vor dem Einschlafen aus seinem Zimmer – meine Mutter schlief in einem anderen Raum – durch die Tapetentür lange sprechen hören. Er sprach zu unserem anderen Hund, Piet, und ich glaube, eigentlich aus dem gleichen Grund, aus dem ich so viel mit Schufti gesprochen habe, weil er eigentlich so allein war wie ich, oder noch etwas mehr, und niemanden außer dem Hund hatte.«

Frieds Vater starb daran, dass ihm ein Gestapomann im Verhör die Magenwand eintrat. Fried konnte rechtzeitig nach London fliehen, sich dort über Wasser halten, seine Mutter nachholen und mehr als siebzig andere Menschen ins Exil retten.

Seine Großmutter war fast immer witzig. Er hatte sie sogar lieber als seinen Hund Schufti, aber nur ein bisschen, gesteht er. »Wenn sie nur einmal oder zweimal nießen musste, sagte sie ›Helf Gott!‹ zu sich, beim dritten Mal aber: ›Ach was, zerspring!‹ ... In ihrem 79. Lebensjahr ist sie vergast worden.«

Antifaschistischer Agitprop ist nur Frieds Vermummung. Er ist ein unermüdlicher Liebhaber von Haut, Duft und Frau. Ein Sehnsüchtiger nach Weltrevolution, die solche Liebhaberei nicht aus-, sondern einschließt als das Allerrevolutionärste. Ein Schützer noch der Fliegen, denen kein Leids getan werden darf.

»Ich habe Insekten aus Spinnennetzen befreit, aber manche habe ich auch nicht befreit. Sie waren zu fest verstrickt, oder ich hatte keine Zeit, oder ich hatte Mitleid mit der Spinne.«

Fried, leidenschaftlicher Kämpfer auf politischem Feld, schließt seine Erinnerungen mit dem privaten Satz: »Es wäre noch viel zu sagen, Gutes und Schlechtes, von meiner Mutter und von meiner Großmutter, und viel Schlechtes von mir.«

Zu Österreich, dem Land seiner Jugend, aus dem er vertrieben, in dem ihm der Vater ermordet, aus dem ihm die Großmutter in die Gaskammer geschickt wurde – steht Fried, die große Seele, erstaunlich positiv; man könnte ihm eine andere Haltung gar nicht verdenken, aber so ist er.

»Heimat« heißt ein Gedicht aus dem Jahr 1941:

> »Fort mit wirren Vergleichen,
> Land ist nicht Land allein.
> Erst wenn wir dir uns reichen,
> wirst du gereicht uns sein.
> Heimat, du bist kein Eden,
> fern in den Sphären schwebend.
> Knüpfer sind wir und Fäden,
> selber dich webend.«

1962 wird Fried wiederum österreichischer Staatsbürger und kommt nach Wien zu einer Lesung. Er bleibt in London wohnhaft, wo seine Kinder aufwachsen. In Österreich ist er oft und mischt sich heftig in die heimische Politik, immer von links her. Aber von dorther wird ihm auch misstraut, er ist heftig gegen die Stalin-Diktatur.

Auf dem ersten österreichischen Schriftstellerkongress im Wiener Rathaus, den ich 1981 als Gewerkschaftshäuptling der Journalisten einfädelte, kommt es zur Versöhnung und Umarmung zwischen Erich Fried, dem wilden Linken, und dem

Kritiker Hans Weigel, dem wilden Antikommunisten. Der Kongress brauste Beifall.

Fried schrieb viele Gedichte über Österreich, alle kritisch, keines ohne Liebe. Er liebte die Heimat nicht wie sie ist, sondern wie sie sein soll. So halten's eigentlich alle ordentlichen Revolutionäre. Fried 1987 (»100 Gedichte ohne Vaterland«):

»Aber es ist nicht genug
wenn mir die Herrschenden sagen
man darf das nicht schreiben
denn die sagen zu oft man darf nicht. Nein, ich muss auch
meine Genossen fragen
diese und jene
die miteinander gar nicht mehr sprechen.
Erst wenn auch die mir sagen
man darf das nicht schreiben
kann ich beginnen zu wissen
dass ich es schreiben muss.«

Was es ist
Es ist Unsinn
sagt die Vernunft
Es ist was es ist
sagt die Liebe
Es ist Unglück
sagt die Berechnung
Es ist nichts als Schmerz
sagt die Angst
Es ist aussichtslos
sagt die Einsicht
Es ist was es ist
sagt die Liebe
Es ist lächerlich
sagt der Stolz
Es ist leichtsinnig
sagt die Vorsicht
Es ist unmöglich
sagt die Erfahrung
Es ist was es ist
sagt die Liebe
Du
Wo keine Freiheit ist
bist du die Freiheit
Wo keine Würde ist
bist du die Würde …

EGON FRIEDELL

Ein Genie springt aus dem Fenster

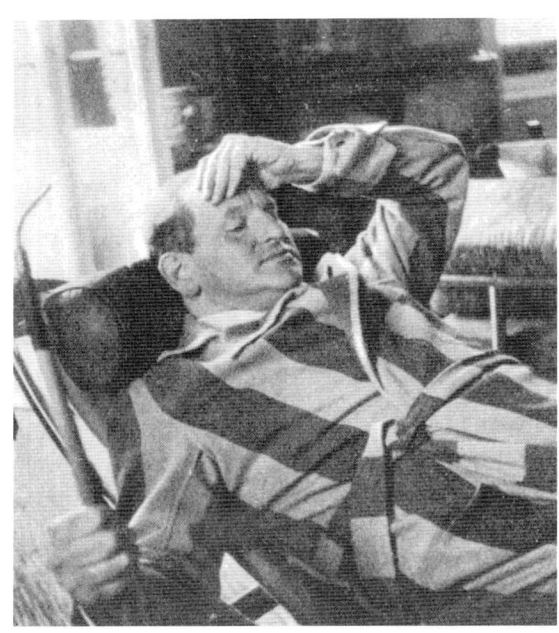

»Vorsicht!« – Mit diesem Warnruf an Vorübergehende springt Egon Friedell (1878–1938), Schriftsteller, Historiker, Schauspieler, Kabarettist aus dem Fenster seines Wohnhauses Wien 18, Gentzgasse 7.

»Vorsicht!« – war ein Warnruf auch an sich selbst. Einen raschen Tod zog er vor einem langsamen, würdelosen Sterben in der NS-Todesmühle. Zwei SA-Leute hatten an seine Tür geläutet und gefragt: »Wohnt hier der Jud Friedell?«

Friedell war eine imposante Erscheinung – auch äußerlich: groß und wohlbeleibt – ein Fixstern in der Wiener Geisteswelt zwischen der Jahrhundertwende 1900 und dem Einmarsch der Nazis. Er schrieb drei monumentale Bände »Kulturgeschichte der Neuzeit« (1927, 1928, 1931), dazu zwei Bände »Kulturgeschichte des Altertums« (1936, 1938).

Als Untertitel für die Neuzeit-Bände setzte er: »Die Krisis der europäischen Seele von der schwarzen Pest bis zum Weltkrieg«. – Ja, Friedell glaubte an die Seele, nicht an die Vernunft. Den Fortschritt, die Wissenschaft, die Selbstherrlichkeit des Menschen – schätzte er gering.

In der »Kulturgeschichte des Altertums« stehen die großartigen Sätze:

»Aber darin offenbart sich eben der tiefere Sinn der Weltgeschichte, dass ihr Triebrad verdeckt ist, dass der Zeiger aus unerforschlichen Gründen sich plötzlich verlangsamt, beschleunigt oder auch stehen bleibt, ja zurückläuft. Warum unterlagen die Hunnen auf den Katalaunischen Feldern, warum stockte der Vormarsch der Türken vor Wien, warum wurde die Armada ohne Schlacht besiegt und verließen die Mongolen Schlesien trotz ihres Sieges? Ohne diese geheimnisvollen Peripetien wäre Europa hunnisch, türkisch, spanisch, mongolisch geworden. Was wir für

Wilhelm Thöny,
Im Café, Wasserfar-
ben, schwarze Feder,
Bleistift, 1930/35

historische Ursachen halten, sind Folgen von Ursachen, die jenseits der Historie liegen. Der wahre Gang des Weltgeschehens besteht nicht in Ereignissen.«

Lina Loos, Friedells lebenslängliche Freundin, war eine boshafte Person, er schätzte sie unter anderem deswegen. Sie sagte: »Ich stelle mir deine Kulturgeschichte so vor, dass sie alles enthält, was mich nicht interessiert.« Friedell, bescheiden: »Nein, so umfassend ist sie nicht.«

Seine Freunde, Freundinnen, Mitkünstler, mit denen er im Kaffeehaus saß, glaubten es nicht und hatten es gar nicht gern, dass er, der Schreiber leichter Stücke, Schauspieler unter Max Reinhardt, Kabarettist und Geschichtenerzähler – »plötzlich« Autor eines historischen Werkes wurde, mit dem er über Nacht Berühmtheit erlangte.

Hinter seinen historischen Werken steckt kein anderer Friedell, als der, den die Wiener kannten und der sie zum Lachen brachte. Lachen kann man beim Lesen seiner Kulturgeschichte auch und reichlich. Aber es gibt einen ernsten Kern, eine Friedellsche Philosophie:

Die schönste Ursache in der Geschichte ist das Geheimnis. Während der Fachmann alles erklären kann, zieht sich der Künstler aufs Geheimnis zurück. Auch wenn er Falsches schreibt, kann er nicht Unrecht kriegen – er ist Künstler.

»Warum soll man nicht Dinge sagen, von denen sich höchstens beweisen lässt, dass sie falsch sind.« Der Künstler Friedell schreibt Geschichte als Kunstwerk.

Als Künstler und Schauspieler sieht er die Rolle des »großen Mannes« in der Geschichte. Er ist vernarrt in Friedrich den Großen, Napoleon, Bismarck. Freunde werfen ihm vor, er sei ein Nazi. Seiner Lina Loos schreibt er:

»Dabei berufen sich alle auf mich! Ich lese jetzt wieder einmal Nietzsche und ersehe zu meiner Beruhigung, dass er denn doch bedeutend mehr Schuld hat als ich.«

Seine Schlussfolgerung: »Wenn ein Trottel ein schlechtes Buch liest, so ist das schon sehr bedauerlich, schrecklich aber sind die Folgen, wenn ein Trottel ein *gutes* Buch in die Hand bekommt.«

Friedell ist geistreich auf eine ganz unangestrengte Weise. Anstrengen muss er sich, wenn er ernsthaft schreibt – da ist das Resultat auch nicht so gut, man überschlägt die Seiten. Aber wenn er redet, wie ihm der Friedellsche Schnabel gewachsen ist, dann hat er eine umwerfende, zur Bewunderung zwingende Komik. Ungezählt sind daher die Anekdoten von ihm und über ihn.

Nur noch ein Geschichterl, bevor ich aufhören muss:

Hugo von Hofmannsthal, Textdichter des »Rosenkavalier«, beschwert sich im Gespräch mit Friedell, Richard Strauss habe keine gute Musik zu seinem Text gemacht. Ihm wäre Lehár lieber gewesen. Was meine denn Friedell? Dieser erwidert: Sie haben Recht; wenn man auch noch den Textdichter ausgetauscht hätte, wäre es eine ganz gute Oper geworden.«

BARBARA FRISCHMUTH

Drei Feen und ein Dackel

Barbara Frischmuth ist eine wunderbare Erzählerin, sehr genau und sehr unterhaltsam. Man liest und kennt sich nicht aus, und liest doch weiter und ist versucht zu sagen: So viel Erzählkunst wäre eigentlich einer besseren Sache würdig.

Denn was Frau Frischmuth erzählt, sind lauter Geschichten, auch Romane, von Dingen und Personen, die nicht zusammenpassen, Pflanzen und Tieren, die sich Gedanken machen, man möchte es gar nicht glauben, Menschen, untermischt mit Tieren – z. B. eine Nonne und ein Pferd, die miteinander was erleben.

Hexen, Berggeister, eine Häsin namens Lizzi Lampe, die Karotten stiehlt im Garten der Mutter Wolf und dann natürlich gefressen wird von ihr. Aber die Blume, das ist das pelzige kugelrunde Schwänzchen vom Häschen, die frisst die Mutter Wolf nicht mit, sondern lässt sie übrig und benützt sie als Puderquaste, zum Sich-schön-Machen, wenn sie unter die Leute geht oder einkaufen.

Barbara Frischmuth aus dem Salzkammergut, eine Ausseerin, studierte orientalische Kulturen und Sprachen (in Graz) und lebte eine Zeit lang in der Türkei, in der alten Märchenstadt Erzerum, tief in Armenien, an den Quellen des heiligen Flusses Euphrat.

Die Zauberwelt der Dinge und Tiere: Für Barbara Frischmuth leben sie alle, aber eben auf andere Weise als wir. Sie vermenschlicht sie nicht, sie hat geheimnisvolle Kenntnis, wie sie sind, die Dinge und Tiere, wie sie »denken«, was sie »fühlen«.

Anfänglich sind wir befremdet, sogar irgendwie beleidigt, denn offenbar sind die Tiere und Pflanzen in mancherlei Hinsicht *besser* ausgerüstet als wir, mit tieferen Gedanken und interessanteren Taten verse-

Arik Brauer,
Der Regenmacher
von Karmel, Öl auf
Leinwand, 1964

hen. Aber diese anfängliche Eifersucht auf ihr Anders- und Besser-Sein weicht bald, und – lesend und immer weiter lesend – sind wir nur noch begeistert.

Ja, »begeistert«: voller Geister, die wir bisher nicht kannten, oder jedenfalls nicht so genau wie nach der Unterrichtung durch Barbara Frischmuth.

Peter Turrini sagte einmal, erzählt Barbara Frischmuth, sie sei eine »Verräterin an der modernen Literatur«. Oh welch schöner, nützlicher Verrat! Bitte noch mehr Feen und sonstige Geister, liebe Verräterin.

Meine Lieblings-Frischmuth ist ihr Erstling, der kleine Roman »Die Kloster-schule« (1968, mit 27 Jahren). Es ist ein Stück eigenes Leben, sie ging in eine Klosterschule. Sie schildert, wie's dort zugeht, nämlich arg und absurd.

Solche Bücher haben andere auch geschrieben. Gefühllose können das Buch ein-reihen, und haben es auch getan, unter »kirchenkritisch« oder »gesellschaftskri-tisch«, na »kritisch« halt. Sie hätten aber das Buch – publiziert im wilden 68er-Jahr – nicht wirklich begriffen.

Der Frischmuth'schen Klosterschule fehlt gänzlich das Bösartige und Verbitterte, welches – sehr begreiflicher Weise – die »Kirchenkritiker« meist auszeichnet und so unverdaulich macht, für mich zumindest.

Die Kinder nehmen das Leben von vornherein von seiner absurden Seite, sie machen aus der Absurdität ein Gehäuse, in dem sie sich einrichten und ihr eigenes Leben zu führen wissen. Frischmuth hat ihre Frömmigkeit quer durchs Klosterleben bewahrt, das ist selten und spricht für ihre Fantasie und Lebenskraft.

Die alten Bräuche in der Klosterschule, die ungeschickten Erziehungsversuche der Schwestern, der gespenstische Religionslehrer – das alles hebt sich durch Frischmuths haarkleine, unpolemische Erzählung hinauf auf die richtige Ebene des rückblickenden Humors. Statt dass man sich »kritisch« giftet, muss man herzlich lachen.

Und schon auch ist in diesem Jugendwerk die spätere Frischmuth, die kühne Freundin aller Natur und aller Naturgeister, mit drin enthalten. Dies wird ja zur eigentlichen, unübertrefflichen Domäne der Dichterin aus dem Ausseerland (geb. 1941 in Alt-Aussee und wieder und immer noch dort ansässig).

Die Klosterschülerinnen finden Trost in der Natur, keinen überspannt romantischen Trost – die Natur rund um die Klosterschule wird einfach Bestandteil ihrer Jugendwelt. Die Klosterfrömmigkeit wird Natur- und Weltfrömmigkeit.

Das Buch endet mit dem Brief einer gläubig gebliebenen Ex-Klosterschülerin an eine ungläubig gewordene (das ist das Normal-Schicksal der Ex-Klosterschülerinnen):

»Du sagst also, dass du nicht mehr glaubst. Ich frage mich nur, wie machst du das? Hast du nicht Angst vor dem, was nachher kommt? Und tut es dir nicht manchmal leid? Und bist du sicher, dass du dich nicht irrst? Lourdes ist schließlich bewiesen und Fatima auch, und das Ganze hat ja doch irgendwie Hand und Fuß.«

> Die drei Feen
> Die drei Feen waren auf ihrem Spaziergang – sie hatten vor, um den See zu gehen – bereits bis nach hinten zur Seewiese, wo die Bergkette etwas zurücktritt, gekommen und suchten nun einen Platz, an dem sie sich etwas ausruhen und etwas zu sich nehmen konnten. Unglücklicherweise war der Tag ein Samstag, an dem die in Frage kommende Jausenstation geschlossen hatte, da die Pächter mosaischen Glaubens waren und der heiligen Ruhe pflegten.
> Bevor die drei sich jedoch entschlossen, zu solch geringem Anlass ihre geheimen Kräfte anzuwenden, hielten sie erst einmal gründlich Umschau. Bald standen sie vor einem reizenden alten Jagdhaus, das in der Nähe des Sees auf einer saftigen Wiese zwischen kleinen, von Sträuchern, Moos und Bäumen bewachsenen Felsbrocken stand.
> Es dauerte nicht lang, und mit einemmal öffnete sich die Haustüre von selbst sperrangelweit, und Max Ferdinand, der davor liegen geblieben war, trottete mit erhobener Schnauze schnuppernd und niesend hinein. Ihm folgten die drei Feen und sobald sie die Schwelle überschritten hatten, schloss sich die Haustür wieder hinter ihnen.

ELFRIEDE GERSTL

Da schaut's aus in der Wohnung

Na, da schaut's aus in der Wohnung. Elfriede Gerstl, geboren 1932, Tochter eines jüdischen Zahnarztes, in der NS-Zeit mit Mutter im Versteck lebend, hat ihre Wohnung geöffnet für den Fotografen Herbert Wimmer. So entstand eines der schönsten unter ihren stets schmalen Büchern.

Man sieht ein tolles, gemütvolles Chaos aus Kleidern, Hüten, Büchern, Manuskripten, Küchengerätschaften. Die Dichterin stellt sich die Aufgabe, so sagt sie, »sich in all dem Kramuri auch noch wohl zu fühlen«. Und sie löst diese Aufgabe bewunderungswürdig. Sie nennt das Buch »*Kleiderflug*«, warum? »Die Zeit vergeht im Flug, und die Kleider mit. Das ist der Kleiderflug.« So erklärt es mir in einem Nachwort die Edelfeder der Wiener Künstlerszene, Franz Schuh. Also ich könnt so nicht wohnen.

Elfriede Gerstls Sammlung von Kleidern und Hüten ist inzwischen schon legendär und hat in der Künstlerszene so etwas wie eine originell nachhatschende Mode des Altmodischen geschaffen. Schuh: »Es ist das offene Geheimnis der Mode, dass man mit ihrer Hilfe ... der eigenen Existenz eine Notwendigkeit, eine anerkannte ›persönliche Note‹ verleihen möchte. Die Mode ist ... eine sublime Kunst der Übereinstimmung und der Abweichung.«

Elfriede Gerstl ist die Meisterin dieser Kunst. Sie weicht wild ab von den Mustern auch der modernen Kunst und übt sich in Übereinstimmung auch mit dem Normal-Leben.

Ach, wie schön sie wild abweicht und wie brav realistisch sie übereinstimmt. »*Spielräume*« heißt ein andres ihrer Bücher. Eine Dichterin namens Grit und ein Hausbesorgerin namens Bartsch erforschen gemeinsame die Spielräume ihres Lebens:

Sascha Kronburg-
Roden,
Hinterhof, Aquarell,
um 1928

»Sie sind wie sie sind sagt Grit
wahr sagt Frau Bartsch
wir sind wie wir sind
die sind nicht wie wir sind
die sind die
und wir sind wir.«

In der Gerstl'schen Kleidersammlung steckt ein Gutteil ihres Dichtens und ihres
Lebens.

>»1942 packte mutter den kleinen
fluchtkoffer
schwarze tuchmäntel aus den 30ern
zurücklassend
wir werden nicht mehr soviel brauchen
sagt sie für mich rätselhaft
nie mehr beim zwieback kleider kaufen
beim süßen mädel mäntel und hüte
anfangs kam die hausschneiderin ins
versteck
die aus zwei kleidern eines nähte.«

Elfriede Jelinek und Elfriede Gerstl sind Freundinnen. Zweitens deswegen und erstens weil sie's verdient, kriegte Elfriede Gerstl im Herbst 1999 den gut dotierten Erich-Fried-Preis (ATS 200.000). Statutengemäß war Elfriede Jelinek die einzige Jurorin. Zuvor schon hatte Gerstl den Georg-Trakl-Preis bekommen.
Gedichte schreiben ist für die meisten, die dies tun, und seien sie noch so gut, eine brotlose Kunst. Preise, auch einigermaßen fette, reichen nicht lang.
Kindlich zufrieden sagte die Preisträgerin: »Ich danke den Geldgebern und möchte ihnen sagen, dass ich glücklich bin. Ich habe die Zustimmung von jenen Menschen bekommen, die ich schätze.«
Elfriede Gerstl ist literarische Avantgarde und sehr wienerisch. Das passt bei ihr zusammen.

>»tot müsste man sein.
so ein künstlerbegräbnis
ist schon ein patzen event
allerhand promis zeigen sich
die negeranten und einifresser
tun was man von ihnen erwartet
alser toter hat mancher
mehr zulauf
als jemals bei seinen lesungen
ein kunstbeamter lässt sich
mit den bekannteren gästen
   fotografieren
was für ein später erfolg.«

Elfriede Gerstl steht drüber über dem wienerischen und jeglichem sonstigen Kunstbetrieb. Und so gehört es sich. Sie hat höchste Ansprüche an sich und an ihre Gedichte. Aber immer wieder stößt ihr das Wienerische ins G'nack und sorgt für heimische Bescheidung.

>»rohen fisch essen
auf einen hohen berg gehen
eine spinne in die hand nehmen
einen trottel einen trottel schimpfen

nur wozu
macht überwindung schon fröhlich
also ab ins stammlokal
treffen die ich mag
gewohntes essen
ich bemühe mich um zufriedenheit.«
Elfriede, wie soll das weitergehen?
»seher & späher zuzzeln die zukunft
aus umfragen
ein windige Sache – wie der vogelflug«

Sie wertet, was aus Leben und Werk noch werden könnte, und es ist ihr nicht direkt fad, mit Freunden, Essen und Trinken. Nur manchmal bricht es aus ihr heraus, urtümlich:

penelope, angfressn
odysseus du oasch
wannst net bald hamkummst
kannst di oba echt brausn
i woat do wia r a trottl
du schurlst üba die meere
mit deine hawara
lang schau i nimma zua
s stehn e welche auf mi
spü di net
wann i an in da hapfn hob wannst kummst
bist oba söba schuid
mia imponiast net mit deina odyssee
du erfinder des ohropax

Wer Elfriede Gerstl ist, wissen wir jetzt. Aber wer ist ihr Odysseus? Dichter haben ihre Geheimnisse, Dichterinnen erst recht.

Mit ihren kleinen, witzigen Texten erinnert Elfriede Gerstl an Peter Altenberg. Dieser hatte Karl Kraus, der ihn bekannt und berühmt machte. Elfriede Gertl hat es schwerer. Dass es Dichter leicht haben sollen, steht aber nirgends geschrieben, und sie weiß es eh.

FRANZ GRILLPARZER

Unser Austro-Goethe

Das Goethe-Jahr (1999, 250. Geburtstag) ist von den hiefür zuständigen Deutschen mit einer gewissen Heimtücke organisiert worden – behaupte ich mit liebevollem Blick auf unseren Austro-Goethe, unseren Klassiker Franz Grillparzer. Erst taten ja unsere Nachbarn, als wäre nicht viel dran am Goethe-Jahr, »Nationaldichter«, was ist das heute schon.

Doch im Schatten der schützenden Behauptung, der Dichterfürst sei eh' rettungslos unmodern, wuchs sich das Goethe-Jahr ganz schön aus. Es war nicht gar so arg wie die Sonnenfinsternis 1999, aber Goethe war eben doch in allen Gassen. Und unser Grillparzer? Er ist bescheiden, wie sind bescheiden, aber gar so verstecken sollen wir ihn nicht.

In mancherlei Hinsicht ist Grillparzer (1791–1872) ein sehr viel modernerer Dichter als der (um 42 Jahre ältere) deutsche Rivale. Goethe war gleichfalls ein nervöser, gespaltener Typ – »modern« also, aber er nahm sich die Mühe, alles ins Korsett seiner klassischen Gelassenheit zu zwängen, genau darauf verzichtete Grillparzer.

Seine Abgründe liegen offen. Sein Werk ist voll von Brüchen, und er lässt es so. Das gibt ihm einen »modernen« Reiz, der hinweghilft über klassische Fadheit. Wer war der Größere? Unvergesslich ist mir diese blöde Frage, weil mein Deutschlehrer sie ständig stellte.

»Kinder, ich glaube, Goethe ist doch der größere Dichter.« Begeistert stimmten wir ihm zu. »Ja, Herr Professor, das haben wir uns auch schon gedacht.« Am nächsten Tag war wieder Grillparzer der Größere. »Ja, natürlich, Herr Professor, genau das haben wir uns auch schon gedacht.«

Ab einer gewissen Größe sind eigentlich alle Dichter

Johann Schaffer,
Ansicht des Neuwal-
degger Gartens,
Aquarell, spätes
18. Jahrhundert

gleich groß. »Objektive Kriterien« sind keine aufzufinden. Ich entschied mich seit je zu Gunsten von Grillparzer. Er ist der originellere Typ.

Grillparzer hält prinzipiell nichts vom ewigen Auf und Ab im klassischen Drama, Aufstieg und Fall der Personen und Ereignisse. Er, der wunderbar bewegende Stücke schrieb, erklärt sich kühn zum Anti-Dramatiker:

> »Eines nur ist Glück hienieden,
> Eins: des Innern stiller Frieden
> Und die schuldbefreite Brust.
> Und die Größe ist gefährlich
> Und der Ruhm ein leeres Spiel;
> Was er gibt, sind nicht'ge Schatten,
> Was er nimmt, es ist so viel!«
> *(»Der Traum, ein Leben«)*

Die klassischen Reimformen sind da. Aber ihr Inhalt ist gründlich anders. Die Worte sind so schlicht – und österreichisch. Grillparzer schiebt die klassisch-dramatische Wertskala beiseite. Die Demut ist unter allen Werten »ihr Oberer und Einer« (»Libussa«).

Grillparzer ist der Anti-Shakespeare. »Das Leben ist nur ein armer Schauspieler, der sich seine Stunde auf der Bühne herumplagt, dann hört man nichts mehr von ihm, eine Geschichte, von einem Idioten erzählt, voll Lärm und Wut, Bedeutung: keine« (»Macbeth«). – Das ist das brutale Rezept, wie man gute Stücke macht.

Grillparzer, mit seinem Gegenrezept des inneren Friedens und der Demut, will dem Spektakel eine Dauer und einen Sinn geben.

Natürlich funktioniert das nicht. Grillparzer hat Dramatikerblut. Der Dramatiker siegt über den Philosophen. Aber ein eigener Zauber, ein sehr österreichisches »Mei Ruah will i haben«, liegt über den Stücken wie über dem Leben Grillparzers.

Grillparzer ist die österreichische Antwort auf das Goethe-Jahr. Grillparzer gehört beschützt vor seinen Verächtern, die insbesondere in Deutschland daheim sind. Man muss die Modernität dieses angeblich Unmodernen unter die Leute bringen.

Die moderne Bühne kennt Helden, schlichte, geradlinige Helden. Sie präsentieren den Anti-Helden, kompliziert, verrätselt, stets mehreren Deutungen zugänglich. Genau solche Anti-Helden hat Grillparzer in seinen besten Stücken schon mitten im 19. Jahrhundert auf die Bühne gebracht.

Grillparzers Anti-Helden sind er selber. Er ist der brave Bürger und Beamte, der unter seinem Kaiser (Franz I.) schrecklich litt, weil dieser ihn als Dichter nicht hochkommen ließ. Er verschrieb sich ein »Denken, das die Gründe des Vorhandenen aufsucht, aber zuletzt demütig vor den unauflöslichen Grundfakten stehen bleibt« (»Worin unterscheiden sich die österreichischen Dichter von den Übrigen«, 1837).

Den Dichter, der im Käfig der Literatur herumturnt, um aufzufallen, hat Grillparzer verabscheut. Vor dem Affenkäfig in Schönbrunn rief ihm ein Freund zu: »Schau doch, was die Affen alles machen!« – Er brummte grantig zurück: »Wer schafft's Ihnen?«

Ein Leben, in welchem die Erfolge selten und die Zurücksetzungen reichlich waren – draus machte Grillparzer mit grimmigem Humor sein Glück der Stille.

Ferdinand Kürnberger, gleichfalls grimmiger Humorist, schildert »Grillparzers Lebensmaske« (1872):

»Herr, schicke einen andern! Ich fürchte mich. Ich liebe den Frieden. Ich will meine Ruhe. Wer bin ich, dass ich mit den Großen dieser Erde anbinden dürfte? … Ehe ich dem Pharao auch nur einen Mops töte, hat er schon mir und meinen Nächsten das ganze Glück des Lebens gekostet.«

»Grillparzer«, so schließt Kürnberger, »packte seine großen Fähigkeiten und starken Leidenschaften zusammen, sperrte sie in eine Schublade und steckte den Schlüssel zu sich.«

So wurde er 82. Seine ganz große Liebe, Kathi Fröhlich, nie konsumiert, überlebte ihn und wurde 79. Kann Unglück gut tun? Ist Glück vielleicht gar nicht so gesund?

Grillparzer lebte seit seinem 59. Lebensjahr bis zum Tode mit vier Frauen zusammen, mit vier Schwestern Fröhlich. Der Bürger als Kommune-Bewohner. Aber vor die Türen seines Zimmers, in Wien 1, Spiegelgasse, schob er Kästen, sodass die Schwestern alle nur vom Gang aus zu ihm konnten.

Ferdinand Kürnberger bemerkt: »Zur Psychologie Österreichs ist die Biografie Grillparzers unentbehrlich.«

Abschied von Gastein

Die Trennungsstunde schlägt und ich muss
scheiden,
So leb denn wohl, mein freundliches
Gastein!
Du Trösterin so mancher bittern Leiden;
Auch meine Leiden lulltest du mir ein.
Was Gott mir gab, worum sie mich beneiden,
Und was der Quell doch ist von meiner Pein,
Der Qualen Grund, von wenigen ermessen,
Du ließest mich's auf kurze Zeit vergessen.
Denn wie der Baum, auf den der Blitz gefallen,
Mit einemmale strahlend sich verklärt,
Rings hörst du der Verwundrung Ruf erschallen,
Und jedes Aug' ist staunend hingekehrt;
Indes in dieser Flammen glüh'ndem Wallen
Des Stammes Mark und Leben sich verzehrt;
Der, wie die Lohe steigt vom Glüh'ndem Herde,
Um desto tiefer niedersinkt zur Erde.
Und wie die Perlen, die die Schönheit schmücken,
Des Wasserreiches wasserhelle Zier,
Den Finder, nicht die Geberin beglücken,
Das freudenlose stille Muscheltier;
Denn Krankheit nur und langer Schmerz entrücken
Das heißgetuchte, traurige Kleinod ihr.
Und was euch so entzückt mit kleinen Strahlen,
Es ward erzeugt in Todesnot und Qualen.
Und wie der Wasserfall, des lautes Wogen
Die Gegend füllt mit Nebel und Getös;
Auf seinem Busen ruht der Regenbogen,
Und Diamanten schütteln rings sich los;
Er wäre gern im stillen Tal gezogen
Gleich seinen Brüdern in der Wiesen Schoß.
Die Klippen, die sich ihm entgegensetzen,
verschönen ihn, indem sie ihn verletzen.
Der Dichter so; wenn auch vom Glück getragen,
Umjubelt von des Beifalls lautem Schall,
Er ist der welke Baum, vom Blitz geschlagen,
Das arme Muscheltier, der Wasserfall.
Was ihr für Lieder haltet, es sind Klagen,
gesprochen in ein freudenloses All;
Und Flammen, Perlen, Schmuck, die euch umschweben,
Gelöste Teile sind's von seinem Leben.

FRITZ GRÜNBAUM

Ich hab einen Hass aufs Publikum

Moderne Dichter nennen sich nicht so. Sie haben Recht. Oft sind sie ja wirklich keine. Es sind aber auch welche drunter, die Dichter *sind*. Die nenn ich dann so, auch wenn es sie ärgert.

Fritz Grünbaum (1880 Brünn – 1941 KZ Buchenwald) war nur Kabarettist, zu seinen Zeiten ein ungeheuer populärer. Außerdem war er ein Dichter. Die Verse seiner Couplets strotzen von Geist, Witz, Reimen, die so originell sind wie selten bei Berufsdichtern.

»Ich hab einen Hass aufs Publikum« beginnt eines seiner Couplets. Es ist nicht wahr. Er und sein Publikum verstanden sich bestens. Aber es kann schon sein, dass er eine untergründige Aversion hatte, sein Genie hätte ja bequem gereicht für den Status eines Dichters.

Er war ein Liebling des Publikums und ein Pechvogel. Karl Farkas, mit den er im »Simpl« seine legendären Doppelconférencen machte, gelang 1938 die Flucht vor dem NS-Tod; Fritz Grünbaum war zu nachlässig, zu hilflos – er wurde verhaftet und umgebracht.

»Ich hab einen Hass aufs Publikum« – vielleicht meinte er's allgemein. Vielleicht war es das jahrtausendealte jüdische Misstrauen gegen mörderische Zeiten und Zeitgenossen. Das erwähnte Couplet ging so weiter:

>»Vielleicht bin ich auch ungerecht.
>Vielleicht sprech ich vom Adel schlecht,
>weil ich mich kränk, dass vor 500 Jahren
>meine Ahnen keine Raubritter waren,
>sondern vielmehr, wenn die Raubritter rauften,
>billige Rüstungen ihnen verkauften.«

Da ist viel drin von der Grünbaum'schen Bescheidenheit, untermischt mit Souveränität. »Vielleicht bin ich ungerecht« – das ist bescheiden. »Meine Ahnen

*Kabarett-Plakat,
um 1900*

keine Raubritter waren« – das ist souverän. Seine Ahnen waren jüdische Handel-
sleute.

Fritz Grünbaum stammt aus dem geistig so fruchtbaren Böhmen. Brünn,
eigentlich in Mähren, war eine Stadt mit deutschem Bürgertum und tschechischem Umfeld. Der Vater ist Kunsthändler, Grünbaum will ans Burgtheater,
studiert aber Jus – und wird Kabarettist. Die Jahre vor und nach dem Ersten
Weltkrieg bringen eine Fülle von Kabaretts und Kabarettisten – es ist die österreichische Art, mit dem drohenden und dann hereingebrochenen Unglück fertig
zu werden.

Operetten, Filme, Revuen, Kleinkunst – in Wien und Berlin – Grünbaum ist allgegenwärtig. Voll unbezähmbarem Witz und eigentlich ein Melancholiker – das ist
der Stoff, aus dem die großen Humoristen gemacht sind.

Georg Kreisler – auch er ein Großer des Kabaretts, auch er halbvergessen, und
dies schon zu Lebzeiten, Gipfel der Ungerechtigkeit – reimte über Grünbaum:

>»Er sagte die ernstesten Sachen sehr
komisch
Und war selber auch komisch – ich
mein anatomisch –
Und doch und doch – wie soll ich es
sagen ...«

Er sagt es dann so, betreffend Grünbaums Gedichte:

>»Sie haben nichts zu tun mit dem
heutigen Leben,
Man muss sich quasi in sie begeben
Und sich irgendwo finden in ihren
Windungen
Und sich irgendwo winden in ihren
Empfindungen
Dann lacht man, dann weint man,
dann ist man's gewohnt
Und plötzlich versteht man: Es hat sich
gelohnt.«

Ja, das ist so. Zu guten Gedichten gehört das Lachen oder Weinen, oft beides fast zugleich. Grünbaum schrieb Verse für den Tag, aber – nach längst schon verflossenem Tag – zeigen sie sich nun als Dichtung, haltbar in Vergessenheit.

>»Natürlich sterb ich nicht nur so daher,
Ich bin doch kein Bauer, ich bin doch
wer:
Ein Priester der Dichtkunst, ihr
oberster Diener,
was brauch ich viel reden: der Abgott
der Wiener!
Und wie ich die Wiener schon kenn, die
mich schätzen,
Wer'n sie natürlich ein Denkmal mir
setzen ...«

In Selbstironie erkannte Grünbaum haarscharf, dass ihm *kein* Denkmal gesetzt werden wird. Am 10. März 1938 ließ er im »Simpl« das Licht ausgehen und sagte auf finsterer Bühne: »Ich sehe nichts, absolut nichts, da muss ich mich in die nationalsozialistische Kultur verirrt haben.« Am nächsten Tag, 11. März 1938, durften Farkas und Grünbaum schon nicht mehr ins Haus. Flucht für den einen, Tod für den andern standen am Programm.

Bruno Kreisky, der Grünbaum gut kannte, und zwar aus gemeinsamer Haft bei der Gestapo – es war noch relativ harmlos im Vergleich zum tödlichen KZ –, erzählt, wie Häftlinge, aus Bosheit der Bewacher, in dem gemeinsamen Haftraum gehen mussten, den ganzen Tag gehen. »Da sah Grünbaum zu mir hinauf und sagte: und die draußen glauben, wir sitzen.«

NORBERT GSTREIN

Wenn Schilehrer dichten

Zwei Tiroler: Max Weiler malt in seinen späten Bildern ein Schweben und Verschwinden, eine Auflösung der Wirklichkeit in eine Vielzahl von fragenden und antwortenden Gebilden, die dann doch wieder – bei genauerem Zusehen – ein gemeinsames Bild der Wirklichkeit ergeben.

Zwischen Max Weiler und Norbert Gstrein liegen fünfzig Jahre Altersunterschied. Aber des jungen Gstreins kunstvolle Textgebilde, in ihrem Auseinanderlaufen und wieder Zusammenstreben, erinnern mich an Weilersche Bildkunst.

Denn wie kann man Gstreins Versuche, eine Geschichte in mehrere Erzähler mit ständig wechselnden Stimmen auseinander zu teilen und wieder zu vereinigen – wie kann man das besser begreifen als durch Vergleich mit Malerei oder Musik oder Mathematik.

Durch Zerteilung in Stimmen, Farben, Töne oder mathematische Operationen gelangt man – wenn man solche Künste beherrscht – tatsächlich wiederum zu einer Einheit, die dann desto reicher ist. Erzählstränge, Bildwolken, vom Wind verweht, vom Wind wieder zusammengetragen.

Gstrein, geboren 1961, kommt aus einem Tirol der Hoteliers, Schilehrer, Dorfkaiser, Tourismusknechte. Aus einer fremdenverkehrten Welt, die sich in seinen Erzählungen widerspiegelt nicht als zerstörte Region, sondern als *die* zerstörte Welt schlechthin.

Aus seinem Erstling »Einer« (1988), Erzählung von einem Schilehrer, der aus der Schigesinnung ausflippt:

»Früher hätte er nie gedacht, dass er sich nicht zu wehren wüsste und mitgerissen würde in derselben Hilflosigkeit wie alle … Er sah den Vater, wie er augenblicklich aufsprang vom Essen und Ja sagte,

Alfons Walde,
Aufstieg der Skifah-
rer, Öl auf Mal-
karton, o. J.

gleich, wenn sie um etwas baten, und dann zurückkam und fluchte und nicht mehr aufhören konnte zu fluchen ... Er sah, dass längst nicht mehr das Geld allein den Grund darstellte und sie in Wirklichkeit gar nicht anders konnten, schon gefangen waren in dieser Haltung ...«

Gstrein weiß, wovon er schreibt, er kommt aus dem Ötztal. Seit seiner ersten Erzählung ist er herausgewachsen aus Schi- und Anti-Schi. Aber immer noch lässt sich vereinfachen: Wenn Schilehrer dichten und begabt sind, dann wird das so wie bei Gstrein.

Eigentlich ist er ein wunderbarer Erzähler, mit genauer Sprache und voll Spannung. Aber weil er ein Postmoderner ist, muss er seine Erzählgabe ständig einbremsen. Er muss überwechseln in eine komplizierte, zerfranste Schreibtechnik, wird Meister in Auflösung der Wirklichkeit in eine Vielzahl von Perspektiven, in eine Vielzahl von Erzählfäden. Der kann doch so gut schreiben, hat er das nötig, das Mitspielen auf dem postmodernen Schachbrett? Rösselsprünge, bis sich der Leser ärgert und nimmer auskennt.

Ein solches Urteil ist ungerecht, denn Gstrein ist ein echter Dichter – nur eben unnötig »modisch«, und ebendrum ein Liebling im Suhrkamp-Verlag.

Was die Postmodernen hinkriegen, ist die Auflösung der Person: ihre Figuren – und sie selbst – zerbröseln in so viele Personen, dass diese vor lauter kunstvollen Widersprüchen und Gegensätzen hinten und vorn nicht mehr zusammenpassen. Und zu keiner Einheit des Ichs zurückfinden. Und folglich in Depression und ins Nichts geraten.

Freilich ist es wahr, dass jeder Mensch mehrere Menschen ist, und wenn das einer gut schildern kann, muss man ihn bewundern. Gstrein macht aus jedem Ich, auch seinem eigenen, eine Ich-Ges.m.b.H. Alle Ichs haben so beschränkte Haftung, hängen so wenig zusammen – dass sie schließlich dumm dastehen vor sich selber und vor der Welt. Und vor Gott, der ja will, dass der Mensch sich ihm stellt als *eine* verantwortliche Person. Das ist der tiefste Grund für die postmoderne »Beliebigkeit«.

Gstrein wechselt Personen und Perspektiven nicht nur im selben Buch, nicht nur in jedem Kapitel - mitten im Satz springt er zwischen »ich« und »er«. Meisterstücke der Unheimlichkeit.

Gstreins bestes Buch »Die englischen Jahre« (1999) vereint in einem englischen Internierungslager Antinazis und Nazis, die 1940 von den englischen Behörden zusammengesperrt werden. Darunter ein jüdischer Romanautor, der dann mit einem Schiff, das Internierte nach Australien bringen soll, den Tod findet – aber weiterlebt als Zweitperson, Nichtjude, der in die Rolle des berühmten Schriftstellers schlüpft.

Ein nachfolgendes Buch »Selbstportrait mit einer Toten« berichtet dann, wie diese Zweitperson sich zu Grunde richtet. Zugleich verwandelt sich diese Zweitperson in eine Drittperson: in Gstrein selber.

Gstrein ist in hoher Gefahr, dass er sich verliert in seinen Spiegelbildern – und hat die hohe Chance, dass er aufwächst zu einem großen österreichischen Autor.

Untergang
Durch das Schiff ging ein Ruck, es knickte im Heck ein und fing sich dann wieder, aber es hatte sich merklich zur Seite geneigt, von der Brücke kamen Rufe, und als du dich umwandtest, konntest du den Kapitän und zwei seiner Offiziere erkennen, die über den Tumult blickten, als wäre es für sie alles Routine, als hätten sie die Situation im Griff, während sie in Wirklichkeit nur mehr darauf warteten, dass der Kasten sie mit sich in die Tiefe zog.

Aus: »Die englischen Jahre«

ALBERT PARIS GÜTERSLOH

Eine heimlich Doppelehe

Wenn einer eine Sprache gelernt hat, sagt man: er beherrscht diese Sprache. Beim Dichter ist es umgekehrt: die Sprache beherrscht *ihn*. Sie führt und lenkt ihn, von ihr lernt er.

»Die Sprache hat eine verflixte Tendenz zur Wahrheit in sich« – behauptete Gütersloh. Was immer der Inhalt der Dichtung ist, entscheidend ist das Wort. »Das Wort ist die Kernfestung der Wirklichkeit«, so meinte es auch Heimito von Doderer (»Die Strudlhofstiege«, 1951), der Freund, Schüler und Bewunderer Güterslohs.

Großartige, spannende, aufgeplusterte Inhalte – das hilft dem Schriftsteller gar nichts – die Wahrheit liegt nicht im Was, sondern im Wie des Schreibens. Nur wer schreiben kann, ist ein Dichter.

Gütersloh, der Maler, ist ein Sprachmeister. Aus dem Allereinfachsten, nämlich aus Worten, schafft er die Welt neu. Die Dinge, die Menschen kriegen einen unwiderstehlichen Glanz, eine leuchtende Tiefe und Farbe.

Wien im Frühling z. B., was ist da schon dran, jedes Jahr wird Frühling. Aber der Dichter, der an der Hand der Sprache durch die Stadt geht, der macht draus ein großes Wunder: Siehe Güterslohs »Die tanzende Törin«, vollendet 1911, da ist er 24.

Es ist ein Roman, aber jeder Satz ist ein Gedicht. Der Roman handelt von einer jungen Frau, die mit dem Leben hinten und vorn nicht fertig wird, aber fertig und vollendet ist die Sprache des jungen Dichters. Nicht er dichtet, die Sprache dichtet selber, er steht in ihrem Bann und Dienst.

»Die tanzende Törin« war im k.u.k. Wien vor 1914 ein Kultbuch der Jugend. Heute ist dieses Wunderwerk aus Sprache und nichts sonst vergessen und verschollen.

*Albert Paris
Gütersloh,
Der ungewohnte
Besuch, Gouache,
1928*

Gütersloh gilt als komplizierter, schwer verständlicher Schreiber. Es ist gar nicht wahr. Er mag nur keine hastigen, oberflächlichen Leser. Aber die hat er sowieso nicht. Gütersloh hat nur Gütersloh-Fans. Für die ist er nicht schwierig, sondern eine reine Freude.

Gütersloh ist leidenschaftlich der Ansicht: Kunst soll einfach Freude machen. »Meine Kollegen … können sich mit einer so dürftigen Absicht nicht beruhigen. Ich hingegen danke dem Schöpfer, dass er mir ein Handwerk gegeben hat, das *erfreuen* soll.«

Gütersloh ist immer drauf aus, nicht nur andere zu belustigen, sondern auch sich selber. Er hieß eigentlich Albert Conrad Kiehtreiber. Als sehr gut aussehender 17-Jähriger verehrte er drei Frauen gleichzeitig und sie ihn, eine junge Mutter mit zwei jungen Töchtern, aus der Stadt Gütersloh im deutschen Norden. Er hatte die Auswahl wie einst der griechische Sagenheld Paris unter den drei Grazien. Folglich nannte er sich hinfort Albert Paris Gütersloh.

Ein noch ärgeres Beispiel für seine Sucht, sich zu belustigen: Im Revolutionsjahr 1918 publizierte er eine Zeitschrift, die gleich wieder einging. Als Motto gab er ihr: »Es lebe der Kommunismus und die katholische Kirche!«

Vom Kommunismus nahm er ganz harmlos das Soziale, von der Kirche die Tiefe seines Glaubens. Nichts reichte ihm: Er sympathisierte, in früher Begeisterung, auch mit den Nazis. Freilich half es nichts. Er war zu modern. Als »entarteter Künstler« wurde er verboten und verfolgt.

Die verrückteste Gütersloh-Geschichte ist die von seiner großer Liebe Milena. Diese war mit dem Arzt Dr. Hutter verheiratet, ein Mann voll Güte. Er anerkannte das Kind, das Milena mit Gütersloh hatte, als sein eigenes (Wolfgang Hutter, der berühmte Maler). Gütersloh, sehr katholisch, litt unter dieser Situation. Da fand sich ein Priester, Pater Prof. Alfred Focke, Spezialist für moderne Kunst. Ausweg:

Im Hause des alten und kranken Gütersloh wurde ein kleiner Altar errichtet und vor diesem wurde Milena (die inzwischen von Hutter geschieden und neuerlich verheiratet war) nun mit Gütersloh verheiratet. Der Pater nannte diese doppelte Ehe eine »Gewissensehe«. Er hat damit dem tief Gläubigen sehr geholfen.

Berühmt war Gütersloh zu Lebzeiten immer, er ist es heute immer noch für Kenner, die einander »Gütersloh!« zuflüstern, als ein Passwort für die geheimen Wonnen dieses österreichischen Genies. »Barock« sei er gewesen, voll Überschwang, sagen die Literaturhistoriker. Auch »anti-modern«, kritisieren sie. Und er war doch ein Urvater der klassischen Moderne.

Dass alle »Väter« der österreichischen Moderne eigentlich antimodern und konservativ gesinnt waren (Musil, Kafka, Joseph Roth, Doderer und noch ein halbes Dutzend), mit großem Misstrauen gegenüber dem angeblichen Fortschritt, großer Sehnsucht zurück in die Donaumonarchie, und eher nach links oder rechts auszackend als brav in der demokratischen Mitte verweilend – dieser Grundwiderspruch ist hochinteressant.

Die moderne Kunst- und Literaturkritik hilft sich damit, dass sie diesen Gegensatz stumm beiseite schiebt.

Albert Paris Gütersloh, als Maler wie als Schreiber heute halbvergessen, gehörte zu den bedeutendsten Gestalten der klassischen österreichischen Moderne (er starb 1973, 86-jährig). Von ihm stammt, aus einem Text in der Wiener Zeitschrift FORVM (1955), der Satz:

»Modern heißt heute, was morgen als die Mode von gestern erkannt werden wird.«

Ach, wie Recht hat er.

JOSEPH FREIHERR von HAMMER-PURGSTALL

Das Tor des Ostens sprengen

Mohammed ist eine der wichtigsten Gestalten der Welt- und Religionsgeschichte. Für die Christen war er ein Werkzeug des Teufels – so begann die Beziehung zwischen Islam und Christentum. Schon 1141 ließ Petrus Venerabilis, Abt des französischen Reformklosters Cluny, den Koran ins Lateinische übersetzen. Aber sein Ziel war, Mohammed als »Betrüger« zu erweisen.

Dante (gest. 1321) ließ in seiner »Göttlichen Komödie« Mohammed und dessen Neffen Ali in der Hölle schmoren. Dort blieb er auch im Vorwort zur ersten deutschen Koran-Übersetzung (1703). Es war ein Österreicher, der als erster Abendländer dem Islam Gerechtigkeit entgegenbrachte: Joseph Freiherr von Hammer-Purgstall, geboren in Graz 1774, gestorben in Wien 1856.

Hammers jüngster Biograf, der Araber Baher Mohamed Elgohary, nennt den großen österreichischen Islamisten Hammer-Purgstall einen »Aufspürer, Quellenerschließer, Schatzsucher und Finder von internationalem Ruhm«. Mit 22 Jahren setzte sich Hammer das Ziel, »mit kühner Faust das Sonnentor des Ostens zu zersprengen und goldene Beute zu erobern«.

Das klingt kriegerisch, aber Hammer war ein Feldherr des Geistes. Sein Lebenswerk umfasst über hundert Bände über persische, arabische, türkische Religion, Kultur, Sprache und Geschichte – fast alles Themen, von denen der damalige Westen so gut wie gar nichts wusste.

Hammer war Gelehrter und Sprachgenie. Er konnte arabisch, persisch, türkisch, hebräisch, griechisch, lateinisch, spanisch, italienisch, französisch, englisch und russisch. Sohn eines kaiserlich-königlichen Hofkommissärs, eines hochrangigen Beamten. Mit

Jehudo Epstein,
Michiko Meinl
(geb. Tanaka) mit
Blumenstrauß, Öl
auf Leinwand,
1929

15 Eintritt in die »k.k. Akademie der morgenländischen Sprachen« in Wien. Mit 25 wurde er »Sprachknabe« an der Internunziatur des Wiener Hofes bei der Hohen Pforte in Konstantinopel – Dolmetscher an der österreichischen Botschaft.

Heutzutage ist man ja schon froh, wenn ein hoher Politiker ein bissel Englisch kann, dazumals beherrschte Franz Maria Thugut, Außenminister Maria Theresias, mehrere orientalische Sprachen. Er gab Hammer-Purgstall den Auftrag, von den arabischen Märchen der »1001 Nacht« eine vollständige Handschrift aufzufinden. Hammer stöberte mit großer Lust in den Bazaren von Konstantinopel und Kairo. Er fand zahlreiche bisher unbekannte Nächte der 1001 Nacht und übersetzte sie.

Unter den hundert Büchern, die Hammer schrieb, sind einige von jenem höchsten Wert, wie er nur dann entsteht, wenn ein Übersetzer mit größtem Respekt ans Werk geht – und Hammer hatte diesen Respekt für den Islam. Er war darin der Erste in der ganzen westlichen Welt.

Dazu kommen seine Fähigkeiten als Dichter und seine innere Verwandtschaft mit der islamischen Mystik. Ihre Tiefe und Trauer brachte Hammer meisterhaft zur Sprache.

> »Oh Kind,
> lebe so viel du willst,
> du bist des Todes;
> liebe so viel du willst,
> du wirst getrennt;
> tu was du willst,
> du findest deinen Lohn.«

El Ghasali, der islamische Mystiker, der dies schrieb, lebte im 11. Jahrhundert. Er war einer jener arabischen Autoren, die Hammer zur »Wendung nach innen« führten. Hammer wurde selber ein Sufi (Mystiker). Mitten in Wien-Döbling, wo Hammer in seinen reifen Jahren wohnte und schrieb.

Durch Zufall stieß ich auf einen wunderbaren Elefanten aus Porzellan, aus Persien, 17. Jahrhundert, in einem englischen Bildband über Mystik. Er hat geheimnisvolle Spiralen auf seinen Ohren und ist umgeben von weiß gekleideten Menschen, verhüllt mit Kapuzen. Für mich ist er der Orient, den wir nicht verstehen. Wer ihn uns näher bringt, sei willkommen.

Hammer war eine der Quellen des West-östlichen Divans, den Goethe 1819 veröffentlichte. Auf die Titelseite setzte Goethe einen Stich mit arabischer Schrift.

Aus Goethes Divan (Nachlass) stammen die berühmten Verse

> »Orient und Okzident
> sind nicht mehr zu trennen.«

Zu gegenwärtigen Zeiten, da die beiden getrennt sind durch eine Art »Dritter Weltkrieg«, gilt desto mehr, was Hammer wie Goethe glaubten (Divan, Buch des Sängers):

> »Gottes ist der Orient!
> Gottes ist der Okzident!
> Nord- und südliches Gelände
> Ruhn im Frieden seiner Hände.«

Goethe wie Hammer haben Partei genommen (Goethe an Förster 1831): »Ich für meinen Teil habe mich für den Orient entschieden, es ist zu bunt hier, und mich verlangt nach Friede.«

Ach, wie bunt ist es erst jetzt und wie groß ist die Sehnsucht nach Frieden.

ENRICA HANDEL-MAZZETTI

Dürfen Christen Romane schreiben?

Dürfen Christen Romane schreiben? – Können Romanschreiber Christen sein? – Bis zu solchen Extremen erhitzte sich um die Jahrhundertwende 1900 der in katholischen Kreisen geführte so genannte »Literaturstreit«.

Carl Muth, Gründer der ehrwürdigen katholischen Zeitschrift »Hochland«, war für Öffnung zur Moderne – Richard von Kralik, einflussreicher katholischer Publizist in Wien, war eher fürs Zusperren. Der von ihm gegründete »Gralsbund« verwarf alle moderne Literatur.

Sorgen, was die gehabt haben. Aber der Streit war fruchtbar. Sein Ergebnis war der Durchbruch einer *modernen* katholischen Literatur nach dem Vorbild Frankreichs. Christen dürfen und sollen Romane schreiben – und Romanschreiber können und sollen Christen sein. Enrica Freiin von Handel-Mazzetti (1871–1955) war ein Produkt des »Literaturstreits«. In ihren Romanen – viele, dicke, sehr erfolgreiche Bände – stand vorne und hinten und mittendrin ein herzhaftes »Mit Gott!«.

Was geht uns das heute an? Die Freifrau Handel-Mazzetti ist längst keine Erfolgsautorin mehr. Mit Gott schlägt sich zwar auch die moderne und modernste Literatur herum, aber das flammende Bekenntnis steht, wenn's überhaupt erfolgt, doch außerhalb des Literaturbetriebs. An diesen Zustand haben wir uns gewöhnt, er fällt uns gar nicht auf.

Dabei ist die gegenwärtige Situation gar nicht so unähnlich jener, in der die Baronin Mazzetti ihre Romane schrieb und hineingezogen wurde in den Strudel des katholischen »Literaturstreits«. Ganz gegen ihren Willen, denn sie wollte nicht diskutieren, sondern in Ruhe schreiben und durch ihr Schreiben wirken.

*Josef Dobrowsky,
Kinder und Frauen
und Landschaft, Öl
auf Holz, 1924*

Auch heute gibt es das, was damals »Kulturkampf« hieß. Die Intellektuellen, berauscht von den Erfolgen der Wissenschaft und Technik, fanden das Christentum altmodisch, rückschrittlich, überflüssig. Die Kirche geriet in eine Position der Isolierung und Defensive. Sie igelte sich ein und verdammte den »Modernismus«. Dann aber, mitten in der Bedrängnis, wuchs den Katholiken die Kraft zur Gegenoffensive, eine – ihrerseits moderne – katholische Literatur entstand. Ich finde, das könnte man sich auch heute wünschen.

Die Freifrau Handel-Mazzetti, konservativ und katholisch, schrieb aus einer ursprünglichen Begabung, die sie hinaustrug über die Eingrenzungen ihres Standes und über die dort herrschenden Anschauungen. Sie war darin ihrer Standesgenossin Maria von Ebner-Eschenbach ähnlich, aber sie blieb viel direkter katholisch. Gerade darin lag ihre Wirkung.

Sie war katholisch, aber in ihren Büchern öffnete sie sich zu den Evangelischen. Sie schloss die damals noch tiefe Kluft. Ihre Romane spielen vornehmlich in der Zeit des Barocks und der Gegenreformation, inmitten der Glaubenskämpfe, die wahre Blutströme kosteten.

Handel-Mazzetti, die Katholikin, erregte damals katholische Empörung: sie verteilte mit dichterischer Gerechtigkeit Licht und Schatten zwischen Katholiken und Evangelischen. Und sie tat dies mit einer Kraft und Reinheit, weit über alle Parteilichkeit.

Gewiss gibt sie und gönnt sie der katholischen Seite den Sieg in jenen schrecklichen Glaubenskämpfen. Aber es gelingen ihr, jenseits von Schwarz und Weiß, lebendige Personen und Handlungen, die auch heutige Leser faszinieren.

Ach, wer liest sie noch, die alte Freifrau? Sie gehört zu der großen Masse *guter* Literatur, die begraben liegt unter der Lawine heutiger Romane, die oft gar nicht so gut sind, wie von der Kritik- und Werbemaschine ausposaunt wird. Es geht mir um die Wiederentdeckung und Wiedereinbürgerung der guten »alten« Literatur des 19. und 20. Jahrhunderts.

Eine neue *eigene* Literatur kann nur bauen auf dem Fundament der *eigenen* »alten« Literatur, nicht durch fades Nachschreiben der hereinströmenden, möge sie gut oder schlecht übersetzt sein. Es gibt wahre Schätze *eigener* Literatur, die von Verlagen und Buchhändlern gar nicht mehr wahrgenommen wird.

Handel-Mazzetti und viele sonstige alte Literatur streift an die Grenze des Kitsches und überschreitet sie. Aber die heute importierte Massenware ist ja mindest ebenso kitschig. Ich behaupte überdies: für die Ergreifung und Rührung jeglicher Romanleserschaft ist ein Maß von Kitsch unentbehrlich und auch in jeder *guten* Literatur reichlich mitenthalten.

Statt mich durch die grausame Eiseskälte der Moderne zu quälen, lasse ich mir – ab und zu und immer wieder – kitschfeuchte Augen machen. Ich habe meine Freude daran, dass die Handel-Mazzetti dies ganz hervorragend kann.

Handel-Mazzetti hat eine – durchaus moderne Vorliebe – für Frauen als Haupthelden. Die endlosen und doch nie langweiligen, hochdramatischen drei Bände des Romans »Stephana Schwertner« halte ich für ihr überlebensfähiges Hauptwerk. Ein einfaches Mädchen ist die Heldin, es bekehrt die protestantisch gewordene Stadt Steyr blutfrei ins Katholische zurück und besiegelt dies mit ihrem Tod.

Ganz ohne Kitsch ist so was nicht zu schreiben. Frau Handel-Mazzetti, in Wien geboren, hatte in Linz ihren Lebensmittelpunkt. Sie verwendet die oberösterreichische Mundart sehr eindrucksvoll zur Milderung des Kitsches und Erhöhung der Dramatik. So einen Roman soll ihr heute wer nachschreiben!

JAROSLAV HAŠEK

Sphinx am Stammtisch

Österreich kann man gar nicht weit genug fassen. Sicher gehört dazu auch die alte Monarchie. Das welthistorische Muster eines multikulturellen Staates.

Das Reich der österreichischen Dichter, behaupte ich, umfasste Autoren nicht nur der deutschen Sprache. Die Deutschsprachigen, das waren im alten Österreich gerade nur 25 Prozent der 53 Millionen Einwohner (1914).

Jaroslav Hašek (1883–1923) schrieb in tschechischer Sprache und war ein national begeisterter Tscheche. Sein satirischer Roman »Die Abenteuer des braven Sol-daten Schwejk im Weltkrieg« (erster Teil 1920) wurde ein Welterfolg.

Der Schwejk gilt als ein Spiegelbild der alten Monarchie überhaupt, zwar eine Satire, aber zugleich geeignet für positive Gefühle, ja für Nostalgie zu Gunsten jenes Staates, gegen den er eigentlich geschrieben wurde.

Wieso das so kam, ist ziemlich geheimnisvoll. Der Romantext ist eindeutig feindlich gegenüber der Monarchie. Aber der brave Soldat Schwejk machte sich selbstständig, er löste sich vom Text, er kam auf die Bühne, er geriet in den Film. Schließlich wurde er, immer weiter wandernd durch die Medien, iden-tisch mit unserem Fritz Muliar.

Jetzt hilft nichts mehr. Jetzt ist der brave Soldat Schwejk nicht mehr zu retten vor seiner kompletten Verösterreicherung. Jetzt ist er unser, eingeschreint ins größere Österreich.

Franz Probst,
Kämpfende, Öl auf
Leinwand, um 1925

Muliar spielte schon im Rühmann-Film mit, in einer Nebenrolle. Als er zum großen Rühmann hinging und diesem erklären wollte, dass Schwejk »böhmakelt«, sagte Rühmann preusselnd: »Hören Se mal, junger Kollege, ich spiele den Schwejk uf meene Art. Wenn Sie ihn mal spielen, dann spielen Se ihn uf Ihre Art.«

So kam es auch. Seit Muliars Fernsehserie ist vom Ur-Schwejk, der antihabsburgisch und antiösterreichisch war, nicht mehr die Spur. Sondern im Gegenteil. Schwejk und das Eigenschaftswort »schwejkisch« stehen für altösterreichische Verschmitzheit, für einen Humor, der hintergründig ist, aber letztlich harmlos und »systemerhaltend«.

Was freilich bleibt von Hašek genialer Figur, ist jene geheimnisvolle Blödheit, von der man nicht weiß: Ist sie überlegene Intelligenz, die sich nur blöd stellt? Oder ist sie tatsächlich überirdische Blödheit, vor der man hilflos staunend und rettungslos lachend selber blöd dasteht. »Melde gehorsamst, Herr Oberlajtnant, ich bin wirklich so blöd.«

Die Blödheit als unlösbares Rätsel der menschlichen Natur: das ist unser Schwejk. Der brave Soldat Schwejk war von Hašek vordergründig gemeint als ein sich drückender tschechischer Revolutionär. Aber seine eigene Figur lief ihm davon ins Abgründige. Und so erst erklärt sich der Einmarsch des Soldaten Schwejk in die Ruhmeshalle der Weltliteratur.

Vor seiner Verösterreicherung konnte der brave Soldat Schwejk auch nicht gerettet werden durch Bertolt Brecht, von dem schon 1928 die Berliner Dramatisierung des Schwejk stammte. Er schrieb dann 1944 eine Komödie »Schweyk im zweiten Weltkrieg«.

Brecht verbat sich in seinem »Arbeitsjournal« ausdrücklich das »Böhmakeln«. Dass er seinen »Schweyk« mit »y« schrieb statt mit original tschechischem »j«, sollte signalisieren: hier geht es um internationalen Antifaschismus.

Brechts Versuch blieb blutleer. Von seinem »Schweyk« lebt nur jenes großartige Schlusslied:

> »Es wechseln die Zeiten. Die riesigen Pläne
> Der Mächtigen kommen am Ende zum Halt.
> Und gehn sie einher auch wie blutige Hähne
> Es wechseln die Zeiten, da hilft kein Gewalt.
> Am Grunde der Moldau wandern die Steine
> Es liegen drei Kaiser begraben in Prag.
> Das Große bleibt groß nicht und klein nicht
> das Kleine,
> Die Nacht hat zwölf Stunden, dann kommt
> schon der Tag.«

Welch ein Text! Und die Musik von Hanns Eisler geht einem nicht aus dem Kopf.

Brecht hat Hašek sehr verehrt. Er nannte in seinem »Arbeitsjournal« Hašeks Buch vom Schwejk »die einzige große volkstümliche Erzählung der Zeit«.

Was Brecht nicht gelang mit seiner blassen Fortsetzung des Schwejk, bringt Hašek in seiner Urfassung mit traumtänzerischer Sicherheit zu Stande. Jaroslav Hašek war zwar ein Intellektueller wie Brecht, aber er lebte mitten im Volk.

In den Wirtshäusern, wo Hašek Stammgast war, sang man das verbotene volkstümliche Lied »Wir stürzen fröhlich das verfaulte Österreich«. Hašek ging in seinem Bohemien- und Vagabundenleben weit hinaus über den zeitgenössischen tschechischen Nationalismus. Er war – zugleich Intellektueller und Proletarier – ein leibhaftiger Anarchist.

MARLEN HAUSHOFER

Ich liebe den Drachen

Marlen Haushofer (1920–1970) ist eine großartige Erzählerin. Mit gnadenloser Genauigkeit erzählt sie das Leben, wo es am fadesten ist, weil es nämlich dort am wichtigsten ist. Das ganz Alltägliche an der Liebe und ihrem Erlöschen, das ganz Normale an Ehe, Familie, Kinderkriegen, Altwerden. Muss man darüber nicht verrückt werden? Aber sicher, man wird es ja auch – fast.

Haushofers Größe ist ihr perfektes Stolpern über das Fast. Sie leidet, sie ist nicht wirklich da, sie verliert sich – und findet sich exakt darin wieder, dass das Leben eben so ist. Was für ein schrecklicher Trost.

Unser aller Leben: »Man sitzt gleichsam auf einer friedlichen Wiese und ahnt nicht, dass jeden Augenblick ein wildes Tier hinter einem Busch hervorspringen kann. Ich mag Überraschungen nicht.«

Sätze aus ihrem letzten, reifsten Roman »Die Mansarde«, 1969, ein Jahr vor ihrem Krebstod mit fünfzig. »Die Tage werden immer kürzer und die Nächte immer länger … Was geschieht mit uns in diesen Nächten, in denen wir, auf dem Rücken liegend, dahintreiben und dem fernen Brausen des mächtigen Wasserfalls lauschen, der uns unter sich begraben wird … Manchmal ist es gar nicht so unangenehm …«

Gibt es ein Auskommen? Natürlich nicht. Es geht immer so weiter. »Hinter uns in einem Abstand, den man nach Jahren misst, der aber mit Jahren nichts zu tun hat, treiben unsere Kinder dahin. Sie wissen es nur nicht. Denn ihre Nächte sind kurz und tief wie Bewusstlosigkeit.«

Haushofer, aus Oberösterreich gebürtig, Tochter eines Försters, heiratet einen Zahnarzt. Sie erlebt nichts im Leben als ihr genaues und immer genaueres Schreiben, Roman um Roman, Erzählung

Franz Lerch,
Sitzendes Mädchen,
Öl auf Holz, 1928

um Erzählung, wie in Trance. Die Wirklichkeit und sie, dazwischen »Die Wand«.
So heißt ihr berühmtestes Buch (1963). Was für eine Wand? Feministische
Gemüter haben sich eine Zeit lang ihres großen Werkes angenommen und haben
gemeint: das ist die Anklage der Frau gegen den Mann.
Welche Einfalt! Eine Dichterin stellt vor uns – in Schlichtheit – das Leben, wie es
ist. Sie hat gar nichts gegen den Mann. Er ist genauso dran wie sie. Mit 36 lässt sie
sich von ihrem Zahnarzt scheiden, mit 38 heiratet sie wieder, den selben Zahn-

arzt. Alle ihre Romane sind Biografie, nicht die ihre, nicht die des Zahnarztes – sondern wörtlich: Biografie, des Lebens Beschreibung.

»… bis Hubert heimkam und mich weckte. Ich sah mich verschlafen im Zimmer und wusste, dass ich hier nicht zu Hause bin. Aber ich weiß, dass ich lieber hier nicht zu Hause bin als anderswo. Das ist eigentlich schon ein großes Glück.«

Es ist nicht das große Glück, es ist das *eigentliche* Glück. »Deswegen ist es so wichtig, Geduld miteinander zu haben und jedes Wort zu überlegen und so zu leben, als sei gar nichts geschehen. Deshalb wundere ich mich nicht, dass Hubert stundenlang vor seinem Schreibtisch sitzt, nur so sitzt und vor sich hinschaut. … Wenn er ein bisschen seltsam wird, wer könnte es besser verstehen als ich?«

Nein, ihr Hubert ist kein Bösling aus dem feministischen Albtraumbüchel. Ich bin ja eh für alles, wofür die Frauenbewegung ist. Ohne Zögern. Nur: ob für Rettung aus dem Hintreiben zum Wasserfall die Wut auf die wirklich sehr kaputten Männer reicht – da halt ich mich lieber an Frau Haushofer, sie hat den tieferen Blick.

Ach, ihr Hubert. »Ich wusste, er hat mich vergessen. In diesem Moment hatte ich ihn sehr gern. Das wird er nie wissen … Wenn ich eines Tages nicht mehr da sein sollte, und das könnte ja immerhin geschehen, wird er mich sehr vermissen, auch wenn er jetzt keine Zeit für mich hat.«

Hubert und sie, sie gehören zusammen. Eine Beziehung der Zufriedenheit. Für den Rest gibt's den Drachen. Sie zeichnet so gern, aber sie kriegt keinen *Vogel* mehr hin, kein Zeichen der Freiheit. »Ich wartete, und das Wesen wurde deutlicher, sah mich aus goldgelben Augen an, und zu meinem Erstaunen sah ich, dass es ein *Drache* war. Ich habe Drachen immer geliebt.« Jetzt kann sie sie Drachen zeichnen.

Vögel sind Freiheitszeichen, Drachen sind Lebenszeichen. Sie geht in ihre Mansarde, Hubert wohnt unten, sie oben, »und ich stolperte über die vorletzte Stufe … ich ging nämlich mit geschlossenen Lidern, um die gelben, unschuldigen Augen des Drachen besser sehen zu können.«

Was für eine wunderbare Frau! Wer ist denn dieser Drache, der oben in der Mansarde auf sie wartet?

FRIEDRICH HEER

»Ich war das Wildschwein Gottes«

Wer oder was ist ein Dichter? Ein Dichter sieht, was wir nicht sehen. Oder erst hinterdrein sehen, dank ihm. Ein Dichter schreibt, was keiner noch geschrieben hat. Die Anderen schreiben's hinter ihm her und nach und ab. Aber lang nicht so gut wie er, der Erste und Vorderste.

Im Sinne obiger Definition war Friedrich Heer, vom Fach her Historiker, Kulturphilosoph, Roman-schreiber – ein Dichter, Seher, Künder: des alten und neuen Österreich; des alten und neuen Christen-tums; und das Gesprächs ohne das der Mensch kein Mensch ist – heute heißt das »Dialog« und hat den Glanz verloren, den Heer ihm gab.

In seinem monumentalen Band von fast 600 Seiten, »Der Kampf um die österreichische Identität« (1981), führt Friedrich Heer diesen Kampf aufs Neue, mit den Waffen seiner unheimlichen Belesenheit und mit dem Flammenschwert seiner dichterischen Begeis-terung für Österreich. Das Buch ist bis heute die unerreichte Austro-Bibel.

Als vor den Wahlen 1966 Rot und Schwarz wieder einmal ausflippten in eine innenpolitische Schlamm-schlacht vereinigen sich gute Österreicher aller poli-tischen Farben, Autoren, Politiker, Journalisten, His-toriker, Theologen, 38 prominente Leute und unterzeichnen ein Manifest »Parole Österreich«.

Ich bin stolz drauf, dass der Text des Manifestes von Friedrich Heer und mir gemeinsam verfasst wurde. Ich druckte ihn in der damals von mir geführten Zeitschrift FORVM. Wir warnten vor »jenem totalen Grabensystem ... welches unser Vaterland schon ein-mal in zwei auf Leben und Tod verfeindete Lager zerrissen hat«. Dramatische Töne für Österreich: sie sind bestürzend aktuell.

Eine Lobhudelei auf Österreich war's nicht. Heer

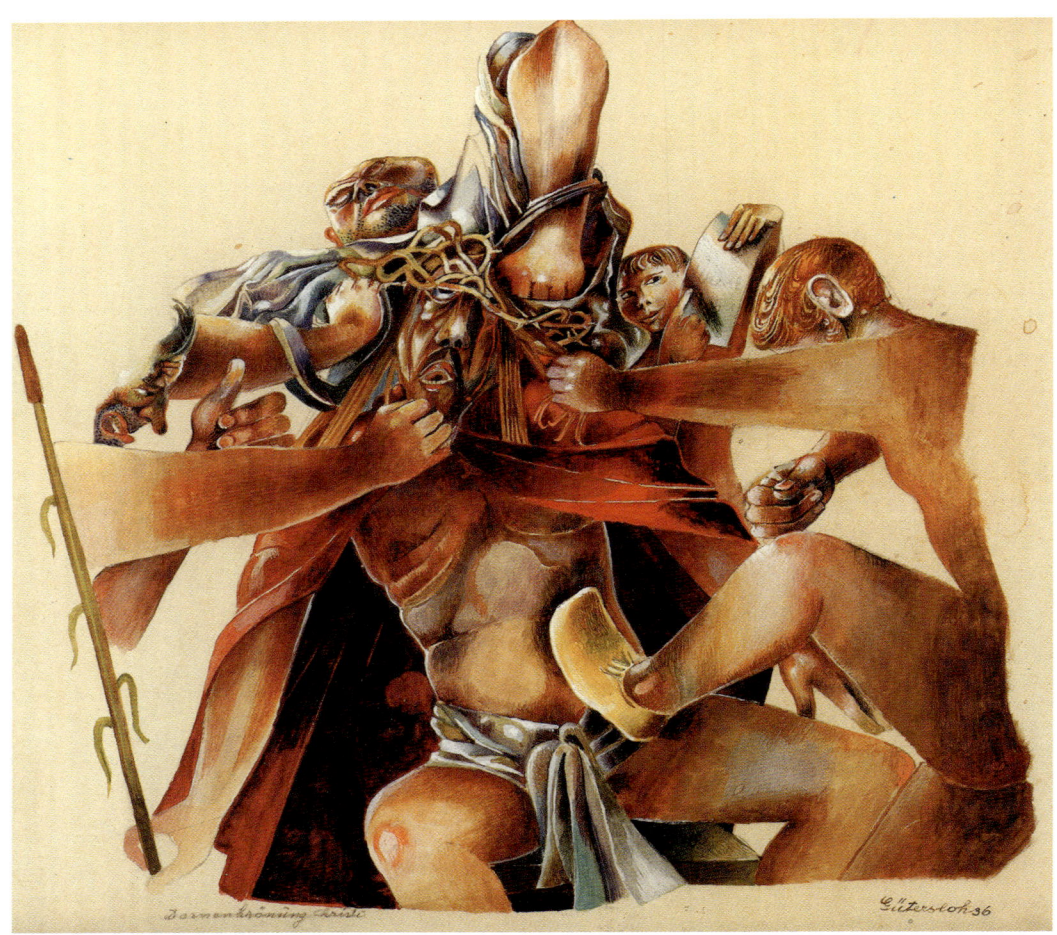

Albert Paris Gütersloh, Dornenkrönung Christi, Gouache, 1936

sagte sehr deutlich (1967): »Zur Geschichte der humanitas austriaca, der österreichischen Mitmenschlichkeit, gehört untrennbar eine Geschichte der österreichischen Unmenschlichkeit. Diese ist noch nicht geschrieben worden.«

Da ist unterdessen viel nachgeholt worden. Ein gutes Vaterland wird besser, indem man es gehörig zaust. Es hält viel aus, gerechte Kritik und ungerechte.

Heer schrieb die einzige zureichende Biografie Adolf Hitlers, ein Meisterwerk in zwei Bänden, 1500 Seiten (»Gottes erste Liebe«, 1967; »Der Glaube des Adolf Hitler«, 1968). Ein leidenschaftlicher Antinazi fühlt sich, mit ebensolcher Leidenschaft, in das historische Phänomen Hitler ein, unter Einbeziehung ganzer Jahrhunderte europäischer Geistesgeschichte.

Heer fasste Hitler als einen schief gelaufenen österreichischen Katholiken. Was er daran als Kritik einstecken musste, ungerechter und gerechter.

Unter seinen Büchern, dreißig und etliche, die meisten dick, 50.000 Seiten Lebenswerk, ist mir das schmale, frühe Bändchen »Gespräch der Feinde« (1949, 33-jährig) eines der liebsten. Im allerersten Heft des FORVM (1954), im

Gespräch und Streit mit Friedrich Torberg, gab er seine klassische Definition des Dialogs.

Heer war ein seltsamer Christ, für seine Zeit und überhaupt. Sehr katholisch, aber im Wortsinn: »kat'holos« heißt griechisch »umfassen das Ganze«. Alles und alle umfasste Heer mit stiller Glut und heftiger öffentlicher Leidenschaft.

Kein Fettnapf, in den er nicht gestiegen wäre. Er ist einer der Väter des Dialogs zwischen Christen und Marxisten, des Dialogs mit den Juden und den Bekennern der anderen Weltreligionen.

In diesen globalen Dialog wollte er – mitten im Kalten Krieg – auch den Osten hineinbeziehen, Moskau, den europäischen Kommunismus. Heute gibt's ja fast nur noch Ex-Kommunisten, die sich so erfolgreich demokratisiert haben, sie spielen in der EU eine führende Rollen.

Damals war das gänzlich anders. In diese nötige Abwehr des Stalinismus war die geistige Welt voll mit einbezogen. Gegen Friedrich Heer, der das Gespräch wollte, stand mit ebensolcher Leidenschaft der »andere Friedrich«, Friedrich Torberg.

Heer, der »offene« Katholik, fand mit seinem Gespräch der Feinde vor allem Feinde im katholischen Lager. Befragt, wann Heer denn endlich Universitätsprofessor würde, er, der bedeutendste Geisteshistoriker Österreichs, soll der damalige Unterrichtsminister Dr. Heinrich Drimmel, sehr katholisch und sehr konservativ, geantwortet haben:

»Heer wird erst Professor, bis die Bolschewiken kommen.«

In seinem Schreiben und Reden und in seinen Romanen (»Der alte Tag«, 1950; »Scheitern in Wien«, 1974; »Aster und der Alte«, 1976) hob sich Heer auf die Höhen der Dichtung, nach Prophetenart. Er donnerte und jammerte und sah Visionen einer Zukunft, gemischt aus Pessi- und Optimismus.

Er hatte Freude an Österreich und Wien, und er litt an diesen beiden ganz fürchterlich. Sein Christentum reichte von einem Ende zum andern: begeistert pries er einen unbegreiflichen Gott, und weil Gott so unbegreiflich ist, reichte sein katholischer Glaube bis an den Rand und tief hinein in Zweifel und Unglauben.

Früher hatte ich viel mehr Wut als heute. Da schrieb ich in meinem Nachruf auf Heer (1983):

»Heer war für Linke zu katholisch, für Katholiken zu links, für Konservative zu progressiv, für Progressive zu konservativ ... Heer war nicht radikal, sondern *zu* radikal ... Kehrt marsch ins Kammerl neben dem Klo! Dort konntest du dich entfalten, lieber Fritz, zu deiner wahren österreichischen Größe ... Jedes Land hat die Intellektuellen, die es verdient. Österreich verdient keine und hat welche, das ist unser Problem.«

»SUS DOMINI« wollte Heer auf seinem Grabstein stehen haben. »Ich war das Wildschwein Gottes«. Ein Aufwühler. Einer seiner zahlreichen Wünsche, die ihm Österreich nicht erfüllte.

Heer wühlt weiter. Im Untergrund Österreichs.

PETER HENISCH

Ein echter Wiener, aber schwarz

Kunst darf alles. Das ist ihre Freiheit und auch ihre Gefahr. Der Künstler kann und darf in die Irre gehen. Er darf Kritik zurückweisen, indem er seine weltweit gültige Legitimation zückt: »Ich bin Künstler.«

Peter Henisch, renommiert und mehrfach preisgekrönt, Jahrgang 1943, in Purkersdorf bei Wien lebend, klingt in seinem neuesten Roman »Schwarzer Peter« streckenweise wie jene jetzt allgegenwärtigen Anklagen gegen Österreich und seine Zustände. Aber wir können nicht sicher sein: Klagt er die Wirklichkeit an oder ist es eben ein Roman? Beschreibt er Zustände, die nicht sind, aber sein *könnten* – zwecks Warnung, Vorbeugung?

Henisch schreibt die herzbewegende Geschichte eines schwarzen Mitmenschen, der ein *waschechter* Österreicher ist. Die Hautfarbe ist nicht abzuwaschen, sie stammt vom Vater, einem US-Besatzungssoldaten, Mutter Wienerin. Vater hat sich verflüchtigt, sein Sohn ist der Schwarze Peter und *hat* den Schwarzen Peter, lebenslänglich.

Henisch hat sein Herz immer an Außenseiter gehängt. Je außenseiterischer seine Helden, desto besser seine Geschichten. Für ihn sind sie keine Außenseiter, sondern ganz umgekehrt gehören sie zur Innenseite der Menschheit. Dort drinnen gibt es kein Oben und Unten, sondern eine horizontale Einteilung in Wesen gleichen Ranges.

An Hand des Werkes von Peter Henisch kann man ins Schwärmen kommen über die Nützlichkeit ungerechter Kritik. Gerade noch denkt man sich »Der übertreibt aber, so schlimm sind die Zustände in Österreich wirklich nicht«. Und gleich drauf ist man gepackt von der Meisterschaft, mit der Henisch das äußere Leben und das innere Leiden des Außenseiters schildert, samt Umschlag des Furchtbaren ins Ironische.

Hermann Nitsch,
Schüttbild 1990, Öl
auf Leinwand

Wie hilft man sich da? Also ich helfe mir, indem ich mich dem Strom und Schwall der Erzählung hingebe und fünfe grad sein lasse.

Einem Autor muss man sich praktisch nähern: indem man ihn unbefangen liest, weiter nichts. Und nach den ersten zehn Seiten, wo man ein bisschen stolpert – eigenartig unmusikalisch ist die Prosa des Jazzfans und Liedermachers Peter Henisch – aber auch das wird bald zum herben Reiz – nach den ersten zehn Seiten also ist man gefangen.

Peter Henisch schildert das Leben des Peter Jarosch. Die beiden sind eins, Henisch, Schilderer der Außenseiter, hält sich selber für einen. Für einen Wiener, aber schwarz.

Die Faszination des Romans beruht auf seiner Genauigkeit. Henisch kann so präzise schreiben, dass draus ein eigener Humor wächst. Er macht keine drübergestreuten Witze, sondern die negative Realität schlägt um in Witz. Das ist der Beweis, dass Henisch ein guter Erzähler ist.

Peter Jarosch, der schwarze Wiener, macht mit seit seiner Jugend mit den Wienern, die sich komisch verhalten, wenn sie einen Schwarzen sehen. Vielleicht ist das heute nimmer so, aber damals war das so. Sie meinen's nicht bös, billigt ihnen Henisch zu.

Arg wird's, als der Wiener Peter Jarosch, nach langem Aufenthalt in den USA, vom 30. bis 50. Lebensjahr, zurückkehrt zu den Wienern.

»Der Journalbeamte ... In seinem Gesicht der Ausdruck täglicher Routine. Verdacht des Rauschgifthandels / aggressives Verhalten / Verursachung störenden

Lärms. Dass sie kein Dealer sind, behaupten diese Bimbos alle ... Was lachen Sie denn ... Etwa wie ihre Kollegen mich behandelt haben? ... Wie sie mir den Arm auf den Rücken gedreht und mich rechts und links ins Gesicht geschlagen haben? ... Mit Pfefferspray geblendet ... in den Unterleib getreten ...«
Schließlich wird der Schwarze Peter wieder freigelassen und fährt nach Graz, seinen Sohn besuchen. Er befragt eine Frau mit Kinderwagen nach dem Weg zu dessen Adresse. Sie hat »keine Spur von Fremdenfeindlichkeit – sie hat mir bereitwillig Auskunft gegeben«.
Henisch lässt sich nichts zu Schulden kommen. Er ist korrekt. Und grausliches Benehmen im Reich der Behörden, wie er es schildert, gibt's ja wirklich, sagen wir: ab und zu. Die Herabstufung des Romans auf »brisant aktuell« ist falsch. Er ist schlicht und einfach ein guter Roman.
Peter Henisch ist vielseitig. Außer Geschichten und Gedichte produziert er auch Song-Texte und machte selber Musik. Mit dem Roman, dem bisher dicksten, »Schwarzer Peter«, 550 Seiten, scheint aber nun klar: sein größtes Talent ist das epische: er kann Geschichten erzählen, Personen schildern, Situationen ausmalen. Obwohl das in der postmodernen Literatur nicht mehr verboten ist, bleibt es selten, dass eines das kann. Es fällt auf und gefällt mir.

Meine Mutter
Allerdings war meine Mutter, wie man in Wien sagt, eine ausgesprochen fesche Frau. Mir ist sie damals sogar richtig schön vorgekommen. Besonders in ihrer Schaffnerinuniform. Da trug sie eine Schirmkappe, eine kurze, tailliert geschnittene Jacke und eine Umhängetasche mit Zwickzange.
Wie sie mit sicheren Schritten, die auch in der Kurve nicht aus der Balance kamen, im Wagen hin und her ging!
Wie sie mit einer natürlichen Autorität, die ihren Liebreiz keineswegs minderte, die Fahrgäste aufforderte, nicht auf der Plattform stehen zu bleiben, sondern ins Wageninnere vorzugehen.
Höhepunkt aber war zweifellos der Augenblick, in dem die Waggons, bevor sie an den Stationen, an denen sie kurz gehalten hatten, wieder losfahren sollten. Auf dem vorderen Trittbrett stehend, ließ sie sich kühn aus der offenen Tür hängen, sich nur mit einer Hand an der Messingstange festhaltend. Dann rief sie mit kehliger und trotzdem aparter Stimme Achtung, Abfahrt, diesen Ruf fallweise durch einen Pfiff mit der Trillerpfeife bekräftigend.
Und griff schließlich, sich ins Wageninnere zurückschwingend, mit Elan nach dem über den Köpfen der Fahrgäste gespannten Klingelriemen, den niemand außer ihr berühren durfte, und dann klingelte sie.

FRITZ von HERZMANOVSKY-ORLANDO

Tod aus'm Kanalgitter

Wir sind so froh, dass wir in Europa sind, wir sind so froh, dass wir ein Handy haben oder zwei, an jedem Ohrwaschel eins, und unter unserem Hintern haben wir einen Wohlstand. Das macht uns froh. Nur ist es schlecht für unseren Humor. Er verkümmert. Hoch lebe der Villacher Fasching!

Ich bin ungerecht. Der Humor eines Herzmanovsky-Orlando ist bitte nicht für jedermann. Aber für den er ist, *der* badet dann wirklich im Witz, er zerwutzelt sich in seinem Lese-Fauteuil. Unübertreffliche Mischung: Herzmanovsky (1877–1954), man nennt ihn den »letzten Erben Nestroys«, multipliziert mit seinem Bearbeiter Friedrich Torberg (1908–1979) – ja, das ist dann der allerletzte Erbe Nestroys.

Torberg, dem wir die »Tante Jolesch« verdanken, dieses Zauberbuch österreichisch-jüdischen Humors – hat Herzmanovsky geputzt und gestutzt, bis er lesbar war und ein Welterfolg wurde. Freilich sind jetzt auch die Originaltexte herausgegeben, und Torberg wurde von den Fachleuten wüst attackiert wegen seiner Eingriffe. Aber beide, Herzmanovsky wie Torberg, halten das aus. Ohne Torberg gäbe es Herzmanovsky gar nicht.

Sehr zum Unterschied von den meisten heutigen Komödienschreibern, Kabarettisten, hilflosen Humoristen – schöpfen Herzmanovsky-Torberg aus der Tiefe. Sie strampeln sich nicht ab mit mühselig aus dem Hirn gefischten Pointen, ihnen fließt es reichlich zu aus ihrem Fundus als Dichter. Sie haben jenen Witz der Verrücktheit, den man entweder hat oder eben nicht. Heute meist: eben nicht. Statt Witz Villach.

Das dramatische Juwel in der üppig gepolsterten Witz- und Geniekiste Herzmanovskys ist »Kaiser Josef und die Bahnwärterstochter«, eine luftige

Alfred Kubin,
Das Grausen,
Tusche, Feder laviert
und Spritztechnik
auf Papier, 1901/02

Komödie. Friedrich Torberg war ihr Bearbeiter und Rührer der Werbetrommel für den hiezu ungeeigneten Dichter. Das Eigenschaftswort »herzmanovskisch« wurde zum gängigen Stilbegriff.

In den gleichzeitigen Ur- und Erstaufführungen in den Münchner Kammerspielen und am Wiener Akademietheater (1957) sah man Legenden wie Axel von Ambesser, Fritz Eckhardt, Josef Meinrad, Inge Konradi, Adrienne Gessner, Hugo Gottschlich. Es folgten »Zerbinettas Befreiung« und »Sellawie oder Hamlet, der Osterhase«.

Das Theater und die Torberg'sche Gesamtausgabe der Stücke, Romane, Erzählungen machten die sechziger Jahre zur Herzmanovskys Hoch-Zeit. Torberg boxte ihn durch.

Jetzt wurde es stiller. Aber Herzmanovsky ist als Schilderer des alten und ewigen Österreich unverrückbar etabliert: Sein »Tarockanien« schuf er schon in den zwanziger Jahren, lange vor Musils »Kakanien«. Und beide, Herzmanovsky wie Musik, blieben jahrelang unbekannt, ja um ein Haar wären beide gar nie entdeckt worden. Dies erweist sie als echte Austriaken.

Zur Belebung des Textes zitiere ich jetzt zwei Gstanzeln, die der Stationsvorstand Zwölfaxinger singt im Dienst der Kaiserlich Erbländischen Eisenbahn, die schon unter dem Kaiser Josef II. versehen ist mit allem ihr Nötigen. Dazu gehören vornehmlich ein Tunnel mit Tunnelgespenst, ein schwarz-gelber Zaun zum Schutz vor felsigen Abgründen und eine Bahnwärterstochter, in die sich der Kaiser verliebt. Alle Bahnbeamten sind Wilderer.

>   »Das Zügerl, das pfeift,
>   Und 's Gamserl pfeift aa,
>   I kenn 's auseinander,
>   Die Pfiff alle zwaa.
>   D'Gams hoan an Wechsel,
>   Und auch s' Bahngleis hat an,
>   Und wann i auf d'Gamserl geh,
>   Pfeif i auf d'Bahn!«

Herzmanovsky war bedacht auf die Bewahrung Österreichs vor technischem Fortschritt. Der Dichter verbreitete erfolgreich die Überzeugung, dass europäische Expresszüge »im Innern Österreichs schon nach kurzer Frist spurlos versickern ... meistens geschieht das in der Gegend von Leoben« (so in seinem Roman »Maskenspiegel der Genien‹).

Herzmanovsky war auch ein genialer, dämonisch-verkauzter Zeichner. In einem seiner Blätter steigt aus dem städtischen Kanalgitter der Tod als Gerippe und serviert dem Betrachter einen Kaffee. In der Welt, über die der Dichter uns lachen macht, serviert er uns ungerührt den Tod. So sind sie, die echten Humoristen.

Herzmanovsky stammte väterlicherseits aus einer k.u.k. Offiziersfamilie, die Mutter war griechischer Abkunft. Die Familie war begütert. Der Dichter lebte bloß seine fantastischen Neigungen. Nur ein Buch, »Gaulschreck im Rosennetz«, erschien zu seinen Lebzeiten, der Rest ist Torbergs Tat. Der Dichter häufte daheim Textmassen an, durch die sich Torberg und viel später die Herausgeber der »Sämtlichen Werke« durchfraßen.

Jene selben, die Torberg angegriffen, weil er Herzmanovsky bearbeitete, statt ihn verschimmeln zu lassen, hielten den Dichter auch für einen Nazi. Herzmanovsky hatte Verbindung mit mystischen Kreisen, die politisch »rechts« standen, es gibt auch antisemitische Briefstellen. Mit solchen Peinlichkeiten hielt sich der jüdische Großmeister Torberg nicht auf.

Und Recht hatte er. Was zählt das alles gegen eine Geschichte wie die vom Mohrenknaben Soliman, der in Sizilien vom Feldmarschall Fürst Lobkowitz beim Tarockieren gewonnen wird. Maria Theresia lässt ihn vorurteilsfrei aufsteigen zum Kammerherrn, verfügt aber testamentarisch, dass er nach seinem Tode fürs Hof-naturalienkabinett auszustopfen sei − im Kammerherrenfrack und mit allen Orden.

HUGO von HOFMANNSTHAL

Leben aus dem Totenreich

Es gibt Autoren, um die »immer« ein Wirbel ist, und stille Autoren. Mein Rat ist: halte dich an die Stillen. Den Lärmigen entgehst du ohnehin nicht, und bald ist es dann wieder vorbei mit ihnen. Die Stillen aber, die sind *immer* da: Du kannst ihnen leicht entgehen, aber nur zu deinem eigenen Schaden.

Hugo von Hofmannsthal hat heuer seinen 70. Todestag. In Stille. Einer der größten österreichischen Dichter, einer der österreichischesten. Erst an seinem Todestag sei das alte Österreich endgültig gestorben, sagte ein Zeitgenosse.

Hofmannsthal, der den Text zum Richard Strauss'schen »Rosenkavalier« schrieb und eine sonstige Fülle von Werken, war aber nicht nur und hauptsächlich »Altösterreicher«, unablässiger Liebhaber unserer Vergangenheit. Der »Altösterreicher« war »Zukunftsösterreicher«. Er glaubte an das Fortleben Österreichs in jenen zwanziger und dreißiger Jahren, da nur wenige daran glaubten.

Mit Mut und Glut war er, gemeinsam mit Richard Strauss und Max Reinhardt, Mitbegründer der Salzburger Festspiele – genau zu jenem Zweck unseres Fortbestandes, als Großmacht im Kunstreich.

Die Salzburger Festspiele sind jetzt, mit rühmlichen Ausnahmen, in den Händen von Leuten, die mit einem Stillen und Tiefen wie Hofmannsthal nichts auf dem bunten Hut haben.

Hofmannsthal, eine zarte Erscheinung, eindrucksvoll und ausdrucksstark in seinem Werk, starb mit 55. Er reicht tief hinein in die alte Monarchie und fast bis in die Nazizeit (Todesjahr 1929). Er spürte deren Herabkunft und hatte in seinem Werk Medizin dagegen – Medizin, die damals nichts half. Heute ist es anders: Hofmannsthal ist, oder könnte sein, eine aktuelle Gestalt: Österreichs Leben und Weiterleben, an dem

Hans Canon,
Der Kreislauf des
Lebens, Öl auf
Leinwand, 1885

ihm so lag, ist heute kein Minderheitenprogramm – wir alle glauben an Österreich. Bei Hofmannsthal findet sich reiches und reichstes Material zur Unter-
mauerung dieses schönen Glaubens: in seinem dichterischen Werk wie in seinen
historisch-kritischen Texten.

Im Todesjahr 1929 klagt der Dichter: »Aber niemand fordert mich auf, niemand
will, niemand erwartet etwas von mir.« – Die Schätze Hofmannsthals bleiben
ungehoben und unbegehrt.

»Weil ich mit dem Zusammenbruch (Alt-)Österreichs das Erdreich verloren habe,
in welches ich verwurzelt bin« – wendet sich Hofmannsthal »leidenschaftlich zum
Geistigen der Nation und zu Europa« (Werner Volke). Während bei den Nazis
sich schon die Barbarisierung der Nation in Marsch setzt, ersteht sie bei Hofmannsthal (einem »Vierteljuden«) in Glanz und Reinheit neu.

Seine letzten Werke sind das »Deutsche Lesebuch«, »Das Schrifttum als geistiger

Raum der Nation« und »Wert und Ehre deutscher Sprache« (1927). Dort fragt er: »Wo aber ist die Nation zu finden? Einzig in den hohen Sprachdenkmälern und in den Volksdialekten. Die einen und die andern stehen in Wechselbezug – in beiden zusammen ist die Nation.«

»Die Sprache ist ein großes Totenreich, unauslotbar tief; darum empfangen wir aus ihr das höchste Leben ... unser zeitloses Schicksal und die Übergewalt der Volksgemeinschaft über alles Einzelne ...«

»Der Prozess, von dem ich rede, ist nichts anderes als eine konservative Revolution von einem Umfang, wie die europäische Geschichte ihn nicht kennt.« – Freilich, den feinsinnigen Geistesrevolutionär begrub die grobe, großkriminelle NS-Mure.

Die mystische und goldrichtige Verehrung der Sprache – als Kern der Nation und überhaupt – durchzieht das ganze Leben Hofmannsthals. Seine ersten Verse, da ist er 16 und schreibt unter Pseudonym (»Loris«), weil Schüler nicht publizieren durften, in der Wiener »Presse« (1890):

> »Das Wort, das Andern Scheidemünze ist, Mir ist's der Bilderquell, der flimmernd
>
> reiche.«

Er, der später viele Bände mit kunstvoll abstrakter Prosa füllt – über schrecklich viele Themen, am liebsten freilich über Sprache –, bekennt als Jüngling von 16 Jahren: »Ich habe nie so viel Lyrik gefühlt wie jetzt. Ich kann mir nicht denken, dass das alles so bald ein Ende haben wird.«

Hat es auch nicht. Höhepunkt ist der »Rosenkavalier«, den Richard Strauss vertont (1909/1911). Der Hofmannsthal'sche Text ist, was immer er sonst ist – Romantik und kostbares Sprachspiel –, in der Hauptsache ein Liebesgedicht, eine Liebeserklärung an die Welt und an die Menschen.

»Wo war ich schon einmal und war so selig?«, singt das junge Liebespaar Octavian und Sophie. Die silberne Rose duftet, und zwar nicht von Natur aus. »Ja, ist ein Tropfen persischen Rosenöls dareingetan«, erläutert Octavian.

Natur und Kunst sind für Hofmannsthal in aller Dichtung untrennbar beisammen. Er ist kein »Naturbursch«, viel eher ein Künstler, der aus aller Literatur aller Zeiten schöpft.

Das Zusammensein von Natur und Kunst ist für den Feinsinnigen ein Liebesverhältnis, nicht minder als jenes zweier Menschen im Happy End des »Rosenkavaliers«:

> »Ist ein Traum, kann nicht wirklich
> sein,
> dass wir zwei beieinander sein,
> beieinand' für alle Zeit
> und Ewigkeit.«

ÖDÖN von HORVÁTH

Den Dichter fällt ein Baum

Es gibt Dichter, die wachsen, und Dichter, die explodieren. Werk für Werk entsteht, ohne Hast, bis ins hohe Alter: Goethe ist das große Beispiel. Ein Gegenbeispiel ist der großartige österreichische Dramatiker ungarischer Abkunft, Ödön von Horváth. 37 Jahre wurde er alt, in wenige Lebens- und Schreibjahre presst er ein umfangreiches Werk, ausgeschleudert in einer Folge von mühelosen Explosionen.

Horváths Augen sagen alles: Melancholikeraugen, wie sie Frauen gerne haben, wenn sie von Männern was verstehen. Augen, die wissen: viel Zeit hast du nicht. 1938 starb Horváth, 37-jährig, einen seltsamen, man könnte sagen: lächerlichen Tod. Er ging in Paris spazieren (in freiwilliger Emigration vor Hitler), ein Gewitter, Donner und Blitz, ein stürzender Ast erschlägt ihn. Wusste ein Wissender vom bald stürzenden Ast?

Dass ein Autor, unterwegs aus dem alten Österreich zum Weltruhm (gebürtig aus Fiume, damals Ungarn), 37-jährig vom Blitz erschlagen wird, der auf den Pariser Champs-Élysées in eine alte Platane fährt – dieses Lebensende des Ödön von Horváth ist eine Geschichte wie von Ödön von Horváth geschrieben: brutale, anscheinend sinnlose Tragik, hinter der ein abenteuerlich geheimnisvoller Sinn lauert. Welcher?

Ödön von Horváth hat sich – so sind die großen Dichter – nie die Mühe gegeben, uns zu »erklären«, was der Sinn seiner Theaterstücke und Romane ist. Sie packen uns, weil sie Stücke menschlichen Lebens sind.

Auf die Horváth-Geschichte vom Tod des Dichters Horváth folgt zum 50. Todestag des Dichters die nächste Horváth-Geschichte: die abenteuerliche Heimkehr des Leichnams – oder schon nur mehr: Skeletts – aus Paris nach Wien.

*Carl Moll,
Birkenallee, Öl auf
Holz, o. J.*

In den zahlreichen Publikationen über Horváth ist diese Geschichte verblüffenderweise nicht zu finden. Ich hab sie von Zeitzeugen. In all den Horváth-Biografien (so weit sie mir bekannt sind) liegt der Dichter auf dem Friedhof St Ouen im Norden von Paris.

»Ich kenne viele schauerliche Friedhöfe ... Der ist gewiss der schauerlichste. Ein baumloser Anger, hunderttausend Grabsteine zusammengepresst wie eine verzweifelte Menschenmasse ... Die Engel der Auferstehung werden es schwer haben, sich auf diesem Friedhof auszukennen ... Ein hoher Bahnviadukt ... Tag und Nacht donnern die Züge ...« (Franz Werfel 1938).

Auf dem Grinzinger Friedhof in Wien nicht. Dort ist es ruhig. Dort kennen sich die Engel leicht aus.

Horváth-Freunde gruben mit Erlaubnis in seinem Grab, förderten erst einen falschen Kopf zu Tage, es stand »1871« drauf mit schwarzer Tinte, dann aber einen mit einer wuchtigen Delle auf dem Hinterhaupt. Der muss es sein. Dazu nahmen sie einige Knochen.

In einem Koffer in der Größe eines Kindersarges gelangten die Gebeine nach Wien. Heinz Schwarzinger, Kärntner, Horváth-Übersetzer und -Verbreiter in Frankreich, brachte sie. Er übernachtete mit Horváth bzw. dessen Knochen im Verlagshaus Thomas Sessler, ehe der Dichter in der vorerwähnten Ruhe landete.

Shakespeare war ein sozialkritischer Autor, Goethe war ein sozialkritischer Autor, Brecht natürlich erst recht. Ja,ja, stimmt schon. Aber es ist grotesk unzureichend, große Dichter mit der Stampiglie »sozialkritisch« zu versehen, wie dies korrekte Literaturgeschichtler auch mit dem großen Ödön von Horváth tun.

Wer nix als »sozialkritisch« ist, lebt längst nicht mehr fort im schweinsledernen Album der Weltliteratur. Horváth war sehr »sozialkritisch« − er durchschaute die kapitalistischen Mechanismen seiner Lebenszeit; er zeichnete die Dummheit und Verdummung der Klein- und Spießbürger; er war radikaler Antifaschist. All das reicht zwar für den Beifall eines fortschrittlichen Publikums und für die Wut, die die Nazis auf ihn hatten − nicht aber reicht es für den unverwüstlichen Stoff, aus dem die großen Dichter gemacht sind.

Franz Theodor Csokor, sein Freund und als österreichischer Dichter ein Großer in seinem eigenen Recht, berichtet: »Ödön ... ein Nachtarbeiter, der im Spukzimmer unseres uralten Gasthofes haust (Henndorf am Wallersee, Salzburg, 1937) ... schreibt unter dauernder Mitwirkung einer Gespensterwelt, an die er fest glaubt ... Nach Eintritt der Dämmerung werden Klinken von einer unsichtbaren Hand niedergedrückt, Klopftöne funken metaphysische Telegramme an die Fensterscheiben, und schaut er dann hinaus, neigt sich über den Brunnen eine weißbekleidete Frauengestalt und singt ... Er fürchtet sich auch nicht im Geringsten, eher beruhigt es ihn, dass ihm ein für ihn vorhandenes Jenseits Zeichen gibt.«

Damit vergleiche man die schmalbrüstigen Versuche der professionellen Horváth-Erklärer, seine Texte auf ein rein »politisches« Kalkül zu reduzieren. Es geht nicht, der Dichter verflüchtigt sich.

Sie verstehen weniger, die kundigen »Erklärer« Horváths, als die Menschen, die in seine Stücke gehen und tief innen spüren, wie hier ein Dichter die Zeit und ihre Menschen am Schopf packt.

»In Horváths Blick, der seine Menschen so lieblos, so dürr, so armselig sah, lag eine merkwürdige sanfte Ruhe. Es war ein erbarmungsloser Blick, aber ein Blick von oben« (Franz Werfel).

Unter dem schönen Titel »Ein Ungar kommt selten allein« berichtet Alexander Lernet-Holenia vom Wiener Treiben Horváths. Ein Lieblingslokal war der dazumals noch nicht modische, sondern eher makabre »Weiße Rauchfangkehrer« in der Rauhensteingasse, 1. Bezirk.

»Auf den (reichlichst vorhandenen) Rehkrickeln (Geweihen der Böcke) lag fingerhoch der Staub. Selten wurde die Tischwäsche erneuert, weshalb Horváth das Lokal ›Zum schwarzen Tischtuch‹ umbenannte.«

Horváths Durchbruch zum Bühnenruhm kommt nicht in Wien, sondern in Berlin, dem geistigen Zentrum der dreißiger Jahre. Horváths Volksstücke »Die Bergbahn« (1929), »Italienische Nacht« (1930), »Geschichten aus dem Wiener

Wald« (1931), »Kasimir und Karoline« (1932) katapultierten ihn in den literarischen Mittelpunkt der deutschen Hauptstadt. Ein Jahr drauf kommen die Nazis an die Macht, Horváth wird sofort verboten.

Er emigriert – ein »reiner Arier«, aber Antinazi – nach Budapest. Als ungarischer Staatsbürger versucht er 1934 in Berlin sein Glück in der Filmbranche. Dies misslingt. Über die Stationen Zürich, Wien, Salzburg, Budapest, Prag – landet er in Paris und unter dem ominösen Todesbaum.

Was Horváth »Volksstück« nennt, ist die grandiose Erneuerung einer heruntergekommenen Gattung. Nicht Witz- und Rührfiguren wie im traditionellen Volksstück, sondern echte Menschen seiner Zeit und aller Zeiten erscheinen in ihrer ganzen natürlichen Erbärmlichkeit und in übernatürlicher, gespenstischer Wahrheit.

> FERDINAND: Mir hat der liebe Gott geholfen.
> ALFRED: Was verstehst du unter lieber Gott?
> FERDINAND: 2000 Mark.

Das war damals (1929, »Rund um den Kongress«) irr viel Geld. Der Dichter, dem Übernatürlichen sehr zugetan, gibt hier vom lieben Gott eine kühne Definition in einer »Theologie der Realität«. »Da er an Gott glaubte und sich innig viel mit Gott beschäftigte«, berichtet über Horváth der Sohn von Thomas Mann, Klaus, der mit Selbstmord endigte (1949). Zum Tode Horváths meint er: »Sind wir denn schon mitten drin im Weltuntergang?«

ERNST JANDL

ottos mops hopst fort

Man könnte meinen, beim Gedichte-Schreiben gibt es nichts Neues. Ja, statt hinten reimen kann man hinten *nicht* reimen. Aber das ist es auch schon. Der Rest ist abgenudelt. Hunderttausende Gedichte schwirren durch die Literaturgeschichte, mit mattem Flügelschlag, und immer matterem. »Der Erste, der auf Herz Schmerz reimte, war ein Genie, der Tausendste war ein Idiot« – sagte der französische Dichter Arthur Rimbaud, der draufhin die Lyrik, das alte fade Gedichte-Reich radikal umwälzte.

Ja, und dann kam Ernst Jandl. Der heute 74-jährige Wiener war der nächste große Umstürzler der Lyrik. Er zertrümmerte das Gedicht gänzlich. »Dekomposition« nennen es die Fachleute, nachhatschend hinter der vollzogenen Revolution.

Was bisher ein sorgsam komponiertes Gedicht war, zerlegt Jandl in einzelne Trümmer, heimtückisch, unbarmherzig und – sodass man schrecklich lachen muss, weil's so lustig ist. Modern und gar nicht modern. De-komponiert und neu-komponiert wird sorgsamste, eine neue Gedichte-Musik.

>   »ottos mops trotzt
>   otto: fort mops fort
>   ottos mops hopst fort
>   otto: soso
>   otto holt koks
>   otto holt obst
>   otto horcht
>   otto: mops mops
>   otto hofft
>   ottos mops klopft
>   otto: komm mops komm
>   ottos mops kommt
>   ottos mops kotzt
>   otto: ogottogott

Jürgen Messensee,
Informationen, Öl
auf Leinwand, 1985

In einem Jahr (1957, 32-jährig) fielen Jandl 120 Gedichte ein. Sie kamen nirgend-
wo an. Sie waren zu verrückt. »In der Poesie brauchen wir alles, woran wir uns
nicht gewöhnt haben«, schrieb er in »die schöne kunst des schreibens« (1976).
Zur Gewöhnung an Jandl brauchte die Kultur- und Verlagsszene fast zehn Jahre,
bittere für Jandl. 1966 kam der Durchbruch mit dem Gedichtband »Laut und
Luise« im Schweizer Verlag Walter, Olten. Ein kleiner, aber feiner Familienverlag.
Es gab Krach in der Familie, ein Familienmitglied verließ den Verlag, weil die
Familie, eine brave Schweizer Familie, seine Vorliebe für Jandl abscheulich fand.
In »etüde in f« ist die Abkehr von der Gewöhnung total einfach. Überall wo der
Buchstabe w stehen sollte, steht f. Und es tut sich eine ganz neue Poesie auf!
Die Schlusszeilen »ach die heimat / ach die heimat / fen ferd ich dich fiedersehn
/ ist so feit« – nahm man als Verspottung der traditionellen Heimatliebe. Ich finde
im Gegenteil: durch den Trick f statt w wird die Heimatliebe, die alte, wieder
ganz neu und rührend. Rührung plus Witz, das ist die neue, *größere* Rührung.
Lauteste Empörung erzeugte das Gedicht »schtzgrmm«, eine Jandl'sche Abkürzung
für »Schützengraben«. Es ist keine Verspottung der Soldaten (Jandl war Soldat

1943/45, kam aber nicht an die Front), sondern im Gegenteil: Ohne jede wortwörtliche Polemik gegen den Krieg ersteht dessen Schrecklichkeit ganz neu aus wenigen, sparsamen Wortfetzen.

Die Maschinengewehre spucken lauter »t« wie Tod, die Granaten machen ganz lebens- bzw. todesecht »tsss«, wenn sie angeflogen kommen, und »scht«, wenn sie einschlagen. Aus der skandalösen Zertrümmerung der Sprache steht diese glorios wieder auf in knappster, neuester Form.

Jandls Gedichte sind eindrucksvoll, witzig und schrecklich, schon wenn man sie selber liest. Aber das ist nur ein Bruchteil ihrer Wirkung. Völlig umwerfend sind sie erst, wenn ER sie selber liest! Auf der Bühne, vor dem Mikrofon wird er zu einem Monster, das liebevoll jeden einzelnen Gedicht-Laut heraushebt, säuselt, singt, donnert. Ein kleiner, dicker Mann, »Buddha aus Wien« nannte man ihn, aber mit einem mächtigen Brustkasten, ein ganz ihm eigenes Instrument, mit dem er ganz ihm eigene Laute hervorbringt. Das Lese-Gedicht wird ein Sprech-Gedicht von vervielfachter Wirkung.

Ganz deutlich ist die Verwandtschaft der Jandl'schen Poesie mit dem Jazz in seinen fortgeschrittenen Formen, Beat, Rap, Hiphop und wie das alles heißt. Gemeinsame Auftritte des Sprachmusikers Jandl mit modernsten Musikanten geraten zu einem rasenden Ohrenschmaus, der die Seele und die Säle füllt und in endlose Beifallsstürme mündet.

Der erfolgreichste moderne Lyriker deutscher Sprache ist auch ein gewaltiger moderner Bühnenstar – im vollen Gegensatz zu seinem ganz zurückgezogenen Leben. Er ist ein Fanatiker der Einfachheit und Einsamkeit. Und doch lebt er seit Jahrzehnten in Gemeinschaft mit Friederike Mayröcker. Eine der seltsamsten und zartesten Liebesgeschichten der Weltliteratur.

Die beiden wohnen natürlich nicht zusammen. Sie hängen unlösbar aneinander mittels permanenten Rendezvous und mittels Telefon. Ein feinfühliger Jandl-Freund bemerkt, »dass das wirkliche Elend seiner Existenz dann ausbricht, wenn er SIE zum Taxi begleitet und allein in seine Wohnung zurückkommt.«

Jandl macht keine Gedichte für die esoterische Literaturszene. Er macht – so nennt er's – »aufgeklärte Massenliteratur«. Die massenhaften Leser, die begeisterten Besucher seiner Veranstaltungen, kommen daher, dass er, der Avantgarde-Autor zugleich ein genialer Unterhaltungsautor ist. Indem er auf die moderne Unterhaltungsindustrie sich einlässt, verhöhnt er sie zugleich.

> »ich quill ich quill ich quill
> ich quill immer es anders sagen
> habe immer schon anders es sagen
> quollen
> und quill es auch jetzt
> und quill es auch künftig quollen.«

Jandl ist das Gegenteil von einem Erfolgstyp und hat damit Erfolg. Er greift nach den fernsten Sternen der Poesie und, weil er quill, erquischt er sie auch.

ELFRIEDE JELINEK

Zehn Deka Wut oder ein bissel mehr

Ich las es, und staunte, und freute mich. Und verzeihe und vergesse alles, was sie Böses von sich gab. Künstler sind verletzliche Wesen, Künstlerinnen erst recht. Sie kränkte sich halt und da schimpfte sie. Das ist so bei Künstlern, und so ist es ja auch bei normalen Menschen.

Über Kunst, Künstler, Künstlerinnen soll man nicht bös sein und nicht herablassend. Kunst darf alles und muss gar nichts (definierte der bekehrte Kommunist und Kulturphilosoph Ernst Fischer).

Und das schrieb Elfriede Jelinek über ihr politisches Engagement:

»Ich hab jetzt wirklich mehr als zehn Jahre Lebenszeit und -kraft dafür aufgewendet. Da sitzen die Leute, lehnen sich zurück und bestellen zehn Deka Wut, und es darf auch ruhig ein bissel mehr sein ... Die sehen aber nicht, dass man dafür Energie aufwenden muss, die man besser in seine Arbeit steckt, wo sie auch besser aufgehoben ist ...«

Und auch noch, gleichfalls zum politischen Engagement: »Wir sind damit ohnedies gescheitert, Dilettanten, die wir sind. Die Politik soll das jetzt gefälligst selber ...«

Die ungezählten Texte, die Elfriede Jelinek zu politischen Aktualitäten verfasste, fallen klaftertief ab, verglichen mit ihren literarischen Texten. Ich glaube, sie spürt das, und auch von daher ihr Ärger mit sich selbst. In ihren literarischen Texten – Romanen, Theaterstücken – herrscht zwar auch die irre Übertreibung, aber hier entspringt sie nicht ihrer aktuell-politischen Urteilslosigkeit und Unkenntnis, sondern zielt auf einen höheren künstlerischen Zweck und erfüllt diesen auch: Entlarvung der Menschenwelt, Darstellung der äußeren und inneren Armut, mit allen Mitteln, auch und gerade den unfeinsten.

Erika Giovanna
Klien,
Marionettentheater:
Die Brücke, Kohle,
Bleistift, Farbstift,
Wasserfarben, 1926

»Ich vergrößere (oder reduziere) meine Figuren ins Übermenschliche, ich mache also Popanze aus ihnen … Ich bemühe mich nicht um abgerundete Menschen … sondern um Polemik, starke Kontraste … eine Art Holzschnitt-Technik« (»Ich schlage sozusagen mit der Axt drein«, Essay, 1984).

Ich glaube, dass es letztlich *Sehnsucht* ist, Sehnsucht nach dem Heraus aus der Isolierung, Hinein in die Unmöglichkeit der Liebe. Mit jener grotesken Ironie, die sie zum Schreiben und Leben braucht, gibt sie's selber zu:

»Die Sehnsucht ist ein Stückerl Holz, dass diese Frau sich selbst apportiert hat. Sie braucht den Aufruhr … also sucht sie sich ihre Ziele draußen, um beständig an sie zu denken und sie, wie Tütensuppen, in ihr ungebärdig kochendes Wasser einzurühren und ein fremdes Herz anzurühren. Der Katholikentag braucht ja auch den fernen Papst, der zu uns herreisen soll. Doch ist der in unsrem Vaterland, so ist's plötzlich einer wie wir, ein Mensch, den kenn ich!« (»Lust«, 1989).

Jelinek, geboren 1946, kommt vom Geist des Jahres 68, vom Pop und von der »Wiener Gruppe« des Surrealismus (H. C. Artmann, Gerhard Rühm, Oswald Wiener). 1974 trat sie der KPÖ bei, 1991 wieder aus unter Mitnahme beider damaliger Parteivorsitzenden Susanne Sohn und Walter Silbermayer.

Begabt mit Realismus, d. h. mit untrüglichem Blick auf die Schrecknisse der Moderne, ist sie zugleich realitätsfremd und realitätsverweigernd, was die »normale« Wirklichkeit anlangt. Sie ist, wie sich's für Dichter gehört, im Gehäuse und Geheimnis ihrer Einsamkeit. Wo sie einst mitrannte, davon ist sie jetzt entrückt.

>»Als ich zum Tag mich wandte,
war bis zum fernsten Saume
kein Ding, das ich noch kannte –
die Herde war entrückt, mit der
ich rannte.«

Die Verse sind vom Spanier Johannes vom Kreuz, Kirchenlehrer und Mystiker (1542–1591), und ausgerechnet diese setzt sie als Motto in ihr Buch »Lust«, das als »weiblicher Porno« ettikiert wurde und in die Bestsellerlisten kletterte.

Elfriede Jelinek kennt sich im Leben überhaupt nicht aus. Aber das ist ja nur der Vorzug, den alle haben, die aus dem Reich der Kunst kommen und in ihm bleiben.

Sie hilft sich damit, dass sie sagt, sie sei »unheimlich verlogen« (in der »Zeit«, 28. 9. 84). Ja, »unheimlich«: ihre Welt ist die des Spielens mit der Sprache, sie nimmt sie auseinander und setzt sie wieder zusammen.

Manchmal genial treffsicher, eben »unheimlich«. Manchmal sind's nur müde Witze. Das macht sie aber absichtlich, sagte sie, sie zitiert das Triviale dieser Welt.

Alle ihre Äußerungen sind Stilisierungen, verkündigt sie, ihre Sätze Plakate, die sie vor sich her trägt, um sich dahinter zu verstecken (»Emma«, Heft 6, 1987).

Vergeblich. Man erwischt sie trotzdem. Und zwar ganz leicht. Denn wenn es wahr ist, dass sie sich versteckt, so ist auch wahr, dass sie in Medien aller Art eine fantastische Präsenz hat, in Text und Bild.

Elfriede Jelineks Großvater war tschechischer und jüdischer Abkunft, wurde katholisch, als er eine »Arierin« heiratete. Er war Sozialdemokrat der ersten Stunde (Parteibuch Nr. 6).

Die Großmutter mütterlicherseits war Deutsche aus Siebenbürgen.

In der Nazizeit hatte der Vater Elfriede Jelineks Schwierigkeiten (als »Halbjude«), kam aber durch. Er starb in geistiger Umnachtung. Die Mutter, noch in Siebenbürgen geboren, ist eine starke Frau, an die Elfriede zeitlebens eng gebunden bleibt.

»Keiner will ja bleiben, wo er angefangen hat. Aber unweigerlich endet er dort« – heißt es in ihrem Stück »Totenauberg« über den Philosophen Martin Heidegger (1991).

Darf das wahr sein? Elfriede Jelinek ist doch hinausgewachsen über alle ihre Anfänge. Sie ist die bekannteste deutschsprachige Theaterautorin. Das radikal »Linke«, radikal Feministische, radikal Moderne – lässt sie hinter sich. Sie verleugnet es nicht, sie übersteigt es. Aber wo geht sie hin?

Sie verachtet und beschimpft die Sportler. Aber sie ist selbst eine Läuferin auf dem endlosen Feld der Kunst. In ihrem geheimnisvoll großartigen »Sportstück« (1998) tritt sie selber auf, voll Selbstbezichtigung:

»... hinkend und desolat ... Als ob ich mich immer in ein Glas schütten und es jedem Beliebigen anbieten würde, ich werde auch dementsprechend gemieden. Weil es in meiner Nähe wehtut ... Hast du eine Ahnung, wie sich die Leute hier für mich genieren!«

GERT JONKE

Alle Geometrie ist geheimnisvoll

Ende der sechziger Jahre, etwa gleichzeitig mit der 68er-Revolution oder was das war, zogen aus Weinstuben und Kaffeehäusern die Grazer Originalgenies aus, um die deutsche Literatur zu erobern – im losen Zusammenhang mit Autoren wie H. C. Artmann und Ernst Jandl, um jene zu nennen, die tatsächlich Eroberer von poetischem Neuland waren. Das war der Hintergrund für den Klagenfurter Gert Jonke, Jahrgang 1946, ein verschmitzter Bursche.

Sein erster großer Wurf, mit 25, hieß »Geometrischer Heimatroman« und war ein gelungener Versuch, sich dem Dorf zu nähern auf ganz moderne Art. Die Kritik pickte ihm das Etikett auf, er sei Erfinder des »Anti-Heimatromans«. Er ließ es sich gefallen, es trug zu seinem frühen literarischen Ruhm bei. Wahr ist es aber nicht.

Jonke nähert sich dem Dorf durchaus respektvoll, er lässt sich auf keine Schmähungen ein. »Geometrisch« heißt: eine ganz andere Zugangsweise. Um alles Bisherige zu meiden, was über Heimat je geschrieben wurde, geht er – als Poet modernster Sorte, der er mit 25 war – nicht von den Menschen aus, sondern vom Raum.

»Der Dorfplatz ist viereckig, er grenzt an die um ihn versammelten Häuser, Straßen und Wege münden in ihn ein, außer dem Brunnen in der Mitte, in dem die Pflastersteinsysteme ihren Ursprung suchen, strahlenartig sich verteilen, befindet sich nichts auf dem Dorfplatz.«

Gleich ein paar Absätze später gibt er zu, »das stimmt nicht, das ist eine Lüge«. Es kommen Menschen auf den Dorfplatz, zu Mittag die Schulkinder, »werfen Mützen und Schultaschen über die Dächer ...« – Das ist ja unmöglich, es ist ein erster Hinweis auf das Irreale, Surreale des Jonke-Dorfes.

*Hubert Schmalix,
Eine Stadt –
klassisch, Öl auf
Leinwand, 1989*

Mythisches, Märchenhaftes kommt dann ganz dick. Jeder Wanderer, der ins Dorf
will, muss an einem Stier vorbei. Er muss ihn töten mit einem im Rucksack mitgebrachten Säbel oder einer mitgebrachten Pistole, wenn der Säbel nicht genügt.
Erlegt er den Stier, wird dieser auf dem Dorfplatz gebraten. Die Hoden verspeist
der Bürgermeister. Es kann aber auch sein, dass der Stier den Wanderer erlegt.
Dann kriegt der Bürgermeister keine Stierhoden.

Von Denunziation des Dorfes ist da wirklich nichts drin. Im Gegenteil, das Dorf
wird emporgehoben in die Mythologie. Die echten Anti-Heimatromanschreiber
gehen aus von der Soziologie des Dorfes, das sie als zurückgeblieben verleumden,
und von ihrer eigenen Biografie: Stadtliteraten geworden, ist ihnen ihre dörfliche
Heimat verhasst. Nichts dergleichen bei Jonke.

Der Anti-Heimatroman, freudig begrüßt von der progressiven Kritik, ist rasch wieder gestorben (bald nach den siebziger Jahren) – Jonke hingegen hat sich bestens gehalten. Er schreibt nach dem »geometrischen Heimatroman« noch viele schöne Sachen, luftig, ohne ideologischen Bleifuß, mit einem Humor, von dem er sagt: er staunt selber, dass er ihn hat.

Jonke ist ein großer Musikliebhaber, was man an der Melodie und Rhythmik seiner Texte merkt. Er schrieb eine köstliche »Schule der Geläufigkeit« (1977). Zwei ehemalige Konservatoriumsschüler wollen ihren Lehrer besuchen und finden dort 111 Klaviere, die nutzlos vor sich hinrotten. Herunter können sie nicht, weil sie keinen Liftknopf für die Abwärtsfahrt finden und auch kein Stiegenhaus. Sie sind gefangen in der Musik.

Der Lehrer, nun Direktor, auf Inspektionsgang durchs Haus, stößt zu ihnen, hat aber auf seinem Schlüsselbund keinen Abwärtsschlüssel. Jetzt sind alle drei gefangen. Der Lehrer führt vor, wie der frühere Direktor daran verstarb, dass er den Kopf ins Klavier steckte. Er wurde quasi guillotiniert, als der übende Schüler einen besonders lauten Ton anschlug, wovon der Klavierdeckel herunterfiel. Gerettet werden die drei vom Schuldiener – der die Botschaft bringt, dass ein Wohltäter 111 neue Klaviere gespendet habe.

Die Geschichte erinnert in ihrer absurden Endlosigkeit an Thomas Bernhard, ist aber viel leichter und witziger. Jonke steckt voll Selbstironie, das tut seinen Texten und seinen Lesern wohl. Mit Durchtriebenheit lässt Jonke uns darüber stolpern, dass er nie über Wirklichkeit schreibt, sondern mit sich und mit uns und mit der Sprache sei Spiel treibt.

Er gibt keine Ruhe, ehe er nicht die unvermeidlichen Stücke Wirklichkeit, von denen er ausgeht, zur Explosion gebracht hat. Er besteht auf Konzerten, die ohne Instrumente gespielt werden, und auf Sphärenmusik, die erst hörbar wird, sobald alle unsere Musik verstummt ist.

Eigentlich ist alles, was Jonke schreibt, »geometrisch«, weil er stets Vorgänge schildert, die sich in der »normalen« Wirklichkeit nicht vorfinden. Alle Geometrie ist geheimnisvoll. Die reinen Formen der Geometrie sind Gebilde jenseits der Wirklichkeit. Jonke, der Hochmoderne, ist Romantiker.

Der Zusammenhang von Moderne und Romantik ist nicht zufällig. Jonkes Meisterstück, der »geometrische Roman« zeigt keine »Anti-Heimat«, sondern er transportiert die Heimat ins Geheimnisvolle. Freilich bleibt ein Frösteln und Schrecken, aber das gehört zum Geheimnis.

FRANZ KAFKA

Eine Dame fiel in Ohnmacht

Franz Kafka war ein Dichter, wie man ihn sich vorstellt. Blass und schmal, zart und hochneurotisch, eben ein Genie. Zwar stimmt das Klischee nicht, aber Klischees stimmen ja nie. Wenn er in Sommerfrischen und Sanatorien seine Lungenkrankheit bekämpfte, war er zwischendurch auch braun gebrannt, eigentlich ein sportlicher Typ. Er war auch ein ausdauernder Wanderer und guter Schwimmer.

Es gibt Berichte seiner Freunde, dass er ihnen schreckliche Sachen aus seinem Werk vorliest und dahinter – lacht er, kann sich vor Lachen nicht halten. Der Wiener Kafka-Forscher Walter Sokel hat darüber ein ganz dickes Buch geschrieben (Franz Kafka, Tragik und Ironie, 1976).

Die Kafka-Forscher sind meist tödlich ernst und staubtrocken. Bücher *über* Kafka gibt es viel mehr als es Bücher von ihm selber gibt (drei unvollendete Romane und etwa 40 Erzählungen).

Ihm war, was er schrieb, selbstverständlich und unausweichlich. Die »Kafkalogen« hingegen deuten sein Werk und gelangen zu zweifelhaften Resultaten, über die sie in Streit geraten. Man schätzt die Literatur über Kafka auf etwa 1.500 Bände.

Dichter sind unberechenbar. Niemand kann erklären, wieso ein kleiner Angestellter der k.k. Arbeiter-Unfall-Versicherungs-Anstalt in Prag in der Lage ist, ein ganzes Zeitalter industrieller Entwicklung und dementsprechender Verängstigung in großartiger Komplettheit widerzuspiegeln, sehr rätselhaft, aber mit grausamer Genauigkeit.

Anderswo als im kleinformatigen Prag, anderswo als in der zurückgebliebenen Habsburger-Monarchie war doch viel deutlicher, wohin die Entwicklung der Welt damals ging – etwa in England, damals der fortgeschrittenste Industriestaat. Die Entfremdung des

Alfons Walde,
Mondäne Dame,
Tempera auf
Malkarton, o. J.

Menschen von seiner Natur, die Herabwürdigung zum Anhängsel der Maschine, zum Untertan einer rätselhaften Bürokratie – Kafka spürte dies vor allen anderen. Das ist der Grund seines Weltruhms.

Für Franz Kafka in Prag genügte die ferne Andeutung des kommenden Unheils – und aus ihm floss in Klarheit und Monotonie der breite Strom seiner Untergangsbilder. Schon in den ersten Jahren des 20. Jahrhunderts ist bei Kafka der moderne Mensch und die moderne Literatur grausig vorgezeichnet.

Kafka starb schon 1924, 41-jährig. Zwei seiner Schwestern wurden im KZ ermordet. Wie eine düstere Vorwegnahme der Nazi-KZ-Welt erscheint seine Erzählung »In der Strafkolonie« (geschrieben 1914, Erstausgabe 1919).

Es gibt dort eine mörderische Maschine, in welche die Häftlinge gespannt werden, zur Strafe für Verstöße gegen die Lagerordnung. In der mit stählernen Nadeln gespickten Maschine werden sie langsam zu Tode gequält. Kafkas Schilderung ist so genau, dass, als er die Geschichte in einer Lesung vortrug, eine Besucherin in Ohnmacht fiel. Seither las Kafka nie mehr öffentlich.

Kafkas Text hat mehr Tiefgang als die grausig banale Nazi-Kriminalität. Der Lagerleiter spannt sich selber in die Todesmaschine, aus eigenem Entschluss und freiem Willen. Er stirbt qualvoll – und im Augenblick seines Todes zerbirst die Todesmaschine.

Indem Schuld freiwillig gesühnt wird, kommt die Todesmaschine zum Stillstand. Schuld und Sühne ist die große Triebfeder in Kafkas Dichtung.

Wenn aus dem Namen eines Dichters ein allgemeines Eigenschaftswort wird: »Kafka« wird zu »*kafkaesk*« – dann erst steht fest, dass ein Autor einverleibt ist ins Gedächtnis der National- oder gar Weltliteratur. »Kafkaesk« wurde weltweit zur Bezeichnung gespenstischer, albtraumhafter Ereignisse und Örtlichkeiten.

Zustände und Gefühle, von denen man nicht weiß, »woher und wohin« – so hat schon Karl Marx die Situation des modernen Menschen bezeichnet, als Geheimnis und Angst vor dunklen Mächten.

Bei Marx sind natürlich die Mächte der kapitalistischen Wirtschaft gemeint. Franz Kafka war in seiner Jungend sehr interessiert am Sozialismus. Aber in seiner Dichtung überschreitet er alles »politische«. Geheimnis und Angst, Schuld und Verzweiflung werden zum allgemeinen Zustand des Menschen.

Der dänische christliche Philosoph Sören Kierkegaard hält Angst für ein menschliches Grundgefühl: weil nämlich Gott den Menschen nicht an der Hand durchs Leben führt, sondern ihn in *Freiheit* lässt, und das heißt: in Ungewissheit.

Kafka ist von Kierkegaard tief beeinflusst, desgleichen von Friedrich Nietzsche. Beide Philosophen sind für ihn Leitfiguren. Kierkegaard war leidenschaftlicher Christ, Nietzsche Atheist und Kritiker des Christentums – aber sie haben einen gemeinsamen Durchblick. Beide behaupten: hinter der Angst und Verzweiflung steckt die *Sehnsucht* des Menschen nach Erfüllung und Erlösung.

In den letzten Jahren des 19. Jahrhunderts schreibt Nietzsche in seinen »Unzeitgemäßen Betrachtungen«: »Jeder Mensch findet in sich eine Beschränkung vor, die ihn mit Sehnsucht und Traurigkeit erfüllt.« Nietzsche meint, es sei »die Sehnsucht des Menschen, als Heiliger und als Genius wieder geboren zu werden«.

Kafka ist der unbarmherzige Beschreiber jener »kafkaesken« Hindernisse, die sich dem Menschen und armen Sünder entgegenstellen. Er will Heiliger werden und »Genius«, beides heißt: er will reiner Geist werden – und beides bleibt unerreichbar.

FRANZ KAIN

Ist's Apfelmost? Ist's Birnenmost?

Dass die Provinz immer so heruntergemacht wird, halte ich für ungerecht. Die Provinz ist ein Jungbrunnen. Die Provinz produziert immer neue Talente, die Großstadt verbraucht und frisst sie auf. Robert Musil kommt aus Klagenfurt, Ingeborg Bachmann desgleichen, Karl Kraus aus Gitschin in Böhmen, Oskar Kokoschka gar aus Pöchlarn, Niederösterreich.

Franz Kain kommt aus Goisern, Oberösterreich (1922–1997). Ein großer Erzähler vom Land- und Bauernleben, mit sozialer Gesinnung. Aber kein Gesinnungs-Autor, sondern Dichter in eigenem Reich und Recht.

Franz Kain steigt jetzt unter Kennern zum wohlverdienten Ruf und Ruhm. Er war ein Liebhaber der Provinz und des Erzählens von ihr. Er meint: »Die Bestandteile einer Geschichte sind immer dieselben: menschliches Verhalten, Bewähren und Versagen. Es muss gesagt werden, was dem Menschen widerfährt.«

Und: »In der Provinz sind die Farben kräftiger, die leuchtenden und die düsteren, die Untaten zeigen auf pausbäckige Wangen, die Brandmale stechen scharf hervor wie glühende Narben.«

Entdecker des Provinzautors Kain ist ein Provinzverleger: Richard Pils aus Weitra im Waldviertel. Er begründete die »Bibliothek der Provinz«. Er macht seinen erfolgreichen Verlag von seinem Bauernhof aus. Inzwischen hat er sich eine Burg gekauft in Raabs, als Bücherlager, sehr malerisch hoch über dem Provinzfluss Thaya.

Nicht alle Schriftsteller sind feine Pinkel. Franz Kain war Holzfäller im Salzkammergut. Lebenslang trug er heimatliche Tracht, kühnen Hut und echte Joppe. Sein Wohnhaus bei Goisern ist aus Holz, wie aus dem Bilderbuch. Er lebte zeitweise in Berlin (Ost),

*Herbert Boeckl,
Expressive Land-
schaft im Sturm, Öl
auf Leinwand,
1927/28*

aber daheim war er immer nur daheim. Journalist (in Linz), Autor zahlreicher,
wunderbarer Erzählungen, Gedichte, Romane.

Mit den Wirtshäusern auf dem Land und in der Linzer Vorstadt war er eng ver-
traut. Sein Biograf Karl-Markus Gauß beweist dies wie folgt: Schon am Geruch
eines Pissoirs habe der Dichter erkannt, ob im betreffenden Lokal gerade Apfelmost ausgeschenkt wird oder Birnenmost. Denn Apfelmost riecht »prickelnd-
säuerlich«, Birnenmost hingegen »süßlich wie Kletzen« (Kletzen sind gedörrte
Birnen).

Geht's noch bodenständiger? Dabei war Kain Kommunist – das hat ihm bei der
Verbreitung seiner Werke geschadet, begreiflicherweise. Bis tief in die achtziger
Jahre druckte ihn kein österreichischer Verlag, sondern der Ostberliner »Aufbau-
Verlag«.

Österreichische Familienverhältnisse: der Dichter ist Kommunist, sein Bruder
begeisterter Nazi, seine Mutter tiefgläubige Katholikin. Franz Kain ging in eine
streng katholische Privatschule. In seinem Roman »Der Föhn bricht ein« erzählt
er hievon durchaus positiv.

Als in Ischl der jüdische Kaufmann Morgenstern eingesperrt wird, kommt es im Hause Kain zum Familienkrach. Morgenstern hatte einst dem Johann Kain, der jetzt ein Nazi ist, den schönen Anzug für die Kommunion geliehen, weil sich die Familie keinen leisten konnte. Im Roman nimmt die Mutter das gerahmte Kommunionsfoto von der Wand und sagt zum Nazi-Sohn:

»Der da, mit der geweihten Kerzen, das bist du und das Gwand, das du anhast, ist vom Morgenstern, den ihr wegen nichts und wieder nichts ins Zuchthaus sperrt auf seine alten Tag.«

Die Mutter nimmt das Bild und wirft es auf den Tisch, dass die Scherben splittern. »Ihm hat wer das Gwand geliehen und er freut sich, dass sie einen alten Mann in den Kerker werfen! Mein Gott, wenn uns die Sünd' einmal heimkommt.«

Franz Kain ist wegen seiner politischen Überzeugung sowohl unter der österreichischen Regierung Dollfuß wie unter dem NS-Regime eingesperrt worden. Der große Erzähler war immer ein Mann der Güte. Er hatte ein breites menschliches Verständnis für jene Landsleute, die Nazis geworden waren. Und als Kommunist ein breites Verständnis für jene Mitkommunisten, die sich als Stalinisten hervorgetan und schuldig gemacht hatten.

Zum Überfluss hatte er auch noch Verständnis für die Monarchisten. »Im Kampf gegen die Nazis kann sogar Kaiser Franz Josef ein Bundesgenosse sein.« Er nannte sich einen »Fellow Traveller der Habsburger.« (»Fellow Traveller« war damals die Bezeichnung für Sympathisanten der KP.)

In der KP ist Franz Kain nie was Höheres geworden, weil er immer gegen alles war. Er nennt sich »lauwarmer Mitmacher, sensibler, aber disziplinierter Krakeeler«. Ich nannte ihn »Gebirgskommunist« wegen seiner unmöglichen Mischung aus KP und Heimat.

Ich lernte ihn, den langjährigen Journalisten, kennen und schätzen, als ich Häuptling der Journalistengewerkschaft war. Dann las ich seine Romane (vier) und Erzählungen (vierzig) und vergaß alles Politische. Denn er ist ein großer Dichter.

> Daheim
> (Mit 14 wird Franz Kain drei Monate eingesperrt, wegen Verteilung von Flugzetteln)
> »Steiler wird der Weg und stärker das Ziehen in den Knien. Drei Monate, seit er zum letzten Mal bergaufgestiegen ist. Nur noch zwei Kehren, dann ist das Haus da. Aus dem Brunnen sprudelt das Wasser, und vom ausgehöhlten Stamm, durch den das Wasser aufsteigt, ist die Rinde abgefallen. Auf dem Weg liegen glitschige Schalen; der Nussbaum muss dieser Tage geerntet worden sein. Im Vorhaus liegen Krautköpfe aufgetürmt. »Da bist du ja«, sagt die Mutter. »Ja, da bin ich«, gibt er unsicher zurück. »Du wirst Hunger haben«, sagte sie und zündet das Holzfeuer an.«
>
> *Aus der Autobiografie »Am Taubenmarkt« (1991)*

MARIE-THÉRÈSE KERSCHBAUMER

Liebe kriegt man nie genug

Die Moderne ist wie Masern. Man macht sie durch, es ist nicht so schlimm, man wächst weiter, man wird erwachsen. Man, man, man. Hier geht's aber um Frau, Frau, Frau. Marie-Thérèse Kerschbaumer (geboren 1936 in Paris, Mutter Tirolerin, Vater Kubaner) begann als wilde Feministin, ist dies noch immer, und Linke, und Antifaschistin – und wuchs inzwischen auf zu einer der bedeutendsten Autorinnen Österreichs.

Auf das Wachstum kommt es an. Von ihren Gesinnungen hat Frau Kerschbaumer nichts preisgegeben – oder fast nichts. Denn natürlich verknüpft sich mit ihrem Hineinwachsen in die große Literatur ein relativer Bedeutungsverlust des Ideologischen. Vielleicht würde sie das leugnen, aber es genügt ja, ihre Bücher zu lesen, Romane, Gedichte.

Ihre jüngsten drei Romane (»Die Fremde«, 1992; »Ausfahrt«, 1994; »Fern«, 2000) nähern sich der Höhe klassischer Erzählkunst. Eine Geschichte wird erzählt in drei Teilen – vom unterdrückten Menschenkind in enger, feindlicher Umgebung; vom ertrotzten Hinaus in eine Weite des äußeren Lebens; und vom fortdauernd ungewissen Inneren. »Neunzehn Jahre und keine Zukunft als die Sehnsucht nach Wissen und Liebe« heißt es im dritten Teil.

Es sind also weitere Bände zu erwarten. Leicht macht es Kerschbaumer ihren Lesern nicht. Die Satzgebilde sind bisweilen endlos, aber getragen von einer Schönheit, die ohnehin dazu verleitet, das Schwierige zweimal zu lesen.

Ihre literarische Vergangenheit – das Experimentieren mit Sprache, die Leidenschaft politischen Engagements – beides wirkt hintergründig nach in einer nun gefundenen makellosen Form. Vom Sprachexperiment blieb die Lust und Kunst, anders zu

Alfons Walde,
Begegnung, Bleistift
Mischtechnik auf
Papier, o. J.

schreiben als die anderen. Vom Engagement blieb, durchscheinend quer durch Verzweiflung, die Hoffnung auf Veränderung.

Der »Entwicklungsroman« ist eine Gattung, die aus der Mode kam. Frau Kerschbaumer schert sich drum nicht. Ihre Aktualität im Politischen wie im Literarischen ist stets tief verankert im Felsengrund des Zeitlosen. Ihr eigentliches Thema ist die Liebe. Sie braucht Liebe, sie kriegt nie genug Liebe.

Ihr »Entwicklungsroman« – wie viele Bände immer noch folgen werden – nähert sich diesem Grundthema mit einer Konsequenz, die ihr selber vielleicht gar nicht so bewusst ist. Das macht aber nichts, das Beste am Dichter ist nicht das Ausgedachte, sondern das in seiner inneren Werkstatt erst dunkel Rumorende. Von der DichterIn gilt das erst recht.

Durch den formal so vollendeten Text leuchtet ein Jung-Sein, noch nicht Erwachsen-Sein. Es wird spannend, auch für sie selbst, wohin sie sich noch schreiben wird.

Das Schreiben ist ein Leben. Das Leben ist ein Schreiben. Anders als durch diese Gleichung, die für Normalmenschen absurd ist – anders kommt Dichtung nicht zu Stande. Das Noch-nicht-bei-sich-Sein ist überdies das große, frauenbewegte Thema.

Frauenbewegung heißt: Wir sind noch nicht angelangt. Wenn wir mit den Männern quitt und gleich sind, Spitzenintellektuelle, Spitzenpolitiker, Spitzenmanager – mein Gott, was ist das schon? Eine Durchgangsstation auf der Reise ins Wohin? – mit großem Fragezeichen.

Frausein heißt nicht gleich den Männern sein, sondern viel mehr. Die Frau ist ein unentdecktes Wesen.

Was Frauen vermögen, schreibt Kerschbaumer in ihrem bekanntesten Buch »Der weibliche Name des Widerstands« (1980). Sieben Frauen, denen die NS-Diktatur den Tod gab. Darunter Helene Kafka, Ordensschwester Restituta im Mödlinger Krankenhaus. Sie schrieb Feldpostbriefe, in denen stand: »Soldaten gedenkt eures ersten Eides: Österreich.«

Vor der Hinrichtung betete sie mit lauter Stimme für die Bekehrung ihrer Mörder.

Je weiter Frau Kerschbaumer vorankommt in ihrem Werk, desto gelassener, desto gleichgültiger wird sie, die Linke, gegen politische Farbunterschiede. Dichtung ist Verdichtung. Zuletzt bleibt nur das Grundthema: die Liebe – unromantisch, gar nicht rührselig. Die Gleichung heißt jetzt: Leben ist Schreiben ist Liebe.

»Sie wollte eine Zukunft und sie trug ein Bild von sich, noch undeutlich und fern, anders als das der anderen ... Und sie wollte ein eigener und ein Mensch sein und ihr Gegenüber finden im anderen Geschlecht ... Folget mir nach. Und Fischer und Zimmerleute legten ihre Gerätschaften ab, verließen den Strand und die Boote, und folgten der Fußspur ins LANDESINNERE ...«

Kernsätze ihres jüngsten Romans »Fern«. In ihrem Gedichtband »Neun Canti (Gesänge) auf die irdische Liebe«, mit Zeichnungen ihres Mannes, des Malers Helmut Kurz Goldenstein, reicht »irdische Liebe« weit hinaus über die phantasielos moderne Worthülse »der Sex«. Irdische Liebe war für sie auch Frauen- und Friedensbewegung und Kommunismus. »Im Osten sah ich's rot« – jetzt freilich nicht mehr.

»Jetzt entziehe ich mich einfach und finde da alles schrecklich« (im »profil«, 24. 7. 00). So mischt sich Ent-täuschung in die fortbestehende Hoffnung und macht eines ihrer schönsten Gedichte, von Dantes »Göttlicher Komödie« inspiriert, noch schöner.

ARTHUR KOESTLER

Der k.u.k. Pfeil ins Blaue

Die Donaumonarchie bestand aus bunt verschiedenen Teilen. Das Seltsame war: die Teile passten besser zusammen als in einem künstlichen, straffen Zentralstaat. Arthur Koestler wurde 1905 in Budapest geboren, als Sohn jüdischer Eltern; Vater Ungar, Mutter Österreicherin, genau genommen: aus Prag.

Nach seiner Kindheit in Budapest wuchs er in Wien auf, wo der Vater seine kaufmännischen Unternehmungen – Koestler schildert sie als fantasievoll und abenteuerlich – fortführte, nachdem er in Budapest zu Grunde gegangen war. Es reichte nie für Wohlstand und stets für gutbürgerlichen Anschein, Kindermädchen, Köchin, Gymnasium, Hochschule.

Koestler war in zwei Sprachen zu Hause. Ungarisch war seine Muttersprache; lebenslang träumte er auf ungarisch. Deutsch war seine Schulsprache und die Sprache seiner journalistischen und literarischen Anfänge. Alle seine großen Romane schrieb er auf Englisch, in einer funkelnden Eleganz, die wesentlich beitrug zu seinem Welterfolg.

Koestlers Leben: es herrscht, wie in der Sprache, auch in den Ideen rascher, leidenschaftlicher Wechsel. Mit 14, noch in Budapest, verliebt er sich in die ungarische Revolution des Jahres 1919 und wurde Kommunist. Mit 17, in Wien auf der Technischen Hochschule, wurde er Zionist.

Dr. Theodor Herzl, Feuilletonredakteur der Wiener »Neuen Freien Presse«, war nicht nur Begründer des Staates Israel, sondern auch Begründer der ersten zionistischen Burschenschaft »Kadimah«, hebräisch: »Vorwärts«.

Die jüdischen Studenten, ständig provoziert von den »alldeutschen« Burschenschaftern, wurden zu gefürchteten Fechtern, sodass die Meinung verbreitet war: die »Alldeutschen« hätten in ihren Verbindungen

Franz Wiegele,
Die Grüne, Öl auf
Leinwand,
1918/26

den »Arierparagrafen« (Ausschluss der Juden) eingeführt, um sich mit den jüdischen Fechtern nicht schlagen zu müssen. Stattdessen gab es dauernd blutige Krawalle auf den Wandelgängen der Hochschulen.

In den zwei Bänden seiner Autobiografie »Pfeil ins Blaue« und »Geheimschrift« (beide 1953) ist Koestler von rücksichtsloser Ehrlichkeit und von einem Witz, der mit allen Ecken und Kanten seiner Wandlungen versöhnt.

Seine Wiener Jahre der Begeisterung für den Zionismus (1922–1926, da ist er 17–21) kommentiert er mit dem damals kursierenden jüdischen Witz: »Was ist Zionismus? Zionismus ist, wenn ein Jud bei einem zweiten Jud Geld sammelt, damit ein dritter Jud nach Palästina fahren kann.«

1926 ist es dann so weit. Koestler verlässt Wien in Richtung Palästina als Chaluz

(Pionier, der den Boden bebaut). Auf dem Bahnhof geben ihm seine Bundes-brüder von der schlagenden jüdischen Burschenschaft »Unitas« (gegründet 1894) das Ehrengeleit in voller Wichs. Sie ziehen ihre Säbel und singen Abschiedslieder auf lateinisch, deutsch und hebräisch.

Koestler war schon mit 19 nicht nur Praeses (Vorsitzender) der »Unitas«, sondern Vorsitzender aller zwölf zionistischen Burschenschaften in Wien. Als solcher präsi-dierte er einem Festkommers im großen Ballsaal der Wiener Hofburg, an dem 300 jüdische Burschenschafter teilnahmen.

Theoretisch war der junge Koestler durchaus der Meinung: die neue jüdische Nation in ihrer alten palästinensischen Heimat könne nur durch harte Arbeit auf diesem Boden sich bilden. Praktisch fühlte er sich dem Ackerbau- und der Viehzucht nicht gewachsen. Er versuchte es als Limonadenverkäufer. Er hungerte sich durch.

Immer wieder halfen ihm in Palästina schon etablierte Alte Herren der Wiener zionistischen Burschenschaften. Er erkannte sie an den Schmissen in ihrem Gesicht.

In seinem Roman »*Diebe in der Nacht*« (1946) hat Koestler, der's in Palästina nur kurz aushielt, den zähen, tapferen jüdischen Siedlern ein schönes, munter zu lesendes Denkmal gesetzt. Es ist sein bester Roman.

Koestlers Lebensweg – er nennt ihn »Pfeil ins Blaue« – führt aus der k.u.k. öster-reich-ungarischen Herkunft vorwärts in die weite Welt. Er wird Auslandskorres-pondent bei Ullstein, dem größten deutschen Zeitungskonzern. 1931 berichtet er als einziger Journalist vom Bord des Zeppelins LZ 127 auf dessen Nordpolfahrt. Der Riesenfisch war 235 Meter lang (zweimal ein Fußballplatz) und 35 Meter hoch (ein zwölfstöckiges Haus).

1936 wird Koestler, als Journalist und KP-Sympathisant, von den Franco-Truppen im spanischen Bürgerkrieg gefangen und zum Tod verurteilt. Wie durch ein Wun-der kommt er wieder frei.

1931 bis 1937 ist er kommunistisches Parteimitglied, 1940 schreibt er den Roman »*Sonnenfinsternis*«. Das Buch ist der erste tiefgründige Versuch zur Erklärung des stalinistischen Terrors gegen die eigenen Leute, die treuesten Anhänger des Kom-munismus. Die Kommunisten haben Koestler nie verziehen. Er ihnen auch nicht.

Immer wollte Koestler ganz festen Fuß fassen, im Gelobten Land Israel, im Gelobten Land Sowjetunion, und immer katapultierte er sich selber heraus. Seine heitere Skepsis, durchwürzt mit jüdischem Witz, war nur die Oberfläche.

Gegen Lebensende, unheilbar krank, versuchte er es noch mit Parapsychologie und schrieb darüber einige gescheite Bücher. Auf der Höhe seines internationalen Status als großer alter Herr des Antikommunismus – brachte er sich um; seine Frau, die dritte, ging mit ihm in den Tod (1983, 78-jährig).

Ein sehr volles Leben, ein sehr guter Schriftsteller – und in allem Wechsel aus einem Guss: er suchte die Wahrheit. Dass er sie nicht fand und draus die Konse-quenz zog, war Teil seiner menschlichen und literarischen Qualität.

OSKAR KOKOSCHKA

Ich bin der wärwolf

Lebenslänglich hat der Maler Kokoschka immer hin- und hergewechselt: gezeichnet, geschrieben, gemalt, gedichtet. Zwischen den Künsten gibt es keine künstlichen Trennwände. Es ist die Wiederherstellung eines ursprünglichen Zustandes. Wer schreibt, der zeichnet. Wer zeichnet, der schreibt.

Drum ist der Computer (außer ein Fortschritt) ein ungeheurer Verlust. Wer mit Stift auf Papier schreibt, der zeichnet – jeder Buchstabe, jede geschriebene Seite ist auch eine Zeichnung. Und wer zeichnet, der schreibt – er erzählt Geschichten, beschreibt Gestalten und Gegenden.

Oskar Kokoschka (geboren 1886 in Pöchlarn an der Donau, Niederösterreich, gestorben in Villeneuve, Schweiz, 1980, sechs Jahre fehlten ihm auf den Hunderter, ein Mann wie ein Baum; aus einer Prager Künstlerfamilie) – ist das Kind einer späten, nervösen Zeit. Sein Daheimsein in diversen Künsten ist wirklich ein Versuch der Beheimatung, der Rückkehr zu einfacheren Zuständen.

Ein Maler, ein Schreiber, ein verfluchter Kerl! Letzteres weil er ganz anders malte und schrieb als seine Zeitgenossen und schon auch weil er ein Frauenheld war, in jungen und nicht mehr ganz jungen Jahren – ein *richtiger* Frauenheld, einer der's gar nicht drauf anlegt, dem sie aber einfach zufliegen – wie schön!

Wie schön und wie zweifelhaft. Ein Held, den es reißt und zerreißt zwischen den Künsten und Zeiten, ja und auch den Frauen. Aus der großen Liebe zwischen ihm und Alma Werfel-Mahler wird nichts. Sie, Ehefrau erst des Komponisten Mahler, dann des Dichters Werfel, und immer auch sonst wie verstrickt – will stets neue Helden. Er hat Angst vor der Enge einer Bindung, die sein Genie und dessen Freiheit in Fesseln legen könnte.

*Oskar Kokoschka,
Die Windsbraut, Öl
auf Leinwand, 1914*

Wenn Kokoschka – einer der Größten der österreichischen Moderne – schreibt und dichtet, merkt man stets, schon in der ersten Zeile, den Maler. Ein »gemütliches« Tempo des Erzählens und Beschreibens – das fehlt ihm völlig. Die Zeit ist bei ihm aufgehoben, es findet alles gleichzeitig statt, wie eben in einer Zeichnung oder auf einem Gemälde.

Alle seine Sätze und Verszeilen sind einfach und genau. Aber es entsteht der Eindruck einer modernen »Unverständlichkeit«. Man wird aus den Bahnen der Logik und des Zusammenhanges herausgeworfen. Man »versteht« auf eine ganz andere Weise als bei einem normalen Text.

Der Expressionismus, zu dessen Bahnbrechern Kokoschka gehört, ist aber gar nicht »modern«. Die kühle, ungegenständliche Moderne – die alles zertrennt und auflöst, wie Kokoschka meinte – war gerade *nicht* das Feld, auf dem Kokoschka sich großzügig und kühn bewegte. Er wollte Menschen und die Welt malen – nichts »Abstraktes«.

»Ich bin zu der Ansicht gekommen, dass die Aufgabe des bildenden Künstlers die Gestaltung seines Seh-Erlebnisses und im weiteren Sinn des Daseins bleibt. Denn die Auflösung, Zerstörung, Typisierung und Atomisierung des persönlichen Lebens ist bereits zu weit gegangen. Die Aufgabe des bildenden Künstlers ist auch nicht, in fatalistischer Haltung dem Schicksal zu überlassen, dass die menschliche Welt zum Chaos der Gegenstandslosigkeit, eine menschenlose Öde wird.

Wie erfrischend »unmodern« dieser große Meister der Moderne ist! »Eine Kunst-Sprache, die nicht mitteilbar ist, wird sinnlos.« – Ja, so brüllen sie, die wirklich *modernen* Löwen!

Kokoschkas »Weltformel« ist schlicht und einfach: Leben heißt *Erleben*. Was er schreiben und malen will, ist ein »Bild, das wahrer ist als die Wirklichkeit«. Eines ist die Wirklichkeit, die banale, die uns umgibt und erdrückt. Ein anderes ist das Bild, das uns der Künstler darbietet. Es ist »wahrer als die Wirklichkeit«, weil es tiefer ist und voller. Es befriedigt uns, wie es die Wirklichkeit nie tut.

Sehr rührend, wie Kokoschka, der souveräne Meister, doch müde wird auf der Suche nach seinem heiligen Gral, nach der »wahren Wirklichkeit«:

»Manchmal werde ich müde und sehe das Bild nicht mehr. Und plötzlich habe ich wieder den Kontakt, entdecke ganz genau Kleinigkeiten, die man nur fest-stellt, wenn man besonders gut schaut … Und ich kratze das Alte, was ich auf die Leinwand gesetzt habe, wieder herunter – und ich male von neuem.«

»Ich bin der wärwolf« – heißt es im allerersten Gedicht Kokoschkas. Ja, so blieb er. Er »frisst« die Wirklichkeit und gibt sie uns neu.

> Die träumenden Knaben
> was schlaft ihr
> blau gekleidete männer
> unter den zweigen der dunklen nussbäume
> im
> mondlicht?
> ihr milden frauen
> was quillt in euren roten mänteln
> in den leibern die erwartung
> verschlungener glieder   seit gestern und jeher?
> spürt ihr die aufgeregte wärme der
>   zittrigen lauen luft –
> ich bin der kreisende wärwolf –
> wenn die Abendglocke vertönt   schleich ich in eure gärten
> in eure weiden
> breche ich in euren friedlichen kraal
> erst war ich der tänzer der könige
> auf dem tausendstufigen garten tanzte
> ich die
> wünsche der geschlechter
> tanzte ich die dünnen frühjahrssträucher ehe du mädchen li
> dein name klingelt wie silberbleche
> noch aus den gehängen der zinnoberblumen und gelbschwefelsterne tratest
> aus den gewürzgärten …

ALFRED KOLLERITSCH

Ob man denkt, weil man isst

Seit den sechziger Jahren ist Graz ein Vorposten der österreichischen, ja europäischen Moderne. Und Alfred Kolleritsch ihr Altmeister, Mitbegründer des »Forum Stadtpark«, Herausgeber der Zeitschrift »manuskripte«, Lyriker, Romancier. Ein malendes Gegenstück zu ihm ist Peter Pongratz, Steirer wie er und wie er schön färbig gemischt aus Kindlichkeit und Melancholie.

Elfriede Jelinek ist eine faszinierende Beobachterin menschlicher Verkehrtheiten (lateinisch: Perversionen). Ihr ist aufgefallen, wie besessen vom Essen ein so feinsinniger Autor wie Alfred Kolleritsch ist. Ein verfressener Existenzialist, könnte man irrtümlich meinen. Über fast vierzig Seiten breitet Kolleritsch ein steirisches Schlacht-, Koch-, Fress- und Trinkfest in dem bloß 200 Seiten starken Roman »Die grüne Seite« (1974, neu 2001 bei Droschl Graz).

Kolleritsch schrieb seine Dissertation über Heidegger. Er versteht was vom Sein und Dasein. Speziell die Identität der Sätze »er ist« und »er isst«. – »Der Mensch ist, was er isst« verlautbarte der Materialismus des 19. Jahrhunderts. Kolleritsch geht drüber hinaus, vergrübelt, versponnen, melancholisch. »Bald weiß man nicht mehr, ob man denkt oder isst« – so elegant formuliert es Elfriede Jelinek betreffend den Erstlingsroman von Kolleritsch, »Die Pfirsichtöter« (1972, neu 1991 bei Droschl).

Jelinek sinniert: »Ob man denkt, weil man isst oder isst, weil man denkt.« Das Essen und das Kochen sind von altersher Themen auserwählter abendländischer Philosophie und Literatur. Kolleritsch kennt die Rezepte. Er berichtet von seiner Großmutter Maria Semlitsch, die unentbehrliche Köchin im südsteirischen Schloss Brunnsee. Im Bannkreis des Schlosses wurde Kolleritsch geboren (1931). Sein

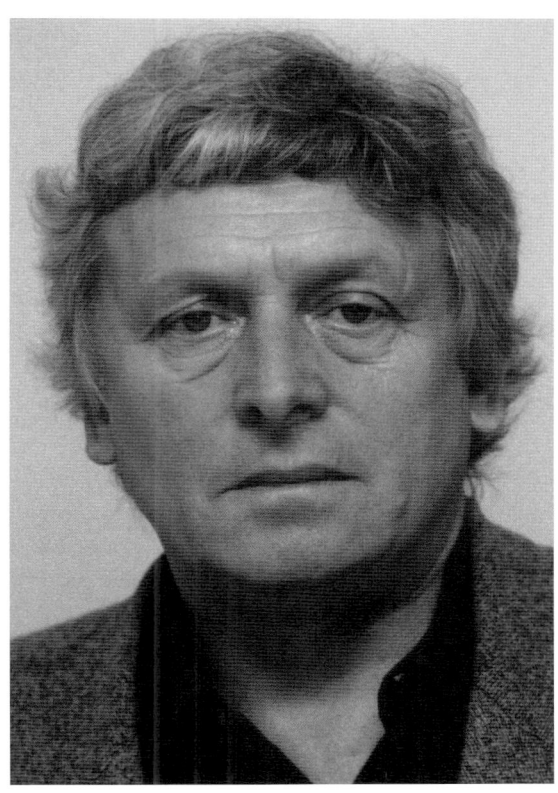

Franz Probst,
Kronos verschlingt
seine Kinder, Öl auf
Holz, 1976

Vater, eine Hauptfigur seines Schreibens, war dort Forst- und Teichverwalter. Der Vater formt den Sohn – im Roman »Der grüne Kreis« wie in der realen Biografie.

Der Sohn flieht vor der Übermacht des Vaters. »In der ersten Nacht in der Forstschule« – der Sohn muss Förster werden – »habe ich ein Bild meines Vater zerkaut, weil ich ihn so liebte, dass ich ihn nicht mehr sehen konnte. Der Mund ist eine gewaltige Waffe. Wir lassen hier ein Schwein verschwinden ...«

Es ist Flucht vor dem Vater in eine unbändige Fresslust, die den Vater mitverschlingt. »Hier sehen Sie ein Stück der Mundhöhle des Schweines, das ich in meine Mundhöhle stecke. Oft habe ich Angst vor meinem Mund.«

Noch Schmankerl aus der Kolleritsch-Küche:

»Denn das Glück am Anfang und das Glück am Ende sind wie Mund und After.«

»Welch eine Freude genoss ich, als ich die Armseligkeit einer Unterscheidung zwischen einer falschen und einer richtigen Weltanschauung aufgehoben sah vom Unterschied zwischen einer falschen und einer echten Schildkrötensuppe.«

Der reale Kolleritsch kocht gerne, verrät sein Gefährte im Reich des steirischen Surrealismus, Wolfgang Bauer – einen Fasan mit Rotkraut und Maroni, so gut wie seine Großmutter, die Schlossköchin.

Kolleritsch schreibt Romane, die keine sind, bis man, trotzdem weiterlesend und mit Vergnügen, draufkommt: es sind Romane. »Die grüne Seite« ist ein Entwicklungsroman, in welchem sich nichts entwickelt. Gottfried, der Sohn, bleibt wie ihn der Vater geprägt hat, und Josef, Gottfrieds Sohn, löst sich gleichfalls nicht vom Urvater. Aber Menschen kommen vor, dreidimensional gedrechselte Südsteirer. Dazu die südsteirische Landschaft; die Liebe zu ihr versteckt Kolleritsch hinter mustergültiger Modernität.

Der philosophische Dialog Vater-Sohn fließt ungehemmt, aber es kommt nichts dabei heraus als die Weisheit von der Gewalt fest geprägter Bilder. Kolleritsch freilich – und das versöhnt – gibt uns, statt eines klischierten alten Herrn, einen lebendigen, fast liebenswerten Original-Vater. Und das ganze Provinzleben im 20. Jahrhundert.

Ungehemmt surreal ist der erste Kolleritsch-Roman »Die Pfirsichtöter«. Als er vor dreißig Jahren erschien, verrissen ihn die deutschen Großfeuilletonisten. Weil sie noch nicht so weit fortgeschritten waren wie Kolleritsch damals schon. Inzwischen haben sie sich zu ihm bekehrt.

Angeblich sind »Die Pfirsichtöter« unverständlich. Aber es ist ganz klar, wer sie sind, Kolleritsch hat sie in seiner vom Schloss (Brunnsee) bestimmten Jugend erlebt. Die Pfirsichtöter sind echte Töter. Die Gräfin geht mit der Säge herum und schneidet alle Pfirsichbäume um. Das ist tiefer als linke Sozialkritik. Die Gräfin darf das, weil es sich um ihr Eigentum handelt. Die Gräfin ist der Tod.

Kolleritsch ist feierlich ergriffen von der Unverständlichkeit des Lebens. Er hat ein feines Gefühl für jene, die wie er diese Unbegreiflichkeit begriffen haben. So wird er, in seiner Zeitschrift »manuskripte« (seit 1960) zum Entdecker von Peter Handke, Wolfgang Bauer, Gunter Falk, Helmut Eisendle.

Günther Waldorf, genialer Illustrator der »manuskripte«, malt Kolleritsch in zartem Pastell: mit weit aufgerissenen himmelblauen Kinderaugen.

THEODOR KRAMER

Ich bin ein Fress- und Saufdichter

»Bevor ich sterb, möcht ich nachhause gehen, noch einmal überm Feld den Friedhof sehn, das Scheunentor, den Schlehdorn hinterm Haus ...«
Theodor Kramer schieb das Gedicht im Herbst 1943 in der englischen Emigration, in Armut, Krankheit, Heimweh, geboren 1897 in Niederhollerbrunn, Niederösterreich, gestorben 1958, heimgekehrt, um zu sterben.

Seine sozialdemokratischen und sonstigen linken Freunde haben es mit ihm schwer gehabt, weil er zwar stets ein Dichter der Ausgestoßenen, aber halt doch »rechts«, nämlich Heimatdichter war.

1955 schrieb er an Hilde Spiel: »Vielleicht hab ich es leicht, weil schwer gehabt« – wer Heimat hat, hat's leicht! – »Auf dem Land geboren, aber Sohn des jüdischen Arztes. Dann lebte ich in der Stadt. Ich gehörte nie ganz dazu ...« – Auch nicht zu den Juden. 1938, noch in Wien:

»Immer zählte ich mich zu den andern;
über Nacht ward mir bestimmt zu wandern
und man reihte stumm zu euch mich ein:
was, lasst sehn, hab ich mit euch gemein?«

Im selben Jahr 1938: »... ich doch müsste mit dem eigenen Messer / meine Wurzeln aus der Erde drehn.«

In 33 Jahren (1925–1958) schrieb Kramer mehr als 10.000 Gedichte, fast jeden Tag eines. Da müssen natürlich auch viele schlechte drunter sein. Dort, wo er die Heimat besingt, das Landleben, das Dorf, die Bauern – reimt sich manches allzu glatt.

Hans Weigel, der unbarmherzige Kritiker und gütige Förderer aller guten Künste – war stets für Theodor Kramer und spottete auch: Der Heimatdichter Kramer sitze im Café Schottenhof und bestelle »Herr Ober, noch eine Pflugschar.«

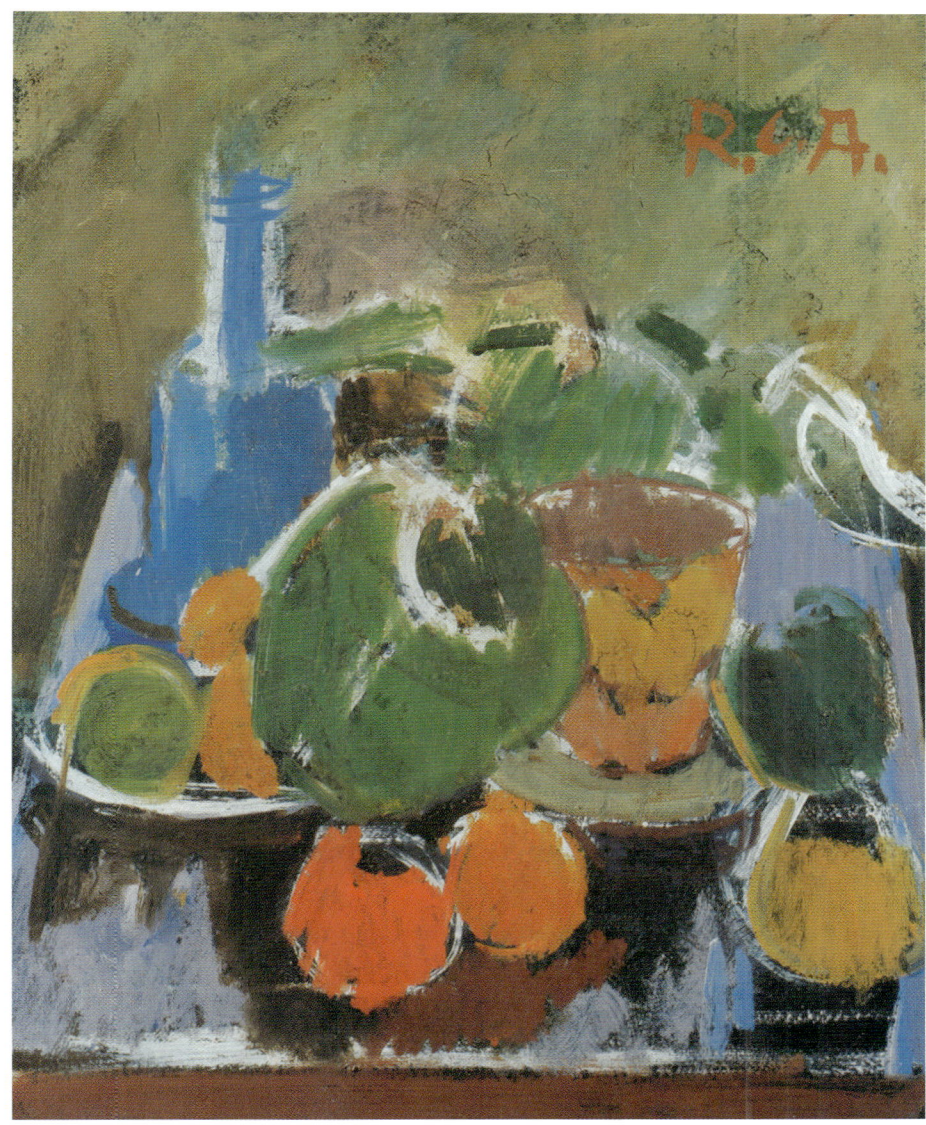

*Robin Christian
Andersen,
Stillleben mit blauer
Flasche, Öl auf
Leinwand, um 1930*

Heimatdichter sind immer verwechselbar mit anderen Heimatdichtern. Aber die richtigen heben sich dann doch heraus. Sie sprechen, daran erkennt man sie, »für die, die ohne Stimme sind«, so definierte sich Kramer. Sie bleiben nicht im Bereich des Erhabenen, sondern steigen hinunter, wo das niedere Volk ist.

»Ich hoffe sehr«, schreibt Kramer, »dass ich unter anderem ein Asphaltdichter bin, ein Kohlenrutschendichter, ein Stundenhoteldichter ... ein Fress- und Sauf-dichter.«

Kramer hat den Blick und Gruß über den Zaun nach rechts nicht gescheut, dort drüben sah er den »Bruder«, so nannte er ihn, Josef Weinheber. In England, als er 1945 vom Selbstmord Weinhebers erfährt, schreibt er das »Requiem für einen Faschisten«:

»Du warst in allem einer ihrer Besten
erschrocken fühl ich heut mich dir
verwandt ...
Es füllte dich wie mich der gleiche Ekel
vor dem Geklingel ohne innern Drang ...
Ich hätte dich mit eigner Hand erschlagen;
doch unser keiner hatte die Geduld,
in deiner Sprache dir den Weg zu sagen:
dein Tod ist unsre, ist auch meine Schuld.«

Da wusste Kramer noch nichts von Weinhebers Selbstanklage »Mit fünfzig Jahren«, geschrieben 1942, erscheinen konnte sie erst 1947:

»Vielleicht dass einer spät
wenn all dies lang vorbei
das Schreckliche versteht
die Folter und den Schrei ...
und wie ich gut gewollt
und wie ich bös getan ...
und wie endlich ganz
dem Nichts verfallen bin ...«

Zwei Liebhaber des Nichts. In der »Gaunerzinke«, Kramers erstem Gedichtband, 1929, es wurde ein sensationeller Erfolg, steht das Gedicht, in welchem ein Armer sein Bett besingt:

»Bedecke mich, begrab mich!
Dein schweißigster Flaum,
er geht nicht verloren! Bei dir ist noch
Traum.
Zu dir sink ich nieder und irren
Gesichts
erwarte ich zuckend die Orgel des
Nichts.«

O Österreich
O Österreich, ich möcht nicht sterben
müssen,
bevor ich deine Leiten wiederseh,
bevor ich schmause Brot zu jungen Nüssen
und wieder aus dem Stadel riech den Klee.
Könnt ich vom Knecht erzählen und vom
Brenner, von ihrer Mühsal, und im Kreis der Männer
nur von der Seele singen nachts mein Lied,
du glaubtest mir, dass ich dich nicht verriet.«

KARL KRAUS

Er war ein Journalist

Er ging auf »die« Journalisten ständig wütend los. Er war der größte Gegner der Presse überhaupt und speziell des Wiener feinen Weltblattes »Neue Freie Presse«. Aber er entkam dem Journalismus nicht. Er war selber ein Journalist, nehmt alles nur in allem. Er vertiefte, bereicherte den Journalismus – aber er war selber einer.

Was heißt denn Journalist? Wörtlich: Tagesschreiber (französisch »jour«, »Tag«). Einer, der am Tag hängt, vom Tag ausgeht. Wie immer er den Tag überhöht ins Historische, Literarische, Philosophische – sein Ausgangs- und Endpunkt bleibt der Tag.

Der über die Journalisten am wildesten herfiel, war selber einer. Er fiel über sich selber her.

Im FORVM, der legendären österreichischen Kulturzeitschrift, die sich unter Friedrich Torberg insbesondere der Pflege und Fortsetzung des Kraus'schen Genius widmete – ja, ausgerechnet dort wurde im April 1959 ein Brief des jungen Karl Kraus veröffentlicht, ein Zufalls- und Sensationsfund:

»Hochverehrte gnädige Frau« (eine Dame der Wiener Gesellschaft, lang verstorben), »Ich bitte Sie vielmals um Verzeihung ... Herr Krakauer sagte mir in Ischl, dass Sie, hochverehrte Gnädige, so liebenswürdig sein wollten, sich bei Lippowitz (K. und L. sind verflossene Größen des Wiener Zeitungswesens) für mich in der Angelegenheit »Vorstadttheaterkritik« zu verwenden ... Ich sehe einer baldigen gefälligen Entscheidung ›hangend und bangend‹ entgegen und werde glücklich sein, wenn dieselbe günstig ausfällt ...«

Dereinst der große Feind aller Presse, will der Jüngling (19) in diese hinein. Das ist kein Anlass zur Häme, so laufen eben die Lebensläufe.

Gleichfalls im FORVM finden sich dann aus dem

Jahr 1896 (da ist er 22) Beiträge von Karl Kraus in der »Neuen Freien Presse«, in welcher er – behaupten die Erz-Krausianer – nie schreiben wollte und die er später gnadenlos verfolgte.

Sie haben ihn also dort nicht genommen und deswegen ... das ist eine primitive Schlussfolgerung. Die scharfe Wendung gegen den Journalismus, die Kraus vollzog, hat dem Journalismus kritisch vorangeholfen. Sie war wichtiger als wenn ein Genie im Tagesjournalismus ein- und untergegangen wäre.

Karl Kraus, der unerbittliche Sprach- uns Moralmeister, wurde zum *wahren* Journalisten, indem er den Journalismus überstieg und voranhalf durch zeitlos gültigen Angriff auf ihn.

Heuer zum 125. Geburtstag von Karl Kraus (1874–1936) und zum 100. Geburtstag seiner Zeitschrift »Die Fackel« – ist nicht besonders viel los. Die ihn kennen und lieben, brauchen und wollen keinen Rummel. Auch heute noch ist Kraus nicht gut verdaulich für die Eingeweide der »großen« Medienwelt.

Karl Kraus, geboren in Böhmen – dort oder in Mähren oder in Galizien wurden dazumals fast alle österreichischen Genies geboren –, stellte Wien auf den Kopf, ab 1899, mit seiner Zeitschrift »Die Fackel«. Da war er 25 und allgegenwärtig waren seine knallroten Hefte. Anfangs nahm er noch fremde Beiträge (Strindberg, Trakl, Werfel und andere Prominenz), dann schrieb er nur noch selbst, in unregelmäßiger Folge, bis 1936, 37 Jahre lang – sein Lebenswerk, 23.000 Seiten. Sprühend von Geist, Witz, Gift, sprachlicher Brillanz – radikal gegen jedes Mittelmaß in Presse, Kunst und Politik: Er begann links und als Kämpfer gegen den Krieg. Als Hitler kam, wechselte er nach rechts und unterstützte den autoritären Ständestaat unter Dollfuß und Schuschnigg – weil dieser sich gegen Hitler wehrte.

Sein Monsterdrama – »Marstheater« nannte er's – »Die letzten Tage der Menschheit« ist unaufführbar und wird immer wieder aufgeführt. In ganzer Länge würde es mehrere Tage dauern, aber ein Regisseur nach dem anderen beißt sich die Zähne aus an Verkürzungen. Eine weiß glühende, wilde, witzige Abrechnung mit dem Ersten Weltkrieg. Dass die Menschheit seither in noch viel schlimmeren Gräueln nicht unterging – konnte sich der grimmige Kraus halt nicht vorstellen.

Der Grimmige war ein ganz Zarter. Seine Freundin, Baronin Sidonie von Nádhérny, Herrin auf Schloss Janowitz in Böhmen, berichtet in romantischer Sprache von den Kraus'schen Exzessen mit Blumen, Bienen, Schmetterlingen in ihrem großen Garten.

Im Kriegsjahr 1914 schreibt Kraus sein grünes Grundsatzprogramm: »Ich weiß, was auf dem Spiele steht: Rettet unsre Seelen! Ich weiß und bekenne ... dass die Erhaltung der Mauer eines Schlossparks, der zwischen einer fünfhundertjährigen Pappel und einer heute erblühten Glockenblume alle Wunder der Schöpfung aus einer zerstörten Welt hebt, im Namen des Geistes wichtiger ist als der Betrieb aller intellektuellen Schändlichkeit, die Gott den Atem verlegt.«

In den Papieren seiner Freundin Sidonie findet sich das Sterbewort, ein letztes Wort, das man sich vom alles zertrümmernden Satiriker Karl Kraus nicht erwarten würde. Es lautet:

»Es ist alles gut in Ewigkeit.«

> Der tote Wald
> Durch eure Macht, durch euer Mühn
> bin ich ergraut. Einst war ich grün.
> Ich war ein Wald! Ich war ein Wald!
> Der Seele war in meinem Dom,
> ihr Christen hört, ihr ewges Rom!
> In meinem Schweigen war das Wort.
> Und euer Tun bedeutet Mord!
> Fluch euch, die mir das angetan!
> Nie wieder steig ich himmelan!
> Wie war ich grün. Wie bin ich alt.
> Ich war ein Wald! Ich war ein Wald!
> (»Die letzten Tage der Menschheit«,
> gegen Ende)

ERNST KRENEK

Musik ist immer unerwartet

Mein erster Opernbesuch – ich glaube, ich trug einen dunkelblauen Matrosenanzug – machte gewaltigen Eindruck auf mich, aus durchaus unkünstlerischen Gründen. Ein Eisenbahnzug rollte auf die Bühne der Wiener Staatsoper, ein Neger spielte Geige, es wird gestohlen und gemordet: Ernst Kreneks Jazzoper »Jonny spielt auf« (Wiener Erstaufführung 1927, Leipziger Uraufführung knapp vorher).

Fünfzig Mal wurde »Jonny« in Wien gespielt, ebenso oft in Berlin. Es war ein Bombenerfolg, nicht nur bei mir banausischem Volksschulkind, sondern weltweit.

Ernst Krenek – 1900 geboren in Wien, 1991 gestorben in Palm Springs, Kalifornien – war außer Komponist auch Dichter. Er war von einer Fruchtbarkeit wie kaum ein Dichterkomponist. Vielleicht Richard Wagner. Aber Kreneks Texte haben nicht dessen Penetranz, sie sind luftig und souverän. Für fast alle seine Opern, mehr als ein Dutzend, schrieb er selber das Libretto. Statt hektisch nach Textdichtern zu suchen, war er Selbstversorger, und seine Texte sind ebenso gut wie die Musik.

Hohen Rang haben auch seine Gedichte. Sie sind gemischt kritisch und witzig, romantisch und ernsthaft. Er vertonte sie im Liederzyklus »Das Reisebuch aus den österreichischen Alpen« (1929).

Zum Drüberstreuen war er auch noch ein erstklassiger Feuilletonist. Für das Wiener FORVM schrieb er dreißig Beiträge von 1955 bis 1970.

Krenek gehört zu den wenigen Komponisten, die nicht Musik produzieren, sondern auch klar und sinnreich über Musik schreiben. Von spätromantischen Anfängen über Annäherung an Populärmusik und Jazz gelangte er ins strenge Reich der Zwölftonmusik. Und schrieb über diese (im Wiener FORVM, April 1955):

Anton Romako,
Am Wasserfall, Öl
auf Leinwand, um
1881

»Der Laie ist geneigt, diese Musik als Unsinn zu bezeichnen, weil er den ihm fremd erscheinenden musikalischen Elementen noch keinen Gefühlsinhalt zuordnen kann. Daraus, dass ihm diese Musik nichts sagt, schließt er, dass sie keine Gefühle ausdrückt ... *Das* ist nun wirklich Unsinn.«

Krenek ist aber nicht blind in seine eigene Art von Musik verliebt, schon deshalb nicht, weil er in seinem Leben sehr verschiedene Arten von Musik gemacht hat. Von jeder Musik verlangt er, elegant formuliert: »die Einführung des Unerwarteten, das mit Notwendigkeit auftritt«. Noch eleganter – und selbstironisch – setzt er hinzu:

»In der neuen Musik überwiegt das Unerwartete so sehr, dass im Grunde nichts unerwartet ist, weil alles erwartet werden kann.«

Sehr im Gegensatz zu seiner zwölftönigen Spätphase schrieb Krenek auch verblüffend operettige Musik und die zugehörigen Texte. Er ist ein Meister der Spannung. Das liebt das Unwahrscheinliche. Unkorrektheit nimmt er eher in Kauf als Langeweile.

Auf diese Weise gelang ihm der größte Erfolg seines Lebens, die Jazzoper »Jonny spielt auf«. Nichts passt zusammen, aber alles ist aufregend. Krenek macht hier Sensation im Wortsinn: er erregt die Sinne. Beim eher auf Langeweile eingestimmten Opernpublikum sorgt er für Mehrfach-Effekte:

Auf das Abenteuer einer anderen Opernmusik (Jazz!) türmt er die Abenteuer einer wilden Liebes- und Kriminalgeschichte und nochmals drauf sein Abenteuer, die so genannte »öffentliche Meinung« absichtlich gegen sich aufzubringen.

Das alles zusammen ist ihm nur einmal wirklich geglückt. Würde man den »Jonny« heute spielen, könnte man die Überraschung erleben, dass er immer noch zieht. Schließlich haben wir ein Zeitalter, in welchem Künstler wie Nichtkünstler sich überpurzeln, um Wirkung zu erzielen auf Teufel komm raus.

Jonny ist Jazzmusiker, schwarz und kriminell. Aber das macht alles nichts, er wächst zum globalen Superstar. Im Schlussbild erscheint er geigespielend auf der von ihm und vom Jazz beherrschten Weltkugel. Wie kommt er dorthin?

Die Seligkeit eines Liebespaares, Komponist Max und Sängerin Anita, wird gestört durch den dämonischen Meistergeiger Daniello. Dessen Meistergeige stiehlt der noch viel dämonischere Jonny. Er stößt den Bestohlenen unter die Räder des Expresszuges, mit dem er flüchtet, gleich auch unter Geiselnahme des Liebespaares.

Man darf die vielen, schrill entgegengesetzten Farben nicht zum Maßstab nehmen für die Künstlerschaft Kreneks, in der Musik wie im Textbuch. Kunst heißt immer: die Unerwartete, wie aus groben Bestandteilen ein schönes Ganzes wird.

In anderen Werken hat Krenek sehr andere Mittel eingesetzt (»Das Leben des Orest«, 1930; »Karl V.«, 1933; »Pallas Athene weint«, 1955). Immer geht es um »Durchsichtigkeit«, so nennt er es. Immer soll die menschliche Stimme dominieren. Immer soll der Text restlos verständlich sein.

Krenek will in seinem Werk jene gerade Linie, die in seinem Lebenslauf nicht möglich war, weil Schicksal und Zeitgeschichte dreinpfuschten. Beschimpft als »entarteter Künstler« verließ er (kein Jude) 1938 Österreich. Er wird amerikanischer Staatsbürger, Universitätsprofessor, vielfach geehrt. Heimisch wird er in Amerika nie.

Kreneks Autobiografie »Im Atem der Zeit« zeigt seine zerbrechliche Menschlichkeit. Rücksichtslos enthüllt er seine erotischen Probleme wie auch seine religiösen. Er liebt und glaubt, beides ausgiebig, aber auf eine Weise, die ihn zur Verzweiflung treibt. Dazwischen finden sich witzige, meisterhafte kleine Bilder seiner Zeitgenossen von Karl Kraus bis Gustav und Alma Mahler.

MIROSLAV KRLEZA

K.u.k. Unterdrückung, k.u.k. Bezauberung

»Kroatien war schon ein Königreich, da saßen die Österreicher noch auf den Bäumen.« – Ein kroatischer Freund behauptet, ich selber hätte diesen Satz geäußert, freilich nach gemeinsamer Leerung etlicher Flaschen des köstlich roten Dingac, einer Gottesgabe, die an den Küsten Dalmatiens reift.

Kroatien reicht tief hinab in die europäische Geschichte. In der Tat war es ein christliches Königreich schon 924 unter König Tomislav. Da war Österreich noch lange nicht zu seinem späteren königlich-kaiserlichen Glanz aufgestiegen.

Das alte Österreich und das alte Kroatien – ihre Geschichte, Kultur und Gegenwart sind miteinander verknüpft und verstrickt. In habsburgischen Zeiten hatten die Kroaten gemischte Gefühle. Sie fühlten sich unterdrückt – und sie standen so treu zur Monarchie wie kaum ein Volk im alten Multikulti-Reich.

Der große kroatische Dichter Miroslav Krleza (geboren und gestorben in Agram, 1893–1981) ist in seinem Werk (36 Bände) ein scharfer Kritiker des alten Österreich. Er zieht mit den Waffen der Satire gegen Habsburg ins literarische Feld – und kann sich ihm doch nicht entziehen. Den verblühenden Reizen des sterbenden Reiches unterliegt er.

Das gibt seinen Erzählungen, Romanen, Dramen, Gedichten einen eigentümlichen Wohlgeschmack für den österreichischen Leser und rechtfertigt seine Einbeziehung in die österreichische Literatur, die man ja nicht engherzig auf die deutsche Sprache beschränken soll.

Krleza besuchte das Gymnasium in Budapest, dann ebendort die Kadettenschule und die Militärakademie. Früh bricht er aus und kämpft im ersten Balkankrieg (1912) auf Seite der Serben. Aber diese

Anton Faistauer,
Heimkehr der
Diana, Kohle,
Tusche, Farbkreiden
auf Büttenpapier,
1929

halten ihn für einen österreichisch-ungarischen Spion. Es gelingt ihm die Rück-
kehr in die Monarchie. Auf Seite Habsburgs verbringt er den Ersten Weltkrieg in
Galizien und Kroatien. Die alte Monarchie ist das Grundthema seines gesamten
Werkes.

Krleza ist alles andere als ein Lobredner des alten Reiches. Doch der Dichter
dringt vor zur Wirklichkeit und Wahrheit. Und der Satiriker ist dann am besten,
wenn ihm − fast wider seinen bewussten Willen − Sympathie und Liebe in den
Text hineinrutschen. Das ist der Grund, warum Krleza zum weiten Feld der österreichischen Literatur gehört.

Krleza verbrachte sein langes Leben − er wurde 88 − in zwei Reichen, unter
Franz Joseph und unter Josip Broz Tito. Er war kritischer Bürger Österreich-
Ungarns und kritischer Bürger des kommunistischen Jugoslawiens. Er traute Tito
nicht über den Weg, und Tito ihm auch nicht.

Krleza blieb seit seiner sozialrevolutionären Jugend seinen Idealen treu. Er konnte mit dem bürokratischen Kommunismus nichts anfangen. Er hatte großen Einfluss auf die kritische Jugend im Tito-Reich. Der Diktator gab ihm den Posten eines Vizepräsidenten der Akademie der Wissenschaften.

Krleza war Kroate mit Leib und Seele, aber sein Nationalismus war kein Ismus. Die staatliche und geistige Zusammengehörigkeit aller slawischen Völker des Balkans war für ihn kein bloß politisches Projekt, sondern hatte seine Wurzeln in der historischen Tiefe. In seinem groß angelegten Essay »Illyricum sacrum« (1944, neu beim Wieser-Verlag, Klagenfurt 1996) taucht er in die früheste Frühe.

Die Illyrer waren ein geheimnisvolles Volk der Vorzeit, das sich gerade deshalb prächtig eignet als Urgrund der slawischen Balkanvölker. Krleza holt seine Maßstäbe für deren Einheit und Verschiedenheit aus der Kunst- und Religionsgeschichte. Das macht ihn unabhängig von allen Engherzigkeiten sowohl des kroatischen wie des serbischen Chauvinismus.

Baukunst, Plastik, Malerei in den Kirchen und Klöstern des Balkans – sind für den Dichter Krleza die Beweismittel für seine Grundthese: Wichtig ist nicht die Scheidung in katholische Kroaten und orthodoxe Serben, die Teilung in Einflüsse aus West und Ost (Rom und Byzanz), sondern die zwischen West und Ost schwebende Spannung.

Unterwegs in der Geheimgeschichte des Balkans stößt der Dichter auf die Bogomilen. Sie waren Ketzer sowohl für das katholische Rom wie für das orthodoxe Byzanz. Sie wurden verfolgt von beiden und sind von fortdauernder Bedeutung für den Balkan.

Die Bogomilen gehörten zur Gnosis, der Urketzerei des frühen Christentums: der Geist steht hoch über dem Körper. Von daher kommt jene Radikalität der Balkanvölker, die uns so unheimlich ist.

Freilich wird der in die Tiefe grabende Historiker Krleza weit übertroffen vom Erzähler. Meisterhaft wird in seinem Werk die habsburgische Epoche zum Leben gebracht, funkelnd von Kritik und Witz, verdeckte Sympathie bricht hervor. Meine Lieblingslektüre ist »Beisetzung in Theresienburg«.

»Das Siebzehnte k.u.k. Dragonerregiment ›Aspern und Essling‹ hatte zwei Garnisonen. Eine in Wien und die andere im ungarischen transdanubischen Maria-Theresienburg. Der Kavallerieoberst Mihajlo von Warronigg war Gatte der Frau Olga geborene Glembay-Bárbóczy ...«

Österreichisch-ungarischer kann eine Erzählung doch gar nicht anfangen. Aber aus dem Nostalgischen geraten wir rasch ins Dramatische, Groteske, Menschliche. Das sterbende Reich spiegelt sich in den tragisch verkommenen Militärfiguren.

Ein junger Offizier hat ein Verhältnis mit der Kommandeuse (Frau des Regimentskommandeurs). Das war nicht ungewöhnlich und fand Duldung. Aber er liebte wirklich, und *das* war unpassend. Als der Kommandeuse die Beziehung zu intensiv wird, »entlässt« sie ihren Geliebten. Er erschießt sich. *Das* war erst recht unpassend. Einbruch der Wirklichkeit.

ALFRED KUBIN

Hier gibt's Vampirnester

Von Ernst Jünger, der mir einen Text für meine Zeitschrift FORVM versprochen hatte, bekam ich nach einigem Zuwarten einen langen Text über Alfred Kubin (Oktober 1966). Der deutsche Dichter, ein Meister, in einfachen Sätzen Wesentliches zu sagen, schildert seinen Besuch bei Kubin in dessen gemütlichem Schlössel bei Schärding, Oberösterreich.

»Der Künstler«, schreibt Jünger, »hat die Rolle eines vorgeschobenen Tastorgans der zeitgenössischen Gesellschaft.« – Kubin habe einen »geistigen Hautsinn, wie ihn der Hase in seinen Tasthaaren oder die Fledermaus in ihren Ohren besitzt«.

Kubin hatte als Zeichner wie als Schreiber einen Sinn für das Seltsame dieser Welt, für das Hintergründige, Verzauberte, Unheimliche – nicht nur der Welt im Großen und Ganzen, sondern auch unseres täglichen, kläglichen Alltags. Wie oft bei großen Künstlern wurde er mit der unheimlichen Welt fertig durch Witz und Ironie. Er, der große Meister des Grauens, half sich auch mit kindischem Witz.

Jünger schreibt von Kubin eine Ansichtskarte mit der Festung Hohensalzburg. Bei einem der Fenster macht er ein Kreuzel und schrieb dazu: »Hier gibt's Vampirnester«. Gar kein besonders origineller Scherz, aber Jünger nimmt ihn ernst. »Er sieht in den Dämmerwesen«, meint Jünger, »die Vorboten der unergründlichen Nacht.«

Der sehr deutsche Jünger witterte in dem verehrten Kubin ein »Österreichertum ... ein Refugium fast verschollener Dinge ... dass man gar nicht wisse, was für ein Paradies da noch zu verlieren sei.« – Unterdessen freilich ist Österreich längst daran, das Paradiesische abzustreifen und sich zu unterwerfen unter jede Blödsinnigkeit des globalen Zeitgeistes.

Letztes Stadium.

Alfred Kubin,
Letztes Stadium,
Tuschfeder laviert
und gespritzt, 1899

Der Zeichner Kubin schrieb nur einen einzigen Roman mit dem charakteristischen Titel »Die andere Seite« (1908, 31-jährig). Ein unermesslich reicher, geheimnisvoller Fremder lädt den Autor freundschaftlich ein, sich in einem perfekten Idealstaat niederzulassen, den er im Inneren Asiens gegründet hat. Ein Traumstaat, der sich als Albtraum herausstellt. Die Hauptstadt Perle ist von Traummenschen bewohnt, eine Mischung aus Abschaum, Anarchie und Diktatur. Der Autor entflieht der Lebensgefahr, und doch bleibt Perle auf immer seine Traumstadt.

In einer Vorstudie zu seinem Roman schreibt Kubin: Der Agent, der ihn in die Traumstadt brachte, »hatte mir verschwiegen, dass man nicht mehr herauskommt aus der Traumstadt. Man ist ein Träumer auf Lebenszeit.«

Und in einem Brief (1902): »Alles, was ich je erlebte, scheint mir zauberhaft, mystisch, unwirklich. Ich glaube auch nicht, dass ich Künstler bin, vielleicht bin ich Schriftsteller oder Philosoph – oder ich bin überhaupt nicht.«

Der Zauber, der von jedem der vieltausend Blätter Kubins ausgeht, rührt gerade daher, dass er sich selber als ein Verzauberter fühlt. Er zeigt uns die Welt durch eine Zauberbrille: mit ganz starken Dioptrin blicken wir in eine Wirklichkeit hinter der Wirklichkeit. Nichts, auch die einfachsten Dinge und Wesen nicht, zeigt sich in der normalen Realität, alles gewinnt eine neue, gespenstische, manchmal auch ironische Dimension.

Man sieht eine Kubin-Zeichnung an und fühlt als Erstes ein Widerstreben, sich einzulassen auf die »andere Seite« der uns vertrauten Welt. Kubins Welt macht uns Angst. Aber dann sehen wir genauer hin, wie gebannt, und nochmals und immer wieder. Und wir entdecken immer neue Zugänge, wir verlieren die Angst, wir werden neugierig und immer neugieriger.

Unsere vertraute Welt ist ja in den Bildern Kubins, nur ist sie hinauf- und hinübergezaubert in eine sehr viel interessantere Welt, in der es Neues, Rätselhaftes zu sehen gibt, gewiss auch Angst- und Grauen-Erregendes. Und es stellt sich heraus: gerade das fasziniert uns. Der Schrecken erweist sich als eine wesentliche Ergänzung der Normalwelt.

Wir haben den Schrecken aus unserem Alltag herausgedrängt, Kubin bringt ihn uns zurück. Und wir sehen: jetzt erst hat das Leben seine Tiefe. Das Grauen gehört mit zur Schönheit – das ist das aufgelöste Rätsel, warum Kubins Bilder einen so dauerhaften, unvergessbaren Eindruck auf uns machen.

In Kubins Roman »Die andere Seite« schreibt der Autor einen Brief an einen Nicht-Traummenschen: »Lieber Fritz! Ich bin im Traumreich, du wirst es unglaublich finden, doch kann ich dir nur das eine raten: Packe umgehend nach Erhalt dieses Briefes deine Siebensachen und komme mir nach.«

Schlafsucht in der Traumstadt

Eine unwiderstehliche Schlafsucht senkte sich auf die Traumstadt. Anton im Kaffeehaus bediente noch immer, doch musste man ihn aufmuntern durch Bewerfen mit Zuckerstücken und Kaffeelöffeln. Er war von beispielloser Vergesslichkeit. Brachte er endlich das Verlangte, war der ungeduldige Gast oft selbst eingeschlafen.

Die Hände noch in der fremden Kasse, schliefen die Diebe selig ein. Mein Freund Brendel träumte über dem Tisch, die Nase in einer Majonäse. Auf allen Bänken der öffentlichen Anlagen, auch in den Treppenhäusern, lagen gut gekleidete Herren und Damen bunt durcheinander und schliefen wie die Obdachlosen trotz ihrer eigentümlichen Lage mit zufriedenen Mienen. Das Merkwürdigste war, dass Tiere gegen die Schlafsucht unempfindlich blieben. Während wir schlummerten, breitete sich die Tierwelt aus. Wer vermöchte das Staunen der vielen zu beschreiben, die allein und ungestört einschliefen und in seltsamer Gesellschaft erwachten?

Da saß ein großer grüner Papagei am Fenster, oder Wiesel und Eichhörnchen guckten neugierig unter den Betten hervor. In die Parterrewohnung der Selchmeisterwitwe Apollonia Six war ein Bär eingestiegen und hatte die bemitleidenswerte, tiefschlafende Frau vollständig aufgefressen.

Auf dem Lande konnten sich die Bauern nicht vor den Überfällen scharenweis auftretender großer Affen retten; diese Teufel schonten weder Frauen noch Kinder. Die Frau des Kaffeewirts erwachte eines morgens mit vierzehn Kaninchen im Bett. Das Schrecklichste waren die Schlangen in Schubladen, Schränken, Wasserkrügen und Rocktaschen. In der Dunkelheit zertrat man ihre überall liegenden Eier, die klatschend barsten.

Krokodile erschienen im Fluss, und die Badeanstalt musste geschlossen werden, weil sich Zitteraale in den Kabinen aufhielten, deren Schlag tödlich ist. Sich aber in seinem Vergnügen stören zu lassen, fiel keinem Traummenschen ein.

ANTON KUH

Der Geist trägt Frack und Monokel

Die einander Ähnlichen sind oft die miteinander Streitenden. Anton Kuh (1890 Wien – 1941 New York) war ebenso geistreich, tief schürfend, boshaft wie Karl Kraus (1874–1936), dem er in lebenslänglicher Feindschaft verbunden blieb. Kuh: »Wenn einem so ein Feind wegstirbt, da geht ein Freund dahin.«

Kuh nannte Kraus den »Affen Zarathustras«. Friedrich Nietzsche, der große deutsche Philosoph, hatte die Figur des Zarathustra geschaffen, als Priester aller Weisheit. Kraus sei dessen lächerlicher Abklatsch. Der Angriff Kuhs war sehr gemein – und enthielt nicht wenig Wahrheit.

Kuh war im Sprechen noch viel besser als im Schreiben. Er wusste es und nannte sich »Schrift- und Sprechsteller«. Er stammte aus einer deutschböhmischen Prager Familie jüdischer Herkunft. Er bezichtigte sich selber »jahrelanger konsequenter Faulheit«, schrieb aber über tausend Texte für große Zeitungen in Wien, Berlin, Prag – immer nur wenn ihm nichts anderes übrig blieb, weil er kein Geld hatte.

Peter Altenberg (1859–1919), Exzentriker und großer Künstler der kleinen Form, hatte in Anton Kuh einen Rivalen nicht nur literarisch, sondern auf einem speziellen Feld: die beiden waren Schnorrerkönige. Nie hatten sie Geld und immer fanden sie Leute, die ihnen was borgten. Zurück gaben sie nie etwas. Altenberg hinterließ, als er starb, ein sehr beträchtliches Vermögen. Kuh starb arm in der Emigration.

Klaus Mann, Sohn Thomas Manns, beschreibt in seiner Biografie »Der Wendepunkt« eine Szene, die er »ziemlich gespenstisch« nennt: Vor Beginn der Vorstellung im Österreichischen Theater in New

Max Oppenheimer,
Rosé-Quartett,
Farblithographie auf
Bütten, 1932

York. Im Parkett sitzen lauter berühmte Leute, die vor Hitler fliehen mussten. Einer erzählt ihm »über zwei Parkettreihen hinweg, dass Anton Kuh gestorben ist, vor einigen Tagen schon. Unheimlich, dass sein Verschwinden, selbst in diesem abgeschlossenen Emigrantenzirkel, überhaupt nicht bemerkt worden ist. Und er war doch einmal ein fast berühmter Mann.«

Es kannten ihn »alle«, in Prag, Wien, München, Berlin. Legendär waren seine Auftritte als Alleinunterhalter an Vormittagen in den Berliner Theatern Max Reinhardts. Er ging auf der Bühne auf und ab, in Frack und mit Monokel, und redete aus dem Stegreif. So schildert er sich:

»Redner aus Verhängnis, notorische Nicht-zu-Wort-kommen-Lasser. Ein Sokrates, Anton Kuh, Graf Mirabeau, Peter Altenberg. Ihr Genuss der Glutdurchflossenheit und des Sekundentriumphs bezahlt sich durch späteren Katzenjammer. Sie fallen nämlich aus dem Schall ins Nichts. Weil sie das wissen, lassen sie sich das Wort so ungern entwinden.«

Seine Stegreifreden auf der Bühne nannte Kuh ein Mittel, »wie man dem alten Intellektuellenlaster, den anderen nicht zu Wort kommen zu lassen, ungestört huldigen kann: indem man Entrée dafür einhebt.«

Anton Kuh ist mit seinen Freunden und Feinden gemeinsam eingebettet in ein Literaturszene, die es heute nicht mehr gibt. Kuh konnte sagen: »Ich teile die Literatur ein in Tisch und Nebentisch.« Heute sitzen in den Kaffeehäusern die Touristen.

Kuhs Lebensstationen: Wien, Prag, Wien, Berlin, München, New York – stets waren die Berühmtheiten unter sich: Egon Erwin Kisch, Alfred Polgar, Egon Friedell, Franz Werfel, Peter Altenberg. Und stets war es, wo immer sie waren, »Unsterbliches Österreich« (ein Buchtitel Kuhs) – sie meinten's ironisch, und sie meinten's ernst.

Kuh schrieb wunderbare Kurzbiografien literarischer und politischer Größen, z. B. über den vergessenen Engelbert Pernerstorfer, liberaler Abgeordneter, der zu den Sozialdemokraten überging:

»Eine Art jakobinischer Gymnasialprofessor oder Schlossermeister, dem das rote Schnupftuch aus der Tasche hängt, wie er im Parlament des Jahres 1917 unter schallender Heiterkeit des Hauses den Satz sprach: ›Hohes Haus, lassen wir das Geschimpfe. Was ein richtiger österreichischer Patriot ist, der war mindest einmal in seinem Leben ein Hochverräter!‹ – Der Satz, der das ganze Geheimnis des alten Österreich aussprach, gestattet die Umkehr: Wer einmal österreichischer Hochverräter war, fühlt heute noch patriotisch.«

Man würde Anton Kuh heute einen »Linken« nennen: für den Fortschritt aller Spielarten, für die Frauen, für die sexuelle Emanzipation, gegen jeglichen Faschismus. Aber er hing mit seinem Herzen, daheim wie in der Fremde, rührend an seiner Heimat. Seine Geschichten über Österreich sind durchwebt und durchlüftet von Geist: sie haben Witz und Wärme, Ironie und Sachlichkeit. Geheimnis der Mischung.

Befragt, was denn Geist sei, antwortet Kuh mit eben dieser Mischung: »Geist ist die Luftlinie vom Gehirn zur Sache.«

> Der Affe Zarathustras (Karl Kraus)
> Stegreifrede am 25. Oktober 1925
> Stenografisches Protokoll ... Druckausgabe:
> Um Himmels willen, ich habe noch anderes zu tun! ... (So dass) ich es als eine Ehre ansehe und diese Ehre erstrebe, nicht das letzte Wort zu haben. Denn das letzte Wort ist ein Dreck, das erste Wort ist alles. (Lebhafter lang anhaltender Beifall und Händeklatschen, Rufe: Bravo Kuh! Lebhafte Zwischenrufe.)
> (Der Redner nimmt einen Schluck Kognak zu sich. Ein Zuhörer ruft: Prost! Heiterkeit.) Ich danke ... Wenn ich daran denke, dass er ... sich darüber lustig macht, dass Leute impulsiver und exzessiver Art trinken – was für eine arme Konditorei- und Schlagobersseele, welches trockene Süßmaul muss er sein, der nicht weiß, wie notwendig dem geistigen Blutdruck der Alkohol sein kann. (Beifall.) ...

CHRISTINE LAVANT

»Ich bin maßlos in allem«

Dass es so etwas gibt! Wie aus einem kleinen, einfachen Leben (gar nicht wahr, kein Menschenleben ist ja klein und einfach) – die Flammen schlagen, große Gedichte, große Erzählungen. Dem Umfang nach sind's schmale Bücher, aber Christine Lavant gehört zu den größten in der europäischen Literatur. Christine Lavant stirbt, 1973, 58-jährig. Wirklich anerkannt ist sie längst noch nicht. Sie ist immer noch die geheime Wahl unter Kundigen. Aber ihr Stern steigt und wird weiter steigen.

Christine Lavant ist Kärntnerin aus St. Stefan im Lavanttal, neuntes Kind einer Bergarbeiterfamilie; nicht bäuerlicher also, sondern proletarischer Herkunft. Acht Klassen Volksschule. Der Rest ihrer Bildung ist Lesen und immer Lesen. Unter schwierigsten Verhältnissen verschlingt sie deutsche Literatur vielerlei Art. Meister Eckhart, der große Mystiker des 13. Jahrhunderts, ist ihr Liebling.

Sie ist fromm. Mit jenen starken Zweifeln, die zum starken Glauben dazu gehören. Kummervoll ist das Milieu, in dem sie aufwächst und aus dem sie zeitlebens nicht herauskommt. Reisen fast keine (einmal gerät sie durch Freunde nach Istanbul). Sie kriegt zweimal – durch den Tiroler Literaturfreund Ludwig von Ficker – den Trakl-Preis, einen der angesehensten im deutschen Sprachgebiet.

Dass sie von ihrem Schreiben leben kann, davon ist in ihrem Dasein keine Rede. Sie ist die Strickerin des kleinen Dorfes, macht Jacken und Pullover für alle, mit stark kurzsichtigem Augenlicht. Es bringt so wenig, dass sie und ihre Familie nie zu einer Wohnung kommen. Ein winziges Dachstübchen wird eingebaut in einen fremden Dachstuhl. Um Platz zu kriegen, verbrennt sie den Großteil ihrer Manuskripte.

Georg Philipp Wörlen, Frauengruppe, Öl auf Leinwand, 1922

Spät erst bringen das Land Kärnten und der Bund für die Dichterin gemeinsam 1.200 Schilling monatlich auf. Das war zu ihren Lebzeiten mehr als heute, aber schon damals herzlich wenig. Für eine Dauerdiät aus starkem Kaffee und starken Zigaretten hat es gereicht.

Sie ist eine »ewig-Kranke«. Sie nennt sich so, und es ist eine Untertreibung. Die alte Armuts-Krankheit Skrofulose (eine Haut- und Lymphkrankheit) lässt sie seit ihrer Kindheit nicht los, sie ist immer am Rande der Tuberkulose. Sie hört schlecht, sie sieht schlecht, Schmerzen aller Art führen sie in Tablettensucht. In ihren späteren Jahren ist sie fast taub und fast blind.

Sie ist immer verzweifelt und immer hat sie große Momente ganz starker Hoffnung. Sie lernt gründlich das Einsam-Sein inmitten einer stets katastrophenreichen Großfamilie. Sie hat große Sehnsucht. Aus dieser Sehnsucht wächst ihre große Dichtung.

Bei dem einen und anderen Symposium ist sie zu sehen gewesen, sonst nur im schmalsten Freundeskreis. Ich erinnere mich an sie auf einem Dichtertreffen in Prügg am Grimmig, in den späten vierziger Jahren. Die Dichter kamen doch eher dichterisch pompös daher, sie ganz eingezogen, mit Kopftuch, ganz schmal gar nicht da und doch raumfüllend wie ein Wesen aus einer anderen Welt.

Schön aber war sie für die richtigen Augen. Wie ein Engel. Zwei Männer gab's in ihrem Leben. Beide hatten jene richtigen Augen, beide waren Maler. Ihr Ehemann Josef Haberwig war sehr begabt gewesen und fast unbekannt geblieben. Er lernt sie kennen, da ist sie knapp über 20; Altersunterschied: 36 Jahre. Sie liebten sich. Dann aber kam die ganz große Leidenschaft, eine wilde, reine, kurze Liebe zu Werner Berg, dem bedeutenden Kärntner Expressionisten. Binnen eines Jahres produziert er von ihr acht Ölbilder, vier Holzschnitte, eine Zeichnung.

Er hält fest, das was ich das Engelhafte an ihr nenne. Trauer, Tragik, nach Ewigkeit dürstende Anhänglichkeit. Die dem Mann nach vier Jahren (1951–55) zu viel ist. Er bricht die Beziehung ab. Ihr Kummer, den sie ja lebenslang gewohnt ist, verstärkt sich bis fast zum Selbstmord, fast zum Wahnsinn.

In der außen und innen Zarten steckt eine Kraft, die letztlich aus den Quellen ihrer Dichtung kommt, auch dann noch, als sie nicht mehr schreibt. Sehr viel länger als zu Berg dauert die leidenschaftliche Beziehung zu einer Frau, gleichfalls Dichterin, Ingeborg Teuffenbach in Wolfberg. Sie wird für 15 Jahre ihre Seelen- und Lebensnahrung, teils reichlich, teils trüb, zwischendurch mit jauchzender Seligkeit.

Christine Lavant bringt ein Leben hinter sich von kleinstem materiellen Anspruch und allerhöchstem geistigen Bedürfnis: »Ich bin maßlos in allem ... Wenn es um Dinge wie Gestirne geht, da, liebe Freunde, kann man keinen Makel tragen.«

> Wenn keins der neuen Mädchen
> Dass du nicht größer als ein Sperlingshaupt   am Himmel aufkommst –
> Sonne! – Sonne! – Sonne! und eh der Kuckuck dreimal hat geschrien, soll
> sich der Regen wieder um dich
>   schließen.
> Wir wollen nimmer nach dem Blauen sehn, mein Bruder da – der wilde
> Hundezwiebel –, er blühte blau und niemand trug ihn heim, um sich zu
> trösten hinterm Rad des Sommers.
> Und was nützt Sterngold, wenn Johanniskraut des öder Bahndamms Bitternis nie einholt, wenn keins der neuen Mädchen darin hinkniet, um nach
> des Liebsten Liebe schön zu fragen? ...

HANS LEBERT

Die Tiefe habe ich gern

»Ich bin ein versunkener Stern;
ich treibe am Grund des Meeres.
In mir ist viel Dunkles, viel Schweres:
Die Tiefe habe ich gern.«

Da war Hans Lebert (1919–1993, Sohn eines Wiener
Fabrikanten) gerade erst dreißig, als er diese Zeilen
schrieb. Er hatte Hitler und den Krieg hinter sich, als
Antinazi und Arier, musste nicht zum Militär, wegen
gerichtlich festgestellter Geisteskrankheit. Vor sich
hatte er noch seine zwei großen Romane. Zur
Anerkennung – als gleichen Ranges mit Albert
Drach, Hermann Broch, Thomas Bernhard – kam er
erst kaum zwei Jahre vor seinem Tod.

»Die Wolfshaut«: erstmals 1960, wenig beachtet, neu
aufgelegt 1991, diesmal ein gewaltiger Erfolg.

»Der Feuerkreis«: erstmals 1971, meist vernichtend
kritisiert, neu aufgelegt 1992, diesmal begrüßt mit
ratlosem Respekt.

Geheuer war dem deutschen Großfeuilleton, bei aller
späten Feier des österreichischen Genies, »Der
Feuerkreis« nicht. Zwölf Jahre (1938–1950) war
Lebert Wagner-Sänger: Siegfried und sonstige große
Rollen. Er ist wagnerisch durchtränkt – und Antinazi. Eine Kombination, die auch Thomas Mann
eigen war und auch diesem allerhand Befremden
bescherte.

»Der Feuerkreis« ist die Geschichte von Liebe und
Tod eines Halbgeschwisterpaares. Er kehrt als britischer Offizier nach Österreich zurück, sie war KZ-
Wärterin. Er bringt sie um, sie, die er liebt. Er
erschießt sie, um sie zu entsühnen – um sein Vaterland Österreich zu entsühnen durch reinigenden
Tod. »Helle Wehr! ... Heilige Waffe! ... Brunnhilde
bietet mit Gruß.«

Statt zugleich mit ihr, stirbt er erst Jahre später. Im

*Koloman Moser,
Wotan und
Brünhilde, Öl auf
Leinwand,
1914/15*

Herzinfarkt »hört er das Pfeifen, mit welchem der Pfeil aus dem Blau auf ihn zukommt, und hat begriffen, dass der Freispruch auf ihn zukommt«.

Eine Antinazi-Wagneroper: Kitsch, meint man zwischendurch beim Lesen, dann wieder: ein ungeheuerliches Kunstwerk.

»Sie ist eine unentschuldbare Verbrecherin ... Gleichzeitig aber ist sie ein Mensch von allerbester Substanz ... Das ist alles sehr symbolträchtig. Man kann es schwer erzählen.«

Erzählt Lebert, als der Roman fertig ist, in einem Interview mit der »Presse«. Dass da die Linken nicht recht mitkommen und die Rechten erst recht nicht – ist begreiflich.

Verglichen mit dem unbegreiflichen »Feuerkreis«, ist Leberts erster großer Roman, »Die Wolfshaut«, eine relativ klare Sache, trotz Tauchbad im Mythos.

Schweigen ist der Name eines Dorfes im Gebirge. Gegen Kriegsende sind dort Fremdarbeiter ermordet worden, die Bewohner von Schweigen schweigen. In der Nachkriegszeit geschehen weitere Morde, an Mitwissern, die Verrat üben könnten. Dauerregen, Blutregen: die Natur ist die allgewaltige Mitspielerin und Enthüllerin. Der Kriminalroman wird zum Roman des Nachkriegsösterreich: Wir alle sind Bewohner von Schweigen.

»Dieser Roman ist meine patriotische Tat«, sagt er im Presse-Interview vom »Feuerkreis«. »Ich versuchte die Vergangenheit von einer ganz anderen Seite her zu bewältigen, den Gegner aus einem trojanischen Pferd heraus anzugreifen.«

Als Lebert 1992, vom Tod überschattet, den Grillparzer-Preis kriegt, gestiftet vom deutschen Mäzen Alfred Toepfer, einem Mann mit großdeutschen und NS-Flecken – nimmt er den Preis (30.000 Mark) und kommt nicht zur Preisverteilung.

Als seine Dankes- und Kritikrede verlesen wird, hört man die schönen Sätze: »Ich in Patriot, ein sehr kritischer Patriot, und gerade als solcher kehre ich zunächst vor der eigenen Tür. Jedoch ich distanziere mich auf das allerschärfste von jenen österreichischen Autoren, die ihr Vaterland beschimpfen und lächerlich machen, um im Ausland dafür Applaus zu ernten.«

Lebert, der Patriot, bekam das Taferl umgehängt: »negative Heimatromane« habe er geschrieben. Er ist ein liebender Zornpinkel. Etwas anderes kann ein gelernter Österreicher gar nicht sein, und ein großer Österreicher erst recht nicht.

Seine Rede zum Grillparzer-Preis endet so: »Ich beschwöre euch: habt Selbstvertrauen! Schützt euer Land selbst!«

Lebert, der Antinazi, lief im Hitlerreich frei herum, in den Opernhäusern Wagner singend. Als hoch begabter Schauspieler spielte er einem NS-Gericht, vor dem er wegen »Zersetzung der Wehrkraft« stand, eine perfekte Schizophrenie vor. Er hatte einen Einberufungsbefehl nicht beachtet, und es passierte ihm nichts.

Ist, was er als Schizophrenie dem Gericht vorspielte, nicht tatsächlich ein Wesensteil des großen Dichters? – Das Werk Leberts steckt voller Zweideutigkeiten, nur so aber kann ein Kunstwerk sein. Er ist leidenschaftlich gegen Nazis – und hat eine unheimliche Einsicht in ihren Seelen. Er ist leidenschaftlicher Moralist – und taucht tief ein in das dunkle Reich einer Sexualität, die sich mit Perversion, Gewalt, Frauenhass und Tod mischt.

Zum Ende der NS-Zeit ist er auf der steirischen Koralpe, in einem einsamen Jagdhaus. Vorbewohner war Alban Berg, sein Onkel. Lebert erzählt gern, wie er die dort verborgenen Partisanen unterstützte.

1956 zog er in eine Mietwohnung, in eine Villa in Baden bei Wien, abgeschieden und bedürfnislos. »Ich stelle längst nicht die Lebensansprüche eines Hilfsarbeiters, kann auf einen Brotberuf verzichten«, sagt er 1971 im Interview mit der »Presse«.

1991, knapp vor seinem Tode, im »Standard«, noch schärfer: »Unter Belanglosigkeiten aus Plastik und Blech sehe ich das Vakuum und dass wir innerlich nichts geworden sind nach dem Krieg. Ich sehe den Wohlstand und dahinter eine Mauer aus Knochen.«

NIKOLAUS LENAU

Der Poet in der Zwangsjacke

»Nach einer halben Stunde verfiel er wieder in eine tobende Unruhe, rannte im Zimmer umher, wollte Tür und Fenster einschlagen, zerschlug und zerriss, was er unter die Hände bekommen konnte. Er schrie nach Hilfe, nach der Polizei, drohte, das Haus anzuzünden. So gings die ganze Nacht. Mit Tagesanbruch sandte ich zu den Ärzten. Er war nicht mehr zu beruhigen, und nun blieb nichts mehr übrig, als ihm eine Zwangsjacke anzulegen. Ein Arzt und zwei Wärter setzten sich zu ihm in den Wagen, und so brachten sie den edlen Dichter fort in eine Heilanstalt.«

So schildert es seine treue schwäbische Seelenfreundin Emilie Reinbeck. Nikolaus Lenau (1802–1850) lebt seine letzten sechs Jahre im Wahnsinn, erst in einer schwäbischen, dann in einer Wiener Irrenanstalt (in Oberdöbling, heute 19, Obersteinergasse 18–24, Gedenkstein im Hof).

Fünfzig Jahre nach Lenau kam Nietzsche zum gleichen Tod – gleichfalls im Wahnsinn, gleichfalls nach langen Jahren des Dahinvegetierens. Und gleichfalls aus banaler Ursache: Spätfolge einer Geschlechtskrankheit. Auch geistig haben die beiden Ähnlichkeit, der Dichter und der Philosoph. Beide Anhänger des ungehemmten Lebens, beide dennoch oder auch deshalb Erzpessimisten.

Der Lenau-Forscher Carl Gibson fand heraus, dass Nietzsche Lenaus Gedichte kannte. Gibson behauptet einen tiefen Einfluss. Bei Nietzsche ist freilich mehr Metall; er zertrümmert ein ganzes Zeitalter verlogener Zivilisation. Lenau ist weicher, österreichischer. Seine Kritik an der Leere des Zeitalters mündet in Hingabe an den Tod.

»Drei Reiter nach verlorner Schlacht
wie reiten sie so sacht, so sacht ...

Egon Schiele,
Kahle Bäume, Häu-
ser und Bildstock
(Klosterneuburg), Öl
und Bleistift auf
Karton, 1908

Und lauernd auf den Todesritt
ziehn durch die Luft drei Geister mit.
Sie teilen kreischend unter sich:
Den speisest du, den du, den ich.«

Lenau wurde in einer Kleinstadt bei Temesvár geboren, im Banat, das damals zu Ungarn gehörte, jetzt zu Rumänien. Die Familie war gut altösterreichisch bürgerlich und bescherte ihm eine zwangsreiche, komplizierte Jugend. Aus Nikolaus Franz Niembsch Edler von Strehlener machte er seinen Dichternamen Nikolaus Lenau. Seine Rastlosigkeit verschlug ihn bis Amerika, von wo er genau so unglücklich zurückkehrte wie es seinem Wesen eben gemäß war.

Grillparzer, Österreichs einziger Klassiker im Format Goethes, hielt von Lenaus stets klagenden Tönen nicht viel. Die Abneigung war wechselseitig. Grillparzers Nachruf:

»So bist du hingegangen, armer Mann
Und bist im wüsten Irrenhaus erblichen.
Was dich zerbrach, hat Staaten schon zerbrochen:
Dich hob, dich trug und dich verdarb
die Zeit.«

Ungerecht ist es, Lenau nur als Spiegelbild einer österreichischen Endzeit zu sehen; im Abglanz der alten Monarchie, die, als Lenau starb, noch an die siebzig Jahre vor sich hatte. Gerade solche Spätzeiten haben ihre eigene, ausschweifende Fruchtbarkeit in Literatur und Kunst.

Lenaus schwärmerisches Eintauchen ist die Natur als Urquell des Menschen — ist nicht abzutun mit sozialhistorischen Erklärungsmustern. Ja, gewiss war er spät-

bürgerlicher Spross seiner Zeit, aber ein bewegender, seinem Bürgertum sich ent-
gegenstellender Poet des Lebens und des Todes war er auch und vor allem.
Eines sind die Zeitumstände, ein ganz anderes ist die zeitlose Schönheit. Lenaus
Jahreszeit ist der Herbst.

>»Rings ein Verstummen, ein Entfärben:
wie sanft den Wald die Lüfte streicheln,
sein welkes Laub ihm abzuschmeicheln;
ich liebe dieses milde Sterben.
Von hinnen geht die stille Reise,
die Zeit der Liebe ist verklungen,
die Vögel haben ausgesungen,
und dürre Blätter sinken leise ...
In dieses Waldes leisem Rauschen
ist mir, als hör ich Kunde wehen,
dass alles Sterben und Vergehen
nur heimlichstill vergnügtes Tauschen.«

Wer tauscht da vergnügt mit wem? Was für ein Optimismus beim Pessimisten!
Der Sterbende tauscht sich selbst gegen einen neuen Lebenden, der er sein wird.
Seine Freundin Emilie weiß zu berichten, dass Lenau zwei Tage, bevor er
wahnsinnig wurde, zu ihr sagte:
»Emilie! Glaube mir, diese Krankheit ist zu meinem Heil, ein reinigendes Seelen-
bad. Alles ist jetzt klar geordnet in meinem Geist. Ich fühle jetzt, wie Gott mich
liebt, dass ich eins mit ihm werde.«
Das Versinken im Wahnsinn als Reinigungsbad; die Einkehr zur Bewusstlosigkeit
als naturgemäße Rückkehr ans Herz Gottes – das ist ergreifend und auch ärger-
lich. Lenau hat zu Zeiten seiner Bewusstheit sehr kritische und ablehnende Dinge
gegen Christentum und Kirche geschrieben. Fünfzig Jahre nach Lenaus Tod entdeckte Paul Ehrlich das Salvarsan, nochmals später Alexander Fleming das Peni-
cillin – die Syphilis wurde zur Harmlosigkeit. Was hätte ein geheilter Lenau noch
alles gedacht und gedichtet?
Dass die moderne Medizin auch die Dichter länger am Gesundsein hält, ist eine
seichte Erwägung. Lenaus Leben war auf seine Weise ein vollendetes. Tiefer und
wilder wäre es nicht geworden.
Der Weltschmerzler ist auch ein Weltgenießer. Lenau liebte die Frauen teils eine
nach der anderen, teils auch gleichzeitig. Zur Liebe gehörte bei ihm stets die
Nichterfüllung, die süße, unerbittliche Distanz von gewillten Frauenherzen. Das
war außer romantisch auch praktisch. Die Freiheit von jeder Fessel war der
Sturmwind, der seine Lebensfackel am Leuchten hielt.

ALEXANDER LERNET-HOLENIA

Kavallerist Lernet, Attacke!

»Wir haben es nicht nötig, mit der Zukunft zu kokettieren und mehrere Projekte zu machen. Wir sind unsere Vergangenheit. Wir haben uns zu besinnen, dass wir unsere Vergangenheit sind, und sie wird unsere Zukunft werden.«
1945 schrieb diesen Satz, geheimnisvoll wie alles, was Alexander Lernet-Holenia schrieb, dieser große österreichische Dichter an einen seinesgleichen, an den großen deutschen Dichter Gottfried Benn.

Naja, Dichter können leicht geheimnisvoll sein. Aber wir, wie finden wir das geheime Scharnier, mit dem Vergangenheit umgelegt wird in Zukunft. Wie werden wir neu und bleiben doch wir?
Dichter sind Helfer und Retter in sonstiger Hilf- und Ratlosigkeit. Kunst gibt Halt, wo sonst keiner ist. Lernet (1897–1976) gehört mit Robert Musil, Joseph Roth, Herzmanovsky-Orlando, Leo Perutz, Friedrich Torberg, Hilde Spiel – zu den großen Autoren Österreichs, die von Vergangenheit berichten und genau dadurch eine Zukunft aufscheinen lassen, die sich abhebt von der Einheitssoße des globalen Schreckens.
Wer das Seine bewahren will als Zukunft, dem geht es um Liebe zu dem, was das seine ist. Lernet meint, ein Konservativer, der alles radikal fasst: »*Die Liebe braucht keinen Trost. Sie braucht nicht einmal Gegenliebe. Sie braucht nur sich selbst.*« Das kann in der Tat das Leitmotiv einer österreichischen Wiedergeburt sein: Selbstbewusstsein. Da ist übertriebenes besser als gar keines.
Alexander Lernet-Holenia ist ein Dichter, verkleidet als Grandseigneur. Aus Kärntner Landadel, mütterlicherseits. Väterlicherseits hüllte er sich in ein Geheimnis, das er nie bestätigte und nie dementierte. Er sei der uneheliche Sohn eines habsburgischen Erzherzogs. Aristo mit Monokel, einer Welt nachlebend, die's nimmer gibt.

Anton Faistauer,
Dame im Abendkleid,
Öl auf Leinwand,
1927

Lernets Romane und Komödien sind so gut geschrieben, so spannend und witzig, das sie als »Unterhaltungsliteratur« galten. Aber sie haben zugleich einen geheimnisvollen Tiefgang, und erst recht gilt dies von seinen großartigen Gedichten.

Das moderne Reich des »Fortschritts« – in dem fühlen wir uns nicht mehr wohl. Desto attraktiver wird der »reaktionäre« Zauberer, der Gefühle provoziert, Sympathien, Sehnsüchte, Sinnlichkeiten. »Wenn die Zukunft vorne zu ist, ist es der Rückschritt, der nach vorne führt« (ein Satz des deutschen Romantikers Novalis, schon 1801).

Der Dichter Lernet war ein riesenlanger Mensch, ging stets hochaufgerichtet. Nur zum Händeküssen der Damen halbierte er seine elegante Figur durch einen ironischen Knick in den Hüften. So dichtete er auch: er war ein Großer, aber er halbierte sich, weil Großsein nicht die feine, aristokratische Lebensart ist.

Lernet war ein Pionier der klassischen Moderne in Österreich, durch die Farbenpracht seiner Sprache, durch das Rätselhafte seiner Geschichten und Figuren. Wer ist der Mensch? Jeder ist sein eigener Doppelgänger. Ständige Vertauschungen und Verwechslungen machen seine Erzählungen zu hochrangigen Kriminalgeschichten.

Lernet ist der Grandseigneur jener echten österreichischen Moderne, die seither überspült wurde von »westlicher« Importkultur. Wer Lernet liest, lernt – durch höchsten Lesegenuss: Kunst darf Freude machen. Es ist erlaubt, dass einem die Pseudo-Moderne zum Hals heraushängt. Sprache darf zielen und treffen, statt brabbeln und quasseln. Schönheit ist erlaubt.

Wenn die »Moderne« sterben wird, an ihrer Langeweile und Hässlichkeit, wird Lernets Stern leuchten – als Morgenstern einer *neuen* Moderne.

Lernet, einer der Hauptfiguren der österreichischen *klassischen* Moderne, ist nach den Begriffen der *heutigen* »Modernen« ein unmoderner Autor. Er ist so unmodern, dass ihm die Zukunft gehört. Die Zukunft gehört nämlich nicht der heutigen Moderne. Zeit für einen Wechsel.

Deswegen haben die heute Modernen so einen Hass auf Autoren, die schöne Geschichten schreiben oder Theaterstücke mit Handlung, Spannung und Witz; oder Romane, die erzählt sind statt gestammelt und Farbe, Liebe, Landschaft darbieten statt ödes Garnix.

Das ist schon eine Beschreibung des Lernet'schen Lebenswerkes.

Die Anhänger der heutigen Moderne verfolgen alle Klassiker, Romantiker, Gut- und Schönschreiber mit Spott und Hohn. Lernet war nie faul, es ihnen heimzuzahlen und seinerseits auf sie einzudreschen. Wut war eine Triebkraft seines Genies.

Wut war ein Teil seines Alltags. Er fuhr auf irre Weise ein abenteuerliches Automobil, Marke Horch. Es war gepanzert, weil es zuvor der Dienstwagen des Bundeskanzlers Figls war (1945–1953). Lernet fuhr sein Panzer-Auto als schneidiger Kavallerist (er war Dragoner im Ersten Weltkrieg). Die Damen schreckten sich, aber Seelenkenner Lernet wusste, dass Angst ein schönes Vorspiel zur Liebe ist.

Differenzen mit Verkehrsteilnehmern bereinigte Lernet, indem er seinem Auto-Dinosaurier entstieg und diese abwatschte. Er war ein gefürchteter Raufer, als Ausgleichssport für das Sitzen am Schreibtisch. Polizisten trauten sich einzeln an ihn nicht heran, nur im Rudel.

ULRICH von LIECHTENSTEIN

Der Ritter war eine Frau

Was ist das für eine Armseligkeit, wenn man Literatur beschränkt auf die Gegenwart und bestenfalls noch die vorangegangenen Jahre der Moderne. Die moderne Literatur bläht sich, schon Grillparzer und Goethe sind alte Teppen für sie. Es ist ein gewaltiger Verlust, wenn man nicht hinabsteigt in die Jahrhunderte. Sogar die Sprache muss man wechseln, wenn man genug Genuss haben will: vom Neuhochdeutschen ins Mittelhochdeutsche. Wahre Schätze eröffnen sich und Abenteuer vielerlei Art. Burgen mit dem Namen Liechtenstein gab's im Mittelalter mehrere. Von der Burg Liechtenstein bei Mödling stammen die heutigen Fürsten des Mini-Staates Liechtenstein. Von der Burg Liechtenstein bei Judenburg die steirischen Liechtensteiner, deren Bekanntester der Minnesänger Ulrich ist (etwa 1205 bis 1275). Die zwei Familien sind nicht miteinander verwandt. Burgen auf lichtem, hellfarbigem Gestein gab's eben da wird dort.

Von Ulrich stammt der umfangreiche Roman in Versen, »Frauendienst«, 1850 Strophen zu je acht Zeilen, also nicht weniger als 14.800 Verse, dazu noch 58 Lieder und einige Briefe. Der steirische Ritter schrieb den ersten Ich-Roman in deutscher Sprache. Franz Viktor Spechtler, Liechtenstein-Spezialist, übersetzte ihn erstklassig. Ich bin freilich für das zauberhafte, leichtfüßige Mittelhochdeutsch, man versteht ohnehin das Meiste und was unverständlich bleibt, erhöht nur den Reiz.

Der Text zieht sich, aber immer wieder zwischendurch wird es echt spannend. Ulrich war ein Mann, hart an der Grenze zur Verrücktheit, so sieht er sich auch selber. Nicht nur besteht er Hunderte von Turnieren, von Friesach und Kapfenberg bis Wiener Neustadt, Katzelsdorf und Wien – er zieht verkleidet

Szene aus dem Jungfrauenspiegel, spätes 12. Jahrhundert

als Frau Venus durch die Gegend, mit zwei blonden Zöpfen unter dem Helm ficht und siegt er, eine verheiratete Frau als Geliebte – die ihn, und das war nicht der Brauch, nie in ihr Bett lässt, sondern äußerst schlecht behandelt. Je mehr sie ihn quält, desto feuriger und treuer versieht er seinen »Frauendienst« bei ihr. Erst ab Vers 10.920 wendet er sich einer anderen zu, die ihn gleich erhört und glücklich macht. Natürlich ist auch sie die Frau eines anderen Ritters, das war bei den Rittern so üblich damals.

Spannend auch die Episoden, wie er sich »den Mund schneiden lässt«, damit er seiner Dame besser gefällt (er hatte offenbar eine Hasenscharte). Bei der Operation in Graz stirbt er fast, aber er sieht das als Teil seines »Frauendienstes«. Ebenso zum Dienst gehört, dass er sich einen im Turnier verletzten Finger abhacken lässt und ihn seiner Dame zuschickt, damit auch sie glaubt, wie tapfer er ist.

Im Burggraben wartend, ob ihm seine »Frau« nicht doch zu sich lässt, wird er in seinem Versteck von einen fiesen Burg-Inspektor anuriniert. Anschließend noch fieser von seiner Geliebten malträtiert. Sie zieht ihn an Leintüchern in ihre Kemenate, dort aber sind acht Jungfrauen, die aus aufpassen. Sie machen sich den Spaß, dass sie ihn am Leintuch wieder herunterlassen, mit dem Versprechen, ihn anschließend doch wieder heraufzuziehen. Dreimal machen sie das mit ihm, nie kommt er dran.

Derlei Erzähl-Motive sind in der mittelalterlichen Literatur gar nicht selten. Aber die Leidenschaft, mit der sich der steirische Ritter als Transvestit und Masochist betätigt, trägt schon auch individuelle Züge. Und auch was Standard ist an derlei Geschichten, wirft die Rätselfrage auf: Was war diese Ritter-Kultur für eine seltsame Sache? Das Einander-Niederreiten und -Niederstechen im Turnier der Männer. Die »hohe Liebe«, deren Objekt ausschließlich die Ehefrau des anderen war. Die Quälereien, denen sich die Tapferen im »Frauendienst« unterwarfen. Es war eine verrückte Kultur, und Ulrich war in ihr einer der Verrücktesten. Das heißt auch: seinen Riesenroman lesen, ist Kurzweil. Die langweiligen Strecken überblättern schadet nicht, es bleibt noch genug übrig.

Am kuriosesten ist natürlich die sorgfältige und langdauernde Verkleidung des Ritters als Frau. Seine diesbezügliche Garderobe – er war ein reicher Mann, der sich kostbares Zeug gut leisten konnte – beschreibt er in allem Detail. Was heißt es, wenn der Mann in Frauenkleidern mit Männern kämpft und sie besiegt? – also als Frau über Männer siegt!

Freilich ist die Drag Queen gerade unter Machos – wie's die Ritter ja waren – eine besondere Attraktion. Die verborgene Herrschaft der Frau – das ist ja auch das Thema des »Frauendienstes« im mittelalterlichen Minnesang. Der Ritter herrscht – über ihn aber herrscht die Ritterin. Da ist viel modisches Getue dabei, aber ein Kern von Wahrheit und Geheimnis bleibt.

»Und meine Zöpfe hängen lang bis auf den Sattel meines Pferds«, dichtet Herr Ulrich.

ADOLF LOOS

»Alle Architekten sind Verbrecher«

»Alle Architekten sind Verbrecher« – das ist ein Satz, der einem ganz unwillkürlich entfährt, die Scheußlichkeiten sehen muss, die unsere Städte und Dörfer verschandeln. Aber laut zu sagen, getraut sich diesen Satz fast keiner. Es ist doch offenkundig eine altmodische und reaktionäre Gesinnung, die da zum Ausdruck kommt.

Die Kunstgeschichte aber macht gern ihre Witze. Der reaktionäre Satz stammt nämlich von dem großen Revolutionär der Baukunst, dem Wiener (eigentlich Brünner) Adolf Loos (1870–1933). Loos meinte: alle reich verzierten Prachtbauten seiner Zeit, der »Ringstraßenzeit«, sind Lüge. Das Edle, Reine, Einfache – das ist die wahre Architektur.

»Allen Anschauungen des Adolf Loos liegt der einfach genialische, der genialisch einfache Gedanke zu Grunde, dass nicht schön sein kann, was nicht wahr ist.« So beschrieb den Kunstrevolutionär Loos sein Zeitgenosse Alfred Polgar, der berühmte Kritiker.

Man hat den unbequemen Meister Loos nur wenig bauen lassen, nur kühne Privatleute ließen sich Villen bauen und Geschäftsleute ihre Lokale (Schneider Knize am Graben in Wien), auch Kaffeehausbesitzer trauten sich (Café Museum, Wien, Karlsplatz), Reichen Leuten, die sich als Avantgarde der Moderne fühlten, und Gewerbetreibenden, denen gefiel, dass Loos gegen alles zu Große war und für die Solidität des Kleinen.

So baute er sein berühmtestes Haus, das »Loos-Haus« auf dem Michaelerplatz, als Wohnhaus und im unteren Stock, für die Schneidermeister Goldman & Salatsch (1910/11). Kaiser Franz Joseph ärgerte sich über die im Oberteil ganz schmucklose Fassade. Der Kaiser meinte: weil er dieses »Scheusal von einem Haus« (so das Urteil des Wiener Gemeinderates)

*Carl Moll,
Mein Wohnzimmer,
Öl auf Leinwand,
1903*

doch jeden Tag sehen müsse von den Fenstern seiner Hofburg, solle man wenigstens ein paar Blumenkisteln vor die Fenster hängen. Das tat der Revolutionär dann auch, in Loyalität zum Kaiser.

Adolf Loos hat weit mehr geschrieben als gebaut, und seine Schriften sind literarische Klassiker der Moderne. Der aber auch schrieb (alles klein): »fürchte nicht, unmodern gescholten zu werden.«

Er hielt sich daran. Er schrieb, der Modernste aller Modernen: »Der schönste innenraum: ist der Stephansdom. Sage ich damit etwas altes? Umso besser. Wir haben den weihevollsten kirchenraum der welt. Dieser raum erzählt uns unsere geschichte. Alle generationen haben daran mitgearbeitet, alle in ihrer sprache. Bis auf die unsere – denn die kann ihre sprache nicht sprechen« (1906).

Das gehört zur Größe des Architekten und Literaten Loos: dass sich seine Modernität bedenkenlos vermengt mit Tradition: »Im anfang des 19. jahrhunderts haben wir die tradition verlassen. Dort will ich wieder anknüpfen« (1907).

Loos wusste von seinem Genie und seiner Vergeblichkeit. »Ins Leere gesprochen« heißt sein wichtigstes Buch (Erstausgabe 1921). Karl Kraus, sein Bewunderer und Förderer, brachte in der »Fackel« (Dezember 1930) ein Foto von Loos: Gescheite, trauernde Augen, ein schmaler Strichmund und die Hand am Ohr.

In seinen späteren Lebensjahren war Loos, ein kecker Lebemann in seiner wilden Jugend, nun fast gänzlich taub. Er verweigerte eine Erfolg versprechende Operation. Er rief wütend: »Nein, ich will mich nicht operieren lassen. Ich brauche nicht jede Dummheit zu hören, die gesprochen wird. Und wenn ich etwas hören will, so höre ich es auch.«

Medizinisch war das nicht richtig, philosophisch schon. Auf seiner Taubheit ruhte auch die monumentale Sturheit, mit der er sich dem Zeitgeist verweigerte. Taub hatte er's leichter.

Loos war, in seinen Schriften und Bauten, ein reinigendes Gewitter. In einer überladenen, heuchlerischen Zeit übte er – in ungeheuren Schimpftiraden und edlen Bauten! – die Funktion eines Abraham a Sancta Clara der Baukunst. »Ornament und Verbrechen« nannte er einen Text, den er als Artikel und in Dutzenden Vorträgen verbreitete (1908 ff.).

Natürlich ist nicht jedes Ornament ein Verbrechen. Vor, während und nach seiner Zeit war der geschmückte Bau selbstverständlich. Aber der Ansturm gegen das Selbstverständliche, der Ab- und Aufstieg zur Reinheit und Wahrheit der puren Form – das war die phantastische Leistung des Adolf Loos.

Gegen die überreichen Heuchelfassaden seiner Zeit hat er gar nicht ins Leere gesprochen. Da war er so erfolgreich, dass ihm Friedensreich Hundertwasser vorwarf: das Nackte, Kahle, Fade der modernen Architektur – das wiederum sei das Verbrechen des Adolf Loos.

Auf einen großen Schimpfer der nächste. 1968 schrieb Hundertwasser: Nun habe man im Hausbau den »Schachtelgefängnis-Unfug« am Hals. »Sicher hat er es gut gemeint ... Der Teufel, den er rief, den wird die Welt nun nicht mehr los ... Die Kliniken sind überfüllt, wo die Irren nicht gesund werden können, weil die Kliniken auch nach Loos gebaut sind.«

Aber nein, wir überstehen alles. In der Kunst folgt immer auf einen Teufel der nächste. Auf Loos, dem Freund der Schlichtheit, folgte Hundertwasser, Freund des Bunten und Schiefen. Auf die Loos-Moderne folgte die Postmoderne, die so etwas wie ein neuer »Ringstraßenstil« ist.

Loos war ein großer Mann.

CLAUDIO MAGRIS

Der Mythos ist die Wirklichkeit

»Mythos« ist ein viel strapaziertes Wort. Weil es so praktisch ist. Die Vernünftler gebrauchen es, wenn sie sagen wollen: es ist nichts Wirkliches, es ist nur ein Mythos. Die Romantiker gebrauchen es, wenn sie sagen wollen: hier ist die Wurzel unseres Denkens und Handelns, ohne Mythos läuft gar nichts.

Claudio Magris (geboren 1939 in Triest) ist ein hervorragender Schriftsteller und ein schlauer Kopf: er ist zugleich Antimythologe und doch pro Mythos. Daraus bezieht sein allbekanntes Buch »Der habsburgische Mythos« einen speziellen Reiz. 1963 erschienen, hat es immer noch seinen festen Platz unter Liebhabern wie Skeptikern des alten Österreich.

Ein echter Triestiner: Vorliebe für die italienische Nation, deutlich untermischt mit pikanter Nostalgie fürs alte Österreich. Zur Fortdauer unseres Österreich gehört Triest, das nicht mehr uns gehört. Das freut uns so in all den glänzenden Büchern des Claudio Magris, jetzt auch schon ein Sechziger.

»Im habsburgischen Mythos wird die zu jedem dichterischen Wirken gehörende Verwandlung des Realen auf einen ganz bestimmten historischen Prozess aufgepfropft, welcher einer ganzen Kultur gemeinsam ist. Mit der emotionellen Erinnerung an die Welt von gestern verbindet sich so die teils bewusste, teils unbewusste Sublimierung einer konkreten Gesellschaft in eine malerische, sichere, wohl geordnete Märchenwelt.«

So steht's auf den ersten Seiten des »Habsburgischen Mythos« und es klingt von oben herab, als hätte Magris eine leise Verachtung für solche Nostalgie. Er hat sie, aber eben zugleich auch die ebenso leise Begeisterung für diesen historischen Hintergrund. Es ist auch der Hintergrund dieses Triestiners selber und aller seiner Bücher und der Stadt Triest überhaupt.

Anton Faistauer, Santa Maria della Salute, Öl auf Leinwand, 1923

Eigentümlich. Ich schrieb meine obige Vermutung, dass Magris ein heimlicher Liebhaber des von ihm entzauberten habsburgischen Mythos sei – in langjähriger Kenntnis der ersten Auflage des Buches (1963; eigentlich noch früher, es ist seine Dissertation). Ich hatte die Neuauflage (1996, deutsch 2000 bei Zsolnay) bestellt, sie war aber noch nicht eingetroffen – jetzt lese ich also in einem brillanten Vorwort »Dreißig Jahre danach« haarscharf die Bestätigung meines Verdachtes. Ja, Magris ist selber ein habsburgischer Mythologe.

»Auf seine Art ist ›Der habsburgische Mythos‹ so etwas wie der Lebensroman seines Autors geworden, die Karte seiner geistigen Geografie, der Plan für die Pfade, denen er noch immer folgt ... im realen wie imaginären Raum von Mitteleuropa.«

Magris kennt die Doppeldeutigkeit des Mythos: »ein ambivalenter Begriff, der etwas mehr oder etwas weniger als die Realität angeben kann ... eine wahrhaft positive grundlegende Idee ... oder eine ideologische Verfälschung.«

»Das Buch scheint eine Entmythisierung, ja Demolierung des habsburgischen Mythos zu sein. In Wahrheit entstand es aus einer tiefen inneren Anteilnahme ... Die Entzauberung ist nötig, um das Feuer der echten Verzauberung zu entfachen ... Ein Mythos beginnt erst dann zu funkeln, wenn man ihm seinen Pappzauber nimmt.«

So kommt Magris auch darauf, dass er mit seiner Ent- und Verzauberung des alten Österreich etwas sehr Österreichisches – folglich auch Triestinisches – unternimmt: »Die Kontinuität der österreichischen Tradition besteht in einem fortwährenden Aufbegehren gegen diese ... Um Triest zu verstehen, musste ich mich mit dem auseinander setzen, was dahinter stand ...«

Alle Wahrheit ist konkret. Nicht in der theoretischen Aufarbeitung der altösterreichischen Tradition erweist sich die Meisterschaft des Triestiners Magris, sondern in seiner mannigfaltigen Schilderung der Orte und Personen, in denen Österreich zu Tage tritt als Fortdauer und Versunkenheit. Da wird der Literaturhistoriker selber zum Dichter und man hat eine Riesenfreude mit ihm.

Ungeheuer ist das Lesevergnügen, das Magris bereitet, und zwar in jenem Doppelsinn, in welchem er daheim ist: Ungeheuer groß die schiere Freude, ungeheuer unheimlich sein Spiel mit der Zeit; stets wandert er im Gestern, das es nicht mehr gibt, und zugleich im Heute, das längst schon da ist. »So findet er die Zeit wieder, die seine war« (Umberto Saba).

Magris war jahrelang Kolumnist des feinsten italienischen Blattes »Corriere della Sera«. Er ist Doktor, Professor, Mitglied von fünf Akademien (für Sprache und Dichtung, Darmstadt; österreichische Akademie der Wissenschaften; deutsche in Göttingen; Kunstakademie in München; Wissenschaftsakademie in Turin). Wie schön, dass so viel Ehrungen ihn nicht verdorben haben.

Claudio Magris, in seinem Reisebuch »Donau«, betrachtet die Gipsfigur des Peter Altenberg, der lebensgroß an einem Tisch im Wiener Café Central sitzt als einen Inbegriff des Österreichers Altenberg und seinesgleichen »verteidigten einen äußersten Randbereich unveräußerlicher Individualität, die Überreste eines Zaubers, etwas Unwiederholbares, das sich von der Serienproduktion nicht völlig verflachen lässt ... In Wien ist die zeitgenössische Realität, die mit der Inszenierung ihrer selbst identisch wird, durchzogen von der barocken Auffassung der Welt als Theaterbühne.«

> Die Sintflut
> Das Café San Marco in Venedig ist eine Arche Noah für jedes Paar, das Zuflucht sucht, wenn es draußen schüttet und auch für die Ungepaarten. Die Geschichte von der Sintflut habe ich nie begriffen, sagte der Herr Schönhut, Schammes (Diener) der benachbarten Synagoge, während der Regen gegen die Scheiben trommelte. Wenn es wegen der Sünden der Welt war, hätte er ihr doch gleich ganz den Garaus machen können. Danach ist es ja nicht besser geworden, im Gegenteil, und trotzdem keine Sintflut mehr. Der Herr Schönhut trank sein Bier in dem sicheren Gefühl, dass es damit sein Bewenden haben müsse. Er durfte über den Gott Israels sagen, was er wolle, alles blieb in der Familie, doch von Seiten der Anderen wäre es eine Taktlosigkeit und, zu bestimmten Zeiten, eine elende Gemeinheit.
>
> *Aus: Claudio Magris, Die Welt en gros und en détail*

OTTO MAUER

Feuergeist und Weihwasser

Theologie ist die ursprüngliche Poesie. Liest man heutige Fachtheologen, kommt man nicht auf diesen Satz. Aber er stimmt trotzdem. Theologie ist wörtlich »Reden von Gott«. Das ist das früheste Thema aller Dichtung. Die Geistesgeschichte bestätigt: bei allen Völkern steht am Anfang die religiöse Dichtung und die religiöse Kunst. Otto Mauer (1907–1973) war Theologe im Wortsinn, »Redner von Gott«, und er war überzeugt von der tiefen inneren Verknüpfung von Kunst und Religion. »Kunst und Christentum« ist sein erster Vortrag (1937), »Theologie der bildenden Kunst« sein erster Buchbeitrag (1941). Er bleibt bei diesem seinem Hauptthema lebenslang.

Otto Mauer ist Feuergeist als Priester wie als Kunstkenner. Er besprengt Kunst und Künstler nicht mit Weihwasser, geht vielmehr an die Wurzel der Kunst. Ihm wird das Aufblühen der Moderne in Österreich nach 1945 wesentlich verdankt. Einer der Maler, die er um sich sammelt, war Wolfgang Hollegha, der über ihn schreibt:

»Für Otto Mauer war Kunst mehr als ein Griff, den man nach Bedarf an ideologische Kisten schraubt, um sie bequemer handhaben zu können. Ein Bild gut oder schlecht zu finden, war für ihn keine Frage der Theologie. In dieser Hinsicht befand er sich im direkten Widerspruch zur offiziellen Kunstauffassung seiner Kirche. Gerade das machte aber seine Bedeutung aus.«

Mauers Bedeutung ist die: er ist einer der wichtigsten Theologen und wichtigsten Kunstkenner Österreichs. Und er ist so gut wie verschollen. Schriften sind vergriffen, die von ihm gegründete »Galerie nächst St. Stephan« ist fern ihrer ersten Blüte (gegründet 1954).

Der übliche Austro-Skandal. Viele kennen und lieben

Wilhelm Thöny,
Begegnung (Nonne
und schwarz
gekleideter Mann),
Aquarell auf Papier,
um 1925

ihn, aber es ist ein Geheimwissen und eine Geheimliebe. Österreich erfreut sich seiner Großen auf unbestimmte Weise, das Kümmern um ihr Fortleben ist ihm zu aufwändig.

1993 gab es ein Otto-Mauer-Symposion an der Hochschule für angewandte Kunst, das den Veranstaltern hoch anzurechnen ist. Das Wiener Diözesanmuseum betreut Otto Mauers Bildersammlung. Der Rest ist ziemliches Schweigen.

So schildert ihn Kardinal König: »Eine hoch gewachsene, asketisch wirkende Gestalt ... Distanz und Nonchalance, die ihm bei vielen den Ruf der Anmaßung, ja, der Präpotenz eintrug ... hinter einer Maske scheinbarer Überheblichkeit sein empfindsames Herz ...«

Zu seinen berühmten Sonntagspredigten in der Augustiner-, Peters-, dann Stephanskirche strömten Tausende, auch der Kirche Fernstehende. Mit sehr ungewöhnlichen Bildern und Vergleichen stieß er ohne sonstige Umwege die Menschen vorwärts zu Gott.

Im »Ständestaat« wurde Otto Mauer als »Nazi« eingestuft – wohl wegen seiner Zugehörigkeit zum Bund Neuland, einer katholischen Erneuerungsbewegung mit großdeutschen Neigungen: In der Nazizeit verhaftete ihn die Gestapo mehrmals, gibt ihn aber wieder frei, seine Bücher und seine Predigten werden verboten.

Nach dem Krieg erlebte die Kirche eine geistige Erneuerung, wie man sie ihr nur wieder wünschen möchte. Otto Mauer war ein Mittelpunkt, ein »Konservativer«, was die Substanz des Glaubens betraf, ein »Progressiver« in seiner Offenheit für neue Formen und Inhalte. Zu seinen Diskussionsabenden »Fragen Sie die Kirche«, gemeinsam mit anderen Priestern, kamen 40.000 Menschen über die Jahre hin.

Im Künstlerkreis um Mauer war Arnulf Rainer einer der Ersten und Treuesten. Originell wie er war, fiel ihm Mauers Vorliebe fürs Dämonische auf. Er meint, »dass Otto Mauer gewisse österreichische Kunstströmungen geradezu inspirierte und provozierte ohne es übrigens deutlich zu ahnen«. Mauer meint Rainer, auch selber »irgendwie Künstler und von ›satanischen‹ Kontrafiguren fasziniert« und konnte »deswegen darüber so eindrucksvoll warnen und schimpfen«.

Mauer schrieb schon 1941: »Der Künstler hat es mit dem Teufel zu tun, der eine als Besessener, der andere als Taufelsaustreiber.«

Otto Schulmeister, langjähriger Chefredakteur der »Presse«, Gefährte Otto Mauers in dessen Glanzjahren bei der Zeitschrift »Wort und Wahrheit«, erstellte einen Katalog der vielerlei Gestalten Mauers: »Der Christ, der Priester, der Intellektuelle, der Ehrgeizige und Eitle, der Ankläger wie Liebhaber seiner Kirche, der Verächter der Dummheit, der erotische Mensch ...«

Ich erinnere mich an viele Vormittage und Abende mit Otto Mauer. Damals ging der Mythos, dass kirchliche Obrigkeiten ständig »Spione« unterhielten, die berichteten, was Mauer so sagte bei solchen Anlässen − und dass er sich schützte, indem er wenig Schriftliches von sich gab und sein Mündliches absicherte durch Getreue, die der Obrigkeit bezeugten, nein, das und das habe er gar nicht gesagt.

Mauers Reden über Gott und die Kunst waren sehr anstößig und sehr kirchentreu. Ach, wir könnten jetzt viele Mauers brauchen.

Stattdessen vergessen wir den einen, den wir haben.

Göttliche Schönheit
Seit Christus erschienen ist, hat der Mensch wieder höheren Mut, sich der Schönheit hinzugeben. Der alte Zwiespalt zwischen Asket und Künstler ist letztlich gelöst und überwunden ...

Christi Unansehnlichkeit und Verhülltheit im Fleische, die Gestalt seiner symbolischen Menschlichkeit haben neue Tiefenschichten des Künstlerischen erschlossen, die dem Formalen weitestgehend entrückt sind, o Schönheit aus geistigen Gründen und Inhalten quillt und oft in der Gestalt eines leidvollen Antlitzes erscheint.

Dadurch hat sich das Schöne dem Heiligen und Guten mächtig angenähert und kann ohne dasselbe nicht mehr begriffen werden. Dadurch treffen sich beide auf einer Ebene, darin sie gemeinsam wurzeln, nämlich der gottmenschlichen Schönheit Jesu Christi ...

JÖRG MAUTHE

Acht ist die Zahl der Venus

Man kann Dichter sein, ohne zu dichten. Man kann Journalist sein, und trotzdem ein schöpferischer, künstlerischer Mensch. Diese beiden Sätze beschreiben aufs Gröbste den Lebenslauf des Wiener Genies Jörg Mauthe (1924–1986).

Vor mir ein halbes Dutzend schön hellgelber Bände der »Edition Atelier« (1164 Seiten zusammen) – Romane, Aufsätze und ein Tagebuch aus dem Jahr seines Todes und fast bis zu diesem.

Mauthe hatte das Dichten nicht zum Beruf, im Gegenteil. Er war Journalist, ein großer Neuerer im Zeitungs-, Radio- und Fernsehwesen, und doch ein Wiederholungstäter als Dichter, so nebenbei. Er war Kabarettist, Dorferneuerer, Stadtreparierer, Umweltpolitiker, Kämpfer in der Hainburger Au, Beleber der Wiener Wirtshaus-Szene, Beiselfanatiker, begeisterter und melancholischer Liebhaber des Wienerliedes und der Wienerinnen – und noch allerhand, sicher hab ich einiges vergessen.

In eingeweihten Kreisen gibt's einen richtigen Mauthe-Kult, aber sonst ist Stille im Land. Das ist sehr unverdient und sehr österreichisch. Heuer wäre Mauthe 75 gewesen.

Es ist erschreckend zu denken, wie viele Höchstbegabte »nicht durchkommen«. Die österreichische Literatur ist der kleinste gemeinsame Nenner aller verpatzten Gelegenheiten. Die Genies können bei uns frei wählen, ob sie ihre Chancen selber verpatzen – oder lieber stillhalten, bis sie ihnen von anderen verpatzt werden – oder die dritte Möglichkeit wählen: sich zwischen diesen beiden Möglichkeiten nicht zu entscheiden. Dies ist die österreichischeste aller Möglichkeiten.

Erhard Busek, einst Wiener Vizebürgermeister, holte Mauthe ins Rathaus, als Gemeinde- und Stadtrat.

*Anton Emanuel
Peschka,
Rückenakt einer
jungen Frau auf
gestreiftem Badetuch,
Kohle, Aquarell auf
Papier, 1925*

Mauthe, der Dichter als Politiker, gebar Ideen wie das kranke Muscheltier Perlen. Den Rest besorgten die Säue ...

Erst zerstörte er seinen guten Ruf als Schriftsteller durch politische Betätigung; anschließend zerstörte er seinen guten Ruf als Politiker durch fortgesetzte literarische Betätigung. Jung starb er an Krebs (65). Krebs, behaupten manche, ist die Krankheit der Seele.

Dorferneuerung in Niederösterreich, Stadtreparatur in Wien − in beiden Leidenschaften hatte er ebenso viel Erfolge wie Misserfolge. In Weiten, einem verlorenen Flecken oberhalb der Wachau, gedieh sein Trieb zur verzweiflungsvollen Wiederherstellung des Schönen bis zu folgendem Exzess: der Gemeinderat beschloss: Wir werden nichts mehr neubauen, umbauen oder niederreißen ohne Zustimmung des zugereisten Dr. Mauthe. »Ob das juristisch g'halten hätt, weiß ich nicht«, sagte mir der damalige Bürgermeister, »aber beschlossen ham wir's«.

Oberhalb des Dorfes kaufte Mauthe die verfallene Mollnburg um billiges Geld. Mit seiner und seiner Familie und Freunde Handarbeit richtete er sie her, sehr einfach und sehr wohnlich. Hier liegt er auch begraben, in einem achteckigen Turm. Acht ist die Zahl der Venus.

Mauthes Roman und Hauptwerk »Die Vielgeliebte« (1979) reicht an mancherlei Stellen mühelos heran an Robert Musil und Joseph Roth. Was sind seine besten Stellen? Natürlich die österreichischesten. Die Heldin ist Inbegriff alles Österreichischen, das für Mauthe identisch ist mit dem Wienerischen. Man erfährt von ihr nichts als ebendies, als Inbegriff hat sie nicht einmal einen Vor- und Zunamen und auch keine Lebensgeschichte.

Sie ist eine sehr anschaulich und amüsant geschilderte austro-mythologische Figur, *die* Österreicherin, *die* Wienerin. Dabei kein Typus, sondern eine durchaus eigenwillige, von aller Norm abweichende, einmalige Gestalt. Ach was, das kann man nicht schildern, das muss man lesen.

»Und der Granat (ein prominentes Mitglied der Wiener Unterwelt) begann zu singen und sang erst ›Die Arten der Liebe‹ und ›Das letzte Bleamerl‹, welche beides sehr gefühlvolle Lieder sind, und dann fiel die Freundin mit einem klaren Sopran ein, und zu zweit sangen sie die Klage des armen Waisenknaben ...

Und zu dritt, mit dem Brettschneider-Ferdi, stellten sie klar, dass wer nicht singt, kein Herz im Leib hat, und wer nicht trinkt keinen rechten Verstand, und wer nicht liebt, der muss ins Kammerl gehen, muss dort im Winkerl stehn, vor lauter Schand' ...

Ein besonderes Hochgefühl überkam uns, dermaßen, dass wir in diesen Sekunden ebenso gut die ganze Welt umarmen, wie das Lokal in lauter kleine Holzsplitter zerlegen hätten mögen.«

Im Fernsehen wurde Mauthe unvermutet gefragt, vom damaligen Intendanten Ernst Wolfram Marboe, seinem Freund und Mitspinner: »Jörg, glaubst du an ein Leben nach dem Tode?«

Mauthe: »Eigentlich nicht, aber lachen tät' ich.«

Seiner »Vielgeliebten« – sie war keine Romanfigur, es gab sie wirklich – bescheinigt er am Schluss des Romans: »Du hast etwas Ungeheures geleistet, nämlich allen, die dich kannten, bewiesen, dass es neben allen denkbar besten Welten eine noch viel bessere geben muss ... Ich könnte nur um deinetwillen an ein Leben nach dem Tode glauben, denn ich möchte dich wiedersehen ...«

>
> Mariazeller Wallfahrt
> Und hier,
> ... unter wühlendem, gewaltig auf- und abschwellendem Orgelgebraus und dem inbrünstig-hysterischen Bittfüruns-Murmeln verzückter Beter,
> ... berauscht vom Klosterwein, von Müdigkeit, von den Schwaden des Schweißes und des Weihrauchs,
> ... halb blind von Kopfschmerzen und hypnotisiert von den flimmernden Kerzenreflexen im Gold und Silber des Gnadenaltars,
> inmitten des wirklichen Volkes von Österreich, des seit Jahrtausenden von allen Plagen heimgesuchten, von Mäusen und Römern, von Germanen und der Pest, von Preußen, Mongolen und der Industrialisierung, von Russen und Hungersnöten, von Kriegen und vom Fernsehen ...

KONRAD MAUTNER

Fensterln ist die Kunst des Volkes

Heute heißt's »Abenteuerurlaub« und ist überall dasselbe. Früher hieß es »Sommerfrische« und war von Leib und Seele erfrischender Verschiedenheit, gleich nur in der heilenden Berührung mit der Natur und den natürlichen Menschen. »Sommerfrische« ist ein Alpenwort, das schon im 15. Jahrhundert gebräuchlich wird. Die Bürger der Stadt Bozen gebrauchten es für den allsommerlichen Umzug aus der städtischen Hitze in die Kühle der Höhen ringsum.

Die Gatten und Männer blieben in der Stadt bei ihren Geschäften. Nachmittags gegen vier richteten sie ihr Perspektiv (Fernrohr) auf den Ritten oder Kohlerer Berg, um herauszufinden, wie es ihren Gattinnen, Töchtern, Kindern, Enkeln ginge, die dort oben auf »Sommerfrische« waren. Die Dienstmädchen der Herrschaften standen oben auf der Höhe und gaben Signale mit ihren schneeweißen Schürzen. Schnell hin- und herschwenken hieß: allen geht es gut. Langsam hieß: es ist was nicht in Ordnung. Dann ließen die Herren die Kutsche anspannen und fuhren hinauf, nachsehen.

Die Tiroler Erfindung »Sommerfrische« geriet zu einer gesamt-altösterreichischen Verbreitung. Der Kaiser fuhr auf »Sommerfrische« nach Ischl, und dem hohen Vorbild folgend wurden Salzkammergut und Ausseerland zur feinsten »Sommerfrische« der stadtverdrossenen Wiener.

Die reiche jüdische Industriellenfamilie Mautner zog jährlich auf »Sommerfrische« ins winzige Dorf Gössl am Grundlsee, nächst Aussee. Unter der senkrechten, himmelhohen Gössler Wand, wenige Schritte vom silbernen See, mieteten sich die Mautners ein, die ganze Familie, vier Kinder, Kammerdiener, Köchin, Kinder- und Stubenmädchen und Klavier.

In Gössl blieb der Industriellensohn Konrad Mautner

Auſſer Tracht um 1850,
mein Voda, mei Muada, mei Schweſta, mei
Bruada, mei gonzi freindſchoft, hot max
Diandl varocht.

hängen, lebenslänglich. Er war möglichst wenig in der väterlichen Firma. Groß-vater Isaak und Vater Isidor waren böhmische Textilfabrikanten und gehörten zu den größten der Branche in der Monarchie, 23.000 Beschäftigte in 42 Fabriken. Konrad saß an seinem Direktorsschreibtisch und malte auf die Schreibtischunter-lage – die war dazumals aus Löschpapier – Trachtenfiguren, Fischer, Jäger, Wild-schützen, Bäuerinnen und Sennerinnen, diese auch nackt – wie auch sein »Stey-erisches Raspelwerk« bezeugt.

Mautners »Raspelwerk« erschien 1910. Es ist ein Standardwerk der Volkskultur, 400 Seiten, bunt, zur Gänze handgeschrieben und handgezeichnet. Es ist nun wieder aufgelegt in wunderbar origineller Aufmachung (Verlag Hans Schneider 1977).

Den größten und schönsten Teil seiner 44 Lebensjahre (1880–1924) verbrachte

Konrad Mautner im kleinen Gössl. Beim Gasthof Veit im großen Saal hängt sein Bild. Grüner Rock, innen rot ausgeschlagen; schwarze Weste mit Gold verziert; schwarze Lederhose mit mächtiger Messingschnalle, drauf zwei Zirbenbäume und eine Gams. In der Rechten die Pfeife; auf dem Kopf der grüne Ausseerhut mit dem kreisrunden Gamsbart.

Konrad Mautners Bild aus 1914 hat die Nazizeit überstanden, es hängt heute noch in vielen Stuben des Ausseerlandes. Das zugehörige Gemälde von Mautners Frau Anna (1917) war lange Zeit verschollen. Man sieht sie im Dirndl, langärmeliger weißer Bluse, blauer Schürze, in der Hand ein Strauß Narzissen. Zum Kopftuch aus schwarzem Seidentaft kontrastiert ein Schultertuch aus rosa Seide.

»In Gössl – und nur dort – war er wirklich daheim.« Lutz Maurer, der heuer zum 75. Todestag Mautners in Bad Aussee ein großes Mautner-Symposium leitet, zitiert diesen Satz aus einem Text des Grazer Professors Victor von Geramb. Dieser, der Begründer der steirischen Volkskunde, war das, was man in der Ersten Republik einen »nationalbewussten Großdeutschen« nannte. Geramb blieb seinem jüdischen Freund zeitlebens verbunden.

1938 wurde »Nichtariern« das Tragen von Tracht verboten. Aber in einer Ausstellung während der Nazizeit hing Mautners Bild als »Verkörperung bodenständigen Bauerntums« – wie zum ironischen Beweis für die Unsinnigkeit der NS-Rassentheorie.

»Pfeifenrauchend saß er«, so schildert Freund Geramb das Leben Mautners in Gössl, »mit den Holzknechten am Herd der Rauchkuchl. Mit jedem verband ihn das trauliche du und ein wahrhaft brüderliches Verhältnis. Im Holzschlag und auf dem See, in der Almhütte wie im Wirtshaus lebte er unter ihnen und mit ihnen als ihresgleichen. Er sprach ihre Mundart, er trug ihre Tracht, er jagerte, fischte, fuhr auf dem See die Plätten und im Winter den Holzschlitten, er sang, juchzte, tanzte, paschte, rauchte und liebte und arbeitete mit ihnen.«

Im väterlichen Konzern war Konrad Mautner »steinunglücklich«, schrieb er nach Gössl. »Der Vater baut eine Fabrik um die andere, wos toan ma damit?«

Vater Isidor förderte aber auch das Theater in Wien. In seinem Haus im 1. Bezirk verkehrten Richard Strauss, Hugo von Hofmannsthal, Arthur Schnitzler. Dieser schrieb in sein Tagebuch: »Conrad Mautner, Bub von 15 Jahren, großes Talent ...«

War Mautner ein Dichter? Ja! Sein unermüdliches Sammeln und Aufzeichnen, sein eigenes schriftliches Festhalten und Malen – das war schöpferische Arbeit. Geramb, mit dem er auch ein Trachtenbuch verfasste, schrieb: »Kaum einer meiner Rasse- und Volksgenossen hatte ein so tiefes und letztes Verständnis für die innersten Fragen unsrer Volkstums- und Heimatpflege wie er.«

Als Mautner 1924 starb an einer unerklärlichen Krankheit und nach einer erfolglosen Operation –, hatte er sich viel erspart. Seine Frau Anna begann nach dem Ersten Weltkrieg – die Familie war verarmt, vier Kinder waren da – eine neue Existenz. Sie erzeugte in Grundlsee handbedruckte Stoffe. Hitler zwang die Familie Mautner in die Emigration. Es gibt Nachfahren, die zurückgekehrt sind.

FRIEDERIKE MAYRÖCKER

Dunkler Vogel im Rosengewölk

Heuer wird sie 75. Sie lebt fast immer daheim, in der Zentagasse, Wien 5, einer berühmten Adresse für Freunde der modernen Literatur. Während die modernen Normalmenschen unablässig herumreisen, auf Abenteuerurlaub, Erlebnisreisen oder wenigstens fernsehen, bleibt die modernste aller Dichterinnen daheim. Außer wenn sie einkaufen geht in den Supermarkt. Friederike Mayröcker geht gern spazieren, erzählt sie, aber findet dann doch nicht genug Anlass. Alles ist voll mit Büchern und Manuskripten und Papier. Am Fenster eine einzige Topfpflanze. Und in der Früh die Amseln, die singen.

Die Wohnung ist klein, zwei Zimmer. An der Wohnungstür sind zwei oder drei Schlösser, auch ein Scherengitter ist da; wenn sie doch einmal wegfährt, immer seltener, zu irgendwelchen literarischen Unvermeidlichkeiten. Dann legt sie auf den Vorzimmerboden ein Schild »Alles ist Tabu«. Es nützt nichts gegen Einbrecher, weiß sie. »Es ist ein Spiel«, sagt sie. Ab und zu kriegt sie das Gefühl, sie will ausmalen lassen, aber es geht nicht, wohin mit den Büchern und Papieren. Wegräumen, Ordnung machen, »Das wäre dahinter noch mehr Chaos«, meint sie. Wenn sich Bücher- und Papierstapel neigen und auch abrutschen, wie Lawinen, schaufelt sie die Schreibmaschine wieder frei (»Hermes Baby« aus den sechziger Jahren).

Carmen Tartarotti machte einen Einstundenfilm über das Leben der Mayröcker in der Zentagasse (1991, Preis der »Literavision«, München). Draus ergibt sich eindeutig: die Dichterin lebt wie alle die Millionen älteren einfachen Menschen. Nur dass sie halt dichtet.

Dichten inmitten von seinem Spießerleben!? Sie schildert's so (»Magische Blätter«, 1983):

Arnulf Rainer,
Kreuz, Schwarz auf
Gelb, Öl auf
Hartfaser, 1957

»Zu Beginn einer Arbeit immer vor dem NICHTS ... man wird geschüttelt vor Angst und Aufregung ... treibt einen schließlich doch etwas dazu, ein unstillbares Verlangen, den Sprung in die Tiefe zu wagen ... mit beinah geschlossenen Augen ... Das Bleibende sehen im Vergänglichen; die Anatomie der Dinge und aller Lebewesen erkennen und in Sprache verwandeln.«

Ihr Schreiben nennt sie ein »Medium des Mitleids ... ein sich in alle Geschöpfe zersplittern, versprengen, verschütten, verteilen, zerstäuben ... mit größter Maßlosigkeit und größtem Maßhalten, und dies möglichst ohne Unterbrechung und unverzagt, um in den Sog jenes Rhythmus zu kommen, der einem wunderbarerweise das Schreiben zum Leben macht und das Leben zum Schreiben.«

Schreiben ist Leben ist Schreiben. Aha, das also ist es. Wenn sie ihre Bücher schreibt (bisher 50), steht sie um vier oder fünf auf und arbeitet durch bis zwölf Uhr mittags. Wie irr. Zwischendurch schlingt sie was hinunter.

Bald »verspüre ich schon, wie das Heißhungergefühl abnimmt ... Sattelmagen, Sackmagen, Henkel ... Füße hängend von der Bettkante, Wollsocken sommers und winters, Hausschuhe, schmutziger Wams ... und in der Mitte des Himmels der dunkle Vogel, wie ein Winken von schwarzen Wimpern schweift er am Fenster vorüber, berührt beinah die Scheiben, sekundenlang zwischen dem Rosengewölk, und stundenlang spüre ich etwas wie Glück ...«

So steht's in »mein Herz, mein Zimmer, mein Name« (1988), ihr dickstes und schönstes Buch, voll mit ... ja, womit? Ist denn das ein Leben, wo sind Abenteuer, Erlebnis, »Star Wars« und so.

Alle Dichter sind verrückt; und erst die in Wien, entschuldigt sich Mayröcker. »Wien ist eine Schreibstadt. Hier kann man verrückt sein. Wien ist für viele Dichter zur Schreibstadt geworden, viele verrückte Dichter kommen aus Wien. Verrücktheit, verrückte Sicht ist eine der Voraussetzungen für Schreiben« (»Magische Blätter«, 1986).

Dennoch oder deswegen sind die Dichter näher am Leben dran als wir Normalen. Die Dichterin, ewig daheim, ist toller unterwegs als wir:

»Die Beunruhigungen durch die Liebe sind überstanden, manchmal, sekundenlang, in allerfeinsten Erinnerungen schwelgend, indem ich Jesus und die Unbefleckte Jungfrau anflehe, weiterschreiben zu können ... Kaum habe ich ein Kapitel fertig, denke ich schon an das nächste ... es ist lange nichts im Kopf und plötzlich ist etwas auf dem Papier usw.«

Sätze aus Mayröckers Buch »Das Herzzerreißende der Dinge« (1990). Was zerreißt ihr denn das Herz? Ach, der ganz Modernen eigentlich ganz Almodisches:

»... gestern Nacht ins einzige Auge des Vollmondes geblickt, wie der Vollmond mich an sich zog und ansog, ich ziehe nicht mehr die Vorhänge zu bei Nacht, ich öffnete die Augen und erschrak, denn der volle Mond starrte mich an, seine grelle Pupille schmerzhaft gegen die meine gerichtet.«

> Zaunkönig auf Adler
> ... heute so imaginäre Gefühle, da wirbelt, flockt, stäubt und tobt der Kosmos in meiner Hirnschale Durcheinander und gleicht der dörflichen Idylle unter dem Glassturz: schüttelt man das glockenförmige Gehäuse: besser stellt man es auf den Kopf, beginnt es über der Ortschaft zu schneien, und alles ist möglich, sogar eine Afrikareise. Ich getraue mir nichts mehr zu, außer an einem Tag wie heute, da getraue ich mir plötzlich wieder ALLES zu ...

ROBERT MENASSE

Weltgeschichte: ein Flugzeug mit Schubumkehr

Ach, die postmodernen und post-postmodernen Dichter. Man muss sie lieben, weil sie so arm dran sind und so schrecklich begabt. Was die alles brauchen zum Leben und zum Schreiben, Kaffee, Tee, Zigaretten, viel zum Saufen und viel fürs Bett. Und nichts hilft. Genauer muss man sagen: Was die alles brauchen zum Leben und leben doch nicht.

Aber von Robert Menasse, 46, dem begabtesten unter den Austro-Postmodernen, wird man dennoch fasziniert, dennoch und trotzdem. Sind wir doch nicht kleinlich. Ja, die Postmodernen sind schrecklich, aber dann soll's wenigstens ein faszinierender Schrecken sein.

Wer an die Gene glaubt, kann auf Menasses jüdischen Vater zurückgreifen und so eine Fortsetzung der österreichisch-jüdischen Literaturtradition herausspinnen. Aber es genügt ja schon das Junggenie an und für sich.

Menasse ist ein wunderbarer Geschichtenerzähler, Fabulierer sondergleichen. Man liest und hört ihm hingerissen zu. Der kann was. Aber kaum bist du gemütlich drin in einer seiner Geschichten, bricht er ab, watscht dich, biegt aus Neben- und Irrwegen. Er löst den Erzählteppich, an dem er webt, boshaft und unnötig immer wieder auf. Wie die alte Penelope in der Odysseus-Geschichte, nur kommt kein Odysseus. Die Sache verläuft sich und trotz Ingebrauchnahme modernster Umwege, Video, Camcorder und wie das ganze Glumpert heißt.

Auch das ist Kunstreich und originell gemacht, aber wozu, lieber Freund, du kannst doch so wunderbar erzählen, wozu alle diese krampfigen Filter zwischen dem Dichter und dem ohnehin willigen Leser. Was brauchst du das?

Das ist eine blöde Frage. Der Markt verträgt keine

Paul Flora,
Kasperltheater,
Tusche koloriert,
1982

»einfachen« Erzähler und der Literaturkritiker schon gar nicht, der rümpft sein feines Näschen. Erzählen, einfach, wie einst oben Thomas Mann, unten Karl Heinz Waggerl, oder was weiß, das geht nicht. Menasse ist reichlich intelligent genug, um außer gut zu schreiben, auch den Markt und die Kritik zu befriedigen. Ihm soll das nichts passieren.

Menasse, jung wie er ist (geboren 1954), hat sich schon ein sehr stattliches Werk erschrieben. Drei große Romane füllen eine Kassette mit 1150 Seiten (»Sinnliche Gewissheit«, 1988; »Selige Zeiten, brüchige Welt«, 1991; »Schubumkehr«, 1995). Dazu ein brillanter Essay »Phänomenologie der Entgeisterung. Geschichte des verschwindenden Wissens« (1991/95). Und bereits unzählbare kleinere Essaybände, Vorworte, Nachworte, sonstige Beiträge – mit denen er unverwechselbar mitmischt in der progressiv politischen Szene.

Seiner Romantrilogie gibt er den Gesamttitel »Trilogie der Entgeisterung«. Tapfer schlägt er sich herum mit dem alten Hegel. Wie belebt man einen entschwundenen Philosophen? Man stellt ihn auf den Kopf:

Hegel meinte: »Die Weltgeschichte ist der Fortschritt im Bewusstsein der Freiheit. Dieser Endzweck ist das, was Gott mit der Welt will.« Gott hat den »Weltgeist« als Stadthalter eingesetzt. Der kriegt das hin. Menasse meint das Gegenteil: die Geschichte enthegelt sich, Fortschritt, Bewusstsein, Freiheit schwinden. Geschichte ist Enthegelung und Entgeisterung.

Menasses Romantrilogie die enthegelte, vermenasste Weltgeschichte. Mit »Sinn-

licher Gewissheit« beginnt sie, da glaubt man noch ans Leben, in all seiner Furchtbarkeit. Mit »Selige Zeiten, brüchiges Glück« setzt sie sich fort, noch gibt's
Seligkeit, aber das Glück bricht schon. Mit »Schubumkehr« endet's. Die Weltgeschichte ist ein Flugzeug von Niki Lauda. Wenn's gleichzeitig nach vorne und
nacht hinten losgeht, zerreißt's uns.

Interessant ist, dass ausgerechnet ein so pessimistischer, fortschrittskritischer Autor
wie Menasse − eigentlich wie geschaffen zur Fortsetzung der langen Serie klas-
sisch-moderner österreichischer Dichter von Musil und Doderer auf- und
abwärts − sich ganz im Gegenteil einreiht in den Marschblock der fortschrittlichen Autoren gegen Österreich.

Freilich bricht er ab und zu aus und sagt was nicht Linientreues. Und freilich
meint er's nicht bös. Denn siehe, im linken deutschen Wochenblatt »Freitag«
(6. 10. 95) spricht er:

»Ich bin kein patriotischer Österreicher. Aber nach einigen Jahren« − sieben Jahre
war Menasse in Brasilien − »hatte ich das Gefühl, mir fehlt das, was jeder hat und
was ein Bedürfnis eines jeden Menschen ist, nämlich Heimat. Das Bedürfnis nach
Heimat ist ein menschliches Grundbedürfnis. Ich habe mir das nie eingestanden,
weil Heimat ein Begriff ist, der so seltsame Konnotationen hat. Man denkt an
Nazis, an Rechte ... Ich hab nur das Gefühl, ich möchte das Gefühl haben,
irgendwo zu Hause zu sein.«

Nein, der Robert ist nicht verloren. Der wird schon.

Menasse erregt Furcht, Grausen und schon auch Bewunderung − so viel begabter
Ekel vor dem Lauf des Lebens, vor der Natur, vor der Mutter. Menasse kann Bio
nicht schmecken, ja gut, is ja auch wahr, da steckt so viel Heuchelei und Verzweiflung drin. Aber Menasse hat schlechthin einen Bio-Ekel: vor allem graden, einfachen Leben.

Eine durchlaufende Figur seiner Romantrilogie ist ein gewisser Roman, der
Haupteld und Haupterzähler. Roman ist natürlich Robert, und Róman ist
natürlich Román. Robert Menasse ist sein eigentlicher Roman.

Wie lange er das durchhält, Romane zu schreiben über sich selbst, werden wir
schon sehen. Er ist noch in der dichterischen Pubertät. Da ist man so. Und da gibt
man Anlass zu schönsten Erwartungen.

> Geschichte, der Fortschritt im Bewusstsein der Freiheit, war in dem
> Moment, als sie begriffen, auch zu ihrem Ende gekommen ... Der nächste
> Tag wird keine neue Gestalt der Welt mehr bringen, ihr Wesen wird jetzt
> Wiederholung ... Es kann keine weitere Geschichte mehr geben, nur noch
> Zukunft ... In der Sonne des nächsten Tages ist nur noch der Turmhahn zu
> sehen, der bald in diese, bald in jene Himmelsrichtung blickt, in der die Ver-
> bürgerlichung der Welt sich fortsetzt.

Aus: Phänomenologie der Entgeisterung

GUSTAV MEYRINK

Die Fantasie an die Macht!

Alles Unmögliche ist möglich. Wer nur an die Vernunft glaubt, ist arm dran. Er wird immer wieder eines Besseren belehrt. Befremdliches, Unglaubliches, Fantastisches – ereignet sich im eigenen Leben, ereignet sich in der Geschichte. Der Einbruch des Fantastischen ist daher ein großes Thema in der Kunst. Österreich kann damit aufwarten: Alfred Kubin ist der große Maler und Zeichner des Unheimlichen. Gustav Meyrink der große Erzähler unglaublicher Geschichten. Beiden ist gemeinsam: eine versteckte Ironie, die das Schreckliche versöhnlich macht, österreichisch gemütlich. Große Künstler erkennt man an ihre Gabe zur Selbstironie.

Alfred Kubin (1877–1959) ist in allen Gassen, Gustav Meyrink (1868–1932) ist verschollen. Sehr zu Unrecht. Ernst Jünger, der große deutsche Poet, war ein Freund Kubins. In seinem Tagebuch »Das abenteuerliche Herz« (1929) schreibt Jünger:

»Das Unerwartete, das Andere ... markiert die Eingangspforte zur dämonischen Welt ... Ein neuer, ungewohnter Raum tut sich auf, in den der Mensch wie durch eine plötzlich in den Boden gerissene Spalte stürzt.«

Man weiß nicht, ob Jünger und Meyrink einander kannten. Die »Eingangspforte zur dämonischen Welt«, die »in den Boden gerissene Spalte« – das ist jedenfalls eine Inhaltsangabe dessen, was Meyrink beschreiben wollte und was ihm in seinen besten Romanen und Erzählungen auch gelang.

»Angriffe des Wunderbaren auf die Welt der Tatsachen« benennt Jünger die Macht der Fantasie. – Für Meyrink stammt die Fantasie des Menschen nicht aus dem Hirn, sondern aus den Augen. In seinem großen Roman »Der Golem« (1915) sagt Rabbi Hillel, eine geheimnisvolle Figur im Prager Getto:

*Karl Wilhelm
Diefenbach,
Reigen im Weltall,
Öl auf Leinwand,
um 1895*

»Wie denkst du mit dem Auge? Jede Form, die du siehst, denkst du mit dem
Auge. Alles, was zur Form geronnen ist, war vorher ein Gespenst.«

Gustav Meyrink, mit den Augen des Traums begabt, *sieht* den Golem, die geheimste Gestalt des Gettos; folglich ist der Golem für ihn kein Gespenst, sondern fantastische Wirklichkeit.

Als Meyrink dem Golem nachspürt, ist dieser schon an die 400 Jahre alt. Der
berühmte Rabbi Löw (etwa 1520–1609) machte im Prager Getto aus Lehm eine
menschliche Figur, nannte sie Golem (hebräisch: »ungeschlacht«) und weckte sie
zum Leben, indem er ihr einen Zettel in den Mund steckte, auf dem der wahre
Name Gottes stand. Der wahre Name Gottes ist ein Geheimnis, aber Rabbi Löw
kannte es.

Wollte der weise und fromme Rabbi Löw Gott spielen, einen lebendigen Men-
schen schaffen? Nein, der Golem lebte ja nur durch das Wort Gottes, das ihm der
Rabbi in den Mund schob. Dennoch ging die Sache schief. Der Golem, der dem
Rabbi dienen und den Juden helfen sollte, rebellierte und richtete schreckliches
Unheil an. Der jiddische Dichter Leiwik Halpern (1888–1962) beschrieb dies in
seinem Theaterstück »Der Golem« (1920).

Bei Gustav Meyrink ist der Golem der auftauchende und verschwindende See-
lenführer durch die Geheimnis des Gettos, und das Getto die Seelenlandschaft der
Menschen schlechthin. Die alte jüdische Sage wird erweitert zum Spiegel aller
Dinge. Den Rabbi Hillel lässt Meyrink sagen:

»Auch ein Spiegel, hätte er Empfindung, hätte nur Schmerzen, wenn er geschliffen wird. Glatt und glänzend geworden, gibt er alle Bilder wieder, die auf ihn fal-

len, ohne Leid und Erregung. Wohl dem Menschen, der von sich sagen kann: ich bin geschliffen.«

Meyrink hatte ein bewegtes Leben. Er hieß eigentlich Meyer. Wurde in Wien geboren in bürgerlicher Familie. War Bankier in Prag, wurde des Betruges angeklagt. Saß mehrere Wochen. Wurde als unschuldig freigelassen. Begann ein neues Leben in Bayern, als Schriftsteller. Hatte Riesenerfolg. Trat vom Protestantismus zum Buddhismus über.

Die Nazis, in ihrer Verkennung dichterischer Größe, klassifizierten ihn als »entartet«. Sie behaupteten, er sei Jude. Als sich dies als falsch herausstellte, mochten sie ihn trotzdem nicht. So viel Fantasie war verdächtig.

Meyrinks Dichterflügel spannten sich von Visionen des Weltuntergangs bis herab zu Scherz und Satire gegen das Spießertum. »Lieber ein Sprengstoff sein als ein Klebemittel«, schrieb er 1909.

In Prag war er als einer bekannt, der nie den Mund hält. Ein auffälliger Typ, hoch gewachsen, sportlich, souverän, kein Offizier, aber ein Fechtkünstler. Als er von einem Oberleutnant beleidigt wird, fordert er diesen zum Duell. Dieser traut sich nicht, muss auch nicht, weil »einflussreiche Kreise« inzwischen den Bankier Meyer ins Kriminal gebracht haben.

Die fantastische Ader Meyrinks führte ihn zu Entdeckungen, die auf dem Felde der Vernunft nicht gemacht werden können. Im »Simplicissimus«, dem Münchner satirischen Wochenblatt, publizierte Meyrink seine Kurzgeschichten – das Blatt war gegen alles Reaktionäre im deutschen Kaiserreich, aber brav für jeglichen Fortschritt. Meyrink aber unterwanderte die Fortschrittlichkeit durch Satire gegen die heraufziehende Monstrosität eben dieses Fortschritts:

Forscher lassen denkende Gehirne auf Glasplatten wachsen, kaum Menschenkörper »mühsam aus winzigen Zellen, wie man einen Gummibaum großzieht«, produzieren sie ein »Schöpsoglobin«, mit dem sie das Verhalten der Menschen lenken. Meyrinks Fantasie war Prophetie.

> Das Automobil
> »Also Sie glauben noch immer nicht, dass der Wagen fahren wird, Herr Professor? Ich brauche nur diesen Hebel anzuziehen, die Kupplung setzt ein, und das Automobil saust mit 150 km Geschwindigkeit ...«
> Der Gelehrte lächelte mild. »Oh, Sie jugendlicher Schwärmer! Nichts dergleichen kann sich ereignen. Unter dem Drucke der Explosion werden vielmehr augenblicklich die Zylinder springen.«
> »Los«, jauchzte Zimt, »los! Fahren Sie los, Ignaz!«
> Der Chauffeur zog den Hebel an.
> Da! – Ein lauter, dreifacher Knall – und die Maschine steht still! ...

ERIKA MITTERER

Wer ist der Fürst dieser Welt

»Der Fürst der Welt« ist Erika Mitterers Hauptwerk (1940). Der Fürst der Welt ist der, die, das Böse: ein Wesen von großer Macht. Zwei Schwestern gehen ihren Lebensweg, die eine ins Kloster, um ihre Liebe zu einem Priester zu löschen – die andere, jüngere, stirbt schuldlos im Folterpark der Inquisition, als »Teufelsbuhlin«. Im Wahnsinn der Inquisition, mitten in der Kirchengeschichte, herrschte der »Fürst dieser Welt«. Die Kirche blieb vom Bösen wahrhaft *nicht* frei.

Erika Mitterer (1906–2001) ist geboren und gestorben in Wien, aus gutbürgerlicher Familie. Als fromme Christin beschreibt sie die Welt unter vollem Einfluss des Bösen, Einschluss aber auch der Freude und Liebe zur Welt, die Gottes gute Schöpfung ist.

Vor mir ein Bild von Emil Nolde, dem großen Expressionisten (gest. 1956). Er nennt es einfach »Frauen und Pierrot« (1917). Zwischen den beiden Frauen, deren Schönheit verzerrt ist von Leid, lauert im Hintergrund, wie wartend auf sie, Pierrot. Ein Faschingsnarr. Aber was ist hinter der Maske? Das ganze Bild ist durchtränkt von Dämonie. Zwei Frauen in der Gewalt des Bösen. Können sich die Frauen befreien?

Bilder überschreiten die Grenzen von Literatur und Malerei: Die Frauen können sich befreien. Ihre Emanzipation – lateinisch wörtlich: sich aus der Hand geben – geht zurück in die Hand Gottes.

Im Deutschland der Nazizeit konnte Frau Mitterers Roman »Wir sind allein« nicht erscheinen. Sie weigerte sich, einen sympathischen jüdischen Arzt umzuschreiben in einen »Arier« (veröffentlicht 1945). Hingegen ließ die NS-Zensur den »Fürst der Welt« passieren, weil er als antikirchlich eingestuft wurde. In der Tat ist er voll Schärfe gegen die Inqui-

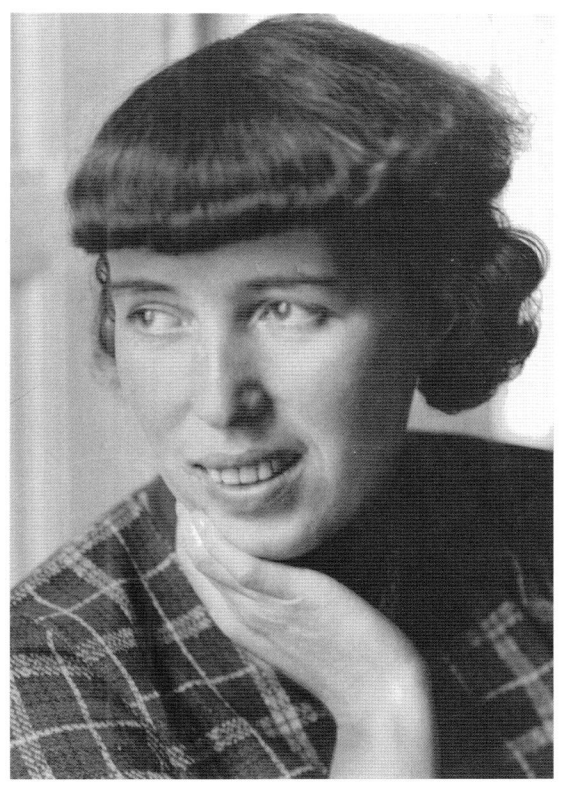

Albin Egger-Lienz,
Pietà, Öl auf
Leinwand, 1926

sition, zugleich aber sehr fromm. Als sie den Roman schrieb, war sie 34 und evangelisch, erst mit 59 konvertierte sie zur katholischen Kirche. Das passt schon zusammen. Mitterer war immer – vor wie nach der Konversion – hellwach gegen die Sünden der Kirche.

»Der Fürst dieser Welt« ist im Johannes-Evangelium der Teufel. »Der Fürst des Lebens« ist in der Apostelgeschichte Christus. Hie diese Welt, hie das wahre Leben: eigentlich handeln alle Gedichte, Romane, Dramen Erika Mitterers von diesem Gegensatz, in den der Mensch eingespannt ist, voll Sehnsucht nach Befreiung.

»Der Herr hat mich beim Nacken gepackt
und mein Gesicht auf die Erde gestoßen.
Ein Hund vermag nicht zu bellen,
dem solches geschieht
Er blickt auf, wenn der Griff sich
lockert. Er liebt seinen Herrn.
Er wedelt sanft mit dem Schwanz.«

Erika Mitterer vollführt die Rebellion gegen den lieben Gott, weil er nämlich rätselhaft böse sein kann. Aber sie kehrt zurück und letztlich lässt sie sich in ihrem Glauben nicht verstören.

Jene ihrer Romane und Dramen, die in der Nazizeit und frühen Nachkriegszeit

spielen, zeigen eine Sanftheit, die weit weg ist von selbstgewisser »Vergangenheitsbewältigung«. Sie ist eindeutig Antinazi. Aber barmherzig in ihrem Verständnis der
Verführungskraft des Totalitären. Der »Fürst dieser Welt« hat seinen Triumph, aber
dabei bleibt es nicht. Der »Fürst des Lebens« führt die besten Gestalten ihrer zeit-
geschichtlichen Romane zum Widerspruch, Widerstand, Ergebenheit in den Tod
oder Rückkehr ins Leben.

Erika Mitterers lebendige Weisheit ist das genaue Gegenteil der öden Gnaden-
losigkeit der Jüngeren und Jungen, denen die totalitäre Versuchung gar nicht
widerfuhr. Ich bin nicht sicher, ob sie, die 120-prozentige Antinazi der Postnazi-
zeit, besser bestanden hätten als ihre verstrickten Vorväter und Vormütter.

Der Roman »Alle unsere Spiele« (1971) und das Drama »Verdunkelung« (1958
aufgeführt) sind hervorragende Beispiele einer Bewältigungsliteratur, die nicht
vergewaltigt, sondern begreift und berührt. Und sich weitergetraut aus einer
verurteilten Vergangenheit in eine Gegenwart, die gleichfalls ein Urteil verdient.

»Alle unsere Spiele«, gegen Ende: »Das Rad ist wieder in Schwung gekommen
und dreht sich aufs Neue. Die Bomben fallen jetzt anderswo. Die Frauen werden
anderswo geschändet. Die Kinder sterben anderswo, weil nichts zu essen für sie da
ist. Die Feinde werden anderswo getötet, weil es immer irgendwo nötig scheint,
Menschen zu töten, um endlich eine gerechte Welt zu bauen.«

Erika Mitterer hat ein sehr langes Leben gehabt, sie wurde 95 und hat Gedichte
geschrieben bis fast zuletzt.

> »Ich kenne die Namen nicht mehr.
> Die Minister verwechsle ich meistens
> Die Namen der Hausgenossen memoriere ich
> anhand der Türschilder.
> Ich habe zu lange gelebt.«

Gar nicht wahr. Von ihren ersten Gedichten, 18-jährig, gerichtet an Rilke, der
auch sehr angetan zurückdichtete – zieht sich eine Lebensspur von wunderbarer
Eigenständigkeit. Es blieb dabei, was sie in ihrem ersten Gedicht an Rilke schrieb
(1924), als sie noch sehr im Rilketon gefangen war, aber auch schon in der
Wahrheit:

> »Haben wir Maße für unsere Freude?
> Alles was froh ist, ist ganz. Doch es wird,
> wie ein in sich schon bewegtes Getreide,
> weht es im Winde, herrlich beirrt.«

Erika Mitterer kommt in der mickrigen zeitgenössischen Literatur-, Kultur- und
sonst wie beschäftigten Szenerie gar nicht vor. Der Grund ist: diese Szene hat
Angst vor wahrer Größe.

FELIX MITTERER

Wilde Frau, arme Männer

Felix Mitterer, geboren 1948 in Tirol, ist fromm, aber nicht so, wie's für einen Tiroler gehört. Er ist gewissermaßen allzu fromm. Sein Herz ist von einer Weiche und Weite, die über alle Tradition hinausreicht. So dass Ärgernis entsteht, Skandal bei guten Christen.

»Kat'holon« im griechischen Wortsinn heißt: »das Ganze umfassend«, »alles einbegreifend«. In diesem Wortsinn ist Mitterer katholisch.

Mitterer hält zu den geringen und geringsten Menschenschwestern und Menschenbrüdern. Oft klingt er gar nicht fromm, eher wie ein Provokateur und Gotteslästerer. Er ist einer von jenen Dichtern, bei denen man genau aufpassen muss und findet dann bei ihnen einen Glauben, der vom Üblichen abweicht und in die Tiefe geht.

Mitterer ist kein »religiöser Autor«, der sich im entsprechenden Kapitel einer herkömmlichen Literaturgeschichte bequem unterbringen lässt. Aber er ist ein eindrucksvoller Beweis für die Fortdauer von Frömmigkeit in der modernen Literatur.

Mitterer liebt die Berge und ihre Bewohner. Auf dieser schönen Grundlage ist er aufmüpfig, sozialkritisch und nicht zähmbar.

Mitterer hat auch einen starken Hang zum Fernseh-Populismus. Seine »Piefke-Saga« (1989–1992) bedient prächtig die harmlosen »antideutschen« Gefühle der Österreicher, aber auch die hochbrisanten Widerstände gegen Zerstörung der Heimat durch Massentourismus.

Mitterer ist in einer Person Heimatdichter und Antiheimatdichter. Seine sozialkritische Schärfe kommt seiner Heimatliebe in die Quere – und seine Heimatliebe stört seine Sozialkritik. Ein richtiger Dichter steckt voll nützlicher Widersprüche.

Johann Hauser,
Frau, Bleistift und
Wachsmalkreiden,
1969

Man kann Mitterer als Beispiel dafür nehmen, dass Ideologie und Literatur sich vorn und hinten nicht vertragen. Die Ideologie, die vorn hineingesteckt wird in die Literatur, wird hinten von ihr selber wieder ausgeschieden. Da muss man sich gar keine Sorgen machen. Der Dichter siegt.

Mitterers beste Stücke sind für mich seine frühen: »Stigma« (1982), »Die wilde Frau« (1986) und »Kein schöner Land« (1987). Sozialkritik mischt er mit Mythos auf unheimliche Weise, korrekten Antifaschismus auf ironische Weise mit realer Erzählung, wie's wirklich war.

»Stigma«: Die Magd Moid ist fromm, so fromm, dass eines Tages die Wundmale Christi auf ihrem Leib erscheinen. Es geht natürlich schlecht aus. Die Tiroler Verhältnisse gestatten keine andere Lösung, als dass sie zugrunde geht. Für konservativ-katholische Gemüter ist das Stück unerträglich, für fortschrittliche Gemüter aber gleichfalls. Sozialkritik und Wundmale Christi gehören doch nicht zusammen. So wuchs aus doppelter Ablehnung der erste Riesenerfolg Mitterers.

»Die wilde Frau«: An der Oberfläche ist es Kritik an Tiroler Zuständen, wahnwitzig übertriebene: Eine Frau wird in einer Holzknechthütte festgehalten, mit einer Kette an die Wand gefesselt, jede Nacht von einem anderen Holzfäller vergewaltigt. In der Tiefe ist sie die Siegerin. Sie ist ein Natur- und Berggeist, singend kommt sie aus Nebel und Schneetreiben, singend geht sie wieder fort, nachdem alle Männer sich gegenseitig getötet haben.

Die Bergfrau ist hohes Objekt ungestillter Sehnsucht der Männer, und sie befriedigt diese Sehnsucht. Die Mannstiere vergewaltigen sie, aber es ist ein jedesmaliger Schrei nach Liebe.

Mitterer hat hinter den Text seines Stückes eine Reihe von Alpensagen gestellt, von den »Saligen«, den Wilden Frauen, die im Gebirge umgehen. Sie bringen den Männern Liebe und verderben.

Wiederum produzierte Mitterer, treffsicher und boshaft, einen großen Skandal und einen noch größeren Erfolg. So darf man doch in modernen Zeiten keine Stücke schreiben! Was will er denn? Was ist er denn? Ein Dichter, und die scheren sich um nichts. Sie dichten.

»Kein schöner Land«: Die Geschichte des Viehhändlers Stefan Adler, wohlhabend, angesehen, anständig. Mitglied der NSDAP. Zwei Söhne bei der SS und SA. Da stellt sich heraus (über den »Ariernachweis«) – er ist Volljude. Wie's weitergeht, kann man sich vorstellen.

Vater Adler kommt ins KZ, Sohn Adler ist dort Wärter. Er erschießt den Vater und gleich anschließend sich selbst. Im Dorf bleibt unbeschädigt nur der Bürgermeister. Er hält erst zum christlichen Ständestaat, dann zu den Nazis, dann zur Demokratie, an deren Aufbau er schamlos mitwirkt.

Mitterers Schauplätze sind in Tirol. Sein Mitleid mit den Mühseligen hat regionale Färbung, einschließlich Mundart. Seine Aufführungsstätten reichen von den Telfer Volksschauspielen bis zum Burgtheater.

Ein glorioser Abstecher war die Uraufführung des Bergsteigerstückes »Munde« auf der Hohen Munde, 2265 Meter. Schauspieler und Publikum stiegen 3 ½ Stunden auf und biwakierten anschließend.

Mitterer hat die Theaterpranke. Mit der schlägt er zu.

ROBERT MUSIL

Verstreute Asche im Wald

Robert Musil wurde in Klagenfurt geboren (1880) und ist der unsterbliche Gegenbeweis, zusammen mit Ingeborg Bachmann und noch einigen – gegen die blödsinnige These der arroganten Wiener Literaten, dass es in Kärnten kein Kulturleben gibt, nie gegeben habe und auch nie geben werde. Ganz zu schweigen von den wunderbaren Malern, von Werner Berg auf- und abwärts, die diese schäbige Wiener Theorie auf das farbigste widerlegen.

»Wer ist ein Intellektueller?«, war eine Scherzfrage zu Lebzeiten des großen Bruno Kreisky. Antwort: »Ein Intellektueller ist, wer Musils Roman ›Der Mann ohne Eigenschaften‹ schon kannte, ehe Kreisky ihn in jeder seiner Reden erwähnte.«

Robert Musil, das schöne Zeugnis für den guten literarischen Geschmack Kreiskys, starb vergessen und fast verhungert im Genfer Exil. Es gibt kein Grab. Er wurde verbrannt, die Asche verstreute seine Frau in einem Wald in der Nähe von Genf.

Aus der verstreuten Asche im Wald erhob sich Musil nach der bekannten Art des Vogels Phönix, zu dauerndem Weltruhm.

Woher Geld nehmen? Das ist des größten österreichischen Romanautors fast ausschließliche Lebensfrage in seinen letzten Jahren (geb. 1880, gest. 1942). Im Genfer Exil (er verließ Deutschland 1933, Österreich 1938, ohne äußeren Zwang) lebt er völlig mittellos, knapp am buchstäblichen Hungertod. Seine Bücher sind in NS-Großdeutschland verboten. Schon seit den dreißiger Jahren ist er ein Hungerleider, den Freunde und Förderer mühselig am Leben erhalten. Als er stirbt, liegt ein Kapitel seines Romans »Der Mann ohne Eigenschaften« auf seinem Schreibtisch, der ein ganz gewöhnlicher Tisch ist, in einer armseligen Wohnung.

*Georg Philipp
Wörlen,
Wald, Öl auf
Leinwand, 1922*

Sein Jahrhundertroman »Der Mann ohne Eigenschaften« (erster Band 1931) ist zunächst ein großer Erfolg, doch dann kommt das Verbot durch die Nazis, das Sinken in Vergessenheit in der freiwilligen Emigration. Erst in den fünfziger Jahren wird Musil wieder entdeckt, durch Adolf Frisé, der den unvollendeten zweiten Band des Romans aus dem Nachlass herausgibt.

Dann aber, nach einer Nau-Ausgabe, Ende der siebziger Jahre, gleichfalls durch Frisé, ist »unseres« Musils zum Weltruhm da. Der fast zu Lebzeiten verhungerte, an Nichtbeachtung Gestorbene wird nun ein Zentralgestirn der europäischen Literatur. Er wird neben oder über Marcel Proust, Kafka, Thomas Mann gestellt.

Musil, als er starb, war erst 62, ein Mann in Vollkraft, aber in tiefster Schwermut, sein Hauptwerk ein Trümmerhaufen, ein grandioser. Er plante noch vieles. Am letzten Weihnachtsabend seines Lebens schrieb er an den Schweizer Pfarrer Lejeune, der ihn materiell am knappen Leben hielt:

»Allmählich mache ich mir Notizen zu etwas, was ich eine Laien-Theologie nennen möchte, wenn es fertig werden sollte.«

Es sollte nicht. Am 15. April 1942 badete er gegen Mittag, rutschte im Badezimmer aus. Seine Frau fand ihn, erzählt sie, »leblos. Es war unmöglich zu fassen, dass er tot sei, so lebendig und etwas spöttisch-erstaunt sah er aus.« So zeigt ihn auch die Totenmaske.

Und dieser Spöttisch-Erstaunte – so war er sein Leben lang – sollte ein Theologie schreiben wollen? Aber die war schon da, in seinem unvollendeten Hauptwerk, äußerlich ein Gebilde von kühler Meisterhand, tief innen unten glühend zwischen den Zeilen.

»Denn die Weltgeschichte ist mindestens zur Hälfte eine Liebesgeschichte.« Das ist das Motto, das Musil über den (unvollendeten) 2. Teil seines Romans setzt. Wie so oft bei den Großen der klassischen Moderne Österreichs ist es ein romantisch-konservatives Motto. Im schönsten Gedicht des deutschen Jungromantikers Novalis (gest. 1801) heißt es, ganz Musil entsprechend:

»Wenn die so singen und küssen,
Mehr als die Tiefgelehrten wissen ...
Und man in Märchen und Geschichten
erkennt die wahren Weltgeschichten,
Dann fliegt von Einem geheimen Wort
Das ganze verkehrte Wesen fort.«

Was ist dieses Eine geheime Wort. Musil, der kühle, sagt es: Liebe, Liebesgeschichte. Nur die andere Hälfte der Weltgeschichte ist Weltgeschichte, wie wir Normalmenschen sie verstehen.

Das ist der geheimste Zauber des Musil'schen Großromans: Dass der Dichter auf zweitausend Seiten eine ganze Epoche der Weltgeschichte, den Untergang des alten Österreich beschreibt, und das ist doch nur ein Hintergrund – von großartiger Eindringlichkeit! – für eine noch viel großartigere Liebesgeschichte: zwischen dem »Mann ohne Eigenschaften«, Ulrich (denn im Untergang des Reiches hat man keine Eigenschaften mehr, wozu auch!) – und seiner Schwester Agathe.

Ist es geistige Liebe, ist es Blutschande, ist es beides in Abwechslung? Es bleibt offen. Es ist Liebe, groß und rein.

Im Roman kommt die berühmte »Parallelaktion« vor, mit der altösterreichische Fossile das Reich retten wollen. Das scheitert natürlich, das wäre ja un-österreichisch, die wirkliche Rettung. Die wahre Parallelaktion ist die die Weltgeschichte begleitende Liebesgeschichte.

In einer Einleitung zu seinem Roman, die er schon 1920 plante, dann aber wegließ, steht: »Ich widme diesen Roman der deutschen Jugend, nicht der von heute, sondern der, welche in einiger Zeit wird anfangen müssen ...« – Wann denn? Und womit denn? Was meinte Musil. Ich behaupte, er meine: Über die Liebe hinaus gibt es keinen Fortschritt, nicht im Menschen, nicht in der Menschengeschichte.

FRANZ NABL

Lebendig begraben

Franz Nabl ist eine Stifter-Natur. So still im Lande wir Adalbert Stifter, ein großer Erzähler, nie auf der Jagd nach billiger Spannung, und immer kommt dann der Sprung ins Geheimnisvolle, Unheimliche. Aus dem breiten Fluss der Erzählung ragen unglaublich die steilen Felsen des Schrecklichen. Nur: im Unterschied zu Stifters fest begründetem Ruhm ist die Neuentdeckung Nabls noch ausständig. Dabei steht er hoch über so vielen heute Gefeierten.

»Das Grab des Lebendigen« – so lässt sich die Situation Nabls in der Literaturgeschichte benennen. Es ist der Titel des wichtigsten Romans, den er schrieb. Es ist ein mehrdeutiger Titel. Samt dem Untertitel »Studie aus dem kleinbürgerlichen Leben« benennt er Nabls produktives Leiden und Wachsen an der Spannung zwischen seiner Vorliebe fürs Stille, Unauffällige und somit »Kleinbürgerliche« – und seinen Durchblick, was unter der täuschenden Oberfläche eines solchen Lebens für Leidenschaften begraben sind. Begraben sind und doch wieder aufsteigen in Explosionen des Gefühls, der Perversion, der Kriminalität.

»Die Ortliebschen Frauen« – so wurde der Roman, 1917 entstanden, 1936 umbenannt, weil für die NS-Literaturinstanzen der Titel zu negativ war – diese Frauen bilden einen Schutzwall, die Mutter und zwei Schwestern, um den Sohn Walter, musisch begabt, verkrüppelter Fuß, von rätselhafter Anziehungskraft auf Frauen. »Walter wird sich nie ändern«, ist das Urteil der starken Schwester Josefine.

Sie liebt ihn irr, will ihn um keinen Preis hergeben an die Außenwelt, sperrt ihn schließlich im Keller ein, unter Mitwissen und Mitwirken der schwachen Mutter und der zweiten Schwester, Anna.

Maria Egner,
Dorflandschaft mit
Ententeich, Öl auf
Leinwand, o. J.

Natürlich fliegt das auf, der dörflich-kleinstädtische Tratsch weiß es bald, Polizei
bricht die verschlossene Türe, Walter wird befreit, Josefine erhängt sich auf dem
Dachboden, Mutter Herzschlag.

Jetzt aber, nach Zutagekommen der kleinbürgerlichen Furchtbarkeit, kommt das
furchtbare Happy End. Walter, der Musensohn, und seine schwache Schwester
Anne finden zusammen, »... und es gelingt ihnen, sich ein anspruchsloses, eigenes
Leben zu schaffen und unangefochten zu behaupten. Ende«. Seite 590.

Die Gefangenschaft des Helden Walter wird unheldisch beendet durch Fortsetzung der Gefangenschaft in der Kleinbürgerei. Nabl ist ein Doppelter. Er will heraus aus Ruhe, Ordnung, Idylle. Er schätzt eben diese und kehrt zurück zu ihnen.
Ich meine das nicht billig fortschrittlich-kritisch. Genau dieses Doppelte – heraus
aus der Ordnung, zurück in die Ordnung – macht die Faszination dieses großen
Erzählers.

Walter, der im Keller Gefangene, ist Nabl selber. Er will ausbrechen, aber seine
größeren Anwandlungen – verurteilt er selbst. Noch bevor Walter befreit wird aus
dem Keller, fühlt er sich dort auch schon wohl. Er spielt auf seiner Laute dort
unten, und dort klingt sie schöner als oben. Nabl, der andere Walter, getraut sich
zu schreiben:

»... da geschah etwas sehr Seltsames; hier an diesem furchtbaren Ort, in dieser
furchtbaren Stunde, gerade hier, wo die letzten, beinahe schon erloschenen Reste
seines eigenen Willens, seiner eigenen Sehnsucht erstickt werden sollten, hier fand
Walter Ortlieb sein lange entbehrtes Glück wieder.«

Nabl ist eine Art steirischer Kafka. Die existenzielle Not, aus der wir nicht herausfinden – bei Kafka ist sie ausweglos, bei Nabl mündet sie ins kleine Glück. Das Gespenstische an Nabls Texten hat seltsamerweise gerade die steirische Avantgarde höchlich interessiert, Alois Herguth, Alfred Kolleritsch, Wolfgang Bauer, Gerhard Roth, auch Peter Handke, der einen eigenen Essay über Nabl schrieb. Er, sicher ein Gegenteil von Nabl, nennt »die meisten seiner Bücher so großartig wie krämerhaft, so undefinierbar poetisch wie definierbar beschränkt«.

Die fortdauernde Bewunderung der Kenner Nabls war nach 1945 der Belastung ausgesetzt, dass Nabl ein Großdeutscher war und sich von den Nazis hofieren ließ. Sie hatten ja, nach dem von ihnen verschuldeten gewaltigen Aderlass der Literaten, die sie in die Emigration trieben, einen Mangel an großen Figuren. Nabl weigerte sich aber, in die Partei einzutreten. Er war ein echt Konservativer, sein Beharren war mit der NS-Pseudo-Revolution unvereinbar. Handke bescheinigt: »Franz Nabl ist mit den Nationalsozialisten nie recht eins gewesen.« Als ob Nabl einen Persilschein benötigte. Aber es mag nützlich sein für seine wünschenswerte Wiederkehr ins österreichische Pantheon.

Vom Zauber der Pilze
Scheu, als zöge er aus zu verbotener Tat, entschleicht der Pilzsammler seiner Wohnstatt, misstrauisch späht er, ob nicht ein Zweiter seinen heimlichen Weg belauert. Leise bewegt er sich durch den Wald. Nähert er sich der erhofften oder bekannten Fundstelle, ist der aufregendste Augenblick gekommen. Mit Mühe unterdrückt er verräterisches Aufjauchzen, wenn die braunen Köpfe ihm Erfüllung verheißen, namenloses Elend aber verdüstert ihn, wenn statt ihrer weiße Schnittflächen ihm entgegengrinsen und anzeigen, dass vor ihm ein anderer da war. Da steigen heißer Rachedurst und schnöde Mordlust in ihm auf und lassen ihn das schon zur Ernte aufgeklappte Messer mit zuckenden Fingern umkrampfen.

Aus: »Das Rasenstück«, 1953, 70-jährig.

JOHANN NEPOMUK NESTROY

Dynamik, in Watte gewickelt

Österreich ist so reich. Es kann sich leisten, seine Großen gar nicht so groß werden zu lassen oder wenigstens sie zu vergessen, gänzlich oder zeitweilig. Johann Nepomuk Nestroy, geboren 1801 aus gutbürgerlichem Haus, das Geburtshaus steht noch, Wien 1, Bräunerstraße 3, gestorben 1862 in Graz, Elisabethstraße 14, als begeistert gefeierter Schauspieler und Komödienschreiber. Bald darauf weg vom Fenster, wenig gespielt, kaum beachtet als Autor, in seiner Größe als Dichter unerkannt.

Es war Karl Kraus, der große Satiriker, der 1912, zum 50. Todestag Nestroys, in einer Rede, abgedruckt in der »Fackel«: »Nestroy und die Nachwelt« – die Wiederauferstehung Nestroys bewirkte. Aus innerer Verwandtschaft stellte er Nestroy neben sich, auf gleiche Höhe als Meister der Sprache und des Spiels mit ihr, als Meister der Satire. Kraus hatte Recht: Satire ist die einzige Sicht auf die Menschen und auf die Welt, die zugleich Halt gibt und Lust liefert.

»Lebenskennerschaft und Ausblick in höhere Welten« biete Nestroy. Seine Komödien seien »Dynamik, in Watte gewickelt«.

Dynamik und Watte: in der Tat, wie kann man bei den Menschen, die so böse sind, so viel Liebenswürdigkeit finden, wie dies Nestroy konnte.

Das Auf und Ab war noch nicht zu Ende: Der Nestroy-Entdecker Kraus geriet seinerseits 1938 in Verfemung und Vergessen. 1945 standen beide zugleich wieder auf. Seither sind sie da, in einiger Stabilität.

Im 19. Jahrhundert waren die maßgeblichen Kritiker und Literaturhistoriker aufs Hohe und Erhabene eingeschossen. Alles unterhalb der Tragödie war verdächtig, auch die Komödie durfte nicht lustig sein. Da war für Nestroy kein Platz außer tief unten

*Johann
Nepomuk Höfel,
Zeitungsverkauf im
Juni 1848, Aquarell*

als Volksschauspieler und Schreiber lokaler Possen, Herunterzieher aller gutbürgerlicher Werte.

Kraus vollzog die Umwertung. Er fand gerade im angeblichen Zynismus Nestroys einen realistischen und humanistischen Kern. Der »zynische« Blick auf die Wahrheit: auf die Unvollkommenheit, ja Bösartigkeit des Menschen – öffnet die Möglichkeit des Mitleids und der Menschenliebe trotz allem.

Hans Weigel, im Gefolge seines Vorbilds Karl Kraus, schrieb 1972 in seinem Büchlein über Nestroy (bei dtv) – es ist immer noch der beste Text über Nestroy, leider vergriffen – die zwei lapidaren Sätze:

»Er nimmt nichts ernst, nur den Witz. Ihm ist nichts heilig, nur die Sprache.«

Auf diese seine Art hatte Kurt Kahl schon zwar (1970) definiert, siehe Nestroy »der Wienerische Shakespeare« (so der Titel der Kahl'schen Nestroy-Biografie, leider gleichfalls vergriffen).

Warum gehe ich so gern in jede Nestroy-Aufführung? – Sogar in pseudo-modern verhunzte gehe ich, weil Witz und Sprache sich irgendwie dennoch durchsetzen, und zum Theatergehen gehört ja auch das Sichärgern.

Nestroy ist immer lustig, aber bloß harmlos lustig. Immer kommt der unheimlich Weltweise zum Vorschein, auch in den frühen Possen (den »Bösen Geist Lumpazivagabundus«, sein erstes Meisterwerk, schreibt er mit 32, den Knieriem spielt er sein Leben lang, weit über 150 Mal).

Nestroy nervt aber auch nie durch schiere, anstrengende Bösartigkeit. Immer überwiegt die Chance zum reinen Genuss: der Witz, das Sprachspiel, die tiefe, tiefe Einsicht in die Menschenseele.

Ich freu mich einfach und es ist mir jedes Mal unbegreiflich: wie kann einer so viel Witz haben und in solche Tiefe tauchen. Ein Mensch, in dessen Biografie so viel Fehlerhaftigkeit steckt. Ein Wiener, der alles abscheulich Wienerische übersteigt und die Hürde nimmt vom Lokaldichter in die Weltliteratur.

Franz Mautner, gründlichster Nestroy-Kenner, von Hitler nach Amerika vertrieben, nennt ihn – schon 1937 – den »größten deutschen Komödiendichter«.

Nestroy schreibt 80 Stücke, alle vermutlich nach fremden Vorlagen, alle völlig »nestroyisiert«. Er schafft weit über 1000 Figuren. Er steht in seiner Hoch-Zeit fast jeden Abend auf der Bühne.

Seine Lebensgefährtin, Maria Weiler – er nennt sie »die Frau« – passt bestens auf ihn auf. Die zwei lieben sich und streiten sich. Sie hält das viele Geld, das er verdient, erfolgreich von ihm fern und zusammen. Er stirbt als sehr vermögender Mann.

Was er braucht für seine ständigen Seitensprünge und für seine Spielleidenschaft, muss er sich mit List zusammenkratzen. Durch Betteln beim Kassier des ihm gehörigen Carl-Theaters, in der Wiener Leopoldstadt, das von Maria Weiler sehr gut verwaltet wird.

Nestroy ist im Privatleben so schüchtern, dass er sich nicht traut »Zahlen!« rufen, wenn er im Kaffeehaus sitzt. Nebensitzende rufen: »Herr Ober, hören Sie nicht, dass der Herr von Nestroy zahlen ruft!«. Auf die Weise kommt er immer fast zu spät ins Theater zu seinem Auftritt.

Auf der Bühne aber und beim Stückeschreiben und in Liebesaffären – ist er von vollkommener Selbstgewissheit.

Ich sollte jetzt ein paar Stücke nennen, die ich am meisten mag. Es geht nicht. Ich mag so viele, fast alle. So helf ich mir durch Flucht dorthin, wo Nestroy nicht in der Fülle seiner Genies ist, sondern nix als lustig: in seine Parodien.

Im »Tannhäuser« (1857) spielt Nestroy den Landgraf Purzel und rezitiert:

> »Im Venusberg vergaß er Ehr und Pflicht
> Und ich der Landgraf komm zu so was nicht.«

Auch in einer so reichen Literatur wie der österreichischen kommt ein Nestroy nur ganz selten. Wer sich seiner nicht erfreut, ist selber Schuld.

> Der Komet
> KNIERIEM
> Und so a Komet, der is sehr gut zu Fuß,
> Weil er dreißigtausend Meil'n in ei'm
> Tag machen muss.
> Aus dieser Geschwindigkeit gibt sich
> ganz klar,
> Dass er Schlag zehne da is – is's etvan
> nicht wahr?

CHOR
'S is richtig, 's ist wahr.
KNIERIEM
Doch tausend Sapperment hinein,
'S muss schon dreiviertl auf zehne sein.
EIN GAST (auf seine Uhr sehend)
'S sein fünf Minuten drüber schon.

CHOR (ängstlich und dumpf)
Bald schlägt die fürchterliche Stund,
Bald sind wir alle auf'n Grund.
(Nach einer Pause angstvoller Erwartung hört man unter der Musik in
abgemessenen Schlägen zehn Uhr schlagen. Mit dem ersten Schlage
machen alle einen ängstlichen Schrei und verstecken sich unter die Tische,
bis auf Knieriem, welcher sitzen bleibt.)
KNIERIEM (steht nach dem letzten Schlage ganz benebelt auf)
O je, i g'spür's, 's is drum und dran,
Die Welt fangt schon zum Wackeln an.
(Er schwankt ein paar Schritte. Als sich nichts ereignet, erklärt er):
Meine Herren, der Komet
Hat sich etwas verspät'.

Aus: Die Familien Zwirn, Knieriem und Leim, 1834

KARL EUGEN NEUMANN

Der Buddha aus Wien

Altmodische Leute sagen von etwas, das in allen Gassen ist: es ist »in«. Leute auf der Höhe der Zeit sagen: es ist ein »Hype«. Hype ist etwas zwischen Mode und Wahnsinn, jedenfalls schrecklich modern. Der Buddha-Hype ist schon im Abflauen. Zu einem Hype gehört, dass er rasch wieder vorbei ist. Am Anfang des Buddha-Hype steht ein Wiener Privat-gelehrter namens Karl Eugen Neumann (1865–1915). Neumann ist der erste deutsche Übersetzer der Reden des Buddha – mehr noch, der erste über-haupt, der mit tief greifender Kenntnis und hoher li-terarischer Qualität wesentliche Teile der Schriften des Buddhismus zur Kenntnis der westlichen Welt brachte. Wie es sich gehört für ein österreichisches Genie, ist er heute vergessen.

Karl Eugen Neumanns Übersetzungen standen in den Bücherschränken der gebildeten Bürger. Von meinem Vater besitze ich die Bände der »Mittleren Sammlung« der Reden des Buddha in den charak-teristisch zartgelben Bänden des Verlages Piper, München 1922.

»In einer solchen Heilsordnung, ihr Mönche, kann die Liebe zum Meister vollkommen sein, kann die Liebe zur Lehre vollkommen sein, kann die Erfül-lung der Regel vollkommen sein, und warum das? Die Sache, ihr Mönche, verhält sich eben so, wie's zu erwarten ist bei einer wohlverkündeten Heilsord-nung, bei einer wohl dargelegten, anziehenden, Ruhe schaffenden Heilsordnung, die ein vollkommen Erwachter dargetan hat«: Mittlere Sammlung, Zwei-ter Teil, Erste Rede: Der Löwenruf.

Und so geht's dahin, über Abertausende Seiten. Ein Lebenswerk. Der Buddha aus Wien. Jeder kann Bud-dha werden, der die Heilsordnung begreift und erfüllt. Karl Egon Neumann wurde Buddhist, mit

*Die drei
Predigtversammlun-
gen des Maitreya
Buddha, ikonogra-
phische Handrolle,
Tusche, Farben,
Gold auf Papier,
1173–1176*

fortdauerndem Respekt für das Christentum (er ist jüdischer Herkunft) und insbesondere für die Mystik des mittelalterlichen Meister Eckhart.

Ich habe den folgenden Versuch gemacht: Einigen, die sagten, ja, der Buddha, der ist das Richtige für mich – las ich einige Seiten aus der Übersetzung Neumanns vor. Sie ist genau (so weit Genauigkeit des Buddha-Übersetzens möglich ist; damals wie heute ist's unmöglich). Was geschah? Die Buddha-Sympathisanten hielten's nicht aus, die endlosen Wiederholungen, das rhythmische Umkreisen der Wahrheit. Aufhören, riefen sie, die Buddha-Sympathisanten.

Begegnung mit der Wahrheit: so hat Buddha wirklich gesprochen, und das macht moderne Buddha-Anhänger nervös. Karl Eugen Neumann, in seiner Wiener Wohnung, 18., Gentzgasse 42, inmitten von 4000 Bänden seiner Wohnung füllenden Bibliothek: Er musste seine Bücher dann verkaufen, er lebte in Armut.

Er übersetzte mit sehr getreuer Kenntnis der Sprache des klassischen Buddha-Kanons: Pali, das mindest 3000 Jahre alt ist und sich in Sri Lanka (Ceylon) bis auf unsere Tage in Resten erhalten hat. Auf seiner Studienreise nach Ceylon konnte sich der Wiener Gelehrte mit buddhistischen Mönchen in fließendem Pali unterhalten. Das ist etwa so, als würde einer Altgriechisch können, ins heutige Griechenland reisen und dort mit den homerischen Helden reden.

Neumann übersetzte mit unendlicher Geduld und feuriger Liebe. Er verwickelte sich mit Fachkollegen in endlose Streitereien, wer besser Pali kann, wer richtig oder falsch übersetzt. Das vorliegende ungeheure Werk Neumanns spricht für sich.

Der Buddha aus Wien ist der Sohn des Theatermannes Angelo Neumann, Tenor und dann Theaterdirektor in Leipzig und Prag. Er unternahm mit seinem »Wandernden Richard-Wagner-Theater« Tourneen durch Deutschland, halb Europa und das alte Österreich.

»Mir ging die Sonne auf«: so schildert der junge Neumann seine Beschäftigung mit dem Philosophen Arthur Schopenhauer und anschließend mit dem Buddhismus. Er studierte in Berlin, Halle und Leipzig: Indologie, Religionswissenschaft, auch Chinesisch. Auf eine Universitätskarriere verzichtete er.

Neumann, einer der gelehrtesten Männer seiner Zeit, hielt die Universität für hinderlich. Er übte akademische Askese. Er war verheiratet, glücklich, aber seine tiefste Leidenschaft war der Buddhismus. Mittlere Sammlung, vierter Teil, zehnte Rede:

»Wie aber, ihr Mönche, wandelt der Mönch den geraden Weg des Asketentums? Ein Mönch, der gierig die Gier verleugnet, gehässig den Hass verleugnet, zornig den Zorn verleugnet, feindselig die Feindschaft verleugnet, neidisch den Neid verleugnet, eifernd die Eifersucht verleugnet, heuchlerisch die Heuchelei verleugnet, selbstsüchtig die Selbstsucht verleugnet, listig die List verleugnet ...«

Usw. Usw. »Ein solcher Mönch merkt, dass er von allen diesen bösen Dingen befreit ist. Dieses Merken gibt ihm Wonne. Diese Wonne beseligt ihn. Des Beseligten Körper wird still. Der Körpergestillte fühlt Heiterkeit. Des Heiteren Herz wird einig mit sich selbst.«

Neumann wurde nur fünfzig. Sein Grab auf dem Wiener Zentralfriedhof, das, gänzlich ungepflegt, schon »anheim gefallen« war, d. h. von der Friedhofsverwaltung neu vergeben werden konnte, wurde von der buddhistischen Gesellschaft Wien gerade noch rechtzeitig wieder entdeckt und erhalten.

Dichter Buddha

Buddha, von einem bloßen Gelehrten übersetzt, wäre unkenntlich geblieben, weil dieser Denker in einem Dichter wurzelte. Kenner des Urtexts beteuern, in Neumanns Übersetzung sei nicht bloß das Wort Buddhas, sondern auch der Klang, ja er selbst in Person. Man ist das System, den Buddhismus los und erhält einen Dichter dafür.

Naumanns Übersetzung kann auf hundert Jahre hinaus ein geistiges Erlebnis werden, viel tiefer noch als die Schlegel-Tieck-Übersetzung Shakespeares.

Hermann Bahr, Bilderbuch, Oktober 1919

ENGELBERT OBERNOSTERER

Aus Ober-, Unter-, Über-, Nieder-Dorf

Der Gebrüder Grimm »Deutsches Wörterbuch« ist immer eine Fundgrube und eine Lust. »Dorf« wird dort definiert als »ursprünglich wol so viel als zusammenkunft geringer leut auf freiem Feld, dann aber eine niederlassung derselben an einem solchen ort, um ackerbau zu treiben«.

Die Gebrüder vermerken noch, dass im alten Deutschen »Dorf« auch »Hintern« bedeutet. Hier haben wir aus bester Quelle: das Dorf ist der A.... der Welt.

Damit haben die Brüder Grimm ganz exakt beschrieben, was die Themenbreite des Dörflers Engelbert Obernosterer ausmacht. Er stammt aus dem kleinen Dorf Frohn, nahe dem wenig größeren Dorf St. Lorenzen, im dörflichen Lesachtal, Kärnten, fast schon Osttirol. Fast jeder oder doch jeder Zweite oder Fünfte heißt im Lesachtal »Obernosterer«, ohne dass er wüsste, was das heißt.

Geboren 1936 als siebentes Kind einer Bergbauernfamilie. Hauptschullehrer in Hermagor, gleichfalls in Oberkärnten, schon bald in Pension.

»Meine Nachbarin Hilde hat heute den Stallrock des Mannes und ihre ältesten Hosen übergezogen und macht sich am großen Haufen des vom Manne gespaltenen Holzes zu schaffen. Mit Maurerhandschuhen fasst sie die schweren, splittrigen Scheiter an, legt sie in die Scheibtruhe und stemmt hierauf ihr bisschen Gewicht hinter die Last.

Soeben will sie wieder mit einer Ladung den Anstieg hinauf, aber die Schuhe rutschen bei jedem Tritt nach hinten weg. Sie muss die Truhe hinstellen, im Blick eine Verzweiflung, als ob sie die stumpfsinnige Plackereien rund um Haus und Stall endgültig satt habe und daran dächte, mit ihrem Leben etwas Besseres anzufangen.

Otto Rudolf Schatz, Miniatur, Kasein-farbe auf Holz, 1943/44

Eine Weile steht sie recht verzagt und niedergeschlagen neben dem Holzhaufen. Plötzlich vernimmt sie eine Stimme:

›Lass dich nicht beirren, Mathilde, du bist auf dem richtigen Weg!‹

Da presst sie die Lippen schmal, greift nach den Schiebestangen, kantet die Sohlen halb seitlich in den glitschigen Anstieg und stellt die Truhe erst wieder hin, als sie auf der Abflachung vor der Scheiterläge angelangt ist.«

Der Dörfler Obernosterer schreibt keine Heimatromane. Dazu ist er zu wenig romantisch, zu scherzhaft und zugespitzt auf Notizen jenseits des Dörflichen. Aber erst recht schreibt er keine Antiheimatromane. Es fehlt ihm der Hass aufs Heimat-dorf, an dem die Verfasser solcher Werke laborieren. Obernosterer laboriert an keinem Hass, er laboriert an einer Liebe zum Dorf. Er wird damit fertig, indem er die Gelassenheit des Hauptschullehrers erfolgreich hineinmischt in seine Texte und Sprachspiele.

»Gehst Mist holen? Grüßt die junge Frau, die erst im Vorjahr über den Berg herübergeheiratet hat, über den Zaun her und erweist sich dadurch als bereits vorbildlich eingefügt in die ringsum vor sich gehenden Arbeiten. Ich habe natür-lich auch was gesagt, was nicht unpassend war, denn wir hatten beide erdige Hände und schmutziges Schuhzeug. Unter diesen Umständen kann eine Scheib-truhe eben nur Mistholen bedeuten und ein ordentlicher Mann einen Garten-helfer, der seine Rohkraft zur Verfügung stellt.

Der Ihre zerrt gerade etwas aus dem Schuppen. Man sieht heute nicht, dass er eine Stirnglatze hat. Solche Nebensächlichkeiten gehen alle darin unter, dass laut Wettervorhersage heute einer der letzten schönen Tage vor dem Einsetzen des Regens sein dürfte.

Jetzt hat seine Frau die zwei Schwarzen auf den Stufen vor dem Haustor gesehen. Die Sonne genießend, lachen sie zu Schorsch und Hilde hinüber. Teilnehmen dürfen sie am hoffnungsvollen Geschehen noch nicht – vielleicht in späteren Jahren, wenn sie sich als wirklich harmlos erwiesen haben.«

Es passiert mir selten, dass ich in Gefahr komme, zu viel von einem Autor zu zitieren und vielleicht zu wenig selber zu sagen, weil dann der Platz schon fehlt. Na schön, bei Obernosterer ist es mir passiert. Aber doch nur, weil er gänzlich für sich selber dastehen kann. Die Leser merken: da bedarf es keiner Erläuterungen und Ausdeutungen.

Freilich ist es bei Geschichten aus dem Dorf so, dass der Spannungsbogen immer wieder durchhängt. Das hat mit dem Wesen des Dorfes zu tun, mit dem Reiz seiner Langeweile, die dem Städter wohl tut, wenn er ein genügend romantisches Gemüt hat.

Inmitten dörflicher Ereignislosigkeit sind dann die Aphorismen – Gedankensplitter, die Obernosterer aus ländlichen Bauernstämmen schlägt – desto gelungener. Er schlägt nicht übertrieben häufig zu, dann aber sauber und unaufgeregt. »Aus mehreren offenen Fenstern höre ist das Vormittagsprogramm von Ö Regional, den Herzschrittmacher der bügelnden Frauen.«

Kühe

Es ist noch früh. Unten strecken die ersten Kühe, Finsternis von Stall und Winter noch im Gehörn, die Köpfe aus dem Hoftor. Misstrauisch setzt eine nach der anderen ihre Klauen ins Freie.

Nun steht die letzte in der Türöffnung, störrisch. Ihr Rumpf dampft. Da erfasst sie jählings etwas, was keineswegs mit ihrer Würde vereinbar ist: ein Kälberübermut, ein Ausbruch aus dem soliden Kuhstil, eine Obszönität, die die massegewordenen Relikte des Winters, eine gute halbe Tonne Abgestandenheit, lächerlich macht. Der Schweif stellt sich, weil er, abwärts gewachsen, doch nicht in die Gegenrichtung gestellt werden kann, seitlich halbhoch, die Nüstern nehmen raubtierhaft Luft aus der Bodennähe auf, und ab geht's – Gott befohlen –, hinein ins junge Gras.

Es scheint etwas Heilsames darin zu liegen, wie der Gast im Trainingsanzug die Kühe des Quartiergebers aus dem Stall heraus und den Weg hinunter gegen das Feld treibt. Mit dem mistigen Stallstecken klopft er öfters auf die Flanken der nicht aus der Ruhe zu bringenden Tiere. Er klopft auch mit einer Intensität, dass er ihnen nicht wehtut und für sich doch den Genuss abschöpfen kann, eine ländliche Tätigkeit auszuführen.

ANDREAS OKOPENKO

»Deine Eigenheit besteht ...«

Muss eigentlich ein Dichter, damit er modern ist, ständig wirbeln, ständig in den Medien sein? Er muss nicht. Der Dichter muss gar nichts und darf alles. Er wartet dann halt länger auf Anerkennung oder wartet gar nicht, sondern lebt und schreibt. Fast 70 wurde der Wiener Andreas Okopenko, bis er jetzt den Österreichischen Staatspreis für Literatur umgehängt bekam. Gefreut hat's ihn dennoch.

Der Preis für sein, so nennt er's, »leises Leben« zahlt Okopenko mit lockerer Hand. »Man könnte auch sagen«, erklärte er dem »Standard«, »ich erkläre mein Leben zu einem Kunstwerk, aber das habe ich nie getan.«

> »Juliabend.
> Es riecht nach Fröschen.
> Leuchtend schnappt ein Feuerzeug.
> Lang ist der Sommer.«

»Mikromodell Welt« nennt Okopenko sein Werk, Gedichte wie Romane. »In dieser Sicht des Kleinen wird alles erträglich ... Es geht um das Einmalige, eingebaut in das Weltganze. Das kann ein Gefühl äußerster Ergriffenheit auslösen.«

Ein unmoderner Moderner. Während Okopenko in Stille das Leben »protokollierte«, bescheiden nennt er es so, »machte die Wiener Gruppe den Wirbel der Zeit«. 1952 gründet sich die »Wiener Gruppe«: H. C. Artmann, Gerhard Rühm, Friedrich Achleitner, Konrad Bayer, Oswald Wiener – und katapultiert sich in den Wiener Weltruhm, wächst dann wirklich in die europäische Literaturgeschichte.

Okopenko kennt und schätzt sie alle, und sie kennen und schätzen ihn. Okopenko ist kein Typ für literarische Feindschaften. Aber er ist eben ganz anders. Die »Wiener Gruppe« knüpfte an den wilden Expressionismus der zwanziger Jahre.

*Ludwig Heinrich
Jungnickel,
Überschwemmung I,
Deckfarben und
schwarze Kreide,
1913*

Die »Wiener Gruppe« spielte das Spiel mit der Sprache; sie zerbrechen, sie wieder zusammensetzen zu etwas wirklich oder angeblich ganz Neuem. Okopenko lässt die Sprache beisammen, um stattdessen dem Leben selbst sich hinzugeben, das bringt gleichfalls neue Töne.

»Hagenbrunner Straße.
Heut ist Freitag
Ein andermal ist wieder Donnerstag
freu dich darum
und frag nicht, worin deine Eigenheit
besteht.
Sie besteht.«

Okopenko, aus Kaschau (Kosice) in der Slowakei gebürtig, kam als Kind mit seiner Familie nach Wien. Und blieb hier, mit seinem Leben und Werk in der Stille. Zu fragen bleibt: Wo liegt die Zukunft der Dichtung?

Das Wilde, Wüste, alle Grenzen Zerbrechende − das ist ausgereizt, das ist schon fad. Gibt es die Rückkehr nach vorwärts? Okopenko beruft sich zu Recht auf die Urväter der Moderne Proust, Pound, Joyce. Ulrich Janetzki, sein kenntnisreicher Biograf, spürt die Verwandtschaft mit Novalis, dem tiefsten deutschen Romantiker.

Oder mit Adalbert Stifter, den genauen österreichischen Protokollführer von Außen- und Innenwelt und Komplizenschaft. »Stifter«, gesteht Okopenko, »las ich immer wieder, es ist dabei selten ohne feuchte Augen abgegangen.«

Oh Gott, ein Dichter mit feuchten Augen, unter der ganzen Schar von coolen Modernisten …

Hellblaues Schwesterchen
Ich war für heute Abend mit Marjorie verabredet. Ich treffe sie nachmittag im Autobus, sie sagt: Sei mir nicht bös, es haben sich Ereignisse zugetragen, ich muss noch über alles klar werden, wir müssen es verschieben. Darf ich fragen, stotterte ich, was für … Das kann ich dir jetzt nicht sagen, Mike, und sie sah mich mit einem sehr abgequälten Blick an; es geht alles drunter und drüber, es kommt auch meine Tant vom Land und … Ich bin ein Mensch, klagte ich, der über die Welt geht und nirgends eine Spur hinterlässt. Hast du eine Ahnung, sagte Marjorie. Sie lächelte sehr gut und sprang von mir fort, auf die Straße.

Verschieben hat sie gesagt, es haben sich Ereignisse zugetragen, es kommt auch meine Tante vom Land … Aber ich kann warten … o ja, man würde sich jetzt schon an ihren Körper herantrauen, gerade das würde ich jetzt gern tun, und dann das Aufwachen neben ihr am Morgen, neben dem neugewonnenen hellblauen Schwesterchen.

Aus dem FORVM, April/Mai 1966

LEO PERUTZ

Auf dem Siegelring: »Gegen den Strom«

Ich bin ich. Aber so eindeutig ist das gar nicht. Überraschenderweise finde ich heraus, im Laufe meines Lebens, wer und was ich sonst noch alles bin. Außer meinem Ich bin ich noch ein zweites Ich, vielleicht ein drittes. Indem ich mich entwickle und verändere, in hoffentlich langen Jahren, werde ich mir selber zum Kriminalroman. Wer bin ich? Wer ist dieser Ich-Denker, wer ist dieser Ich-Täter?

Kriminalromane dieser Art hat Leo Perutz geschrieben, Kriminalromane, die zugleich Literatur hoher und höchster Art sind. Ungeheuer spannend und reich gefüllt mit Handlung. Geheimnisvolle Personen, die mit sich selbst nicht identisch sind, die ihre eigenen Doppelgänger sind.

Raffiniert führt uns Perutz Menschen vor, von zweifelhafter Identität. Im Lauf der Erzählung verlieren sie ihre Eigenschaften, werden doppelt und dreifach. Er schürzt den Knoten und löst ihn auf. Und am Schluss, wenn alles gelöst ist, stellt er seine eigene Erzählung in Frage. War alles so, wie er's uns schilderte? Oder war es ganz anders? Hat der Autor uns angeschwindelt?

Nach der Lösung löst er die Lösung wieder auf. Nach der Behebung der Zweifel stürzt er uns in neue – und belässt uns drin. So unternimmt Perutz den Sprung aus dem guten, sehr guten Kriminalroman in die noch bessere Literatur. Wir werden ins Geheimnis geführt, wir denken und dichten weiter, nachdem wir fertig sind mit dem Buch, die ganze Nacht durchgelesen haben und am Schluss sind, der kein Ende ist.

Das Jetzt und Hier unserer Zeit spielt bei Perutz immer mit hinein, aber ein zusätzlicher starker Reiz ist »der wilde Garten der vergangenen Zeit«, so nennt er seine Vorliebe für die historische Einbeziehung seiner Geschichten.

Ernst Fuchs,
Der Sieger,
Eitempera auf
Karton, 1953/54

Der Wildgraf zu Grumbach und am Rhein ergreift Partei (in Perutz' Roman-
erstling »Die dritte Kugel«, 1915) als Europäer und Christ für die Azteken und
gegen die spanischen Eroberer Mexikos. Aber seine »dritte Kugel« verfehlt den
spanischen Kommandanten Fernando Cortez. Andernfalls hätte die Weltgeschichte einen anderen Verlauf genommen. Aber. »was geschehen soll,
geschieht«.
Alfred Polgar, der große österreichische Theater- und Literaturkritiker, über
Perutz: Er hat nicht nur eine »mit aller Technik und Schlauheit ausgespickte
Erzählerbegabung« – sondern eine »überlogische Folgerichtigkeit, deren Kette
letzten Endes durch Gottes Finger läuft.«

So schreibt Perutz immer beides: Unterhaltung und große Literatur. Ach, genau das ist die Verknüpfung, die in der heutigen Literatur so selten ist.

Perutz' letzter Roman, »Der Judas des Leonardo«, hat zum großen Helden den französischen Dichter Francois Villon (gest. vermutlich 1463). Er war Landstreicher, Mitglied einer Diebsbande, Totschläger, zum Galgen verurteilt, begnadigt. Dann verschwand er. Perutz lässt ihn auftauchen in Mailand, unter anderem Namen, mit völligem Gedächtnisverlust. Villons Balladen dichtet Perutz großartig nach.

Leo Perutz (1882–1957) wurde in Prag aus deutsch-jüdischer Familie geboren, lebte hauptsächlich in Wien, als Teil jener der klassischen Moderne, mit der sich Österreich fest in der Weltliteratur verankerte. Vor Hitler rettete er sich nach Israel.

Er war dort vordergründig zufrieden, hintergründig voll Sehnsucht nach Österreich. In Israel hing er literarisch völlig in der Luft, in Österreich und Deutschland – wo er in den zwanziger und dreißiger Jahren seine großen Erfolge hatte – schien er verschollen und vergessen. Jetzt gibt es eine Wiederkunft seines Werkes. Er sei »nicht mehr vorhanden«, schrieb er 1949. »Umso sicherer ist meine Auferstehung in 40 Jahren«. Eine souveräne Prophezeiung; genau um 1989 begann seine Wiederkehr als großer Autor.

Perutz, dessen Helden alle ihre mehrfachen Identitäten haben, war Jude und Österreicher, Österreicher und Teil der deutschen Literatur, Sozialist und Monarchist – wie Joseph Roth (»Radetzkymarsch«), jener andere jüdisch-österreichische Großschriftsteller. »So geht es einem, der allzu viele Vaterländer hat«, schrieb Perutz. Ab 1950 kam er immer nach Österreich, er erwarb die österreichische Staatsbürgerschaft, behielt aber seinen Wohnsitz in Israel.

Auf berührende Weise praktizierte Perutz ein souveränes, sehr persönliches Vergessen der jüdischen Leiden. Die Einteilung seiner Zeitgenossen in Nazis und Antinazis ergänzte er durch die Einteilung in Unanständige und Anständige (wie Viktor Frankl, der hervorragende jüdisch-österreichische Psychiater, dies vorschlug).

»Contra torrentem« – »Gegen den Strom« war die Inschrift auf dem Siegelring, den Leo Perutz trug. Josef Weinheber, Bruno Brehm, Mirko Jelusich – Autoren, die in der NS-Zeit sich unrühmlich befleckten – waren und blieben Freunde des Juden Perutz. Brehm besuchte Perutz in Wien in der Nazizeit; er und Weinheber wollten ihn beschützen, was freilich nicht gelang. Mit Brehm blieb Perutz die ganze Nazizeit in Kontakt; zwischen Wien und Tel Aviv wechselten die Briefe.

Perutz nach Kriegsende: »Ich kann Lumpereien restlos vergessen, nicht aber eine mutige, anständige und freundschaftliche Handlung.« Als Jelusich vor dem Volksgerichtshof stand, 1947, sagte Perutz für ihn aus. »Bis zum letzten Augenblick, und da besonders hat er sich nicht nur gentlemanlike, sondern auch freundschaftlich zu mir verhalten.«

Perutz bekam viele Vorwürfe, aber er blieb bei seinem Siegelring »Gegen den Strom«.

Perutz starb in seinem geliebten Salzkammergut. Er liegt auf dem Friedhof von Ischl. Gemäß seinem letzten Wunsch hielt ihm Brehm die Grabrede.

ALFRED POLGAR

Beschreiber des Unbeschreiblichen

»Ganz und gar im Unbeschreiblichen der Kunst liegt das, was zu beschreiben wäre«, schrieb Alfred Polgar (1873–1955), österreichischer Dichter und bedeutendster kritischer Schriftsteller neben Karl Kraus. Oder über Karl Kraus. Denn dieser war stets kalt und erbarmungslos in seiner Kritik, Polgar meist warmherzig und gnädig.

Sein Leben lang – er wurde 82 – beschrieb er das Unbeschreibliche der Kunst. Wie macht man das? Indem man – vor dem Kunstwerk wie vor dem Künstler, vor dem Theater wie vor den Autoren, Schauspielern und Regisseuren – jede Arroganz ablegt und mit liebevoller Hand das Unbeschreibliche beschreibt. Und siehe, es wird fassbar, es gibt sich hin, es wird beschreiblich.

Außer Liebe braucht man auch noch Witz. Polgar hatte beides. So löste er die unlösbare Aufgabe des Kritikers, außer Kritiker auch Mensch zu sein.

Gefürchtet als Kritikerpapst, war Polgar kein erbarmungsloser, sondern ein allerbarmender Kritiker. Er ließ sich nie herab zur so genannten »vernichtenden Kritik«. Aber gerade deshalb war er gefürchtet. Der Kritisierte kam sich vor als ein Nichts, das in Grund und Boden zu kritisieren sich gar nicht auszahlte für einen so feinen Kritiker.

Des Kritikers Polgar Erbarmen setzte sich erst recht fort in seinen Erzählungen, Geschichten, Anekdoten. Er schloss Menschen wie Tiere ein in seine Liebe zum Dasein, auch Gegenden und Gegenstände, Witterungen und Jahreszeiten.

Und doch war jeder Satz von einer gemeißelten Schärfe und Genauigkeit, und doch verbreitete er gerade deswegen außer Vergnügen auch Erschrecken. Er blickte durch.

Wie unübertrefflich ist der Schlusssatz seiner Ge-

Paul von Rittinger,
Der große Tod und
das kleine Leben,
Aquarell, Feder in
Tusche, Gouache,
1932

schichte über das Dienstmädchen Anna (im überhaupt wundervollen Geschicht-
enband »Standpunkte«, 1953):

»Ach, was wäre die Anna für eine Anna, wenn sie wie die Gnädige eine Anna
hätte!«

Polgar-Pointen sind immer vom Feinsten. Vor lauter Feinheit bemerken sie grobe
Drüberleser gar nicht. Der genaue Leser ist desto begeisterter. Kann man
Heimatliebe feiner und genauer schildern als so:

»In der Fremde sind die Dinge wie vom Himmel gefallen. In der Heimat: wie aus
der Erde heraufgewachsen. Hier bist du mit den hochmütigsten Gegenden auf Du
und Du, und würdest sie ohne weiteres mit dem bloßen Vornamen anreden, wenn
sie einen hätten. Deshalb, wenn deine Seele spricht: Heimat! Fühlt sie allsogleich:
du bist die Ruh!

Und darum ist es ein solches Vergnügen, in der Heimat begraben zu sein.«

Polgar begann sehr links, sozial bewegt, friedensbewegt. Seine Menschenliebe
blieb, seine Kunstliebe wuchs und wuchs. Das dritte Kind des jüdischen Klavier-
schulbesitzers Josef Polak im 2. Wiener Bezirk wurde einer der bedeutendsten
Meister deutscher Sprache.

Polgars Witz erstreckte sich streng objektiv auch auf ihn selbst. Die Kehrseite zu
seinem Schreiben, das voll tiefer, liebevoller Kenntnis der Menschen- und
Tierseele ist — war sein eigenes Lebens, das, im Alltag überhaupt, voll Ungeschick-
lichkeiten und schlechten Gewohnheiten war. Die schönsten diesbezüglichen Pol-
gar-Anekdoten wusste Friedrich Torberg.

Die allerschönste: Polgar muss als Zeuge zu einem Prozess. Mehrere Ladungen bleiben erfolglos. Es ist Polgar unmöglich, um neun Uhr früh im Gericht zu sein. Strafen drohen. Freunde tun sich zusammen, wecken ihn brutal rechtzeitig, putzen ihm die Brille und Zähne, dass er zurecht kommt zur Zeugeneinvernahme. Polgar, von den Freunden auf die Straße geleitet, deutet schlaftrunken auf die vielen Leute dort. Er fragt: »Lauter Zeugen?«

Polgars Theaterkritiken, ehrfurchtsvoll nachgedruckt in mehreren Bänden nach seiner Rückkehr aus der New Yorker Emigration (1940–1949) – erzeugen heute vor allem großes Staunen über die Fülle und Genauigkeit des Geistes, den er in solche Tages- und Zeitungsarbeit investierte. Fast nichts bleibt unter der Schwelle der Vollkommenheit. Fast alles an heutiger Theater-, Film- und sonstiger Kritik ist damit unvergleichbar. Es zahlt sich nicht einmal aus, darüber in Wehklage auszubrechen.

Man würde sich wünschen, dass Polgar weniger Theaterkritiken geschrieben hätte und mehr Geschichten. Sie sind das, was von ihm bleiben könnte. Auch sie sind nach seiner Rückkehr aus Amerika nachgedruckt worden. Aus ihnen kann man lernen, was Literatur ist: »Die Reize und Vorzüge seiner Prosa sind in der Regel unauffällig und still ... Im Grunde müsste man wie Polgar schreiben können, um zu zeigen, wie er schreiben konnte.«

»Unauffällig und still«, so nennt es Marcel Reich-Ranicki, der selber so Auffällige und Laute, in seinem schönen Vorwort zu den von ihm und Ulrich Weinzierl gesammelten »Kleinen Schriften« Polgars (sechs Bände, 1982–1984).

»Unauffällig und still« – das sind wahrhaft Tugenden, die heutiger Literatur peinlich abgehen.

REINHARD PRIESSNITZ

Abnormale Berühmtheit

Es gibt Berühmtheiten, und das sind sogar die normalen Berühmtheiten, an denen ist hinten und vorn nix dran. Sie werden wieder unberühmt und noch zu Lebzeiten oder bald danach. Ein trauriges Schicksal. Ist es nicht besser: zu Lebzeiten unberühmt sein und dann aufsteigen, gewiss nicht zum Medienstar (ist gleich: normale Berühmtheit), aber unter allen Kennern, die sich's zuflüstern als Geheimtipp. Eine Berühmtheit, die dafür berühmt ist, dass sie nicht berühmt ist!

Reinhard Priessnitz ist eine solche Berühmtheit.

»war sie nicht selber vogel, zahm und lange, abschwebend aufzufahren, sich zu strafen,
so nett zu sein im wiederholungszwange?
sie regt sich noch und ist doch
eingeschlafen;«

Seine Gedichte sind äußerst schwierig. Aber Gedichte sind ja gar nicht dazu da, verstanden zu werden, mit dem normalen stumpfen Verstande. Sie müssen tiefer drin ankommen, sie müssen Musik erzeugen, so überzeugend schön, dass man sagt: Also ich versteh nicht, was dran nicht zu verstehen sein soll.

Das Gedicht, aus dem ich zitiert habe, heißt »heldin«. Es ist ein klassisches Sonett, in aller traditionellen Strenge der Form, mit allermodernstem Inhalt: »heldin« (Priessnitz schreibt immer alles klein) ist die »schreibhand«, die Hand des schreibenden Dichters, der sich abmüht. Gewiss, er gelangt zu Resultaten, die uns erfreuen und verblüffen. Ihm aber reicht sie nicht, seine »dumpfe schreibhand«: voll Skepsis »muss sie die regelung auf dumpfer stellen; keine erhellung kann den krampf beschämen:
sie liegt vor selbstanwendbarkeitsproblemen, und schwappt und schaukelt und die bilder schnellen.«

Adolf Frohner,
Raupenfresser und
Schmetterlingsschei-
ßer, Öl auf Lein-
wand, 1993

Dass er so skeptisch ist, ehrt den Dichter. Seine Skepsis ist Teil der Schönheit seines Werkes. So vortrefflich es ist, ihm reicht es nicht. Demut – untermischt mit Nervosität, auch Verzweiflung, auch Vorliebe für verrauchte Weinstuben und Stammcafés – ein allgemeines Kennzeichen der Grazer Moderne.

Das sehr schmale Werk des Reinhard Priessnitz, keine hundert Gedichte und etwas Prosa, gehört zum Besten, was die verkrampfte Schreibhand der Ultramoderne zu vollbringen im Stande war. Franz Josef Czernin, ein anderer unberühmter Berühmter, diesmal aus Wien, hat über die 14 Zeilen des Priessnitz'schen Sonettes »heldin« ein ganzes Buch geschrieben, 150 Seiten immerhin.

Mit Recht so. Czernin, dessen Werk für den Normalleser noch unverständlicher ist als das von Priessnitz, bringt sehr verständlich die ganze Größe heraus, die in Priessnitz verborgen ist: Glanz und Elend der Moderne, ein Standardkapitel jeder modernen Literaturgeschichte über die Moderne.

»Reinhard Priessnitz, geboren 1945 in Wien, gestorben 1985« – mehr ist nicht da von einer Biografie, die keine ist, sondern eine Bedeutungslosigkeit. Man kann höchstens noch hinzufügen, dass er von den Modernisten der Wiener und Grazer Gruppe beeinflusst wurde. Wie in Graz fand er auch in Wien immer seine Stammbeiseln. Zu Freunden wie Außenstehenden war er immer nett und witzig auf eine melancholische Weise, mit der er seine Nettigkeit und seinen Witz gleich wieder aufhob.

Mir gestand er einmal, dass er mit dem – einstmals berühmten – Erfinder des Priessnitz-Wickels verwandt sei. »Siehst du«, sagte er, »*der* Priessnitz war berühmter als ich!« Er wusste, was er wert sei, und es wurmte ihn seine ausbleibende Anerkennung, die freilich seiner Lebensskepsis exakt entsprach.

Er schrieb relativ viel im seinerzeit von mir geleiteten FORVM – Kritiken über

Hermann Schürer, Hermann Nitsch, Friedrich Achleitner, Thomas Bernhard, H. C. Artmann, Georg Trakl, auch eigene Gedichte, auch Provokatorisches über zeitgenössischen Film und amerikanische Avantgarde. Insgesamt 50 Zeitschriftenseiten (um 1970), gar nicht wenig für einen Wenigschreiber wie Priessnitz.

In den Redaktionskonferenzen des FORVM kommunizierte er durch freundliches Dasitzen. Selten die kritischen Ausbrüche, immer wieder sogleich geglättet durch Verdoppelung der Nettigkeit. Von diesem realen Priessnitz hinzufinden zum wirklichen Priessnitz der großen Gedichte war nicht leicht. Ich gestehe, dass ich mich der nötigen Anstrengung selten unterzog. Aber fürs Bedauern ist es jetzt zu spät.

Mein Lieblings-Priessnitz ist der »traumreiter«, der da ist, aber unterwegs nach ganz Anderswo. Das Gedicht heißt »privilegium minus«, eine unerklärte Anspielung auf ein Dokument des Jahres 1156, mit welchem der deutsche Kaiser dem österreichischen Herzog Heinrich Jasomirgott irgendwelche speziellen Rechte einräumt. Priessnitz war ein historisch und literarisch hochgebildeter Mann, aber auf Erklärungen ließ sich einer wie er nicht ein.

> »wieder ein traumreitertag
> und das eisenlicht schmilzt
> mein königreich sei ein pferd ...
> dass dein flügel- und mein hufschlag wär,
> träum ich, und spüre den sporn ...
> nur die irrfahrt bleibt täglich,
> drüben die vögel tönen
> und der morgen ist schön.«

Auch die großen Dichter mit ihren Tausenden von Versen sind solche, von denen unerbittlich gilt: Zeilen, die bleiben, gibt's von jedem nur wenige. Sie graben sich ein. Priessnitz schrieb solche Zeilen.

Ein Gedicht, eine Welt
Das Gedicht ist so etwas wie die Vision einer ganzen Kultur oder Geschichte ... eine Vision der ganzen Literatur ... eine Vision, welche die Verhältnisse zwischen Literatur, Philosophie, Wissenschaft ... als Prozess begreift, als etwas, das in dem Gedicht selbst, aber vielleicht auch sonst, zu einem bestimmten Punkt kommt, vielleicht zu einem Endpunkt.
Und ist diese Bescheidenheit oder auch die Anmaßung, die ganze Kultur in einem einzigen Gedicht verkörpert zu sehen, ja schon in einem einzigen poetischen Text oder Wort preiszugeben, dass diese Kultur sowohl als Erfindung als auch als Wahrheit gelten kann, nicht die Bescheidenheit oder Anmaßung der Dichtung selbst.
Franz Josef Czernin, Die Schreibhand
© *Sonderzahl Verlag, Wien*

HELMUT QUALTINGER

»Bin ich Mensch oder Wiener?«

Qualtinger ist immer noch in aller Munde, aber wo ist er wirklich? Irgendeinen Spruch von ihm weiß immer noch jeder. Aber das ist nur ein Schatten dessen, was Helmut Qualtinger war und sein sollte.

Die österreichische Nation erhob ihn zu ihrem Nationalkabarettisten. Das war er und ist er geblieben, im Leben, auf Platten und auf CD's. Die derzeitigen Kabarettisten, zahlreich wie sie sind, können dem »Quasi« nicht das Wasser reichen, schon gar nicht den Whisky.

Kabarettgenie Qualtinger hat das andere Genie verdrängt, das in Qualtinger steckte als grandioser Autor in seinem eigenen Recht und Reich.

Quasi galt und gilt als Junggenie. Seine frühe, große Zeit: die sechs ungeheuren, unwiederholbaren Kabarettprogramme »Brettl vor dem Kopf«, »Blattl vorm Mund«, »Glasl vorm Aug«, »Spiegel vorm Gesicht«, »Dackl überm Kopf«, »Hackl vorm Kreuz« – das sind die Jahre 1952 bis 1961, er ist 24 bis 33.

Er macht nicht alles allein. Carl Merz ist der unentbehrliche Texter, dazu Gerhard Bronner, Georg Kreisler, Louise Martini und andere.

1961 hört Qualtinger plötzlich auf mit dem Kabarett. Vom begeisterten Publikum sagt er: »Sie lachen es weg, deshalb habe ich aufgehört.« Es ist wahr: Das Junggenie ist zu rasch ein Klassiker geworden. Qualtinger will entlarven, aber alles wird zum geflügelten Wort. Die Leute unterhalten sich miteinander nur noch mit Quasi-Zitaten.

Sein Wiener Spießer Travnicek wird schon zum nationalen Denkmal.

Als er 1961 statt Kabarett den berühmten Monolog »Der Herr Karl« spielt, Text wiederum von Carl Merz, da wird alles nur noch ärger. Das gut kritisch und aufklärerisch Gemeinte geht unter im schallen-

Franz Probst,
Leopoldstädter
Impression,
Bleistift-Zeichnung,
1917

den Lachen der Österreicher und ist's in Deutschland und der Schweiz ebenso.

Alle Spießer sind gemeint. Aber das Publikum ist boshaft. Statt sich zu beknirschen, unterhält es sich köstlich.

Den Herrn Karl wird Qualtinger nie mehr los. Der Spießer ohne Charakter und voll Anbiederung – an die Nazis, an die Amis, an die neue Demokratie – wurde schonungslos entlarvt. Aber es hilft nichts. Der Spießer siegt, alle finden ihn lustig und harmlos.

Wie das? Man spürt halt. Das Charakterschwein ist auch ein armes Schwein (Ulrich Weinzierl in der FAZ). Das ist es, was den Herrn Karl zu einer Figur der *Dichtung* macht. Die gnadenlose Kritik an der eigenen Nation lebt nicht vom Hass, sondern von versteckter, verzweiflungsvoller Neigung.

Qualtinger selber: »Außerdem macht der Herr Karl ja nichts, außer dass er einmal einen Juden die Straße aufputzen lässt ... Es ist nicht alles politisch bedingt, es kommt nur zufällig in diese Zeit hinein.«

Nach dem Kabarett und nach dem Herrn Karl und nach all den unsterblichen Streichen, die der Quasi live aufführt, fällt die Lebenskurve gefährlich ab. Qualtinger hat nur noch ein Vierteljahrhundert zu leben, er stirbt 1986, mit 58.

Er füllt dieses Leben mit großartigen Theater- und Filmrollen. Geht auf Tourneen mit Texten von Horváth, Karl Kraus und Adolf Hitler. Seine Lesungen aus den »Letzten Tagen der Menschheit« von Kraus, dann aus »Mein Kampf« von Hitler sind von gewaltiger satirischer Energie, sie bringen ihm Triumph und Broterwerb. Aber die Quasi-Zeit kommt nicht wieder, ganz natürlich, er wird älter, er lebt aus dem Vollen und trinkt aus dem Vollen.

Sein Freund, der große Bildhauer Alfred Hrdlicka, zieht im Nachruf die Summe: »Ein Besessener, der 24 Stunden am Tag agierte, ob auf der Bühne oder an der Theke, vor der Kamera oder unter Freunden. Für diesen Raubbau wurde ihm die Rechnung präsentiert.«

Nach einem Jahrfünft in Hamburg (wo er die Schauspielerin Vera Borek kennen lernt. Sie wird ihm eine ebenso sorgliche Lebensgefährtin wie seine erste Frau Leomare) kehrt Qualtinger nach Wien zurück (1975) und beschließt, ein Schriftsteller zu werden. Sechs Bände Satiren erscheinen bis 1980.

Es bleibt aber bei Monologen und Dialogen, kurz, glänzend und tief, die Kabarettzeit und der Herr Karl klingen nach. »Ideenflucht«, kritisiert ihn sanft Hilde Spiel, die Priesterin der Literaturkritik. »Legende zu Lebzeiten«, nennt ihn, noch sanfter, Hans Weigel, Kritikerpapst.

Wo bleibt die große Prosa mit langem Atem? Hans Haider fragt ihn danach in der »Presse«, schon im Todesjahr 1986:

Er möchte ja, er versucht es ja, antwortet Qualtinger. Aber: »Ich führe ein sehr unruhiges Leben, und da ist dieses jahrelange Sitzen nicht drin.«

Die Rückkehr nach Wien hilft nicht. »Manchmal weiß ich nicht mehr, ob ich ein Mensch bin oder ein Wiener ... Es ist wahrscheinlich immer eine Art Hassliebe. Natürlich häng ich sehr an Wien. Es ist am schönsten, wenn man es sich von weitem vorstellt. Von Köln aus ist Wien besonders schön.«

Und noch: »Man kann es in Wien nicht aushalten, aber woanders auch nicht.« Im »Spiegel« entwirft er (1965) »einen Fünfjahresplan zur Vernichtung der Wiener«.

Zum Ehrengrab am Wiener Zentralfriedhof begleitet ihn eine große Trauergemeinde und eine kleine Jazzgruppe, die seine Lieblingsstücke spielt. Hans Weigel, an der Spitze des Zuges, entdeckt einen neben dem Zug gehenden Mann, der genau wie der Herr Karl aussieht. Weigel sagt: »Schau, da geht er und schaut uns zu.«

Ja, er schaut uns weiterhin zu.

>   Der jungen Frau Hawelka zugeeignet
>   Die Trude, die Trude

Mecht mit mir auf die Bude.
Die Susi, die Susi
Hed a ganz gern a Gspusi.
Für d'Herta, für d'Herta
Da fehln mir die Wörta.

Bedauerlicher Vorfall
Schamst Di net
Du Gfrast,
Mit Dein Gsicht voller Wimmerln
Übern wuandawuandawuandaschönen
Josefsplatz z'hatschen.
Grad jetzt,
Wo si a Antn verflogn hat
Ausm Burggarten,
Und Kunststickln macht
In da Luft
Wia da Freiherr von Richthofen.

Vermutungen
Wanns Casablanca
In Wean gfülmt hättn,
Hätt stattn Humphrey Bogart
Da Moser gspült
Und statt da Bergmann
Die Annie Rosar.
A net schlecht.
Vielleicht sogar besser.

Dilemma
Ehrlich:
Sehr viel lieber war i
In der Wüste Kalahari
Als wie hier
In Bradnsee,
Wo i auf die Gundi steh,
Die was aba auf mi pfeift
Und ganz afoch ned begreift,
Dass i ihr a Rothschüldleben
Täte alle Tage geben,
Wann nur ana mir was borgat
Oder sonst wie für mi sorgat.

Aus: »Sitzt ana und glaubt er is zwa« Gelegenheitsgedichte von Helmut Qualtinger
und André Heller, Verlag Brandstätter.

FERDINAND RAIMUND

's ist ewig schad um mich

Er war ja überhaupt kein polnischer Graf, sondern ein Hochstapler, rasend verliebt in die Therese Krones. Alles Geld, das er ohnehin nicht hatte, nichts als Schulden – gab er aus für die berühmteste, reizendste Schauspielerin des Wiener Biedermeiers.

So gemütlich war das Biedermeier gar nicht, dieser falsche Graf Severin Jaroszynski ermordete einen geistlichen Herrn und stiehlt dessen Wertpapiere, um die Krones zu finanzieren. Hineinverwoben vom Wiener Tratsch wird der Dichter Ferdinand Raimund, ein angeblicher Rivale des Raubmörders in der Gunst der lockeren Diva. Jaroszynski wird gehängt.

Aufregenderes hat sich im Leben Raimunds (1790 bis 1836) nicht begeben, er war – gemeinsam mit der Krones – der beliebteste Volksschauspieler Wiens und schrieb Stücke, die zur großen österreichischen oder gar Weltliteratur gehören.

Binnen wenigen Jahren entstehen und werden aufgeführt, meist mit Riesenerfolg, Meisterwerke wie »Der Bauer als Millionär« (1826), »Der Alpenkönig und der Menschenfeind« (1828), »Der Verschwender« (1834). Zwei Jahre drauf begeht Raimund, 46 Jahr jung, Selbstmord.

Raimund wird relativ selten gespielt. Seine Stücke widersetzen sich den Zerstörungskünsten des modernen Regietheaters, sie sind von solcher Liebenswürdigkeit, schlichtem Humor und Tiefsinn – dass man Raimund nur als Raimund spielen kann oder halt gar nicht.

Ich bin fürs Raimund-Spielen, so wie er ist, ohne neumodischen Firlefanz. Er ist ausreichend lustig und von echter Herzenswirkung. Er ist ein Meister, der durch Einfachheit die Quelle des Lebens offen legt: Freude und Trauer. Wahrhaft ein Wiener Shakespeare, schwer verhunzbar, also lässt man ihn beiseite.

Rudolf von Alt,
Der Neue Markt in
Wien 1847,
Aquarell auf Papier

Eine Szene wie den Abschied der Jugend vom schlecht und fettgewordenen
Bauer als Millionär – voll Witz und gleich drauf zum Weinen – gibt's auf dem
Theater aller Zeiten und Räume selten.

Man vergleicht, wenn man fürs Wiener Theater überhaupt was übrig hat, stets
Raimund und Nestroy. Und Nestroy schneidet stets besser ab, er ist der Schärfere,
Modernere, Bösere – sein Genie durchschaut den Menschen und gleich auch die
Weltgeschichte gnadenlos. Aber der Vergleich Raimund-Nestroy ist ungerecht.

Das Schlichte, Blauäugige, scheinbar Unbedarfte bei Raimund ist nur der Schleier
über dem Abgrund. Die sparsamen Blicke in die Tiefe reichen bei Raimund, um
uns zu ergreifen. Raimund muss man lieb haben, Nestroy kann man einfach
bewundern. Nestroy ist mein unübertrefflicher Hausphilosoph, Raimund brauche
ich für meine Tränen.

Gemeinsam ist den beiden: sie vollbringen alles auf dem verachteten Boden des
Volksstückes, ohne bedeutungsschwangeres hochliterarisches Brimborium.

Raimund war alles andere als ein einfacher Typ. Der auf der Bühne Lachen
brachte, als Schauspieler und Stückeschreiber, war er ein privater Griesgram. Alle
seine (zahlreichen) Liebesaffären gingen schief. Die Frauen zogen ihn stets an und
waren ihm stets verdächtig.

Luise Gleich wird von ihm geliebt, sie pflegt den fast immer irgendwie Kranken,
aber sehr Attraktiven. Blondlockig, blitzend blaue Augen, die so traurig schauen.
Luise kriegt ein Kind, man drängt Raimund zur Heirat. Am 4. April 1820
erscheint Raimund nicht zur anberaumten Hochzeit.

Das Publikum pfeift seinen Liebling aus, Abend für Abend, bis er Luise vier Tage drauf doch heiratet. Scheidung keine zwei Jahre drauf.

Toni Wagner ist die dauerhafte Liebe Raimunds. Er will sie heiraten, wird abgewiesen. Bald drauf schwören sie sich ewige Treue vor der Mariensäule im Wiener Vorort Neustift am Walde. Da ist er gerade verheiratet mit Luise Gleich, aber eh nur kurz. Toni und Raimund lieben sich und streiten sich, immer schön abwechselnd. Schließlich zieht Raimund zu Toni ins Kaffeehaus ihres Vaters. Sie ist unleidlich und eifersüchtig, aber mit Grund.

Der Lebensrest ist Angst, und zwar vor Tollwut. Dabei ist Raimund Hundelieb-haber. Sein eigener Hund beißt ihn, eh nur leicht. Raimund trägt stets eine geladene Pistole bei sich, um sich zu erschießen in einem solchen Fall. Am 30. August 1836 schießt er sich in den Mund, trifft das Hirn nicht gut, stirbt qualvoll nach fünftägigem Todeskampf. Als er stirbt, weiß er bereits: der Hund war nicht tollwütig.

Biss ihn der Hund vielleicht nur stellvertretend für seine bissige Toni, ewige Geliebte und Gehasste?

Der Hund ist ein uraltes Todessymbol: der Höllenhund. Warum wählt ihn sich der große Humorist? In Wahrheit war Raimund Tragiker. Seine tragischen Stücke waren stets halbe oder ganze Misserfolge (»Moisasurs Zauberfluch«, 1827, »Die unheilbringende Krone«, 1829).

Er bewunderte und beneidete Nestroy, der sein schärfster Konkurrent auf der Volksbühne war und bald mehr Erfolg hatte als er. Und mehr noch bewunderte und beneidete er Grillparzer, der es dorthin brachte, wo Raimund zu Lebzeiten nie gelangte: aufs Burgtheater.

Grillparzers hoher Dichterflug – Raimund kriegte ihn nicht hin mit seinen »ernsten« Stücken. Doch gerade in seinen Volksstücken war er mit Grillparzer auf gleicher Höhe und tief verwandt.

Raimunds »Zufriedenheit«, als allegorische Figur blass (im »Bauer als Millionär«), könnte dasselbe sagen wir Grillparzers Rustan, auch ein eher blasser Geselle (in »Traum ein Leben«):

> »Eines nur ist Glück hienieden
> Eins, des Innern stiller Frieden
> Und die schuldbefreite Brust.«

Als Raimund Grillparzers »Traum, ein Leben« im Burgtheater sieht, sagt er:

»Sehn', das hab' ich selbst immer wollen ... Nur die schöne, schwungvolle Sprach' hab ich nicht. Die möchten's auch in meiner Vorstadt nicht verstehen. 's ist ewig schad' um mich.«

»Weinen könnt' ich, wenn ich denk', was aus mir hätt' werden können« – heißt ein anderer überlieferter Raimund-Seufzer.

Am 18. Oktober 1885, fast 30 Jahre nach seinem Tod, wird Raimund das erste Mal im Burgtheater aufgeführt, mit dem »Verschwender«.

CHRISTOPH RANSMAYR

Unsre Welt ist die letzte

Christoph Ransmayr, in Wels geboren, am Traunsee aufgewachsen, ziemlich jung (Jahrgang 1954) – begann als Journalist beim längst eingegangenen Wiener »Extrablatt«, das immer sehr gute Reportagen brachte. Von dieser Herkunft ist bei Ransmayr etwas Erfreuliches geblieben. Kaum ärgert man sich ein bisschen über seinen allzu aufgeputzten Stil und seine Vorliebe für angelesenes Bildungsgut aus entlegenen Quellen – schon ist man ganz versöhnt durch seine Gabe für gutes Erzählen.

Leider weiß niemand mehr, was »überkochmezt« heißt – ein jiddischer Fachausdruck, der einst zum gehobenen Wiener Sprachschatz gehörte. Wer »überkochmezt« ist – »Kochma« ist das hebräische Wort für »Weisheit« – der wird bewundert für sein Wissen und sein Talent, zieht aber auch den Spott auf sich wegen übertriebener Darbietung seiner Haben. Jedoch überwiegt die Bewunderung.

Ransmayr genießt die umständliche, ungehetzte Entstehung seiner Bücher, und dies teilt sich seiner zahlreichen Lesergemeinde mit. Es ist eine Freude, ihn zu lesen. Er lebt steuerschonend in Irland und leistet sich's, nur alle paar Jahre auf dem Buchmarkt aufzutauchen. Das ist sehr sympathisch. Und in der »leeren« Zwischenzeit wächst sein Ruf.

Ransmayr ist kein kommunikativer Typ. Er liebt die Seltsamkeit, Einsamkeit, das Abgelegene und Abgelebte. Er hat ein hochgradiges Interesse für Geschichte, am liebsten sind ihm deren Ecken und Winkel, von denen nur er weiß. Er ist ein Bücherverschlinger und großer Reisender. Aus den nur von ihm gewussten Vergangenheiten macht er dann Gegenwarte und Zukünfte, die seine Bücher füllen.

Ransmayr hasst die Schluderei. Gemächlich und genau schreibt er seine Texte, im arbeitsreichen

Alfons Walde,
Kaiser Hochalm, Öl
auf Karton, 1932

Schneckentempo, nicht mehr als ein paar Seiten oder gar nur Zeilen pro Tag, das ergibt dann mehrere Jahre pro Roman.

Vordergründige Aktualitäten – kaum ist ein Thema zeitgeistig, dann stürzen sich schon Schwärme von Schreibern drauf – meidet er, so gut es nur geht. Sehr gut geht's freilich nicht, denn auf seine verquere Weise ist er höchst aktuell: entgegen dem Zeitgeist entlarvt er unsere Welt als eine *letzte Welt* – eine brüchige, kaputte, aus der sich nur der Rückzug lohnt. Aber es ist ein Rückzug, der doch nicht hilft. Die Rückzügler, die Ransmayr zu seinen Helden macht, können dieser unserer letzten Welt nicht entkommen. Er auch nicht; wir auch nicht.

»Die Schrecken des Eises und der Finsternis« ist der geglückte Übergang Ransmayrs vom Journalismus zum fantastischen Roman. Zunächst hält er sich getreu an Tatsachen: Die österreichisch-ungarische Nordpolexpedition 1872–74 ist ein halbes Scheitern und ein halber Erfolg. Das Schiff wird vom Eis eingeschlossen und muss verlassen werden. Immerhin gelingt die Entdeckung des »Franz-Josef-Landes«, das aus Granit besteht, überzogen mit Eis.

Unter unglaublichen Strapazen erreichen die k.u.k. Offiziere Payer und Weyprecht mit ihrer Mannschaft – Dalmatiner, Südtiroler, sonstige Altösterreicher – die sibirische Küste und werden gerettet.

Das sind alles Tatsachen, halbvergessen, von Ransmayr sorgsam ausgegraben. Die Wanderung ins Fantastische vollbringt Ransmayr, indem er sich voll auf den Wahnsinn einlässt: Warum begeben sich Menschen, mit Mut und unbremsbarem Antrieb genau dorthin, wo die Welt am schrecklichsten ist?

Ransmayr weiß es auch nicht, aber er kann es schildern – auf jene Ransmayr'sche Art, die ihn unterdessen berühmt gemacht hat. Er entwirft ein Bild der Welt an ihren extremen Rändern: Ransmayrs Welt ist immer die letzte Welt. Nur die interessiert ihn. Er meint überhaupt: *Unsere* Welt ist die letzte Welt. Eine Welt des Schreckens, voll Verzweiflung und ohne Ausweg.

Irgendwas muss da dran sein, irgendwie muss das die Leute faszinieren, sonst hätte Ransmayr nicht so tolle Auflagen. Freilich liegt dies auch dran, dass Ransmayr ein so guter Schreiber ist. Man kann sich ihm nicht entziehen, auch wenn's einem manchmal zu viel wird.

In Ransmayrs Roman »Die letzte Welt« ist die halb in Ruinen liegende Provinzstadt Tomi die letzte Welt. Hier am Schwarzen Meer sagen sich die Füchse des römischen Reiches gute Nacht. Hier starb der große Ovid, bei Kaiser Augustus in Ungnade geraten, in trostloser Verbannung. Hierher reist der vornehme Römer Cotta, um als Berichterstatter der Trostlosigkeit zu fungieren.

Warum dieser Cotta nach Tomi reist und warum er nicht mehr zurückkehrt, sondern dort sein Ende findet – erfährt man nicht. Ransmayr hält sich nicht auf mit psychologischen Erklärungen. Er schildert den Einbruch und Ablauf des *Schicksals*, und dies mit großartiger Konsequenz. Er ist ein hervorragendes Beispiel für Heimito von Doderers Romantheorie: nicht um Psychologie geht es, sondern um Fatologie (zu lateinisch »fatum«, »Schicksal«).

In Ransmayrs drittem Roman wird die letzte Welt noch ein ganzes Stück fantastischer. »Morbus Kitahara« ist eine Augenkrankheit. Der Mensch sieht nur noch trüb. Schleier überziehen die Welt. Die Krankheit schärft die Sicht der Seele, sie erkennt, dass dem Schicksal nicht zu entkommen ist. Moor ist das öde Dorf am Fluss des öden Gebirges, der Krieg ist lang zu Ende, aber die amerikanische Besatzungsmacht hält das Volk auf niedrigstem Lebensstandard.

Entgegen der historischen Realität gibt's keinen Marshallplan, sondern den Morgenthau-Plan (den die USA nie umsetzen). Nur dürftig Landwirtschaft ist erlaubt, keine Industrie, keine Konsumgesellschaft. Ständige »Sühneprozessionen« dienen der Vergangenheitsbewältigung. Der gehasste und gefürchtete Chef der Besatzungsmacht heißt »Stellamour«, zu übersetzen mit: »Stern der Liebe«.

Ransmayr ist ein Ironiker und entzieht sich auf diese Weise der ausdrücklichen Parteinahme zu den Schrecken der Vergangenheit. Er schreibt in einem Reich der Vermischung und Verwischung von wüster Wirklichkeit und noch wüsterem Traum.

Ambras ist einer der ganz wenigen Überlebenden des KZ am Rand des Dorfes und nun dessen Beherrscher und Bedrücker als Günstling der Besatzungsmacht. Sein Diener ist Bering, Kriegskind und Sohn eines Frontsoldaten. Dann gibt's noch die geheimnisvolle Lily, ein Wesen, das sich mühelos und mörderisch in der düsteren Besatzungswelt bewegt. Ransmayr macht kurzerhand Schluss mit allen dreien, er lässt sie nach Brasilien auswandern und sie kommen prompt um.

Über ein logisch-konsequentes Erzählen ist Ransmayr erhaben. Er schrammt am zeitgeistigen Horrorroman nur knapp vorbei – und besiegt souverän den Zeitgeist durch die düstere Pracht seiner Sprache, die Kraft seiner Bilder. Auf das Bedürfnis nach Unterhaltung nimmt er keine Rücksicht. Das ist das Geheimnis seines Welterfolges.

JOSEPH RICHTER

Links die Gans und rechts das Ferkel

Links die fette Gans und rechts das fette Ferkel, beide Arme sind beladen, aber ein grober Knotenstock hat noch irgendwie Platz. Dazu die unentbehrlichen hohen Stiefel, denn die Straßen von Wien sind dreckig dazumals, und die Straßen des Dorfes Eipeldau (heute Leopoldau und Teil von Floridsdorf) sind dies erst recht.

So betritt »der Eipeldauer« die literarische Szene Wiens um 1785. Er ist als Bauer geschildert, spricht breiten Dialekt und hat ungehobelten Humor. Zur dicken wollenen Joppe trägt er ein sehr buntes Halstuch. Erst kommt er von jenseits der Donau nur besuchsweise nach Wien, dann lässt er sich dort nieder.

Und es wird was aus ihm. Er wird zur bekannten und beliebten Figur seiner Wiener Zeitgenossen. Von 1785 bis 1813 mit achtjähriger Unterbrechung, also insgesamt zwanzig Jahre lang, erscheint die Zeitschrift »Briefe eines Eipeldauers an seinen Herrn Vetter in Kagran über die Wienerstadt«. Kagran war damals das Nachbardorf von Eipeldau/Leopoldau.

Der Verfasser bleibt anonym, aber nicht lang. Bald wissen Zeitgenossen: es ist Joseph Richter. Er verfasst Gedichte, Romane, aber seine größter Erfolg ist die Zeitschrift. 64-jährig stirbt er. Die Zeitschrift wird weitergeführt von den literarischen Kollegen Franz Xaver Gewey und Adolf Bäuerle. Aber es wird nichts mehr draus, 1821 wird sie eingestellt.

Gewey war, außer Literat, auch Schauspieler und Theaterdirektor, Bäuerle Journalist und wichtiger Theaterkritiker. Aber keiner der beiden reichte an die geniale Begabung des Joseph Richter, von dessen näheren Lebensumständen wenig überliefert ist.

Richters Idee war: das Erscheinen der Zeitschrift, wöchentlich und später monatlich, zu verknüpfen

Leopold Till,
Mädchen mit
Gänsen, Öl auf
Leinwand, o. J.

mit der erfundenen Biografie des »Eipeldauers«. Dessen Leben ist abenteuerlich und gibt reichlich Gelegenheit, Wiener Zustände und Typen abzuschildern. Zu Hunderten und in immer neuen Variationen ziehen sie durch die Zeitschrift, Wiener und Fremde, obere und untere Stände.
Eigentlich hat dem Autor diese Grundidee bis heute niemand nachgemacht. Der »Eipeldauer« ist, wenn's eine TV-Serie wäre, der »anchor man«, der »Ankermann«,

an dem die ganze Zeitschrift festgemacht ist. Platz ist für alles, aber alles hängt an der einen Figur.

Das war freilich nicht alle zwanzig Jahre mit gleicher Konsequenz durchzuhalten. Je mehr sich das persönliche Schicksal des »Eipeldauers« verflüchtigte, desto schwächer und langweiliger wurde auch die Zeitschrift.

Es ist eine Art Wiener Schelmenroman in zwanzigjähriger Fortsetzung. Als der »Eipeldauer« sich in Wien festsetzt, geschieht es zu dem Lebenszweck, *kein* Bauer mehr zu sein. Aber der Aufstieg scheint unmöglich, es fehlen alle Voraussetzungen für sein ehrgeiziges Ziel, ein Beamter zu werden. Einem Beamten kann nichts passieren, er kriegt jeden Ersten sein Geld. Er hat nichts, das aber sicher.

Ohne Schulen, ohne Beziehungen – da kommt der Eipeldauer auf den Trick seines Lebens: Er heiratet ein Dienstmädel, das Stubenmädel eines einflussreichen Stadtherrn. Sie ebnet ihm die Wege, er wird wirklich Stadtbeamter.

Dafür muss er einen Preis zahlen, der hoch ist, den er aber mit Geduld und Witz lebenslang abstattet. Das Stubenmädel ist nämlich ein Luder.

Dienstmädel mit leichtem Charakter sind stehende Figuren in der Literatur zu Maria Theresias und Kaiser Josephs II. Zeiten. Das Neue bei Richter ist die Paarung mit einer zweiten stehenden Figur, dem komischen »Bauern in der Stadt«.

Wieso der Bauer das feine Stubenmädel überhaupt kriegt, wird rasch klar. Schon sechs Wochen nach der eiligen Heirat kommt ein Kind, das dem Dienstherren seiner Gattin sehr ähnlich sieht. »Kein Wunder«, sagt gelassen der Eipeldauer, »sie hat ja drey Jahr bey ihm g'dient.«

Zweideutig meint Eipeldauer: »Jetzt hab ich's Loch g'funden. So kann man ein Amt kriegen, ohne dass man ein Juri (Jus-Studium) braucht.«

Die Gattin schafft Toiletten an und eine teure Wohnung. Eine Erbschaft, die der Eipeldauer glücklich macht, bringt sie blitzschnell durch. Er kommt in Schulden und ins Schuldengefängnis. Die Frau hat einen Liebhaber nach dem anderen. Zuletzt führt sie einen Salon, wo sie junge Mädchen mit vornehmen Herren verkuppelt.

Dem aufgestiegenen Bauer macht das anscheinend alles nichts. Er beobachtet und beschreibt das seltsame und aufregende Stadtleben aus der Bierkrügel-Perspektive. Und es fällt ihm zu allem was Lustiges ein.

Joseph Richter wird in der österreichischen Literaturkritik schlecht behandelt. Er ist zu realistisch. Es bleibt unbedankt, dass er eine erste und unerschöpfliche Wiener Sittengeschichte schrieb.

RODA RODA

Spott und Liebe für Kakanien

In seinen ungezählten Geschichten, Romanen, Theaterstücken hat er die k.u.k. Armee durch den Kakao gezogen – für uns Heutige gar nicht bösartig, sondern liebevoll. Damals reichte es für die Aberkennung seines Offiziersgrades durch ein Ehrengericht, sodann für Entlassung aus der Armee.

Roda Roda ist einer der fruchtbarsten und begabtesten Humoristen der alten österreichischen Literatur (50 Bücher). 14 Jahre ist er als Berufssoldat in der Armee und liebt sie, die er verspottet. Als es aus ist mit der Monarchie, steigt der Spötter auf zum Kronzeugen ihrer mannigfachen Qualitäten.

In den zwanziger, dreißiger Jahren lieben ihn dann genau jene Militärs, die einst eine Wut auf ihn hatten. Sein Erfolgsstück »Der Feldherrnhügel«, 1909 uraufgeführt und im alten Österreich sofort verboten, erlebte an deutschen Bühnen mehrere tausend Aufführungen und wird auch verfilmt.

Noch vergessener als er ist sein Ko-Autor Carl Rößler, auch er einst ein strahlender Stern der Unterhaltungsliteratur. 1992 gab's am Theater in der Josefstadt einen nostalgischen »Feldherrnhügel«, inszeniert von Alexander Wächter.

Roda Roda (1872–1945) hieß eigentlich Alexander (ungarisch: Sándor) Friedrich Rosenfeld und war Jude. In der Armee war er berühmt als einer der schneidigsten Reiter. Seine Liebe zu den Pferden und zur heimatlichen Puszta begleitete ihn durchs Leben. Das im New Yorker Exil versickerte, nach glanzvollen Jahren, in denen ihn ganz Mitteleuropa bejubelte.

Geboren in Mähren – Vater Gendarm und später Berufssoldat, schließlich Gutsverwalter – wird ihm Slawonien (damals Südungarn) zur eigentlichen Heimat. Die Monarchie war das Feld seines Spottes

Franz Zadrazil,
Orchidee, Öl auf
Novopan, o. J.

und seines Gefühls. Tausende Auftritte auf Bühnen aller Art absolvierte er mit Monokel und roter Weste. Die Knöpfe an der Weste waren Originalknöpfe der k.u.k. Korpsartillerie, in der er diente.

Der jüdische Herrenreiter (22-jährig trat er zur katholischen Kirche über) war ein wilder Hund. In der Garnison Esseg (Ossijek heute) verliebte er sich in eine durchreisende Schauspielerin – es war die später allbekannte Adele Sandrock – und jagte mit ihr durch das skandalisierte Städtchen, sie in der Kutsche, er frei stehend wie ein Zirkuskünstler auf einem der Pferde des Viererzugs.

In der Armee hatte Roda Roda wenig, das aber sicher – wenn er brav gewesen wäre. Im zivilen Schreiber- und Schauspielerleben verdiente er viel, aber unsicher. Er übertrieb: »Neun Zehntel meiner Werke verabscheue ich, doch spornt mich etwas höllisch an zum Schreiben: der Hunger.«

Hält man sich an das verbleibende Zehntel seines Werkes, ist das immer noch genug, um ihm einen literarischen Rang anzuweisen, der einmalig ist. Roda Roda ist der Erfinder der k.u.k. Anekdote. Manchmal sind's nur ein paar Zeilen, manchmal gibt es die Ausbreitung zu einem ganzen Roman – immer ist sogleich kenntlich: das ist Roda Roda.

Und immer gemischt aus seinem Spott und seiner k.u.k. Liebe: »Der neue Landeskommandierende von Bosnien bereiste das Land. Irgendwo im Wald an der Straße sammelte ein altes Weib Reisig. Exzellenz ließen halten. Na, Alte? Die Sicherheit im Land ist doch jetzt anders als unter den Türken. Da hättest du dein Holz nicht ruhig sammeln können. – Warum nicht, Herr? – Nun, Alte, damals gab's doch die Räuber im Wald. – Du hast Recht, gnädiger Herr, im Wald sind jetzt keine Räuber mehr, die sind jetzt alle bei der Gendarmerie.«

Von leichtfüßigen Harmlosen ist es bei Roda Roda oft nur ein kühner Schritt hinaus ins Reich der Dichtung. So in seinem Roman »Die Panduren«: Menschen und Landschaft in Slawonien macht er zu einem geheimnisvollen, abenteuerlichen Insgesamt – und findet gleich wieder zurück zum leichten Roda-Roda-Ton.

Seine letzten Jahre in New York zeigen ihn als einen politischen Propheten. Er steht auf Seiten der Alliierten und eisern gegen Hitler. Aber er kennt die Weltgeschichte. Einer seiner letzten Aphorismen lautet:

»Kein Volk, das sich seiner Gegenwart nicht in Zukunft wird schämen müssen.«

> Das Dreieck
>
> Auf Schloss Sokolowo, da gab es was zu schauen. So hitzig war die Männerwelt noch nie gewesen. Sie kämpften wie die Hirsche. Gräfin Kiki sah zu, wer siegen wird. Und wurde täglich schöner. Frauen werden unendlich schön, wenn man um sie kämpft.
>
> Turi Thaler verhielt sich noch am kühlsten. Er ist ja, sagt er, Philosoph. Er beschäftigt sich seit Jahren mit dem Dreieck. Er ist zu der Einsicht gekommen: Der Ehebruch muss eine naturgewollte Institution sein. Das sagte er zu Kiki in seinem unendlich schläfrigen Ton. »Gräfin, Ihnen fällt vielleicht eine sonderbare Zurückhaltung an mir auf. Ich mache Ihnen nur sehr lau den Hof …«
>
> »Das sagen Sie mir? Meines Gatten bester Freund?«
>
> »Sie fühlen sich vielleicht verletzt, weil ich mich Ihnen nicht zudringlich nähere. Eine so schöne Frau darf beanspruchen, dass man sie auf das Schärfste umwirbt.«
>
> Und in müder, gähnender Langeweile: »Ich liebe Sie leidenschaftlich. Aber solange Ihr Gatte weg ist, kann ich der Frage eines Verhältnisses nicht nähertreten.«
>
> Kiki fragte: »Der Gatte muss also mit der Pistole lauern?«
>
> »Ja«, antwortete Turi mit steinernem Ernst. »Sonst halte ich den Ehebruch nicht für moralisch.«
>
> *Aus: Roda Roda, Die Panduren*

PETER ROSEGGER

Mein Rosegger-Janker

Statt dass man sich ärgert, soll man lieber lachen. Statt wütend werden, soll man lieber sich mit ein bissel Bosheit helfen. Konfrontiert mit diesen nicht aussterben wollenden, pseudo-großstädtischen Kaffeehaustypen, denen Peter Rosegger zu minder ist und die selber nicht einen Bruchteil haben von seinem erzählerischen Genie – ja, da zieh' ich mir einfach meinen Rosegger-Janker an, unsichtbar oder auch ganz öffentlich, und verflogen ist der Zorn auf sie, und ich hab' auch noch die Bosheits-Lust, dass *sie* sich giften statt mir.

»Kunst ist, was niemand versteht außer die Fachleute, wir Kunstkritiker. Wir erklären die Kunst dem Volk, und wenn's das Volk nicht versteht, ist bewiesen, was wir immer schon vermuteten: Wir sind g'scheit und das Volk ist blöd.«

Einer solchen Definition von Kunst – die heute fast allein herrschend ist – ist Peter Roseggers Leben und Werk genau entgegengesetzt. Roseggers Erzählungen und Berichte vom Bauernland und Bauernstand, seine Romane und seine Zeitschrift »Heimgarten« – sind ganz unmittelbar verständlich und greifen ans Herz. Beides ist heute streng verboten. Fachleute, die einem die Kunst erklären, können ersatzlos gestrichen werden.

Peter Rosegger (1843–1918) ist der Sohn armer steirischer Gebirgsbauern, hütet Ziegen, lernte lesen und schreiben nur durch glücklichen Zufall und liebevolle Menschen. »Roseggers Waldheimat«, oberhalb Krieglach, Obersteiermark, ist eine Wallfahrtsstätte für Liebhaber der Volks- und Bauernkultur – heute ist es dementsprechend arg vertouristelt und fremdenverkehrt.

Es gibt in der Literatur, die heute ein so lärmiges Geschäft ist, still fortdauernde Beliebtheiten. Mein

Theodor von Hörmann, Bauernkinder im winterlichen Buchenwald, Öl auf Leinwand, 1892

Computer spuckt 95 lieferbare Werke von und über Peter Rosegger aus – ein lautloser Rekord, den kaum ein zeitgenössischer Autor erreicht oder gar übertrifft.

Roseggers berühmtester und bewegendster Roman, »Jakob der Letzte«, beginnt so: »Während man allerorts Phrasen von der Wiederaufrichtung des braven Bauernstandes hören kann, spitzen sich die wirtschaftlichen und gesellschaftlichen Verhältnisse auf das Schärfste zum Nachteil unseres Bauernstandes zu.« – Geschrieben, nein, nicht 1999, sondern – prophetisch – schon 1888.

»Unsere hohen Herren«, schreibt Peter Rosegger gegen die Agrarpolitik unserer Bundesregierung und der EU, gleichfalls 1888, »haben bereits die Stirn zu behaupten, dass in den Alpen der Bauernstand nicht mehr zu halten und überflüssig sei ... Mit der Einfuhr von Feldfrüchten ist keine Konkurrenz mehr möglich.« Aber, sagt Rosegger – total aktuell! – »der Alpenbauer ist überhaupt nicht dazu da, um zu konkurrieren, sondern um auf seinem Boden für sich zu arbeiten und zu leben. Zwar einfach zu leben, aber naturgemäß als freier Mann.«

Jakob der Letzte bleibt auf seinem Hof, als alle Nachbarn aufgeben. Den Bauern, den die »Bauernleger« dazu kriegen, Haus und Hof gegen Geld herzugeben, bringt er um und sühnt den Mord durch Selbstmord.

Rosegger ist kein wirklich großer Dichter. Er rührt. Wer rührt, ist unmodern.

Ganz sicher bin ich freilich nicht: hat vielleicht mein gerührtes Herz, Rosegger lesend, Recht gegen alle nasenrümpfenden Rosegger-Verächter.

Rosegger hatte auch antisemitische und großdeutsche Töne drauf. Gegen beides hatte er auch kritische Töne – das weiß freilich nur, wer ihn liest. Wer ihn nicht liest, schmeißt ihn halt in den großen Nazi-Topf (er starb schon 1918). Seinem militant antisemitischen Freund Hausegger schrieb er: »Wenn einmal die Besten so sprechen wie Sie, dann wird es zum Judenschlachten kommen.«

Rosegger war in seinen Tagen ein Weltbürger, liberal, sozial, »grün« und offen für alles Neue. Aus seinen kleinsten Verhältnissen aufgewachsen zu einer damaligen Berühmtheit, blieb er stets bei seiner Heimatliebe, die sich mit Weltbürgertum verbündete und vertrug. Heimat *und* Welt – wo soll da der Gegensatz sein?

Bei einem guten Autor nehme ich mir die Freiheit, ihn gut zu finden und mich nicht zu scheren um hinterdrein ihm aufgepickte politisch-korrekte Etiketten. Meinen Rosegger-Janker – ein dunkles Grün mit schwarzen Karos und reaktionären Hirschhornknöpfen – trage ich vor allem, weil ich für die Natur und für die Bauern bin und weil mir Roseggers Aufstieg vom »Waldbauernbub« zum großen Schriftsteller eine menschliche Freude bereitet.

Es soll auch einen Rosegger-Hut geben, aber wie der aussieht, weiß ich nicht. Ohnehin hat Rosegger – als angesehener, ja zu seiner Zeit der in deutscher Sprache am meisten gelesene Schriftsteller – meistens korrekt städtische Kleidung getragen. Anton Kuh, der unermüdliche Wiener Humorist, nannte ihn den »Alpenhofrat«.

Die Tracht ist ja längst keine Alltagskleidung mehr, sondern ein ideelles Signal. Für den Städter war sie das immer. Das *richtige* Signal heißt: Ich liebe das Land und das Landleben. Korrekter geht es nicht. Vor mir habe ich ein Foto von Sigmund Freud, wandernd in Südtirol (Toblach). Er trägt Trachtenjanker und Trachtenhut, neben ihm seine Tochter Anna im Dirndl und mit weißen Stutzen. Hugo von Hofmannsthal dichtete am liebsten in seinem Ausseer Bauernhaus mit grünen Fensterläden. Da ist leicht dichten.

Peter Rosegger hat auf ungezählten Tausenden Seiten die Städter fasziniert, indem er nichts weiter tat, als herzhaft und getreulich das Land- und Bauernleben beschreiben – als ein Muster unaggressiven, friedlichen, gottesnahen Menschenlebens. Ich behaupte: das reicht, ihn zu schätzen und zu lesen.

Peter Rosegger war ein »politischer« Autor. Die großen Zeitfragen brannten ihm im Herzen teils so wie's uns heute nicht mehr passt (deutschnational, antisemitisch), teils – und zwar zum größeren Teil – wie's uns heute sehr passt (für die Bauern, für die Natur, für die Tiere). Fast gerät uns außer Blick, dass er vor allem ein großartiger Erzähler war und ebendrum heute noch viel gelesen wird.

Er war das, was uns heute so abgeht: ein gelassener, gemütlicher, genauer Erzähler von Geschichten sonder Zahl und immer neuem Reiz. Wohlig seufzend begibt man sich, Rosegger lesend, in eine Lesewelt ohne zeitgeistige Schnörksel und Unarten. Man liest, geleitet vom sicheren Gefühl: hier ist einer, der die Kraft und Liebe hat zum soliden Handwerk des guten Erzählens.

Ja, auch deswegen trage ich meinen Rosegger-Janker.

> Wo ist das Gesetz welches Thierquälereien klar und entscheidend verbietet und bestraft? Wer Menschenliebe zu üben verlangt, der muss auch Liebe

und Mitleid zu den Thieren predigen. Ein Herz, das gegen die Thiere verroht ist, wird gegen die Menschen nie zart sein.

Die Thiere haben von Natur und Gottes wegen und endlich auch unseretwegen ihre heiligen Rechte, die zu verletzen Todsünde ist.

Alles, was dieses Geschlecht den hilflosen Thieren angetan hat aus Rohheit, aus Übermut, aus Bosheit – es komme zurück. Aller Vortheil, den der Mensch grausam aus schwächeren Geschöpfen ziehen will, verwandle sich in Unheil und die furchtbaren Sünden, die an Thieren begangen würden, die unendlichen, schreienden und stummen Klagen der gepeinigten Creatur, sie haben sich verdichtet zu einem Fluch, und das Verhängnis wird sich erfüllen.

Sehr tüchtig hat mich in vorbedachter Sache ein junger Erzieher abgekanzelt. Der erklärte meinen Protest gegen die Grausamkeit in den Schlachthäusern für Sentimentalitätshudelei. »Wollen Sie aus unseren Knaben Jammerbasen machen?« rief er entrüstet. »Unsere deutschen Knaben, die Enkel Hermanns, welche einst Russland lahm legen und Frankreich vernichten müssen, die Knaben sollen verweichlicht werden!?«

Wahrlich, er hatte Recht, in einer Zeit, da aller Witz der Staaten und Nationen darauf hinausgeht, aus Menschen Soldaten, aus Staatsbürgern Kanonenfutter zu machen, in einer solchen Zeit ist Thierschutz Ironie.«

Aus: Roseggers »Heimgarten«, 1888

PETER ROSEI

Im Hinterkopf spukt das Nichts

Menschen in heutiger ratloser Zeit, junge und jüngere, die jüngeren sind schon erheblich älter als die jungen: das waren die überzeugten Anhänger von Peter Rosei, in gehobener Schicht. Ungerecht könnte man sagen: die Kreativschickeria. Gerechter und sympathisierend: Freundinnen und Freunde der Leichtigkeit, des Galgenhumors, und im Hinterkopf spukt das Nichts.

Man sitzt beisammen im jeweiligen In-Lokal und redet und es entfaltet sich eine zeitgemäße Lebensphilosophie, nicht von umwerfender Qualität, aber auch nicht ohne Eigenart und Reiz. In den Büchern Roseis wird sie eine oder mehrere Etagen emporgehoben, in schönen Sätzen, gekonnt verwoben, untermischt mit Blut und Tod und dementsprechenden Gefühlen der Sinnlosigkeit.

Auch wenn man beisammensitzt und gemeinsam die Philosophie der Leichtigkeit und des Nichts betreibt: es geht immer um das eigene Ich. Rosei, Jahrgang 1946, Wiener, aus gut- bis kleinbürgerlicher Familie, wuchs zum Schriftsteller unter dem überragenden Schatten Franz Kafkas. Aber – sagte er 1993 beim Erhalt des Kafka-Preises:

»Ich habe das Leben von Anfang an mehr geliebt als mein Lehrer Kafka, und zwar in dem Sinn, dass ich mir dort, im leibhaftigen Leben und seinen Situationen, Freuden und Katastrophen immer wieder begegnen wollte: Ich wollte leben, um ich selber zu werden.«

Freilich ist das gutes altes Abendland, griechisch gestempelt: »Erkenne dich selbst«. Ebenso ist es freilich Gefahr des Verendens im Käfig des Individualismus. *Ich* will *mich* erkennen. Der Rest der Welt soll bleiben, wo und wie er ist. Ich, ich, ich. Der nackte Egoismus ist das Signal für nackte

Georg Merkel,
Mann und Frau in
einer Landschaft,
Aquarell, 1922

Verzweiflung. Wie egoistisch man auch ist: die Verzweiflung wächst und über-
wächst den Egoismus.

Peter Rosei ist in dieser Gefahr, entgeht ihr aber immer wieder auf erstaunliche
Weise. Er nennt sein Hauptwerk, einen Zyklus von sechs Romanen, einen
»Flügelaltar« (1984–1988). Ein Mittelteil; Seitenflügel mit zwei Bildern links, Seitenflügel rechts mit zwei Bildern; eine Rückseite, die bei geschlossenen Seiten-
flügeln sichtbar wird. Warum die Komplikation? Sie ist heilsam.

Rosei ist religiös auf verzweifelte Art. Er findet keinen Sinn in der Welt und in den Menschen. Mit sich selbst hat er nichts als Probleme. Wer bin ich? Wozu bin ich? So ist sein Vorschlag, den Romanzyklus als »Flügelaltar« zu betrachten, ein Ergebnis der Sehnsucht nach Komplettheit und Erfüllung.

Auf Altarbildern hat jede Gestalt und jedes Ereignis Sinn – bei Rosei hat nichts Sinn, dies aber mit großer Kunstfertigkeit. Rosei ist ein Meister der guten Sätze: in klarer Sprache eine unklare Welt. Wie ist das möglich?

Eigentlich gar nicht, aber es gerät zur Faszination, auch wenn man – verzeihlich – nicht alle sechs Romane des Zyklus hinter sich bringt, oder gar die insgesamt weit über 20 sonstigen größeren Texte Roseis.

Es ist ungerecht, Rosei als Lesefutter für die gehobene Schickeria zu degradieren. Seine Bilder der Welt haben die Kraft der Verzweiflung. Sein Roman »15.000 Seelen« – Mittelteil des »Flügelaltars« – hat eine heitere Gelassenheit, von der man nicht weiß, wie sie fortbestehen kann, wenn dann die Ironie umschlägt in Schrecklichkeit.

»Unser Landschaftsbericht« (1988), sechster Teil des »Flügelaltars«, die Rückseite bei geschlossenem Altar, präsentiert den Blick auf eine Kreuzigungsgruppe, grausige Details, ins Allgemeine gesteigert: »Der Glanz der Erde lässt uns an das Fleisch von Toten denken, und es wird uns klar, dass der Boden von Erschlagenen gebildet wird, weit und breit in Schichten und Haufen.«

Der Schreiber der Leichtigkeit, der Schreiber des Grauens – immer ist es noch nicht der ganze Rosei. Es geht auch noch die Verwandlung der prinzipiellen Sinnlosigkeit in Glück und Liebe: ein seltsames Aufblitzen, das die negative Rosei-Welt um ein unerklärliches »Think positiv« erweitert.

»Ich legte mich auf das Bett und weinte. Dann lag ich eine Weile reglos. Wieder wollte diese Traurigkeit über mich kommen, doch ich widerstand. Das Unglück ist schön. Ich sah einen großen Felsen; er fiel zum Meer hin ab. Ich stand auf dem Felsen und winkte. Ich war glücklich. Ich versuchte zu fliegen, und es gelang.«

So im Reiseroman »Von hier nach dort« (1978). Traumreisen gelingen, Ankünfte in »einem Land, das weit war, grün und weit. Bäche waren darin und Seen. Sie glitzerten. Und es war eine Art Musik über dem Land. Ein Tönen, und Bäume, Gras und Felsen standen darin wie erlöst.«

Im dicken Teig des Nihilismus gibt's also auch den Sauerteig der Erlösung – der Bäume, des Grases, der Felsen – auch der Menschen? Unverhofft kommt die Liebe vor: Im Roman »Die Wolken« (1986) geraten zwei Eheleute auseinander und wieder zusammen:

»Jetzt sollte ich sagen, dass ich zufrieden bin, denkt sie, und sie sagt es. Gut, sagt Reinhard ... Ich verurteile dich nicht, ich weiß alles. Ich kann dich immer nur lieben.«

Wie lieb von ihm. Rosei, der Nihilist, begeht Verrat am Nichts und glaubt an etwas. Selten, aber doch.

JOSEPH ROTH

Trinkerleber wächst zum Herzen

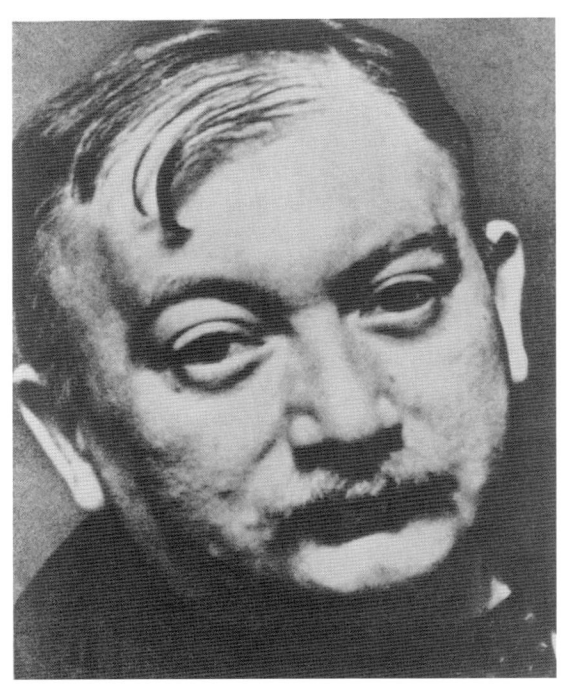

Er war Dichter und Säufer. Seine schönste Erzählung ist die »Legende vom heiligen Trinker« (1936). Sein Trinkerheld (»Trinkerleber wächst zum Herz« ist Roths eigene Inhaltsangabe) stirbt zu Füßen der heiligen Therese. Kann man glücklicher sterben?

Er selber starb (1939) in der Pariser Emigration (seit 1933), im »Hôpital Necker«, wo man ihn abscheulich behandelte. Dem Gewohnheitstrinker wurde jeglicher Alkohol entzogen – ein tödlicher Fehler der gleichgültigen Ärzte. Er wurde im Bett mit Lederriemen festgeschnallt, weil er wegwollte, sich was zum Trinken zu besorgen.

Ein Arzt erläuterte: »Ich habe viele Juden gekannt, und ich habe viele Säufer gekannt. Aber einen saufenden Juden hab ich noch keinen gekannt.«

Friedrich Torberg schrieb in der Zeitschrift FORVM für Joseph Roth ein »kleines Requiem«, 1954, zum 60. Geburtstag, den Roth weitaus verfehlte (gestorben 1939, 45-jährig):

»Er war ein Dichter und ein Österreicher durch und durch. Er starb im Exil. Er starb am Exil. Er ging davon zu Grunde, dass er ein Dichter und ein Österreicher war.«

»Zu jenem langsamen Untergang entschlossen, zu dem Trinker immer bereit sind. Nüchterne werden das nie erfahren.« – Das ist der Nachruf, den Roth sich selber schrieb.

Walter Merhing, der berühmte Berliner Literaturkritiker, gleichfalls im Pariser Exil, findet im Frühjahr 1939 Roth betrunken auf dem Pflaster sitzend. »Roth, warum trinken SIE?« Roth: »Mehring, warum trinken Sie nicht? Glauben Sie, dass Sie davonkommen werden? Auch Sie werden zu Grunde gehen!«

In Paris schrieb er – so fleißig können Säufer sein –

*Ein Titelblatt der
Zeitschrift »Karika-
tury« aus Böhmen*

insgesamt zehn Bücher in sechs Lebensjahren. Vorangegangen war seine Zeit als *der* deutsche Starjournalist, hoch und höchstbezahlt von Spitzenblättern wie der »Frankfurter Zeitung«. Seine Feuilletons, vor allem Reiseberichte, waren kleine zarte Meisterwerke. Seine Romane – darunter »Hotel Savoy«, »Die Flucht ohne Ende«, »Hiob« und alle sonstigen – decken das ganze Spektrum von guter Unterhaltung bis Weltliteratur.

Den »Hiob« – die »Geschichte eines einfachen Mannes« (1930), der ins Unglück gerät und in Zuversicht ausdauert – rechnet Torberg zu den »schönsten und frömmsten Romanen der Gegenwartsliteratur ... jeder Satz ein Block, den ein Dichter sich von der Brust gewälzt hatte«.

Von den allbekannten Habsburger-Romanen »Radetzkymarsch« (1932) und »Die Kapuzinergruft« (1938) sagt Torberg zu Recht: »Das einzige Epos vom alten Österreich, dessen Wehmut niemals in Sentimentalität umkippte.«

Joseph Roth schrieb fast alle seine Romane im Kaffeehaus, oft 10–12 Stunden täglich, gegen Abend immer mehr umgeben von Freunden, Bewunderern,

Frauen. Wer ihn zum Spazierengehen bewegen wollte, stieß auf zornigen Widerstand. War er gut gelaunt, sagte er: »Nein, ein Jud gehört ins Kaffeehaus.«

Was die Frauen anlangt, hatte er, der keineswegs ein schöner Mann war, stets vielbeneidetes Glück. Einige schoben's auf den Schnurrbart. Torberg behauptet: Roths Schnurrbartbinde (ein ausgestorbenes Werkzeug, um nachts den Schnurrbart in Fasson zu halten) habe dieser von Peter Altenberg geerbt, welcher gleichfalls nicht schön gewesen, aber einen die Frauen faszinierenden Schnurrbart hatte. Roth war stolz auf seine schöne Ehefrau Friedl. Sie heirateten 1922, da war er 28, sie 22. Die Ehe ging schief. Er war dauernd auf Reisen und hatte immer andere Frauen. Friedl war ab 1929 geisteskrank. Die Nazis töteten sie 1940 in der Anstalt Linz-Niedernhorst. Da war Roth längst in Paris (seit 1933).

In seinem Todesjahr (1939) sagte Roth zu seinen Pariser Kaffeehausfreunden: »Ich habe meinen letzten Roman beendet. Ich brauche keinen Arzt, ich brauche einen Priester.«

Seine »Legende vom heiligen Trinker« endet mit dem Satz: »Gebe Gott uns allen, uns Trinkern, einen so leichten und schönen Tod.« – Roth hatte keinen solchen (siehe eingangs), aber ein tolles Begräbnis.

In einem armseligen Vorstadtfriedhof fanden sich am 30. Mai 1939 eine Unmenge Menschen ein. Biograf Bronsen zählt auf: »Graf Degenfeld, Otto Habsburgs Sekretär, Couleurstudenten in voller Wichs und mit blankem Rapier, Monarchisten und Kommunisten, Ostjuden und Katholiken.«

Roth wurde katholisch begraben, er hatte behauptet, getauft zu sein. Es entstand ein Gemurmel unter den Ostjuden, sie erklärten, er sei Jude. Die Monarchisten brachten einen Kranz auf dem nur »Otto« stand. Der Graf Trautmannsdorf rief: »Dem treuen Kämpfer der Monarchie.« Egon Erwin Kisch, der berühmte Reporter und Kommunist, schleuderte voll Wut einen roten Nelkenstrauß ins Grab. Auf einem Kranz stand: »Unserem Genossen Joseph Roth.«

Juden beteten auf hebräisch. Katholiken auf katholisch. Die Waffenstudenten zogen ihre Säbel.

Ein Jahr zuvor war Roth beim Begräbnis des Dichters Ödön von Horváth, auch in Paris. Er sagte zu einem Nebenstehenden. »Die Redner soll der Schlag treffen!« Stefan Fingal, ein enger Freund Roths, zog die Schlussfolgerung: »Verzeihe, wer kann. In dem zweifachen Sakrileg der Beerdigung eines Juden durch katholische Priester lag etwas ungemein Sinnvolles, fast möchte ich sagen Versöhnliches. Es war, als würde damit der Zwiespalt in seinem Wesen ausgelöscht.«

Roth war ein glühender Österreicher und daher, ab 1938, als es Österreich nicht mehr gab, Monarchist. Im K.u.K. Österreich lebte er hinfort als in einem Wolkenreich. Ihm verdanken wir den Satz: »Österreich war mehr als ein Vaterland, nämlich fast eine Religion.«

FERDINAND von SAAR

Das freudenlose Muscheltier

Den fröhlichen, den glücklichen Dichter – gibt's den? Mir fällt im Augenblick keiner ein. Sondern ganze Schwärme von unglücklichen Dichtern und Dichterinnen. Ist Elfriede Jelinek glücklich. Aber sie soll ja auch nicht glücklich sein, sie soll dichten. Ach, wir sind Publikum und spannen die armen Genies rücksichtslos vor unseren Karren des Genusses oder der Empörung.

Bekannt reich am unglücklichen Dichten ist das 19. Jahrhundert, angeführt von Franz Grillparzer. Der außerdem ein recht angenehmes, langes Leben hatte – das Angenehme schuf er sich selber, so wie das Unglück auch. In seinem Gedicht »Abschied von Gastein« nennt er sich – und den Dichter überhaupt – »das freudlose Muscheltier«. Die Muschel produziert Perlen, aber »Krankheit nur und Schmerz entrücken das heißgesuchte Kleinod in ihr. Was euch entzücket mit seinen Strahlen, es ward erzeugt in Todesnot und Qualen.«

Ferdinand von Saar (1833–1906, geboren und gestorben in Wien) beging Selbstmord. Da war er schon 73 und krank. Sein ganzes Leben und Dichten war er – unterbrochen von schwankender Lebensfreude und schwankendem Dichterruhm – unglücklich.

Heute ist Saar halb bis ganz vergessen, und sehr zu Unrecht. In der Ehrengalerie der Unglücklichen des 19. Jahrhunderts (Grillparzer, Stifter, Lenau, dazu noch Rilke und Hofmannsthal) gebührt Saar ein bedeutungsvoller Platz. Freilich im Lärmen und Schreien, das die heutige Literaturszene erfüllt, wird ihm der nicht zuteil. Das aber ist auch ein Vorteil: die Stille des Verschollenen erfüllt das suchende Leserherz.

Saars »Novellen aus Österreich« (1877/1897) gehören zum Schönsten der österreichischen Lite-

Marie Egner,
Haus im Süden,
Öl auf Karton, um
1890

ratur. Manche erreichen Grillparzers große Geschichte von Unglück und Gelassenheit, »Der arme Spielmann« (1848).

Zwischen Grillparzer und dem Spätling Saar liegen anderthalb Generationen.
Schon Grillparzer hörte das Krachen in den Knochen des geliebten alten Kaiser-
reiches. Zu Zeiten Saars gab es, fast ein Wunder, einen großartigen Aufschwung
der Wirtschaft und der Künste. Aber unterhalb krachte und knirschte es weiter.
Und der Aufschwung der Künste und der Literatur ist einer, der voll Schönheit
ist, aber des leuchtenden Verfalls und der Todessehnsucht.

Keine von Saars »Novellen aus Österreich« geht wirklich gut aus. Sichdreinfinden,
kleines Glück und Entsagung – sind noch die besten Ausgänge. Tiefes Glück für
die armen Leute, Gefühl für die innere Armut und Schwäche des Menschen
überhaupt – in einer Sprache, deren Vollendung ihresgleichen sucht, mit einer
kunstreichen, aber nicht künstlichen, naturgemäßen Verknüpfung von Schicksals-
fäden.

In der Novelle »Leutnant Burda« nimmt sich Saar eines kleinen Infanterieoffiziers
an, der eigentlich wahnsinnig ist. Er redet sich ein, eine Prinzessin liebt ihn und
reimt sich die unsinnigsten Zufälle zusammen zum Beweis ihrer und seiner Liebe.

Im Duell gegen einen Kavalleristen fällt er, im Tod drückt er das Veilchenbukett an seine Brust, von dem er sich einredet, es stamme von der Prinzessin.

Der Veilchenstrauß geht bei den Begräbnisvorbereitungen verloren. »Ich suchte überall nach dem Veilchenstrauß – doch umsonst; niemand wollte ihn gesehen haben. Man hatte ihn offenbar in der Kehricht geworfen.«

Saar war Offizier, nahm aber bald seinen Abschied. Er weiß: das Unglück des Leutnants Burda ist eigentlich noch ein Glück. Was hat ein niederer Offizier schon zu erwarten vom Leben – Leutnant Burda aber erlebte eine große Liebe, sei's auch im Wahnwitz.

Saars Frauen – in seiner Dichtung wie in seinem Leben – sind immer stärker als die Männer. Er gibt ihnen eine Dämonie, die aus seiner eigenen Schwäche stammt. Er kommt ihnen nicht aus, den selbstgeschaffenen Dämonen. Die Novelle »Ginevra« endet so:

Die reizende, junge Ginevra wird vom Erzähler unehrenhaft verlassen, zu Gunsten einer halbverblühten polnischen Gräfin. »Er konnte nicht mehr loskommen. Schade um ihn! Er hat sich seit jeher mit Weibern geschleppt, und da wird man, wie Goethe sagt, zuletzt abgewunden gleich Wocken.«

»Wocken« – das ist die Wolle auf dem Spinnrad, die von kundiger weiblicher Hand gezupft und gewunden wird, bis sie sich spinnen lässt zu einem endlosen Faden. Saar, mittellos die längste Zeit seines Lebens, ist abhängig von Gönnerinnen, Gräfinnen, die ihn einquartieren auf ihren Schlössern, und er ist dort recht glücklich – zeitweise. Ganz lässt er sich nicht abwocken, vom Leben und den Frauen. Als er merkt: Krankheit kommt, mit dem Schreiben geht's auch nicht mehr, greift er, der Schwache, tapfer zum Armeerevolver, der im Nachtkastl bereitlag.

Wer schöne, traurige, meisterhafte Geschichten gern hat, dem sei Ferdinand von Saar dringend angeraten.

GEORGE SAIKO

Das unbegreiflich Böse

Es ertönt die Klage, wenn auch mit geringer Lautstärke, dass sich so wenig österreichische Schriftsteller mit der ersten Republik befassten und mit den in ihrem Verlauf stattgehabten Umbrüchen. Waren es Revolutionen? Februar 1934: Aufstand sozialdemokratischer Arbeiter; Juli 1934: Aufstand einheimischer Nationalsozialisten – zwei gegenläufige Bewegungen, verwandt in ihrer gemeinsamen Stoßrichtung gegen den Schmalspur-Faschismus der Regierung Dollfuss, gefolgt von Schuschnigg.

Saiko hat sich mit dem Juli 1934 auf großartige Weise befasst (»Der Mann im Schilf«). So nämlich, dass er das Zeitereignis ins Zeitlose hebt, als Aufschäumen von Angst und Wut. Maximilian Florians Bild »Die Revolution« ist direkter; der Kärntner Maler hat den Februar 1934 in den Arbeitervierteln Wiens persönlich miterlebt. Er starb 81-jährig in Klosterneuburg.

»Im Übrigen«, schreibt Saiko-Kenner Roman Roček, »war er der Einzige, der gehalten hat, was Hans Weigl sich im Exil von den österreichischen Schriftstellern erhoffte: dass viele von ihnen die Hitlerzeit mit einem dicken Manuskriptbündel durchtauchen würde.« – Saikos Hauptroman »Auf dem Floß« war 1938 schon vollendet; 1948 erschien er. Der zweite Hauptroman »Der Mann im Schilf« kam 1955. Der Rest sind großartige Erzählungen.

1892 wurde er in Seestadl, Böhmen, geboren. Lebte in Wien, war vom Vater zum militärischen Beruf bestimmt. Entging dem und studierte in Wien Philosophie, Psychologie, Archäologie, Kunstgeschichte. Als Dr. phil. trat er 1939 in den Dienst der grafischen Sammlung Albertina.

Es gelingt ihm, die Schätze dieser weltweit berühmten Sammlung sowohl vor den Bomben der Alliierten wie auch vor der Gier kunstsinniger Nazi-

Otto Erich Wagner,
Stadtplatz in Rot,
Aquarell, Tempera,
1923/24

führer zu bewahren. 1945 wird er Leiter der Albertina, 1950 verlässt er sie und
lebt als freier Schriftsteller in Wien. 1962, zwei Monate vor seinem Tod, erhält er
den Österreichischen Staatspreis für Literatur.

Was ist »magischer Realismus«? Mit dieser Etikette wurde George Saiko versehen,
ehe man ihn, der ein Großer war, überhaupt vergaß. »Magie« ist Zauberei, »Realismus« Sinn für Wirklichkeit. Tatsächlich verzaubert der Erzähler Saiko die Wirklichkeit – die er unbarmherzig wahrnimmt – durch seine Gabe für das Irrationale,
Böse, Unbegreifliche in der menschlichen Natur.

Er sei immer ein Grantscherm gewesen, wissen seine überlebenden Freunde. Und
mit Grund: Tief eingegraben in seine Kunst ist die Gewissheit: diese Welt ist voll
unerklärlicher Schrecknisse. Und wie kommt man ihr bei? Gar nicht! Inmitten
der Schlechtigkeit lauert das Glück. Kein heiteres Glück, ein ungewisses, düster
gefärbtes.

Saikos Romane und Erzählungen dringen tief in die Menschenseele und ihre
Gemischtheit aus Gut und Böse. Es gelingt ihm eine gewalttätige Spannung, eine

völlige Verschränkung von äußeren und inneren Ereignissen. Sein Realismus lebt vom Zauber des Bösen.

Auf moralische Erwägungen lässt Saiko sich nie ein. Wir sind konfrontiert mit dem Unwillen des Dichters, uns die Welt auszudeuten. Sein Amt ist Erzählung, und ihr verfallen wir.

»Der Mann im Schilf« ist ein Verborgener, auf den alle Schuld abgeladen wird. Zeit ist der Juli 1934, Putsch der österreichischen Nationalsozialisten gegen die bereits halbwegs faschistische Regierung. Die Sympathien Saikos folgen keinem ideologischen Schema. Er hält es mit dem »Anarchismus« des Künstlers: Regierung ist eigentlich immer böse, Aufstand des Volkes eigentlich immer gut. Vergeblich sucht man bei Saiko eine politische Punzierung.

Was der Dichter bietet, ist eine Zeit der Zweideutigkeit: Existenzangst und Gesinnungswut wechseln sich ab auf beiden Seiten des Bürgerkrieges. Und geben Anlass zu einem Humor, dessen Vorbild der kolossale Witz ist, mit dem die Weltgeschichte ihre schlimmsten Begebenheiten ausstattet.

»*Auf dem Floß*« lebt ein Aristokrat, der auszusterben vergaß und sich in der Republik mit gemeinen Gegenbildern seines Standes ungeniert vermischt. Das Floß ist offenkundig das Floß der Medusa: auch die noch Lebenden sind eigentlich schon Leichen. Abgestorben dem Guten, desto fähiger zum Bösen.

Saikos bösester Text ist seine Erzählung »*Die finstere Nacht*«. Man erhält Erklärungen tiefenpsychologischer Art, warum ein Frauenmörder Frauen mordet: schlimme Jugend, Vater und Mutter sind Untiere, ein verpfuschtes Leben. Aber zugleich macht sich der Dichter lustig über alle Psychologie. Was ihn interessiert, ist das für alle Unbegreifliche: für den Autor, für den Leser, für den Mörder. Wer einen Mord erklären kann, ist ein Flachkopf. Genau dieses Unbegreifliche schildert Saiko mit mörderischer Klarheit.

OTTO RUDOLF SCHATZ

Die Kraft des Schwarz-Weiß

Schwarz-Weiß ist die stärkste Farbkombination, die es gibt. Otto Rudolf Schatz (1900–1961) war ein Meister des Schwarz-Weiß. In den dreißiger Jahren, als sich die Arbeiterbewegung noch bewegte – hatte sie in dem gebürtigen Wiener einen großartigen Interpreten ihrer Ziele und Sehnsüchte. Von der Arbeiterbewegung ist heute nichts mehr übrig, Otto Rudolf Schatz aber erlebt eine Auferstehung.

Es ist tröstlich, dass die Kunst stärker ist als alle politische Bewegung. Auch die Würde und Größe der alten Arbeiterbewegung weicht der Dauerhaftigkeit von Kunst. Zunächst war auch der sozialistische Künstler Schatz im Abgrund der Zeit verschwunden, ein Wiener Kunstsammler, Wilfried Daim, holte ihn wieder herauf.

Der Sammler Daim, von Beruf Tiefenpsychologe, Autor von Büchern über und für »Linkskatholische« Erneuerung der Kirche – hat eine »goldene Nase«, so nennen es seine Freunde. Aus den Reichen der Tiefenpsychologie und des »Linkskatholischen« wechselte er längst ins größere Reich der Kunst. Mit seiner »goldenen Nase« entdeckte er unter anderem O. R. Schatz. Das Sammeln und Verkaufen von Kunst ist heute sein eigentliches Lebensfeld.

Daim ist ein wunderbarer Beschreiber von Kunstwerken. Sein Buch »Meine Kunstabenteuer« (1997) und zwei Bücher über Schatz (1978 und 1982) zeigen die Freude und Zufriedenheit, die ihm die Kunst gibt.

Daim erzählt: Schatz, der alte Sozi, fand im Sozialismus auch zu dessen Hoch-Zeiten keine ausreichende Tiefe. Seine Holzschnitte für die »Büchergilde Gutenberg«, für den »Arbeiterkalender« und sonstige einschlägige Publikationen sind oft »Illustrationen gegen den Text«, so nennt es Schatz.

Die Empörung über den Kapitalismus, die Leidenschaft der Arbeiterbewegung –
sie finden sich bei Schatz in voller Kraft. Aber er geht darüber hinaus. Der Sozialist ohne kirchliche Bindung, taucht in die Tiefe der Religion.
Seine Holzschnitte von der Kreuzigung und seine Bleistiftzeichnungen zur
Apokalypse übertreffen den wilden Expressionismus seiner »linken« Bilder. Er
findet zur »Neuen Sachlichkeit«: sie ist für ihn nicht nur eine moderne Stilrich-

tung, sondern hinter der Sachlichkeit der »wirklichen« Welt tut sich eine nochmals andere Wirklichkeit auf: Magie, Mythos, Mystik.

Schatz malte auch Ölbilder in geheimnisvoller Farbigkeit. Die Welt hinter der Welt: »Die Mondfrauen« stehen nackt in einem Licht, das erkennen lässt: Wir sollen uns in die Verlockungen des Jenseitigen hineintrauen.

Schatz schuf ein großes Triptychon, drei zusammengehörige Gemälde, außer den »Mondfrauen« zwei auf den ersten Blick ganz wirklichkeitsnahe Szenen aus dem Prater: »Schaustellung« und »Ballonverkäufer« – auf den zweiten Blick schon merkt man das Hereinspielen des Übersinnlichen (1929).

Ebenso eigentümlich ist der literarische Teil seines Werkes. Schatz hinterließ »Kriegsbriefe«, die von Daim gesammelt und publiziert wurden.

Es sind Briefe, wie sie im Zweiten Weltkrieg tausendfach geschrieben wurden – aber als Dokumente eines gräulichen Alltags gewinnen sie wie seine Malerei der »Neuen Sachlichkeit« eine Dimension, die drüber hinausreicht.

Schatz war »Arier«, aber tiefrot, war stets mit einem Fuß im Räderwerk der NS-Mordmaschine, entglitt ihr aber. Seine (zweite) Frau war Jüdin, Tochter eines reichen Brünner Textilhändlers. Es war eine Geldheirat, keine glückliche Ehe. Schatz ließ sich nicht scheiden. Er rettete seine Frau und wahrscheinlich auch sich. Sie entging dem KZ, er dem Militärdienst (als »wehrunwürdig«). Als die beiden dann doch verhaftet wurden, war der Krieg genau rechtzeitig zu Ende.

In den Schatz-Briefen herrscht – aus Gründen der Zensur; Kritik war lebensgefährlich – ein derber, geradezu ordinärer Optimismus. Er schreibt stets vom »Endsieg«, meint aber damit *sein* und seiner Familie und Freunde Überleben.

1944: »Uns kann geholfen werden, aber wir lassen uns von Zeitkrankheiten nicht anstecken. Jeder trachtet halt, so gut wie möglich herauszusteigen. Versippte und Mischlinge kommen ins Arbeitslager. Sonst ist es ziemlich rührig, die Sonne scheint, und das Wasser ist nass. Anderes zu schreiben ist ungesund.«

RICHARD von SCHAUKAL

Wenn die Schmetterlinge ganz nah fliegen

Es gibt Dichter, deren Land der Sehnsucht die eigene Jugend ist und bleibt, und es sind nicht die schlechtesten. Sie rühren uns tief und mit gutem Grunde.
»Weiß einer noch, wie das ist: klein sein? Hinaufsehen zu den Großen und mit sich allein sein? Wenn die Schmetterling ganz nah fliegen ...«
So beginnt eines der schönsten Gedichte des österreichischen, genauer: altösterreichischen Lyrikers Richard von Schaukal, geboren in Brünn 1874, gestorben in Wien 1942. Das Gedicht steht im Band »Herbsthöhe«, 1933. Längst vergriffen.
Schaukal schrieb nicht nur Gedichte, auch Novellen, Essays, Aphorismen – ein Meister der klugen, überschaubaren Form. Fast nichts davon ist noch im Umlauf und in Erinnerung.
Heute ganz ungewohnte Sorgfalt der Sprache, heute verstoßene Lust an der Schönheit – man denkt sich, und muss ein bisschen lachen über die eigene Naivität: das darf ja nicht wahr sein. Aber da steht es (»Von Kindern, Tieren und erwachsenen Leuten«, 1935):
»MAMA ... Eines ist sicher: die selige Kindheit, als deren zaubermächtige Fee die Jugendlich-Anmutige, Gnadenvolle, vor den sehnsüchtigen Blicken meiner Seele steht ..., anfang- und endlos wie der Garten des Paradieses ... heute kenne ich den Sinn der Traurigkeit, die sich in so viele täuschende Gewänder hüllt: es ist das Heimweh nach der Kindheit.«
Der Mama-Verzauberte wird Ministerialbeamter, 1918 geadelt, kaisertreu bis in die Knochen. Weil ihm Republik und Demokratie gar nicht passt und er eine reiche Frau hat, nimmt er seinen Abschied als Sektionschef. Den ihm ganz entgegengesetzten Monarchie-Feind Karl Kraus verehrt er – was für beide spricht.
Unter Schaukals Aphorismen sind Edelsteine (»Zettelkasten eines Zeitgenossen«, 1913).

Ludwig Heinrich Jungnickel, »Schmetterlinge«, Entwurf in Schablonentechnik, 1910

»Das Kleinliche ist das eigentlich Menschliche. Kein Tier ist kleinlich.«

»Die Welt lässt sich nicht denken. Das logische Denken erreicht sie nie.«

»Die Tatsache der jeden Schmerz heilenden Zeit hat, zu Ende gedacht, etwas Trostloses, ja Gemeines.«

»Die Kultur ist rot: Es lebe der Fortschritt.«

»Immer enger schließe ich mich an Kinder, Tiere, Bäume und Geräte.«

»Was Menschen früh zu tun im Stande sind (man muss dabei denken, dass ›früh‹ außerhalb unserer eklen Städte reine, kühle Luft heißt, betaute Wiesen, erwachende Wälder, zwitschernde Vögel): die Zeitung zu lesen.«

Schöner noch als über die Kinder kann Schaukal über die Hunde schreiben, als »Freunde, herzliche Freunde, menschlichere Freunde, als Menschen je sein können, da ihnen alle Nebengedanken, wie überhaupt die Gedanken, die bösen, alles Leben fälschenden Gedanken, versagt sind oder − erspart ...« (»Von Kindern, Tieren und erwachsenen Leuten«, 1935).

Seine konservative, wenn man's böser sagen will: reaktionäre Seele führte den so feingebauten Schaukal auf politische Abwege, die ziemlich schrecklich sind.

Einen Text »Wir und die Juden« (1919) beginnt er zwar mit: »Wir Einzelne sind mit einzelnen Juden befreundet, wir alle mit ihnen durch gemeinsame Sprache und Kultur verbunden ...« – Dann aber folgen philosophisch verblasene Gegensatzpaare wie: »Der Jude ist Materialist, der Arier Metaphysiker.« Damals war ein nicht-mörderischer Antisemitismus noch möglich.

Wie konnte ein Dichter nach Art Schaukals sich mit Rechtsextremen mancherlei Art einlassen? Er schrieb eine Starhemberg-Hymne, er hatte mit NS-Organen flüchtige Berührung, war aber als Erzösterreicher Anschlussgegner.

Vor wirklich schlimmen Ausrutschern bewahrte ihn sein Gottesglaube, und gerne wendet man sich von seinen politischen Peinlichkeiten wieder hin zu seinem Spätwerk, in welchem sich herrliche Gedichte finden, die einen wieder versöhnlich stimmen.

> »Das ist der Vogel Zeitlos, der zieht
> hoch seine Kreise hinauf ins Blau:
> wer ihm einmal recht nachgeschaut hat,
> sieht
> alles, was unten geblieben, grau.
> Ihm scheint die Welt wie mit Wachstuch
> nur zugedeckt, eingepackt, leichensteif
> kalt;
> sein Herz hört er ticken laut als eine
> Totenuhr.
> Und es heißt von ihm: Er ist alt.«

Wer rettet uns? Bei Schaukal sind's die Kinder. Das Kind ist der Bote Gottes.

> »Meinst manchmal, müder Mut
> möchte nicht weiter taugen:
> Ein Blick in Kinderaugen
> macht alles wieder gut.
> Und eine Kinderhand
> gefasst und festgehalten,
> führt über Todesspalten
> dich in begrüntes Land.«

Beide Gedichte aus dem Band »Herbsthöhe« (1933). Schaukal litt schauerlich an Gicht. Die letzten Lebensjahre verbrachte er im Rollstuhl, dann noch monatelang im Bett. 1942 starb er, erst 68-jährig.

ROBERT SCHINDEL

Schwerer wiegt die Liebe

Muss ein moderner Dichter unverständlich sein? Aber nein, ein guter Dichter ist immer gut verständlich, als Ergebnis gemeinsamer Bemühung: Der Autor strengt sich an, der Leser strengt sich an, und was herauskommt, ist eine gemeinsame Freude: ein Schreibvergnügen und ein Lesevergnügen. Bei Robert Schindel, Wiener, 55, kommt dazu noch die Ironie.

Liest man in seinem großen Erfolgsroman »Gebürtig«, meint man streckenweise, er ist ein ganz Moderner, jeder Satz ungewöhnlich und ausgeklügelt. Dann aber, im Weiterlesen, wird's auf einmal eine schlichte, fesselnde Geschichte seines Lebens. Ich glaube, er macht das absichtlich. Jedenfalls macht er es gut.

Die Lebensgeschichte Robert Schindels und seiner Familie ist ein Abenteuer in unserer Zeit. Seine Eltern sind Juden und überdies Kommunisten. Es gelingt ihnen die Flucht aus Österreich. Und jetzt kommt's: Mitten im Krieg, 1943, kehren sie unter falschem Namen nach Österreich zurück, von Frankreich aus.

Das ist tollkühn, wahnwitzig, ein ganz unrealistischer Wunsch ihrer Partei: sie sollen hier den Widerstand gegen Hitler organisieren, getarnt als »elsässische Fremdarbeiter«.

Es geht schrecklich schief. Sie werden erwischt und nach Auschwitz deportiert. Der Vater wird 1945 in Dachau umgebracht. Die Mutter überlebt.

1944 kommt Robert Schindel zur Welt, mitten in der Nazizeit und mitten in der österreichischen Provinz (Bad Hall bei Salzburg). Unter falschem Namen wird er, das Judenkind, in ein Heim der »Nationalsozialistischen Volkswohlfahrt« eingeschmuggelt.

Carry Hauser,
Traum, Aquarell,
1923

Nach dem Krieg geht seine Mutter auf die Suche nach ihm und findet ihn glücklich. Sie erkennt ihn an einem Muttermal. In Schindels Dichtung knistert es beständig von diesem unglaublichen Leben und Überleben.

Kann er ein solches Schicksal anders darstellen als mit einer großen Portion Ironie, die seine Leser mitreißt? So in Schindels Gedicht »Vineta 1«:

»Ich bin ein Jud aus Wien, das ist die Stadt
Die heiße Herzen, meines auch, in ihrem Blinddarm hat
Die schönste Stadt der Welt direkt am Lethafluss
Ich leb in ihr, in der ich so viel lachen muss …
Ach diese Stadt ist nicht fürs Alpenglühen da
Sondern sie lebt, wie ich, längst in Diaspora«

Der Lethafluss ist bei den alten Griechen das Gewässer des Vergessens. Die Erinnerung ist bei Schindel stets gegenwärtig und das Vergessen ist dazu die Kehrseite. Wenn man sich immer nur erinnert, hat man keine Kraft zum eigenen Leben. Schindel hat reichlich Kraft.

Er begegnet einer Katholikin, die für den jüdischen Dichter anziehend ist, aus dem Kontrast zwischen Erinnern und Neu- und Anders-Anfangen. Es gelingt ihm der Ausbruch aus der Welt seiner altkommunistischen Familie und auch aus einer Welt, die nur aus jüdischen Freundinnen und Freunden besteht.

»Diaspora« heißt das letzte Wort in seinem Gedicht. Diaspora ist die Zerstreuung, speziell die der Juden über die ganze Welt, die Vertreibung und Emigration. Und der Dichter, der doch ein ganz moderner ist, sagt: auch Wien, sein Wien ist in Vertreibung – ganz altmodisch meint er: die neue Zeit zerstört die alte Stadt.

Wien deklariert er als seine »Wortheimat«. Eine Heimat, gemacht aus Lebenslust und Depression; man muss an Weinheber denken. Aber Österreich-Liebe und Österreich-Depression, beide gut begreiflich, halten einander nicht die Waage. Bei Schindel wiegt schwerer die Schale der Liebe.

Der Dichter hat eine linke Jugend, längst aber ist er jenseits des Links-Rechts-Zaunes. Er überspringt ihn und landet zu seiner eigenen Überraschung – auf der falschen Wiese, dort nämlich, wo die Kräuter der politischen Unkorrektheit wachsen.

Kaum sieht er wo eine ideologische Tafel »Betreten verboten«, schon tritt er genau dorthin. Das ist erfrischend in einer Literaturlandschaft, die hauptsächlich aus Zäunen und Mauern besteht. Jeder Schreiber gehört zu seinem Rudel, und der Leser soll selber sehen, wo er bleibt. Bei Schindel hingegen wird er versöhnt durch das Unerwartete.

Einst gab es, mit wunderbarer Fruchtbarkeit, ein jüdisch-deutsch-österreichisches Zusammenleben in Literatur und Kunst. Das ist vorbei seit den NS-Greueln. Kommt es wieder? Schindel nennt in seinem literarischen Abstammungsnachweis Hölderlin und Heine, Trakl und Celan, und für seine leichtere Muse auch Raimund und Qualtinger.

Aus der Vertreibung in neue Verwurzelung – in Schindels Gedicht »Nullsucht 5« gibt es die Zeilen:

>»Oder – ach lass es – die Brandung
>Eine Ankunft für mich – keine Landung«

Keine Landung in Sicherheit, aber eine geglückte Landung.

FRIEDRICH SCHLEGEL

Starb er an zu viel Gansl?

Er starb mit 57, weil er spätabends eine zu große Portion knuspriges Gansl aß, mit Rotkraut, gedünsteten Äpfeln und einem großen Knödel. Das behaupten seine Feinde, und er hatte und hat deren viele, die ihn für einen Reaktionär halten, einen unerlaubt romantischen, katholischen, verfressenen. Seine Freunde behaupten das Gegenteil, mit dem Federkiel in der Hand sei er gestorben, bis zuletzt unermüdlich schreibend (1829 in Dresden, geboren 1772 in Hannover).

Die Wahrheit liegt in der Mitte. Dick war er wirklich. Ein Mann von unheimlicher Fülle der Gedanken und Gefühle. In seiner Jugend, schlank und rank, schrieb er, 27-jährig, den Briefroman »Lucinde«, eine freizügige, hochsexuelle Liebesgeschichte, fast pornografisch. Von fortschrittlichen Geistern anfänglich sehr gelobt, wurde er von ihnen desto mehr geschmäht in seinen letzten 20 Lebensjahren, die er in Wien verbrachte, im Dienste des Kaisers und des Kanzlers Metternich. Und doch war dies die Zeit seiner Reife. Der Dicke war auf dem Gipfel seiner Kraft, als Dichter, Literaturkritiker, Historiker, Kultur- und Religionsphilosoph.

Ich besitze einen handlichen Band seiner Werke, »Kritische Schriften«, 1970, leider längst vergriffen. Es ist ein Nachtkastelbuch. Wenn man zu allem schon zu müd ist, Schlegel kann man immer lesen, seine Fragmente sind kurz geschürzt, es sind Blitze aus einem verschollenen Geisteshimmel. Sie machen wach, und gleich drauf schläft man ein, glücklich, dass es so ein Genie gibt, wenn auch nicht heute.

Ich blättere von Eselsohr zu Eselsohr.

»War nicht alles, was abgenützt werden kann, gleich von Anfang schief und platt!«

»Die Römer wussten, dass Witz eine prophetische Gabe ist. Sie nannte ihn Nase.«

Rudolf von Alt,
Stephansdom,
Aquarell auf Papier,
1832

»Ein Fragment muss von der umgebenden Welt ganz abgesondert und in sich selbst vollendet sein, wie ein Igel.«

»Liberal ist, wer von allen Seiten und nach allen Seiten wie von selbst frei ist; wer alles, was ist und wird, heilig hält und an allem Leben Anteil nimmt, ohne sich durch beschränkte Ansichten zum Hass oder zur Geringschätzung führen zu lassen« (geschrieben 1781 auf dem Höhepunkt der Französischen Revolution, als alle unterm Fallbeil starben, deren Verbrechen in falschen Ansichten bestand).

»Willst du die Menschheit vollständig erblicken, so suche eine Familie.«

»Das herrschende Prinzip der modernen Dichtung: dass viele ihre vortrefflichsten Werke ganz offenbar Darstellung des Hässlichen wird.«

»Was in gar keiner Beziehung aufs Reich Gottes steht, ist Nebensache.«

Ich muss jetzt aufhören zu zitieren. Man kommt ja bei Schlegel zu keinem Ende, außer mit Gewalt. Ich brauche noch jeden Platz für die 20 Wiener Jahre des Friedrich Schlegel, der sich aus Deutschland sozusagen ausbürgerte, um in Österreich zu leben – nicht im vorhandenen Österreich, das ihm gar nicht so gefiel, als vielmehr in einem idealen Österreich, das er als Hort des Erhaltenswertens hinaufhob in einem Zeitalter des Chaos und des Untergangs aller ihm, dem Romantiker, teuren Werte.

Das war natürlich übertrieben, aber das Genie übertreibt auf eine Weise, die uns Wahrheit bringt und für die wir gefälligst dankbar zu sein haben.

Von der momentanen KFSA, »Kritische Friedrich Schlegel Ausgabe«, besorgt von Ernst Beller, 35 Bände, 1958 ff., besitze ich nur einen einzigen Band, den siebenten. Er enthält die »Vorlesungen zur neueren deutschen Geschichte«, die er in Wien 1810/11 hielt, vor illustrem bürgerlichen und adeligem Publikum, einschließlich kaiserlicher Prinzen und Prinzessinnen. Schlegel war damals total »in«, und seine Verherrlichung Österreichs, besser: der österreichischen Idee, nehme ich mit angemessener Begeisterung zu mir. Der Band ist zu schwer fürs Nachtkastel, aber wert aufrecht gelesen zu werden, nächtlich oder täglich.

Schlegel ließ nichts aus, um sich bei Zeitgenossen und Nachfahren Schiefer einzuziehen. Vom Liberalen wurde er zum Konservativen, bei fortdauernder Liberalität. Vom Republikaner wurde er zum Monarchisten, samt Vorschlag, dass Demokratie und Monarchie ideal vereinbar wären. Vom protestantischen Pfarrersohn wurde er zum glühenden Katholiken, samt Vorstellung einer ideal liberalen Kirche.

Und verheiratet war der Katholik sehr glücklich mit der geschiedenen Jüdin Dorothea Veit, die an Genie ihm gleichkam. Was noch? Preußisch gesinnten Deutschen war seine großösterreichische Gesinnung verhasst. Seine Vision war nichts weniger als die »Austriakisierung Deutschlands«.

Gerd-Klaus Kaltenbrunner, der geistreiche konservativ-liberale Kulturphilosoph, fasst das so zusammen (in »Mut«, August 1989): »Wie kann denn ein Konservativer und Konvertit so geistreich sein? Welche Impertinenz, dass ein ›Rechts-Intellektueller‹ witzig kritisch und urban zu sein wagt!«

ARTHUR SCHNITZLER

Süßes Mädel und Tod

Arthur Schnitzler (geboren 1862 in Wien, gestorben 1931 in Wien, aus wohlhabender jüdischer Familie) zeigte in seinem berühmten »Reigen« (1904 gedruckt und gleich verboten, auf dem Theater erst 1920, skandalumwittert und mehrfach verboten) die Macht des Geschlechtstriebes. Heute ist man Schärferes gewohnt, damals war's unerhört. Wie immer dasselbe menschliche Personal sich abwechselt in immer demselben Sexualakt, das ist höchst eindeutig und höchst poetisch dargestellt, eine Entlarvung der damaligen Verlogenheit und eine zeitlose Verwebung von Leben, Liebe und Tod.

Seit Schnitzlers Tagebücher veröffentlicht sind, weiß man genau, wie stark und wahllos sein eigener Sexualtrieb war. Der »Reigen« enthält auch eine Selbstbiografie, kaum verhüllt.

Frauen spielen die große Rolle in Schnitzlers Leben und Werk.

Es geht um Sex, aber es geht nicht *nur* um Sex. Mit der Feier der Sinnlichkeit des Menschen verknüpft Schnitzler das Ungenügen aller bloßen Sexualität. Alle Partner im Sexual-Reigen empfinden in der Tiefe ihrer Seele Unsicherheit, Unzulänglichkeit und Trauer, die durch Sexualität – und sei sie noch so schön – nicht ausgelöscht wird. Sondern im Gegenteil: die Trauer kommt erst richtig heraus, die Trauer des Sexualaktes wie die Trauer des Menschenlebens überhaupt. Das erst macht den »Reigen« zum großen Kunstwerk. »Die Melancholie ist darin viel stärker als die Lust«, sagt Schnitzler über sich selbst.

Aber sein Dichterthema ist: das »süße Mädel« und der Tod.

Schnitzler bleibt nie an der Oberfläche. Auch wo ihn die Literaturhistoriker erfreut dem liberalen, toleranten, aufgeklärten Denken zurechnen – und da haben

Friedrich Ritter von Amerling, Lesendes Mädchen, Bleistift, Feder, laviert, o. J.

sie ja Recht damit – auch dort schwingt immer ein Untergrund mit: aus dunklen Ahnungen, unentrinnbarem Schicksal, unbegreiflichem Leben.

Freilich lässt sich auch das flach wegerklären: Schnitzler unterliegt, unbewusst oder halbbewusst der Stimmung seiner, in der alle materielle Sicherheit zerbröselt. Die finstere Furcht geht um vor den fessellosen neuen Kräften der Wirtschaft (Aufschwung des Kapitalismus).

Das ist schon richtig. Übrig bleibt aber: nicht unsichere Zeitumstände »erklären« schon die Tiefe Schnitzlers, sondern er glaubt – wider Willen, denn er ist ja Anhänger der Vernunft – an die zeitlose, stets vorhandene Anbindung des Menschen an eine dunkle, geheimnisvolle Macht, die ihn bestimmt. Hier wird der Skeptiker und Atheist Schnitzler religiös auf seine Weise. Gar so ungewöhnlich ist das nicht. Atheisten sind oft verkappte Gläubige.

Schnitzler sagte zu einem Freund: »Im Beisel ›Erdenleben‹ bestellte ich mir eine Portion Glück«. Aber sie reicht ihm nicht. Im Leben wie im Werk wollte er mehr. Schnitzler, zu seiner Zeit weltberühmt, wird nicht mehr gar so viel gespielt und wahrscheinlich noch weniger gelesen. Das »typisch Schnitzlerische« ist der Ton und Duft einer verzauberten und verzweifelten Übergangszeit, voll Lebensgenuss und voll Wehmut – die beiden gehören immer zusammen! Das ist heute nicht so gefragt. Unsere Zeit, desgleichen eine Zeit des Übergangs, hat nichts von der Eleganz sowohl des Genusses wie der Melancholie. Wir sind grob. Wir brauchen brutaleres Theater- und Lesefutter.

Und wir kriegen's ja auch. TV- und Video-Sex vertreibt uns den wirklichen Sex. Schnitzler, der seine Zeit realistisch schildert, und wir finden's fad – überhöht die Realität:

Eigentlich geht es ihm um die Macht der Träume, die wahrer sind als die Wirklichkeit. Er bewunderte deshalb Sigmund Freud, den großen Traumdeuter.

Die Schrumpfung Schnitzlers auf einen Autor des »Wien um 1900« ist ein großes Unrecht an diesem Autor, dessen Themen und Stilformen von unglaublicher Vielfalt und Zukünftigkeit waren.

Schnitzler ist seinem Willen nach ein Anhänger der Vernunft. Aber, ob er's will oder nicht, Ahnungen, Träume und Tod sind in seinem Werk immer wieder stärker als die bloße vernunftgemäße Zeitkritik. Darin ist er ein Mann der Zukunft, dass er diesen Themen freien Lauf lässt. Es sind die Themen, die den Verlauf der modernen Literatur bestimmen werden.

Eher noch als kritischer Aufklärer ist Schnitzler ein versteckter Mystiker. Die noch vorhandenen Schnitzler-Experten schmerzt dies in ihrem kritischen Sinn. Daher übersehen sie's einfach.

In seiner Erzählung »Die dreifache Warnung« (1911) steigt ein junger Mann auf einen Berggipfel, obwohl er in den Lüften eine geheimnisvolle Stimme hört, dreimal, die ihm den Tod prophezeit. »Wer bist du?«, fragt er ins Leere.

Er kriegt Antwort, die ihn nicht klüger macht: »Bestimmung nennen mich die Abergläubischen, die Toren Zufall, und die Frommen Gott. Denen aber, die sich die Weisen dünken, bin ich die Kraft, die am Anfang aller Tage war und weiter wirkt unaufhaltsam in alle Ewigkeit.«

Es ist eine Art Religionsbekenntnis des ungläubigen Schnitzler. Ein Bekenntnis, wie er es mit gleicher Eindringlichkeit zu der von ihm geschätzten Vernunft nie ablegte.

Wie ernst ist es ihm, dem großen Meister auf dem Klavier der Stimmungen, dessen Skala vom finsteren Humor bis fast zum Zynismus reicht? Dem Jüngling, knapp bevor er abstürzt, war es »als fliehe an den Rändern des unsichtbaren Himmels ... ein unbegreifliches Lachen hin«.

Schnitzler gilt immer noch – das ist die Ungerechtigkeit – beim Theaterpublikum als Dichter des »süßen Wiener Mädels« und der zugehörigen unernsten jungen Männer. Jener Schnitzler, der Mystiker, bleibt noch zu entdecken.

Wenn wir uns dazu die Mühe nehmen. Sie würde sich lohnen.

BRIGITTE SCHWAIGER

Die Weisheit der Kinder

Brigitte Schwaiger hat sich die Kraft bewahrt, ein Kind zu sein. Ihr Roman »Der Himmel ist süß« erreichte eine Spitzenauflage (80.000), als er 1984 erstmals erschien. Die Neuauflage (1999, überarbeitet) verdient das gleiche Schicksal, nämlich: dass Leute merken und lieben, wie schön es ist, ein Kind zu sein – lebenslänglich. So genau und scharf zu sehen und zu denken wie ein Kind. Frau Schwaigers Roman handelt ja nicht davon, dass eine Frau im mittleren Alter sich *erinnert*, wie sie als Kind war – sie macht das sehr schön und auch sehr witzig –, aber der Kern ist: sie ist ein Kind *geblieben*. Und das ist sehr viel mehr. Brigitte Schwaiger nennt ihr Buch einen »Gesellschaftsroman«. Und in der Tat wären wir viel besser dran, mit unserer Gesellschaft, wenn wir das Kind in uns bewahrten: Wenn wir die Kindheit nicht für eine spezielle, leider oder jedenfalls rasch vorübergehende Lebensphase hielten, sondern für eine gültige, ständige *Eigenschaft* des Menschen. Der Mensch als ewiges Kind ist tiefer, friedlicher und begabter – er kann und will Dinge, die er als Erwachsener sich nicht mehr zutraut. Der Mensch, der nichts als erwachsen ist, schrumpft und verkümmert – und demgemäß kümmerlich ist eine Gesellschaft aus Erwachsenen, die ihre Kindlichkeit verloren haben.

Das ist die große Botschaft der hoch begabten Autorin. Auf höchst einfache Weise kann Brigitte Schwaiger darstellen, dass Kinder nicht weniger sehen und verstehen als Erwachsene, sondern mehr. Und auch wenn Kinder erwachsenes Denken und Sprechen missverstehen – »Das verstehst du noch nicht« ist ein Standard-Satz der Erwachsenen –, die kindlichen Missverständnisse sind für uns lehrreich und reichen in die Tiefe. Aber Frau Schwaiger

Rudolf Wacker,
Puppe mit Streich-
holzschachtel,
Mischtechnik auf
Holz, 1930

belehrt uns nicht, sondern macht uns Spaß: sie ist eine Meisterin der kindlichen und kindhaften Hauptsätze. Treffsicher erzeugt sie Leselust, Nachdenken und Lachen.

»Wie kommt das Salz ins Meer« hieß ihr erstes Buch, auf Anhieb beinahe ein Welterfolg. Gertrud Fussenegger nannte dieses Werk »ein Kultbuch«. Ja, wie kommt das Salz ins Meer? Auch der größte Gelehrte weiß das nicht so genau. Die Frage ist ein Beispiel dafür, dass kindliches Denken nicht dumm ist, sondern tiefer geht als die Arroganz der Erwachsenen.

Auch Schwaigers erstes Buch geht aus von der Weisheit der Kinder. Sie schildert – und da ging das Massenpublikum mit! – die Kränkungen, Verheerungen und

Wunden auf dem Weg zur erwachsenen Frau. Sie weiß auch allerlei Ursachen dafür, z. B. die unverständigen Männer. Aber von einem bösen, verbitterten Feminismus »hält sie sich instinktiv fern« – auch das ein Grund für den Erfolg dieser Autorin.

Brigitte Schwaigers Lebens- und Erfolgskurve lief nicht geraden Weges nach oben. Dazu ist sie zu gefühlvoll und reizbar. Es folgten schöne, echt Schwaigersche Romane, aber der große Erfolg des Romans »Wie kommt das Salz ins Meer?« ließ sich nicht fortsetzen.

Schwaiger schreibt so gut, weil sie versteht, wie der Mensch – die Frau zumal – sehr leicht ins Unglück gerät und sehr schwer wieder herauskommt, wenn überhaupt. Die Autorin trat mit großer Zielgenauigkeit in so ziemlich alle Fettnäpfchen, die auf ihrem Lebensweg aufgereiht waren, Ehe-Näpfchen vor allem.

Natürlich muss die Person des Schriftstellers, damit sie gut wird und bleibt, auch in seinem persönlichen Leben Unglück und Leiden durchmachen. Bei Brigitte Schwaiger wär's allmählich genug mit solchen Erfahrungen, die den Schriftsteller bilden.

Große Männer, von denen man das Autorenhandwerk lernen kann, über das eigene natürliche Talent hinaus, auch von solchen wurde sie genügend konsumiert. Friedrich Torberg – als Mensch und Mann sehr schwierig, sagen wir's einmal so – war wichtig für die (damals kleine) Brigitte Schwaiger. Sie kochte in seiner Hexer-Küche aus brillantem Stil und Humor.

Ich freilich wünsche mir für sie eine große Rückkehr zu dem ihr Eigenen. Sie schrieb ja außer große Romane auch sehr witzige Theaterstücke. Ihr Sohn ist jetzt schon 11½. Ihre Rückkehr zum Schreibtisch steht bevor.

Vielleicht wächst ihr nächster großer Roman aus ihrer Vorliebe und Begabung fürs Malen und Bildhauern. Ihre Sprache besteht aus Farbe und Formen; nie aus Papier. Das »einfache« Publikum und die einfache Brigitte Schwaiger – sie haben eine große wechselseitige Vorliebe füreinander. Das ist den Großkritikern des deutschen Feuilletons schon immer verdächtig gewesen. Aber genau diese »Einfachheit« macht die Autorin – nun 50 – zu einer Figur neuer Hoffnung.

Ein Kritiker wackelt mit dem Zeigefinger (Hans Wolfschütz), er wirft ihr vor die »Aussperrung der sprachanalytischen bzw. erkenntnistheoretischen Ebene«. Hurrah, genau solche Autoren brauchen wir.

CHARLES SEALSFIELD

Das Blockhaus im Feuer

Unsere österreichische Literatur ist eine so reiche Schatzkammer, dass wir's uns leisten, manches Prunkstück gar nicht zur Kenntnis zu nehmen. Wir schauen lieber in der Bestsellerliste nach, welcher Schmarrn gerade in ist. Das ist ungerecht ausgedrückt, aber nicht sehr.

»Frisch vorwärts! Ah, diese heillosen Nebenarme sind zum Halsbrechen! – Mit diesem aufmunternden Zuspruch übersetzte ein 28-jähriger Reiter auf einem halbwilden, obwohl sehr matten mexikanischem Hengst soeben einen der zahllosen Flussläufe, die die Attacapas von den Opelousas trennen.«

Macht denn das nicht Lust zum Weiterlesen? Es kommt noch viel wilder, im Roman »Blockhaus im Feuer«, einer von den zahllosen, die Charles Sealsfield schrieb. Er ist Altösterreicher, geboren 1793 in Poppitz bei Znaim, gestorben 1864 in Solothurn, Schweiz. Eigentlich hieß er Karl Anton Postl, was er aber erst in seinem Nachlass offenbarte. Er war ein entsprungener Priester, geflüchtet nach Amerika, wo er heimisch wurde und bald zu den dazumals beliebtesten Schriftstellern und Journalisten gehörte, nicht nur »drüben«, sondern auch in Deutschland.

Sein Werk erschien auf Deutsch in 18 Großformatbänden im Verlag Metzler, Stuttgart, 1842–1846, Auflage 10.000 Exemplare, die bald vergriffen waren. Heute ist er gänzlich verschollen. Gottfried Berger, der Wiener Buchhändler, ist einer der ganz wenigen Kenner des Lebens und Werkes von Sealsfield/Postl. In seinem sehr lesenswerten Band »Amerika im 19. Jahrhundert, die USA im Spiegel zeitgenössischer deutscher Literatur« (bei Molden verlegt) schreibt Berger:

»Zweifellos das beste und schärfste Amerikabild des 19. Jahrhunderts verdanken wir dem phantasievollen

*Wilhelm Thöny,
New York, Brooklyn
Bridge, Öl auf
Papier, 1933*

Realisten Karl Postl ... als einer der ersten schreibenden Deutschen Augenzeuge eines der größten Kolonisationswerke ...«

Postls erster deutscher Verleger war Cotta, der auch Goethe und Schiller herausbrachte. Cotta hielt ihn finanziell knapp, aber schließlich wurde Postl doch wohlhabend, teils durch bessere Verleger jenseits und diesseits des Atlantik – teils aber auch durch Handel mit Baumwolle und Cochenille, ein wertvoller roter Farbstoff aus getrockneten Weibchen der Schildlaus. Sealsfield verbrachte seine späteren Lebensjahre in der Schweiz, wo auch schon seine Romane und Essaybände verlegt worden waren. Nach Österreich ist er nie zurückgekehrt. In seinem Frühwerk »Austria as it is« (»Österreich wie es ist«, 1828) lässt er seinen Zorn los auf die absolutistische Monarchie des Kaisers Franz.

Bei aller Begeisterung für Amerika und die dort vorgefundene Freiheit litt Postl schon auch unter Heimweh. Sein amerikanisches Pseudonym »Sealsfield«, das er lebenslänglich trug, ist eine wörtliche Übersetzung von »Siegelfeld«, einer Gegend bei Znaim, die er besonders liebte.

Postl/Sealsfield ist ein liberaler, republikanischer Geist, und das kommt in allen seinen Romanen und Essays über die USA deutlich hervor. Priester wurde er, weil es die Eltern so wollten. Paradox ist, dass es adelige Herren waren, die dem unglücklichen Priester liberale Anschauungen nahe brachten und ihm auch bei der Flucht nach Amerika behilflich waren, die er allein nie geschafft hätte.

Postl fand als Priester und Sekretär des Prager Ordensstiftes der Kreuzherrn

Zutritt zum böhmischen Adel (Grafen Saurau, Clam-Gallas unter anderem). Der altösterreichische Adel war unter dem Kaiser Franz und seinem Kanzler Metternich in mancher Hinsicht eine Pflegestätte des gemäßigten Liberalismus, die einzige einigermaßen geduldete. Postl hat zeitlebens dem Adel gute Nachrede bewahrt und hielt sich auch in den USA eher auf Seite des Südens, der aristokratischen Baumwollpflanzer, Sklavenhalter, die dennoch – ein weiteres Paradox jener Zeit – Republikaner waren, nämlich für die amerikanische Freiheit und gegen die englische Monarchie.

Sealsfield/Postl fühlte sich am wohlsten im amerikanischem Süden, dort sind auch die Helden seiner Romane zu Hause. Er kannte auch den Norden der USA und schrieb über ihn. Aber die Demokratie des Nordens, mitsamt ihrer Industrie und Finanzoligarchie, war ihm herzlich verdächtig. Seine großartigen Schilderungen der unberührten Landschaft Amerikas haben zum Hintergrund: dies alles wird durch die Industrialisierung kaputtgemacht. Er war ein Prophet.

Sealsfields letzte Reise in die USA, 1853–1859, nach 17-jähriger Abwesenheit nahm ihm viel von seinem Enthusiasmus für Amerika. Er, »stolzer Bürger der Vereinigten Staaten«, so nannte er sich – sah Natur und Freiheit schwinden. Die gnadenlosen Ausrotter der Indianer erfüllten ihn mit Grauen. »Ich fand die materiellen Fortschritte ungeheuer, die politischen weniger so, die geistigen noch weniger ... Der gegenwärtige Moralzustand der Vereinigten Staaten ist ein grässlicher.«

Das mag übertrieben sein, aber ein Stück Prophetie steckt auch darin.

> Das Gericht
> Es war das erste Mal, dass wir eine Idee von der Art und Weise bekamen, wie Republikaner sich selbst regieren, und ich muss gestehen, wir waren aufgeregt ... haben weder Gerichtsgebäude, Gerichtsbank noch Advokaten; denke aber, kann Gerechtigkeit gepflegt werden, auch ohne Gerichtshaus, Perücken und Richterstuhl. Seht, dass wird Gerechtigkeit gepflegt ohne Polizisten und Galgen, ei, und so wirksam, als oben in den Staaten, und brauchen keinen Advokaten zu bezahlen. Hätten ihn oben aufgeknüpft, den Bösewicht. Haben ihm bloß neununddreißig aufgemessen, vielleicht ein Dutzend drüber, mag sein; aber Teer und Federn werden ihm die Haut schon wieder heilen.
>
> *Aus: Das Blockhaus im Feuer (Nathan, der Squatter-Regulator oder Der erste Amerikaner in Texas), 1837*

JURA SOYFER

Ein Komet namens Konrad

Sechsundzwanzig Jahre alt, wurde er 1939 im KZ Weimar-Buchenwald zum Tod gebracht; in der offiziellen Todesmeldung steht »Bauchtyphus«. Er schrieb das bezauberndste wienerische Lustspiel über den Weltuntergang; den gültigsten Roman (ein Fragment nur ist erhalten) über den Untergang der Sozialdemokratie 1934 ff.; leichtfüßige Kabarett-Texte; einige der schönsten Gedichte der modernen deutschen Literatur.

Jura Soyfer war ein treuer Sozi und ging doch zur KP; aus Enttäuschung. Er war treuer Kommunist und verlor doch den Glauben an den blutigen Stalin, den größten Staatsterroristen aller Zeiten.

Soyfers Familie war aus Russland eingewandert. Das junge jüdische Genie war leidenschaftlicher Natur-, Frauen- und Wien-Freund. Soyfer ist immer noch ein Geheimtipp. Die Literaturwissenschaft, soweit oder sowenig sie sich mit ihm befasst, stellt ihn in die Nähe von Georg Büchner in der deutschen Literatur, in die Nähe von Nestroy in der österreichischen.

Soyfer schrieb, und das ist die Nähe zu Büchner (gestorben 1837, 24-jährig) – revolutionäre Literatur, die weit hinausreicht über bloß politische Literatur, hinab- und hinaufreicht in Einsicht, wie sie nur der große Dichter hat.

Zu Nestroy, der gewiss kein großer Revolutionär war, steht Soyfer in intimer Verwandtschaft. Soyfer war ein witziger Geist, ein begnadeter Spieler mit dem Wort. Er schrieb auch viel politische Lyrik mit dem Holzhammer. Aber er führt den Holzhammer in so wild expressionistischer Übertreibung, dass auch seine Polit-Gedichte an Kunst anstreifen, an Ironie, einschließlich Selbstironie.

Die in den sechziger Jahren prominenten Sozialdemokratinnen Maria März-Szecsi und Stella Klein-

*Klemens Brosch,
Der Irrsinnige, Feder
in Tusche, aquarel-
liert, 1926*

Löw meinten im Nachhinein: Kommunist war »Jura nie so hundertprozentig«
und »er löste sich langsam von seinem kommunistischen Ideenkreis«.
Franz Marek, »Euro-Kommunist«, der nach dem sowjetischen Einmarsch in Prag
(1968) aus der KP austrat, schrieb abgeklärt über seinen Freund Soyfer: »Er war
Nachtmensch, schlief weit in den Tag hinein und lief allen Röcken nach ... Aber
welche Begabung! ... Wo Jura heute stünde? ... Vielleicht an meiner Seite, viel-

leicht wäre er auch seiner Faszination der USA erlegen und amerikanischer Dichter geworden.

Als Untergrundkämpfer nach dem Februar 1934 war Soyfer »lebensgefährlich«, erzählt Marek. Er kam immer zu spät zu den konspirativen Treffs, weil er verschlafen hatte oder wegen einer Frau. Statt unauffällig ging er dann im Sturmschritt zu den Treffs und hatte immer schlechtes Gewissen.

Ins KZ kam Soyfer 1938, als seine Flucht in die Schweiz – er tarnte sich als Schisportler – misslang. Es war wie eine der Kabarettszenen, die Soyfer so großartig schrieb: der Grenzpolizist verhaftete ihn, weil er Gedrucktes in seinem Rucksack hatte, und zwar eine Zeitung, die er zum Einwickeln einer Sardinenbüchse verwendete.

So war Soyfer sowohl Schreiber wie Opfer und Täter von Austro-Ironie. Sein geniales Romanfragment »So starb eine Partei« handelt vom tiefen Sturz der einst so mächtigen Sozialdemokratie. Genaue Kenntnis der SP-Eingeweide vermischt sich mit dem heiligen Zorn des jungen Feuergeistes. Was aber den Text über die damalige Aktualität weit hinaushebt, ist eben die Ironie. Sie ist von Nestroy-Format, aber voll un-nestroyischer Zärtlichkeit.

In den zwanziger, dreißiger Jahren marschierte am 1. Mai stets eine Viertelmillion Menschen auf der Ringstraße, in Zwanzigerreihen. Die Männer tratschen über Partei-Interna, wer kriegt welche Funktion? »Nieder mit dem Faschismus!«, rufen sie zwischendurch. Die Frauen tratschen über das Neueste im Gemeindebau. »Proleet erwachee! Hitleer verreckee!«, rufen sie zwischendurch.

Die Partei als Kabarett: so schildert sie Soyfer, voll Wut und Zuneigung. Meine Lieblingsstelle im Romanfragment ist die haarkleine Schilderung, wie in der ÖBB-Generaldirektion der mächtige Gewerkschaftsfunktionär Dreher sich dreht bei der Begrüßung des noch mächtigeren Sektionschefs:

Mit dem Oberkörper signalisiert er Vertraulichkeit und Gleichberechtigung, er winkt Servus. Aber der Unterkörper knickt ein bis zur Hüfte in Servilität. Der SP-Koloss wird klein im Brennglas des Dichters.

In seinem »Lied des einfachen Menschen« für das »Cabaret ABC« (1935) steckt, in vier Zeilen, der ganze Soyfer, wild, weich und weise:

> »Wir sind das schlecht entworfene
> Skizzenbild des Menschen, den es erst zu zeichnen
> gilt. Ein armer Vorklang nur zum großen Lied. Ihr nennt uns Menschen?
> Wartet noch damit.«

Soyfers schönstes Theaterstück »Der Weltuntergang oder Die Welt steht auf kein' Fall mehr lang« (1936) ist außer witzig auch sehr poetisch, außer radikal auch sehr charmant. Die Sonne heißt die Planeten stillstehen. Diese matschkern, wie richtige Wiener, aber sie gehorchen. Was ist los? Die Erde ist krank, »sie hat Menschen«.

Dem Kometen Konrad wird befohlen, sich auf die Erde zu stürzen. Konrad gehorcht, aber wie er der Erde dann nahe kommt – verliebt er sich in die Schöne und kehrt um. Er hat Liebe in ihrer höchsten Form: Entsagung.

ERICH WOLFGANG SKWARA

Die Kunst des Traurigseins

Wir leben in einer öden, blöden Spaßgesellschaft. »Alle« müssen behaupten, jö was wir für einen Spaß haben, nix als Erlebnisse, nix als Abenteuer, Wellness, Gesundheit und ewiges Leben. Alles gelogen. Wir wissen's innen drinnen. Traurig blicken die Augen, wenn wir, strotzend vor Spaß, in den Spiegel schauen. Auf die Spaßgesellschaft folgt die Trauergesellschaft. Bei uns noch nicht, wir sind hinten. Aber vorne, in Amerika, kommt sie schon. Die Spaßgesellschaft blüht, aber in der Kunst begreift man schon, dass sie vergeht.

Bei uns ist Erich Wolfgang Skwara (geboren 1948 in Salzburg) noch kein Begriff, »drüben« schon. Er ist Literaturprofessor an der Universität in San Diego, Kalifornien. Er ist Dichter des Traurigseins. Die *Kunst* des Traurigseins ist sein Reich, und sie beherrscht er mit hinreißender Perfektion. Ewig Spaß macht krank, sich hingeben, rücksichtslos, an die Trauer ist *gesund*.

Ja, man kann sich bei Skwara gesund lesen, so schön traurig sind seine Geschichten (Novellen, Romane, Gedichte). Trauer, Scheitern, Einsamkeit, Abschied, Tod, Sehnsucht ohne Erfüllung – sind die Themen, in einer Sprache, in der jeder Satz, jeder Beistrich und jeder Punkt ein kleines Gesamtkunstwerk sein kann.

Man ist hingerissen und gleich drauf abgestoßen. Es ist zu viel, alle Helden Skwaras und er selber, wenn er als »Ich« erzählt – sind unmögliche Gestalten, Bündel der Unfähigkeit und Unentschlossenheit. Sie bringen nichts zusammen, im Leben nicht, bei deutschen Frauen nicht, bei den Freunden nicht. Wer hält das aus?

Doch die Schönheit der Form trägt uns über die Trauer. Skwara ist, in einer sehr modernen Form,

Herwig Zens,
Eröffnung aus dem
kleinen »Grazer
Totentanz«, Öl und
Acryl auf Leinwand,
1994

zugleich sehr altmodisch: romantisches 19. Jahrhundert, in seiner Mischung aus Schönheit, Trauer, Überdruss am Leben.

Sein Held Dr. Anselm Traurig (»Tristan Island«, 1992) will heraus aus dem Gefängnis seines verfehlten Lebens, flieht auf die einsamste aller Inseln, Tristan da Cunha, im südlichen Atlantik, will dort »richtig« leben. Aber nichts ist damit, er landet schließlich in Kalifornien – wie Skwara selber, den es ausgetrieben hat aus dem heimatlich engen Salzburg.

Warum liest man so was und hat auch noch Freude dran? Also mir geht's dabei so: die Mischung von Schönheit und Trauer erzeugt in mir Gefühle des Glücks, weil … ja, wie läuft das? Es läuft über den Kontrast, zum vollen, tiefen Leben gehört jene Trauer, die uns der »Zeitgeist« um jeden Preis durch seine Kasperliaden wegschwindeln will. Aber natürlich – ja, *natürlich* – bricht die Trauer immer wieder durch. Und zum Genuss der Trauer ist ein Skwara-Text halt gar so prächtig.

Um Skwara, hier zu Lande eine Neuentdeckung fürs breitere Publikum, hat sich längst eine feste, treue Gemeinde gebildet, die sich vertieft mit jedem neuen Buch, alle im hochrenommierten Verlag Suhrkamp – mit Gütesiegel also.

Man hat Skwara als »Handke-Jünger« etikettiert, aber zu Unrecht. Wo Handke arrogant und wehleidig ist, ist Skwara rücksichtslos gegen sich selbst beim Sich-hineinlassen in die Trauer. Der Mensch ist, was immer sonst, ein »animal triste«, ein trauriges Tier. Paradox genug: zum vollen Leben gehört nicht bloß Lebens-freude, sondern das Gegenteil.

Die Trauer ist immer auch ein Aufwachen zum Leben in seiner Schrecklichkeit. Skwara gehört zu jenen erstklassigen österreichischen Autoren, die Österreich aus lauter Liebe nicht leiden können:

»Große Ereignisse: Kriege, Pestilenzen und Eiserne Vorhänge rüttelten kaum am großen Schlaf. Die Menschen drehten sich zur Seite und schnarchten weiter« (»Eis auf der Brücke«, Roman, 1988).

Natürlich ist Skwara, als »ewiger Österreicher« (so nennt er seinen Helden im obi-gen Roman), ewig auf Heimreise begriffen und scheitert ewig daran. Das Scheitern ist die paradoxe Triebkraft seiner reich fließenden, erfolgreichen Produktion.

»Versuch einer Heimkehr«, einer der jüngsten Texte Skwaras (1998), spielt in Salzburg, seiner Heimat. Gefesselt an seine gehasste, heimlich geliebte Mutter muss ihm die Heimkehr misslingen. Aber sie misslingt in großer Schönheit. In Paris und in Kalifornien findet er die Heimat auch nicht.

Skwara weiß genau, wie's ihm geht (in einem Essay für den Sender Freies Berlin 1997):

»Europa und Amerika, die deutsche und die englische Sprache: Es sind grobe Grenzbegriffe meines Hin und Her. Dazwischen staut sich viel Sehnsucht und Bedauern, trägt alle möglichen Namen, und der atlantische Ozean, der meine Unmöglichkeiten trennt, wird täglich breiter.«

Seine jüngste Erzählung »Anruf aus Rom« (1999) nennt er »Eine Zwi-schengeschichte«, weil er offenkundig noch unterwegs ist zu neuen Formen und Inhalten.

»Ich will endlich leben!«, sagt Andrea, seine junge Geliebte. »Wir haben doch so viel gemeinsam erlebt, das gilt doch auch«, sagt er.

»Was war das schon«, sagt sie, »unsere paar Reisen, unsere paar Nächte, du bist nie da, wenn ich dich brauche.« – »Brauchst du mich denn?« – »Nein«, antwortet sie schroff. – Und er, ganz weich: »Ich habe Sehnsucht nach dir.«

Der ältere Herr, das junge Mädchen. Das geht schief, und gleichzeitig auch mit einer zweiten jungen Frau. Und einer dritten aus Stein, eine Grabfigur in einem römischen Friedhof. Sein steinernes Mädchen wird eifersüchtig, als er sie mit einem lebendigen Mädchen besucht – und der schöne Stein wird plötzlich alt und hässlich. Ihm bleiben drei Schachteln Schlafmittel, die er immer bei sich hat.

Skwara ist ein Schnitzler unseres Jahrhundertendes. So schön, so melancholisch sind seine Geschichten wie die Schnitzlers um 1900 – und doch ganz anders. Vielleicht ist er der Bote einer neuen Literatur.

MANÈS SPERBER

Von Moskau zurück ins Leben

Ein kleiner Mann mit dunkelblauer Pullmanmütze, schief aufgesetzt. Er redet viel und gescheit – die Kombination ist selten, bei Manès Sperber war sie perfekt. Heute weiß man wohl gar nicht, was eine Pullmanmütze ist. Das untrügliche Abzeichen der französischen Intellektuellen, das »beret«, welches aber auch die einfachen Bürger der französischen Kleinstädte trugen, vor allem im Süden. Weil es »alle« trugen, konnte es auch das ungreifbare Abzeichen des allgegenwärtigen französischen Widerstandes sein – gegen die Deutschen, die Nazis, die Faschisten.

In Wahrheit ist das mit der Pullmanmütze noch viel komplizierter, aber Sperber trug sie als einfaches Signal seiner Generation und seiner Biografie. Er sah sehr exakt französisch aus, aber er war Altösterreicher, geboren in Galizien (1905), Jugend in Wien und Berlin, ab 1934 Paris, unterbrochen durch Flucht vor den Deutschen und Leben im Widerstand, gestorben in Paris (1984).

Der Mann mit der Pullmanmütze ist Schüler und Mitarbeiter des eminenten Wiener Individualpsychologen Alfred Adler (in der zwanziger Jahren ist dieser, den Sozialisten nahe stehend, weitaus einflussreicher als Sigmund Freud) – dann Kommunist, begabter und angesehener Theoretiker in der KP – 1937/38 bricht er radikal mit den Kommunisten, belehrt durch die Moskauer Prozesse und durch den Hitler-Stalin-Pakt (1939) – 23-jährig schreibt er den glänzenden Essay »Die Tyrannis«, in gleicher Schärfe gegen Stalin und Hitler.

Doch das sind bloß wichtige Nebensachen, verglichen mit seinem dichterischen Werk. In seinen Erzählungen und Romanen ist er der Dostojewski jener Epoche der Zwillingstyrannen Hitler und Stalin, die Millionen Menschenleben auslöschten und in

Oskar Kokoschka,
Alma Mahler und
Oskar Kokoschka,
Kohle und weiße
Kreide auf Papier,
1913

den Seelen ihrer Anhänger wie überhaupt aller Zeitgenossen Schaden anrichteten jenseits aller Beschreibung.

Ebendort, im Jenseits aller Beschreibung, ist Manès Sperber der große Chronist – die Ereignisse verzeichnet er mit dichterischer Treue, die Seelen schildert er mit einer Meisterschaft, unerreicht in jener Epoche und auch nachher.

Er ist Jude, herzbewegend im Realismus, mit dem er die jüdische Welt des Ostens schildert; Kommunist, der den Kommunismus überwindet um den Preis des Landens im Nichts; bis er dann – er der ex-kommunistische Atheist – den Höhepunkt seines Werkes erreicht im Suchen und Finden Gottes.

Meine Bekanntschaft und beinahe Freundschaft mit Sperber ereignete sich auf dem Weg über die Wiener Zeitschrift FORVM, deren Redakteur Friedrich Torberg und ich waren. Sperbers Beiträge fürs FORVM waren Torberg zu »links«, aber natürlich wurden sie gebracht, in Hochachtung vor dem großen Mann.

Sperber schrieb gern fürs Wiener FORVM, mit manchen ständigen Mitarbeitern, wie Ernst Bloch, dem ex-kommunistischen Philosophen des »Prinzips Hoffnung«, war er eng verbunden. Was ihm aber nicht gefiel, war die Verbindung des FORVM – und damit auch die seine – zum »Kongress für die Freiheit der Kultur«.

Der »Congress for Cultural Freedom« war das amerikanisch finanzierte Sammelbecken der prominenten Ex-Kommunisten, voran Arthur Koestler (siehe »Krone der Dichtung«, 13. 8. 2000). Sperber war ein ebenso wilder Antikommunist wie alle sonstigen Ex-Kommunisten, aber er liebte die Distanz.

Aber der Kalte Krieg war gerade auch auf geistigem Gebiet von strenger Konsequenz. Es konnte nur Freund und Feind geben. Dem entgingen auch die übrigen vom »Kongress« finanzierten europäischen Zeitschriften nicht – in Paris, London, Rom, Madrid und in Berlin (»Der Monat«). Sperber war dies alles klar, er nahm also Partei. Glücklich war er dabei nicht.

Ist das Glück überhaupt eine Möglichkeit in ideologisch explosiv geladenen Zeiten? Sperber zitiert in seinem Essay »Die Tyrannis« (1938) Saint-Juste, den Jüngling mit dem Flammenschwert der Französischen Revolution, der für sie tötete und von ihr getötet wurde. »Das Glück ist eine neue Idee in Europa.«

Als seine Mitrevolutionäre ihn gefangen setzten und zum Schaffot führten, fiel sein Blick auf die schön gerahmte Deklaration der Menschenrechte an der Wand des Vernehmungsraumes. Sperber: »Da brachte er den Satz hervor: ›Und das habe ich gemacht!‹ Er starb wortlos.«

In Sperber steckt die ganze furchtbare Enttäuschung der Ex-Kommunisten. Sie ist nicht wortlos, sondern machte aus ihm den Künstler, der er ist. Die Enttäuschung ist eine Ent-Täuschung, das qualvolle, aber befreiende Loswerden der ideologischen Täuschung. Seine Romantrilogie »Wie eine Träne im Ozean«, drei Bände von über tausend Seiten, wird zum Schlüsselwerk der Hitler-Stalin-Epoche.

Was tritt an die Stelle der ideologischen Täuschung? Sperbers Romanhelden – sie sind der Wirklichkeit entnommen und überragen sie dennoch – machen zunächst Bauchlandung im Nichts. Sie, die todesmutig gegen den Faschismus gekämpft haben, wollen nichts als ein bisschen Ruhe, ein bisschen Glück – im Abseits, nicht dort, wo Ideologen, von Saint-Just aufwärts, das allgemeine Glück proklamieren, zu erkämpfen mit Gewalt.

Aber der Rückzug ist sehr provisorisch. Sie haben keine Illusionen mehr, aber desto heldenmütiger kehren sie in den Kampf gegen Tyrannei zurück – und fallen. Sie wissen es im Voraus. Eine dichte Wolkendecke liegt über ihrem Leben. Und wie Blitz und Donner – und doch leise, sanft und weise – dringt durch, was die Essenz Sperbers Leben und Werk ist:

Indem der Dichter schreibt und schreibt – schreibt er, was immer er schreibt, von Gott. Der biografische Befund eines Antikommunisten: Von Moskau zurück ins Leben.

HILDE SPIEL

In meinem Garten schlendernd

Ich ertappe mich dabei, dass ich in Biografien, insbesondere Selbstbiografien, immer den Schluss zuerst lese. Ich behaupte: aus dem Ende eines Lebens lässt sich ablesen, was es für ein Leben war – ein eigenes, gutes – oder ein schief gegangenes. Hilde Spiel (geboren 1911 in Wien, gestorben 1990 in Wien, zwischendurch in England, Amerika, Frankreich, Italien, Deutschland).

Und das ist der letzte Absatz in ihrer wunderbaren Autobiografie »Welche Welt ist die meine Welt?«:

»Zu welcher Musik möchte man in die Ewigkeit oder in das Nichts eingehen? Ich hatte mir immer eine Schubert-Melodie gewünscht. Und man drängte ihr (ihr verstorbener Mann erscheint ihr im Traum, begleitet vom letzten Lied von Richard Strauss) diesen Ausklang auf: Wie sind wir wandermüde. Nun gut, sagte ich mir, wenn das der Vorschlag aus dem Jenseits ist, dann will ich ihn annehmen.«

Hilde Spiel lebte ihr eigenes, gutes Leben und starb ihren eigenen, guten Tod. Zwischendurch war sie eine der schönsten Frauen der österreichischen Literaturgeschichte, eine der begehrtesten Liebhaberinnen und eine große Autorin, von einem Charme und einer Diskretion, wie sie heute beklagenswerterweise ausgestorben sind.

Ihr vielleicht bestes Buch, die Biografie der Wiener Jüdin Fanny von Arnstein (1962), Bankiersgattin und Herrin eines glänzenden literarischen Salons um 1815 – schließt mit gleicher Gelassenheit: »Denn darauf lief es hinaus – auf ein Stück Erde, ein paar Atemzüge Luft, ein Dach über dem Kopf gleich allen anderen in diesem flüchtigen Zustand, den wir Leben nennen.«

Hilde Spiel, jüdischer Herkunft, katholisch aufgewachsen, hat ein bewegtes Leben geführt, aber mit

*Franz Wiegele,
Stillleben vor
rundem Fenster, Öl
auf Leinwand, um
1930*

jener seelischen Grundausstattung, die in obigen Sätzen so prächtig zum Ausdruck kommt.

Innerhalb ihrer fast 80-jährigen Lebensspanne und in ihrem weiten Lebenskreis gibt es kaum einen bedeutenden Literaten und Künstler, mit dem sie nicht in Bekanntschaft geriet – sie würde es nicht Absicht nennen, sondern Zufall, den sie freilich gern gleichsetzte mit Schicksal.

Hilde Spiel war eine große Dame, nie aber müßig. Die Arbeit für Zeitungen und Rundfunk als Theater- und Kulturkritikerin, stets für hochangesehene Blätter und Stationen, hätte gereicht ein Leben zu füllen. Aber sie hörte es gar nicht gern, dass sie Journalistin sei. Ihre Erzählungen, Romane, Gedichte, Essaybände waren ihr wichtiger.

Dazu kamen Ehemänner, Herzensfreunde und -freundinnen, Kinder, Enkelkinder, reges Gesellschaftsleben und keinerlei Verachtung für Arbeit in Haus, Küche und Kinderzimmer.

Ihrem weiten Freundeskreis und ihr selbst war rätselhaft, wie sie das alles schaffte – stets ungehetzt, gepflegt und über den Dingen stehend. Ihr später Essay- und Erzählband öffnet mit seinem Titel »In meinem Garten schlendernd« den Ausblick auf ihr Lebensprinzip: der leichte Gang durchs Leben, unter Mitnahme von Geschäftigkeit und Leid.

Denn ein Schlendern in Sorglosigkeit war's ja nicht. »Die hellen und die finstern Zeiten« heißt der erste Band ihrer Autobiografie, die kein bloßer Bericht ist, sondern ein Kunstwerk hohen Ranges. Pötzleinsdorf, Sievering, Heiligenstadt – die Wiener Vororte sind die Landschaft des Einzelkindes. Gemäßigte Wohlhabenheit der jüdischen Familie, die früh ins Katholische abbiegt.

Hilde hat eine Kindheit voll Spielen im Garten, Fronleichnamsprozessionen und Kreuz schlagen. Die Eltern finden einander auf der vierten Galerie der Hofoper bei Wagnerklängen. Der Vater ist Corps-Student mit zwei Schmissen am linken Kinn, der Leutnant kehrt heil aus dem Krieg heim, das großväterliche Erbe frisst die Inflation.

Dass sie ihr Judentum nie gespürt und gelebt hat, wird Hilde Spiel, als sie nach der NS-Zeit schon 1946 heimkehrt, zum bösen Vorwurf. Sie sei viel zu lieb zum schuldbeladenen Österreich. Aber sie liebt es halt. Vergisst auch nie ihre zweite Heimat, die sie in der britischen Emigration fand, den »reinen Boden Englands«, so nennt sie ihn.

1936, mit 25, verlässt Hilde Spiel Österreich, »aus Abscheu und Abwehr« – nicht erst gegen Hitler, schon gegen den »Ständestaat« von Dollfuss und Schuschnigg. – »Wo bist du, wo bist du, mein geliebtes Land«: ein altes Lied begleitet sie.

»Wer reißt sich das aus dem Herzen, wen holt es nicht immerfort, wenn er in englischen Bombennächten an das verbotene Land denkt, dorthin zurück?«

»Ich habe die Hälfte meines Lebens nicht in meinem Vaterland verbracht, andere Städte geliebt, Viareggio, Paris, Brügge, Venedig, Cambridge, San Francisco, New Orleans, aber ich will nirgends anders zur Welt gekommen sein, will in dieses Österreich eingehüllt sein, wo immer und wie lange ich bin.«

Am 31. Jänner 1946 landet Hilde Spiel, in britischer Uniform, als »Information Officer« auf dem Flugplatz Schwechat, der mit Bombenkratern übersät ist.

»Ich konnte es nicht erwarten, aus dem bombenversehrten London in das bombenversehrte Wien zu fliegen ... um wieder den Boden des Vaterlandes zu berühren und daraus Stärke zu gewinnen ... und teilzuhaben an dessen Auferstehung.«

Wie fand sie die Wiener? »Zumindest jene die unschuldig geblieben waren, so weit das in einem totalen Staat und ohne außergewöhnlichen Heroismus eben noch möglich ist.« – »An die Stelle der altbewährten Wiener Bosheit und Missgunst war eine Würde des Unglücks getreten, ein stummes Leiden, für das sie niemanden anklagen wollten als ein schicksalhaftes Verhängnis, dem offenbar nicht zu entrinnen gewesen war.«

Hilde Spiel ist hoffnungslos verliebt in ihr Land.

FRANZ STELZHAMMER

Ein ausgeflippter Innviertler

Erik Adam war ein wilder 68er, heute ist er Universitätsprofessor. Seinerzeit als Student waren ihm Festansprachen irgendwelcher Politiker natürlich verhasst. Einmal musste er eine Rede des damaligen Landeshauptmannes von Oberösterreich hören, Dr. Josef Ratzenböck, über Franz Stelzhammer, den Dichter der oberösterreichischen Landeshymne.

Für mich ist sie die eine von zwei »Nationalhymnen«, die wirklich ans Herz gehen. Die andere ist die französische Marseillaise.

»Ratzenböck hat ganz frei gesprochen«, erzählt mir Prof. Adam, »und auf einmal ist mir aufgegangen: dieser Stelzhammer (1802–1874), von dem irgendwo riesige Denkmäler stehen (in Linz und in Ried im Innkreis) – das war ein Früh-68er, ein Ausgeflippter, ein schräger Vogel.«

»Heimat ist lustvolles Leben

Das hast du gezeigt

Anarchistisch verwegen

Deine Lieder gegeigt

Du warst unser Lehrer

Spät erst erkannt

Nachdem Blut und Boden

Dich zum Ahnherrn ernannt«

(Erik Adam, 1999)

»Ja, meine Rede über Franz Stelzhammer, die war wirklich ganz frei, da hab ich kein Manuskript« – erzählt mir der Ex-Landeshauptmann: »Das war 1974, zum 100. Todestag des Dichters. Ich hab halt gesagt, was für ein wilder Mensch das war. Franz von Piesenham – so nannte er sich nach seinem Heimatdorf. Er verlieh sich selber das Adelsprädikat ›von‹ – ›vom Dorf hab ich den Adel‹, war seine Begründung.«

Stelzhammer ist einer der größten Mundartdichter der deutschen Literatur. Ratzenböck: »Die Mundart

Michael Neder,
Wirtshausszene, Öl
auf Leinwand, 1829

ist ja fünfmal reicher als die dürre Hochsprache. Die Mundart ist die Sprache des Herzens. Stelzhammer lebt in ihr, nicht in der Einheitssprache. Mein Enkelkind hat neulich zu mir gesagt: ›Großvater, ich bin das einzige Kind in Kopfing (Dorf im Innviertel), das in Kopfing zweisprachig aufwächst‹ – nämlich in der Mundart und auf Hochdeutsch, in dieser Reihenfolge.«

»Ich hab halt erzählt«, setzt Ratzenböck hinzu, »wie der Stelzhammer wirklich war, ein Hippie aus dem vorigen Jahrhundert, ein Fußwanderer (bis München) auf der Suche nach einer bürgerlichen Existenz, die er spät und eigentlich nie fand, immer in Schulden, die Wirt' haben ihn herausgeschmissen. In Vöcklabruck, mit seinen zwei Türmen, hinterließ er den Spruch:

> »›Int‹ (unten) a Turm
> Ob'n a Turm
> In der Mitt' lauter ›Surm‹ (Dummköpfe).«

In Oberösterreich ist Stelzhammer heute »Nationaldichter«, aber zu seinen Lebzeiten war das anders. Beim Volk war er beliebt, seine Lieder wurden in den Wirtshäusern gesungen, man machte sich die Melodien selber dazu, in jedem Dorf eine andere. Aber die biedermeierliche Obrigkeit mochte ihn nicht. Er kriegte nie eine ihm passende Lehrer- oder Beamtenstelle.

Stelzhammer fristete sein Leben durch Vortragsabende, als Hauslehrer, auch als Schauspieler (in Passau) und Journalist in Wien, und eben durch ewiges Schuldenmachen. Schrecklicher noch als ihm ging es seiner ersten Frau Betty und der Tochter Carolin. Sie starben, bös gesagt, an Unterernährung. Dass er sich besonders um sie kümmerte, kann man beim besten Willen nicht sagen.

Adalbert Stifter und Peter Rosegger, die berühmten Kollegen, versuchten Stelzhammers Dichtungen zu fördern. Aber der Mundartdichter war zu anders als die zeitgenössischen Literaten. Als auch eine akademische und eine geistliche Lebensbahn schief gingen, griff endlich doch die rettende Hand des Staates ein (das Land Oberösterreich und das Ministerium in Wien):

Eine ansehnliche Ehrenpension sicherte seine späten Lebensjahre, mit seiner zweiten Frau Therese und zwei Kindern. Freilich kam der Dichter nach wie vor mit dem Geld nie aus. Seiner Witwe ging's dann erst recht schlecht.

(Stelzhammer, Kranzltag-G'sang)

Eine Hymne fürs Herz
Hoamatland, Hoamatland!
Han dih so gern
Wir a Kinderl sei Muader,
A Hünderl sein Herrn.

Duri's Tal bin ich glaffn,
Af'n Hechl (Hügel) bin ich glegn,
Und die Sunn hat mih trückert
(getrocknet),
Wan mih gnetzt hat dei Regn.

Die Hitz ist net z'grimmi,
Net z'groß is die Frost,
Ünser Traubn hoaßt Hopfn,
Ünser Wein nennt ma Most.

Deine Bam, deine Staudna
Sand groß wordn mit mir
Und sie blüahn schön und tragn
Und sagn: »Mach's als wia mir!«

Am schönern macht's Bacherl,
Laft allweil tala (talab)
Aber's Herz, von wo's auerrinnt,
's Herz lasst 's da …

MARLENE STREERUWITZ

Schmollmündchen

Franz Xaver Messerschmidt wurde 1770 wahnsinnig. In diesem Zustand schuf er seine berühmten »Charakterköpfe«, groteske Fratzenschneider, die genial das Innere der Porträtierten enthüllen. Ein extrem schmaler Mund: kalte Wut – überquellend üppige Lippen: Sinnlichkeit – unter den 69 Bleibüsten ist keine mit einem Schmollmündchen, das so auffällig ist auf Fotos von Marlene Streeruwitz.

Frau Streeruwitz, geboren 1950 in Baden bei Wien, aus einer sehr bürgerlichen Familie mit böhmischem und christlich-sozialem Hintergrund – ist ein strahlender Stern am zeitgeistigen Theaterhimmel. Woher die Verbiesterung?

Marlene Streeruwitz ist bekennende Feministin und Schwarz-Blau-Feindin. Aber das erklärt noch nicht viel – denn sie steht auf sympathische Weise so ziemlich drüber über der reinen linken Lehre. Sie ist prinzipielle Abweichlerin – *das* begründet den Schmollmund schon eher.

In ihrem Stück »Boccaleone« – sie ist sehr fruchtbar, eines ihrer neuesten, 1999 – steht der souveräne Satz: »Wir haben alle große Sehnsucht nach dem Vater. Mehr hat die Frauenbewegung nicht fertig gebracht. Wir dürfen uns jetzt in unserer ganzen Abhängigkeit sehen. Ich denke, wir sind weniger wert denn je.«

Das sagt eine 25-Jährige, arg familiengeschädigte Studentin. Ob die Autorin damit übereinstimmt, bleibt offen. Aber schon, dass sie so was hinschreibt, zeigt eine Abneigung gegen Korrektheiten. Man kann für die Zukunft der Autorin hoffen. Marlene Streeruwitz ist hoch begabt.

Frau Streeruwitz schrieb düstere, böse Romane und Stücke. Das korrekte Eigenschaftswort des deutschen Feuilletons, wo sie in den höchsten Tönen gefeiert wird, heißt »schonungslos«. Sie wird mit jedem

Anton Hanak,
Hockender Frauen-
akt, Tintenblei mit
Wasser vermischt auf
Papier, um 1915

Roman und Stück, das gerade von ihrem Fließband purzelt, ein Stück düsterer und böser. Aber ich glaube nicht, dass sie so bleibt. Sie ist erst 50, da kommt noch was.

Der Freund vorerwähnter Studentin fragt: »Wie willst du mit deinem Zynismus alt werden.« – Sie antwortet: »Wenn ich alt werde, werde ich fromm. Das machen doch alle so.« (Musik aus.)

Der Zynismus schließt eine Hoffnung ein, die gleich wieder ins Zynische mit hinein- und hinabgetaucht wird. Aber immerhin. In ihrem besten Roman, »Verführungen« (1996), stehen ganz grauenvolle Geschichten von unglücklichen, allein erziehenden Frauen, von hinigen Männern, Suff und Selbstmord. Der Schluss ist aber nicht ganz dazu passend.

»Helene lehnte den Kopf gegen die Wand hinter sich. Zuerst würde sie den Computerkurs machen. Und dann war Weihnachten. Und dann. Im nächsten Jahr würde alles besser werden. Helene wurde aufgerufen.«

Helene sitzt nämlich im Wartezimmer des Arbeitsamtes, auf Jobsuche. Streeruwitz ist doppeldeutig. Ihr Romanschluss: »Helene wurde aufgerufen« – hat einen Hintersinn. Ja, gibt es bei dieser Alleszertrümmerin so etwas wie Hoffnung? Oder ist diese Hoffnung, weil illusorisch, Teil der Misere der Frauen, in deren Schilderung sie brilliert? – Sie ist, meine ich, beides.

Was immer man gegen Frau Streeruwitz Gutes oder Übles sagen mag oder will – sie ist eine dramatische Meisterin von hohen Graden, vor allem in ihren feuerwerksartig dahinzischenden Erstlingen (1992/93) »New York, New York«, »Waikiki Beach«, »Ocean Drive«.

Die Titel haben mit dem Inhalt nichts zu tun. Das ist nicht weiter störend. Derlei Verhöhnung des Publikums hat schon Bernhard betrieben. In seinem Stück »Kant« (1978) kommt Kant überhaupt nicht vor, so weit ich mich erinnere.

Was Streeruwitz so ausgezeichnet gelingt, ist die Ausmerzung aller Psychologie und aller Logik aus ihren Stücken, zu Gunsten des Unzusammenhängenden, Unlogischen. Und siehe, ihrem Theater tut das keinen Abbruch, im Gegenteil, Frau Streeruwitz turnt sich ins Komödiantische, Witzige, Lebensnahe. Denn auch das Leben ist unlogisch wie sie, hat aber Witz, wie sie.

In »Ocean Drive« ist keine Rede von irgendeinem Ozean. Im Gegenteil, das Stück spielt auf einem Berggipfel, auf Schnee und Gletscher. Mit den präzisen Hammerschlägen ihres absurden Theaters transportiert Streeruwitz dort hinauf eine alternde, lebensschwache Fernsehdiva; einen ebensolchen Journalisten; eine Meute erlebnisgeiler TV-Konsumenten, einen ideologiebefrachteten Entwicklungshelfer samt einer Rotte schwer erziehbarer Jungkriminellen, einen Zwergenforscher – ja, und den Yeti, eigentlich ein verkrachter Graf, angemietet zu Fremdenverkehrszwecken.

Alle haben ihre glänzenden Auftritte, treffsicher passt nichts zusammen – und doch entsteht ein Zusammenhang: nämlich unsere insgesamt kaputte Welt.

Warum macht eigentlich Marlene Streeruwitz immer so ein Schnoferl (Schmollmündchen) auf ihren Fotos? Sie hat doch wirklich ihre Qualität: sie ist an und für sich gut, und die Medien sind gut zu ihr. Aber die Unbefriedigtheit liegt tiefer. Und ist der Quell ihres dichterischen Talentes.

Ach, was täten deutsche Bühnen ohne stete Zulieferung neu-österreichischer Geister von Bernhard und Jelinek auf- und abwärts bis Marlene Streeruwitz.

Senioren
Sozialarbeiter, ein Mann und eine Frau. Sie sind betont guter Laune, optimistisch und hüpfig. Sie tragen Luftballons, die sie an alle verteilen.
Hallo! Da ist ja unsere Seniorenecke in voller Besetzung.
Alle sind da! Hallo!
Heute haben wir etwas für unsere ältesten Freunde mitgebracht.
Ja, ein Überraschung! …

FRIEDRICH TORBERG

Schiffsrabbiner bei den Wikingern

Als der deutsch-jüdische Dichter Friedrich Torberg (geboren 1908 in Wien, gestorben 1979 in Wien) blöd gefragt wurde, wie er denn zu seinem »nordischen« Namen komme, antwortete er souverän: »Meine Vorfahren waren Schiffsrabbiner bei den Wikingern.« Sein Vater, ein Fabriksdirektor, hieß Kantor, seine Mutter war eine geborene Berg, daraus wurde Torberg.

Wahrhaft jeder kennt seine Bücher »Die Tante Jolesch oder Der Untergang des Abendlandes in Anekdoten« (1975) und die »Erben der Tante Jolesch« (1978). Und eine europaweite Legende war Torbergs kulturpolitische Zeitschrift »FORVM« (von ihm gegründet 1954, von mir weitergeführt 1965 bis 1985, von Gerhard Oberschlick bis 1996).

Mich verknüpft mit Torberg die Erinnerung an bewegte Zeiten. Über unserem Schreibtisch wir hatten nur einen, das berühmte FORVM war zeitlebens klein und arm – hing im Goldrahmen ein Herausriss aus der Moskauer »Prawda«. Drin stand so etwa: Ohne das Wiener FORVM, ein übles Produkt von Agenten des US-Imperialismus, wäre das österreichische Geistesleben ins fortschrittliche KP-freundliche Lager geraten.

Wir haben also was Gutes geleistet. Und ich springe jedem ins Gesicht, der mir den ehrenwerten Antikommunisten Torberg madig macht. Unser Land auf geistigem Felde vor dem Stalinismus bewahren: das war Torbergs Ziel und Leistung.

Eines Tages (1965) sagte Torberg zu mir: »Ich habe zum Frühstück das FORVM gelesen. Das ist nicht mehr meine Zeitschrift, sondern Ihre.« Er übergab mir das Blatt, und ich führte es, erst behutsam, dann wilder, in Richtung auf rosarot und rot und grün. Torberg schrieb damals: »Das NEUE FORVM ist die

Carry Hauser,
Stadtlandschaft,
Bleistift, Buntstift,
Tusche, 1920

Zeitschrift, gegen die ich das alte FORVM gegründet habe.« Freunde blieben wir trotzdem.

Der glänzende, streitbare, amüsante Journalist Torberg hat den Dichter, Lyriker und Romanschreiber Torberg in den Schatten gedrängt. Das ist höchst ungerecht. Es gibt Torberg-Gedichte von unwiederholbarem Reiz und Rang. »Sehnsucht nach Alt-Aussee«, geschrieben 1942 in Kalifornien: der vom Tode bedrohte Jude entkommt nach Amerika und will leidenschaftlich zurück – wie gibt's denn das!? – heim ins Salzkammergut.

Unwiederholbar war auch die torbergische Gattung »Sportliteratur«. Gipfel hievon ist sein Gedicht »Auf den Tod eines Fußballspielers« (1939). Es handelt von Selbstmord (so vermutet Torberg) des damals populärsten Mittelstürmers im »Wunderteam«, Matthias Sindelar, nach dem Einmarsch der Nazis.

PETER TURRINI

Traurig und immer lustig

»Ich bin ein schwer gestörter Katholik.« Das ist die Schlussfolgerung, die Peter Turrini zog, international gefeierter Kärntner, als er einen Text las, den Hermann Beil, Dramaturg des Burgtheaters, über ihn schrieb. Der Text ist im Übrigen sehr lobend.

Was stellen sich Turrini und Beil denn vor! Gibt es ungestörte Katholiken? Das ist doch eine Definition des guten Christen: Schwer verstört steht er vor der Unbegreiflichkeit Gottes. Gott mischt Weltfreude und Weltleid nach rätselhaften Rezepten. Der Dramatiker Turrini, 55, ist Kärntner mit italienischem Vater. Aus bescheidenen Verhältnissen wuchs ein glänzend begabter Künstler und fand reichliche Nahrung im göttlichen Mix aus Freud und Leid. Er fühlt sich drin zu Hause und ist unverzagt.

Wie hilft sich Turrini in seiner schwer katholischen Verstörung? Dort wo er wirklich gut ist – also oft – will er nicht erklären und belehren, sondern in kühner Ratlosigkeit schreibt er Stück um Stück (14 bisher). Seine Stücke sind Bruchstücke. Er bekennt sich als hilflos, und genau daraus macht er was.

Er greift in die brutale Aktualität, er ist verliebt in die ungerechte, wahnwitzige Übertreibung. Ein bissel älter geworden, erfährt er den Witz, dass seine Übertreibungen – angesichts der sich weiter drehenden Weltgeschichte – Verharmlosungen sind. Er bleibt weltnärrisch und wird weltweise.

»Geschichten, die heute und jetzt passieren, mit denen ich nicht zu Rande komme, an denen ich verzweifle« – so beschreibt er seine Stücke brieflich einer Studentin (1998). Aber er steht drüber. In seinem angriffigen, aufrührenden Arbeitslosen-Stück »Die Minderleister« (1998) nennt eine Hauptperson, einen versoffenen Werksbibliothekar in einem untergehenden Stahlwerk, William Shakespeare.

Erika Giovanna Klien,
Kopf einer Tänzerin,
Öl auf Leinwand,
1923

Nach jenem Kollegen, der das Schicksal auf die Bühne bringt, ohne zu werten und zu urteilen – im Gegensatz zum Moralisten, Mitleider und Empörungskünstler Turrini.
Dem heruntergekommenen Säufer gibt Turrini einige seiner schönsten Verse:
»Komm zu den toten Dichtern
komm an den Straßenrand.
Wenn niemand dich mehr liebt
wenn jeder Schritt
an dir vorbeigeht
und jedes Wort
den andern meint

geschieht das Wunder
deiner Auferstehung.
Du siehst die Welt
wie du sie nie
gesehen hast.
Ein schmerzenloses Schauen.
Du lächelst
wenn du Schreie hörst
und bleibst ganz still
im Grauen.«

In Russland, wo er eine Lese-Aufführung seines Stückes »Josef und Maria« gab (1981), machte Turrini eine schöne Erfahrung. Die Russen, damals noch die kommunistischen, verstanden ihn. Das geschah durch die öffentliche Lesung und durch das nachfolgende Besäufnis im kleinen Kreis. Ein sowjetischer Kulturfunktionär sagte:

»Turrini ist wie wir Russen, ein trauriger Mensch, aber immer lustig.«

In seiner wundervoll lustigen, kunstreichen Nachdichtung des venezianischen Dramatikers Goldoni, »Campiello« (1756), steht Turrinis Lied von der unbesieglichen Lust am Leben:

»Wo wohnt der Reiche?
Im schönen Palast.
Wo sitzt der Arme?
Am trockenen Ast.
Wie geht der Lahme?
Am krummen Stock.
Doch die Liebe
die Liebe
die Liebe
die Liebe
die Liebe
wohnt unter jedem Rock.«

Turrini ist der Widerspruch in sich selbst. Ihn kümmert's nicht. An eine Studentin schreibt er (1999): »Am Theater ist alles möglich, besonders das Gegenteil. Das ist der Grund, warum das Theater so geliebt und so gehasst wird. Es ist in keine Ordnung zu bringen.«

Turrini kann nie genug kriegen, nicht vom Theater und nicht von der Liebe. Alle seine Dramatik, seine Poesie, seine wüsten Provokationen, ob politisch oder pornografisch – alles kommt als Liebe.

Aus Liebe will er die Welt ändern. Sieht er, dass es drauf wenig Aussicht gibt, dann will er halt Liebe pur, ohne Sozialkritik, mit Christentum, oder wie auch immer.

Liebhaber der Psychiatrie meinen: als Kind hat er zu wenig Liebe gekriegt. Liebhaber der Dichtung meinen: das geht tiefer. Liebe – inklusive Drüber-sich-lustigmachen, denn wie hält man sonst die Liebe aus?

HANS WEIGEL

Österreich kennt sich nicht

Oben singt oder spielt wer, unten sitzt der Kritiker und kritisiert. Niemand wird doch so dumm sein und sagen: Kritisier nicht, sing selber besser, spiel selber besser. Hans Weigel aber war so ein seltener Typ, der – zu seiner Zeit der König aller Kritiker – überdies selber so manches, was er kritisierte, selber besser konnte. Er war ein besserer Schreiber als so mancher Schreibende, den er – gefürchtet gnadenlos, und gnadenlos witzig – kritisierte, bis nix mehr übrig war von dem Armen.

Weigel schrieb Romane, die heute zu Unrecht verschollen sind. Auf der Bühne leben seine Lustspiele und vor allem seine meisterhaften Übersetzungen Molières und auch seine Bearbeitungen Nestroys.

Er war außer böser Kritiker auch großer Literat. Er schrieb perfekte Texte für Kabarett, prächtige Libretti für die Operetten-Meister Ralph Benatzky und Robert Stolz. Tausende Theaterkritiken, Hunderte Essays, Dutzende Bücher.

Ach, was bleibt von einem so unermüdlichen, vielseitigen Mann der Feder (1908-1991). Als er starb, konnte es niemand glauben. So allgegenwärtig war der kleine, springlebendige Mann mit Pfeife und dicken Augengläsern.

Was blieb? Sein funkelnder Witz, von dem alle seine Bücher ihr beständiges Leben beziehen. Seine Hartnäckigkeit als »Grundsatzpolitiker« der Literatur: gegen den totalitären Kommunismus; für Österreich, mit aller Liebe, deren sein Herz fähig war – viel Liebe also; und sein streitbarer Sinn für Versöhnung nach den bösen Jahren des Nationalsozialismus.

Gestorben und geboren in Wien, an dem er mit allen Fasern seines Lebens und seines Werkes hing. Mit einer unsinnigen Lieb' – um bei Arthur Schnitzler eine der tiefsten Definitionen von Liebe auszubor-

Oskar Laske,
Motiv aus dem
Prater, Aquarell,
Deckweiß, Gouache,
1935

gen. Echte Liebe ist immer unsinnig. Von Hitler vertrieben, kehrte er aus der Schweizer Emigration zum frühestmöglichen Zeitpunkt zurück, schon 1945.

Der deutsch-jüdische, österreichisch-jüdische Zusammenklang, jene schöne Blüte in der Kultur der Zeit zwischen den beiden Weltkriegen – war sein Lebenselement. Er hielt daran fest, als nach 1945 die Voraussetzungen hiefür wahrhaft schmal geworden waren.

Nur ein Jude mit »unsinniger Liebe« zur deutschen Sprache und Kultur konnte sich hertrauen, Sätze zu schreiben wie Hans Weigel, der an ihnen festhielt unter wütenden Angriffen aller korrekt Gesinnten:

»In der Schweiz, und später oft im Gespräch mit Emigranten, hörte ich immer wieder: Wie kann ich nach Österreich, wenn ich nicht weiß, ob einer, dem ich die Hand gebe, ein Mörder ist? Hat es nicht auch in Italien, in Frankreich Mörder gegeben? Und ist's in Israel beim Freiheitskampf ohne Terror abgegangen?« (»Man kann nicht ruhig darüber reden«, 1986)

Oh Gott, was bringt er da alles durcheinander, dieser souveräne Geist der Versöhnlichkeit!

Schlimmer noch: »Ich habe einmal öffentlich gehofft, dass es Zeiten geben werde, in denen man ungestraft und ohne sich zu kompromittieren auch auf Juden werde schimpfen können wie auf Ärzte, Anwälte, Automechaniker und Spediteure. Aber das hat uns leider … ja wer denn? … Hitler? Theodor Herzl? … verpatzt.«
Der Großkriminelle Hitler und der Begründer des Staates Israel so nah beisamm: es ist ein Wunder, dass der Schnell- und Tiefdenker Weigel davonkam mit einem so zweifelhaften Satz.

»Darf man denn als Jude keine schlechten Eigenschaften haben? Doch, man darf, aber sie dürfen nicht erwähnt werden.«

Weigel, und das gehört zu seiner Größe als Autor, entschlüpft allen Versuchen, ihm eine Etikette aufzupicken. In einer kühnen Umwandlung des Fiakerliedes »I hab zwei harbe Rappen« benannte er sich: »I bin a rechter Linker.«

Als »Rechter« galt Weigel durch seinen wilden Antikommunismus, er und Friedrich Torberg verhinderten jahrelang Brecht-Aufführungen in Österreich, ich schrieb damals im FORVM gegen die beiden, aber ich verstand sie, es waren Zeiten, in denen es um die Wurst ging, um unsere Existenz als Westler.

Als »Linker« aber durfte Weigel gelten durch seine Förderung alles Neuen, Jungen, Fortschrittlichen in der Literatur. Mit den von ihm entdeckten Musen und Musinnen saß er unermüdlich im Kaffeehaus, hielt Händchen, Köpfchen und sonstige literarisch wichtige Körperteilem, bepuderte sie mit Ratschlägen wie den Topfenstrudel mit Streuzucker. Bis sie gedruckt und gespielt wurden und berühmter wurden als er.

Weigel wurde die Zieh- und Schwiegermutter der gesamten neuen österreichischen Literatur nach 1945 – von A wie Artmann bis Qu wie Qualtinger.

Weigel war ein ungenierter Spaziergänger am österreichischen Abgrund. Aus Schnitzlers »Liebelei« zitierte er die Dialogstelle:

»Der Vater hat früher einmal auch Lieder komponiert. Sehr schöne.«

»Und jetzt nimmer?«

»Jetzt nimmer.«

Weigel: »Schnitzler setzt darunter die Regieanweisung: ›Pause‹. In dieser Pause ist Österreich.«

Die Resignation ist die österreichische Regieanweisung für glückliches Weiterleben.

Die Burgschauspielerin Käthe Dorsch, von Weigel einmal verrissen, gab ihm eine Ohrfeige. Sie hatte eine pädagogische Wirkung. Nicht gleich, aber sehr allmählich wandelte sich Weigel. Zuletzt konnte er alles verstehen und allen verzeihen.

Wir würden wieder zwei, drei Weigels brauchen.

Wer sagen kann »ich sterbe«, der lebt. Und wer zu singen vermag »Alles is hin«, der beweist dadurch, dass vieles vorhanden und in Ordnung ist.
Wer allzu genau weiß, wer und was er ist, wird durch dieses verpflichtende Wissen, daran gehindert, es ganz zu sein. Nur wer sich nicht kennt, ist ganz er selbst.

Österreich kennt sich nicht. Österreich fragt nach seinem Sinn in Vergangenheit und Zukunft und hat ebenso viele Antworten bereit, als Österreicher sind – und Österreichs Sinn liegt gerade in der Vielfalt einander widersprechender Antworten auf diese Frage.

Wissen Sie, warum ich so stolz auf Österreich bin? Weil und sofern Österreich nicht stolz ist. Weil Österreich das Versagen von sich erwartet und dem Gelingen mit leicht misstrauischer Gelassenheit begegnet.

Österreich erinnert mich an den Herrn aus dem Witz: ein Herr und sein Hund sitzen am Schachbrett ... ein Fremder tritt hinzu und sagt: »Ein phänomenaler Hund!« – »Wieso«, sagt der Herr des Hundes, »er hat heute Nachmittag nicht eine Partie gewonnen.«

Wenn man Österreichs Lebensfähigkeit ernsthaft und begründet negiert hatte, begann es zu blühen. Wenn Österreich für die Welt verloren schien, erstand es triumphal. Die Engländer, so sagte man, verlieren jede Schlacht bis auf die letzte. Die Österreicher, so scheint es, verlieren alle Schlachten bis auf die aussichtslosen.

Kommst du nach Österreich, sei darauf gefasst, dass du unaufhörlich einer Schar intelligenter und kultivierter Menschen begegnest, die dir in wohlgesetzter, pointierter und niveauvoll artikulierter Rede versichern, dass es in diesem Lande ausschließlich Analphabeten gibt.

Die Österreicher: streitbare Pazifisten, östliche Westler, selbstbewusste Kleingläubige, tieftraurige Lebenskünstler, konservative Revolutionäre, westliche Östler, schlampige Pedanten, arbeitsame Faulenzer, gläubige Skeptiker, germanische Slawen, balkanische Älpler, ein barbarisches Kulturvolk. Was immer sie sind, sind sie halb und zugleich hundertfünfzigprozentig, sie sind jeweils auch das Gegenteil dessen, was sie zu sein scheinen.

Aus: Weigel, »Oh du mein Österreich«

MAX WEILER

Glockengeläute verzaubert mich

»Die Natur ist mir eingeprägt in Hirn, Nerven und Blut. Ich verehre und liebe das Leben, Glockengeläute verzaubert mich … Mein Vergnügen ist nicht bei den Menschen, nur mit wenigen kann ich auskommen.«

Der Tiroler Max Weiler (1910–2001) ist einer der ganz wenigen Maler, die mit Worten ebenso in die Tiefe gelangen wie mit dem Pinsel. Seine »Tag- und Nachthefte«, 20 Stück, erst zum Teil veröffentlicht, gehören zur großen Literatur. Dreißig Jahre seines Lebens (1960–1991) schrieb er mit der gleichen Kraft, mit der er malte.

»Bilder male ich am Tage. In der Nacht kommen mir Gedanken über das Leben und die Welt« (1980).

Seine Gedanken sind von einer Genauigkeit, die vor nichts zurückscheut. Natur und *Blut* zu verknüpfen, dazu gehört was, dabei ist Weiler ein sowohl instinktiver wie bewusster Antinazi. Oder gar das *Glockenläuten*; ein Modernitäts-Dummie wird nervös vom Glockenläuten – den Meister der Moderne bezaubert es.

Der Meister der Moderne malt das Alte, Ewige, das immer schon da war. Er schreibt: »… dass die lebendige *Natur* meine Hand führt, dass ich nicht mit Emotionen herumpfusche … Denn wir sind in Wirklichkeit so alt wie die Welt selbst …« (1975).

Schier 91 Jahre alt wurde Weiler. Und immer noch schrieb er: »Ich kann nicht genau sagen, was es ist, das ich mache. Eher kann ich es umschreiben: Bilder einer Übereinstimmung mit dem ganzen Sein« (1986).

Erst sind es Landschaften in einer unendlichen Zartheit und Sanftheit der Farbe. Ja, das ist schon das »ganze Sein«. Dann aber kommt der totale Bruch mit der bisherigen Malerei, seiner und aller Malerei.

Max Weiler,
Selbstportrait, Öl auf
Leinwand, 1949

»Die irdischen Themen als reine Naturereignisse ... ich konnte mit diesen Mitteln den abstrakten, geistigen Teil nicht erfüllen« (1975).

So malt er dann (1960) – nur Farbe, nur Bewegung und alle Natur, alles Leben ist dennoch drin. Ein gewaltiger Zyklus von 28 Bildern entsteht, als er auf die Übersetzung stößt, die der Mystiker Meister Eckhart (gest. 1327) vom biblischen Weisheitsbuch machte:

»Als alle Dinge in tiefem Schweigen lagen und die Nacht in der Mitte ihres Laufes war, da kam vom Himmel, vom königlichen Throne, o Herr, dein allmächtiges Wort.«

Er malt zu jedem Wort ein Bild, eine brausende Farbsymphonie. Auch »Als«, auch »o« werden zu Abbildern des ganzen Seins.

In einer kurzen Jahresfrist entsteht dieser Zyklus, von dem er schreibt (1963): »Das war meine Arbeit: Ich habe das Geistige, das Landschaftsgefühl, das Gefühl der unendlichen Landschaft, das Gefühl des in der Landschaft spürbaren Unendlich-Mystischen ... verwirklicht, wirklich gemacht. Und darum werde ich lange dauern, wenn alle schon verschwunden sind wegen ihrer Leere ...«

Also bescheiden ist Weiler ja nicht; »nur Lumpe sind bescheiden«, meinte Goethe.

Weiler war im persönlichen Verkehr zurückhaltend, fast scheu und schüchtern. Aber er kannte seinen Wert. Er ist ein Vollender, schließlich ein Vollendeter.

»Es ist gemacht, was die Natur in mein Auge und in mein Inneres gebohrt hat, seit ich als Kind auf die Wege gestarrt habe, auf den Wegrand, die Steine, Rinnen, Lacken, den Dreck, das Angeschwemmte, die Wurzeln ...« (1966).

Die Wurzeln: »Ich wuchs in der Vorstadt einer kleinen Stadt auf. Es gab keinen Asphalt und noch Pferde und Wagen« (Absam bei Hall in Tirol).

Der Bund »Neuland«, katholisch jugendbewegt, und das Grunderlebnis so mancher solide Moderner (Otto Mauer z. B.), wurde auch sein Grunderlebnis.

»Alle Frühlingserlebnisse von tausend Jahren waren da ... ein Jugendreich, Erwachsene weg ...«

Sie schmückten »ihre« Burg Petersberg (bei Silz im oberen Inntal). 1938 kommt »ein Trupp törichter Burschen«, so schildert es Weiler und zerstört alles, seine frühen dort hängenden Bilder verbrennen sie.

»Es zeigte meine völlige politische Blindheit, dass ich mir so eine Entwicklung nie vorgestellt habe ...« 1942 muss er zur Wehrmacht, »völlig passiv im untersten Grad als Gefreiter, bis zum Ende«.

1946 malt er die Theresienkirche auf der Hungerburg bei Innsbruck aus. Er malt Tiroler Schützen, wie sie Christus am Kreuz die Lanze hineinrennen. Im Vordergrund Frauen und Kinder, entsetzt, ein Mädchen in der Haltung des Gekreuzigten. Zutiefst fromm. *Wir* sind es alle, die Christus täglich kreuzigen.

Natürlich gibt's einen großen Skandal. Der Vatikan lässt die Fresken verhängen. So bleiben sie acht Jahre. Ach, heute ist Weiler fixer Bestandteil des Tiroler Nationalstolzes.

Als Weiler mit 91 stirbt, ist er entrückt in den Mythos. Der Mythos lautet: Es gibt Moderne, die großartig ist.

JOSEF WEINHEBER

Was i so reden hör' am Wirtshaustisch

Fachleute für Kunst tun die Kunst in ein Fach. Sie gehört aber unter die Leut'. Kunst ist der allgemeinste, schönste, wichtigste Weg zur Lust am Leben, zu allen Höhen und Tiefen unseres Lebens. Aber ach, die Spezialisten für Kunst – jene, die sich mit der Kunst »auskennen« – die haben ein unheilbares Leiden. Sie misstrauen der Kunst, die den Leuten was gibt. Sie urteilen: Das ist »Populismus«, das ist Kitsch. Ich scher' mich nicht drum. Ich liebe die Kunst. Ein Gedichtband von Josef Weinheber, ein schmales dunkelrotes Büchlein, heißt »Über alle Maße aber liebte ich die Kunst«.

Mein Lieblingsgedicht darin: »An einen Schmetterling«. Gegen die Zartheit der Naturgedichte Weinhebers stehen Wildheit, Übermut, Verzweiflung seiner großen Oden. Er liebt die mythische Tiefe und ist doch Realist und Zweifler an seiner Kunst.

»Bei dem Sonetten- und Terzinendreck
bleibt mir am End die ganze Kundschaft weg …
Des hat ka Goethe gschrieben, des hat ka Schiller dicht',
ist von kann Klassiker, von kann Genie…«

So steht's zu Beginn von Weinhebers Gedichtband »Wien wörtlich«. Er stellte an sich die höchsten Ansprüche. Die kompliziertesten Reimformen gingen ihm von der Hand: Sonette, Terzinen, altgriechische Versmaße. Er war ein Meister des Schwierigen, Dunklen, Tragischen, Todernsten. Aber der Meister blieb wie ein Kind – so ist ein Dichter immer. Er nahm Zuflucht und Rettung im rücksichtslos Heiteren, im rücksichtslos Volkstümlichen. So entstand, neben seinen schwierigen und ernsten Gedichtbänden, sein berühmtestes Werk, das sie alle übertraf und überlebte. Jener kostbare Band Mundartgedichte »Wien wörtlich«.

Georg Eisler,
Das rote Gasthaus,
Öl auf Leinwand,
1981

»I setz' mi hin und schreib auf wienerisch, was i so reden hör am Wirtshaustisch.«
Wie wenn er sie besonders ärgern möchte, die Verächter der »Leut«, die intellek-
tuellen Fernbleiber vom Wirtshaustisch. Das ist ihm auch gelungen, bis heute. Er
macht es ihnen desto leichter, weil er sich mit NS-Ideologie einließ.
Weinhebers Begeisterung richtet sich auf hohe Gegenstände, die mit dem NS-
Regime wahrhaft nicht vereinbar sind. Im Gedichtband »Adel und Untergang«
steht einleitend:
»Nie gab ich mich dem Gott der Zeit zu eigen.
Die mit mir leben, sind mir längst gestorben.
An ihrer Nacht hab ich das Recht erworben
Unangetastet in mein Licht zu steigen.«
Weinheber wusste genau, dass es sehr falsch war, sich mit der NS-Diktatur einzu-
lassen. Schwermut, Alkohol, Tablettensucht (zuletzt Morphium) vollendeten ihr
Werk am Dichter, der dennoch »unangetastet in mein Licht« stieg. Am 8. April
1945 starb er an einer Überdosis Schlaftabletten. Es ist bis heute unklar, ob es eine
unabsichtliche Überdosis war oder Selbstmord.
In einem Sammelband von Dichtern, herausgegeben von NS-Reichsjugendführer

Baldur von Schirach, schrieb Weinheber schlicht: »Meine Lehrmeister waren Hölderlin, Karl Kraus und die Alten.« Auf den großen jüdischen Dichter Kraus hatte ihn seine erste Frau, die Jüdin Emma Fröhlich, verwiesen (die Ehe zerbrach rasch, aber nicht aus politischen Gründen). Weinheber verehrte Karl Kraus als Zuchtmeister der deutschen Sprache.

In Weinhebers großen Gedichten war immer wieder von Helden die Rede. Das klingt heute fremd. Es ist beruhigend, dass er selber keiner war, sondern anfällig für das Lob der NS-Machthaber. Vor der Politik hatte er ein Grausen.

»Alt und jung, links und rechts,
s'ekelt an ...«

In »Wien wörtlich« steht der gar nicht heldische, sehr österreichische Vierzeiler:

»Uns int'ressiert schon nimmer,
wer uns am End' verschluckt.
Uns're Couleur war immer
Ein Untergangsprodukt.«

Dem NS-Regime, das ihn feierte, war er wegen solcher Ansichten wie den obigen auch sehr verdächtig. Als er von der Gestapo verhört wird (1943), kriegt ihn der Gauleiter von Wien, Schirach, wiederum frei.

Dichten konnte Weinheber, ein kleiner, stämmiger, vierschrötiger Kerl, zumeist so leicht als könnte er fliegen. Schmetterlingsleicht. Dabei war sein Leben zunächst mühselig. Geboren am 9. März 1892 in Wien-Ottakring, unehelich. Der kleine Pepperl Wykidal wird durch die spätere Heirat seiner Eltern zum Josef Weinheber. Die Knabenerziehungsanstalt Ober St. Veit war eine richtige Kinderhölle für ihn; es folgte das auch nicht viel bessere Hyrtlsche Waisenhaus in Mödling. Brauereigehilfe, Pferdefleischhauergehilfe, Molkereikutscher, endlich Aufstieg in den staatlichen Postdienst. Maturaschule, Schriftstellerei, erste und immer größere Erfolge. Vom Mozart-Preis der Goethe-Stiftung kauft er für sich und seine zweite Frau, Hedwig, auch eine Postbeamtin, ein ansehnliches Haus in Kirchstetten bei Neulengbach, Niederösterreich.

Josef Weinheber ist ein altmodischer Dichter. Dafür ist er ein wirklicher. Er greift ans Herz in seinen Gedichten, in seinem Leben und Sterben.

Ja, der große Dichter mit großen Themen – und was war sein Leben? Ein »Gfrett«. Wienerisch hinaufgehoben in die Tragik. Tragik, heruntergeholt ins Wienerische.

»War net Wien, wann net durt,
wo ka Gfrett is, ans wurd'.
Denn das Gfrett ohne Grund
gibt uns Kern, halt uns g'sund.«

Ach, die G'sundheit. Weinheber, ein kernfestes Mannsbild, mutete seinem Körper (Alkohol, Morphium) schon einiges zu. Zuletzt nannte er sich: »ein lebender Leichnam«.

Gar nicht wahr: er ist ein lebender Dichter. Wir haben und brauchen ihn fürs dritte Jahrtausend. Von diesem wissen wir nicht, wie es wird.

FRANZ WERFEL

»Der Werfel hat gefallen«

Franz Werfel, Altösterreicher aus Prag (1890–1945), schrieb großartige Romane, mittelgute Theaterstücke und einige unsterbliche Gedichte. Einer der witzigsten Kritiker seiner Zeit, Alfred Polgar, verwandelte den Satz des Julius Caesar: »Die Würfel sind gefallen« – in: »Der Werfel hat gefallen« – als nämlich dem jungen Dichter der entscheidende Durchbruch auf dem Theater gelang.

Heute liegt der Ton auf »Der Werfel *hat* gefallen«. Heute ist Werfel fast vergessen, er, der erfolgreichste Autor zu seinen Lebzeiten. Liebe Leserinnen und Leser! Schert euch nicht drum. Wem langweilig ist bei heute modernen Romanen, der lese stattdessen die Romane von Franz Werfel, und er hat was von seinen Lesetagen und Lesenächten.

»Verdi« (1924), »Die vierzig Tage des Musa Dagh« (1933), »Das Lied von Bernadette« (1941), »Stern der Ungeborenen« (1941) und weitere sieben große Romane – alle sind im Buchhandel erhältlich. Denen, die noch oder wiederum dem Erzähl- und Spannungsgenie Werfel verfallen, geht das Lesefutter so rasch nicht aus.

Werfels Zeitgenossen Robert Musil und Karl Kraus sind heute noch hochberühmt und gerühmt. Werfel ist vergessen und bei den heute Modernen verachtet. »Was brauch' denn dös alles, net? Is' eh gnua da!« – formulierte Josef Weinheber im klassischen Wienerisch. Was man alles nicht braucht, wenn man sich in Franz Werfel neu verliebt – das ist die ganze Arroganz des heutigen literarischen Betriebs, der sich hinwegsetzt über die Grundbedürfnisse des Lesers: sein Recht auf gutes Erzählen, Handlung, Spannung, Gefühl. Werfel anerkennt und befriedigt dieses Leserrecht ohne Skrupel.

Die Einzigen, die ihren Werfel nie vergessen werden,

Karl Sterrer,
Tanzende Mänade,
Bleistift, Rötel,
Gouache, 1920

sind selber Vergessene, die Armenier. Ihnen schrieb er seinen Roman und Best-
seller »Die vierzig Tage des Musa Dagh«. Er schildert den Völkermord der Türken
an den Armeniern, 1915/16, im Schatten des Ersten Weltkrieges, von niemand
gehindert. Mindestens eine Million Menschen wurden massakriert. Das Buch
erscheint 1933 und wird im NS-Deutschland sogleich verboten – der Armenien-
mord war der vorausliegende Schatten des Judenmordes.

Die Armenier pilgern heute noch zum Werfel-Ehrengrab auf dem Wiener Zentralfriedhof. Welchem Dichter passiert das schon?

Karl Kraus verspottet das endlos und mühelos sich ergießende Genie des Jungdichters Werfel und zugleich auch die im Abendglanz des Habsburgerreiches sich spiegelnde Genie-Insel Prag, genauer: die deutschjüdische Insel im tschechischen Prag:

»Wo jeder, der mit einem aufgewachsen ist, welcher dichtet, auch selber dichtet, und der Werfel alle befruchtet, sodass sich dort die Lyriker vermehren wie die Bisamratten« (1919).

Na schlecht? Heute vermehren sich nicht nur die Lyriker nicht, auch die Bisamratten haben schon Schwierigkeiten. Damals hingegen ... den Katalog der Prager Hauptgenies fasste Egon Erwin Kisch, einer von ihnen, so zusammen: »Es brodelt und werfelt und kafkat und kischt.« (Max Brod, Franz Werfel, Franz Kafka, Egon Erwin Kisch)

Mit 21 ist Werfel schon im ganzen deutschen Sprachraum berühmt, durch einen einzigen schmalen Gedichtband »Der Weltfreund«, Auflage 10.000. So was war damals möglich. Weltruhm bringen dann die oben schon zitierten großen Romane.

Zwischen mindestens drei Religionen konnte sich der fromme Franz Werfel lebenslänglich nicht entscheiden: jüdisch, katholisch und (so nenn ich's) »Mutterreligion«.

In Prag, wo er geboren und beschnitten wurde, ging er mit dem Vater in die Meisel-Synagoge, die schönste und größte der Stadt. Sein Kinder-Urteil: »Wo so viel Kerzen brennen, muss Gott sein.«

Das Katholische gefiel ihm noch besser. Jeden Sonntag kniete er im Weihrauchnebel der Prager St. Heinrichskirche neben seiner frommen Amme Babi.

Am liebsten aber war ihm seine »Mutterreligion«. Eine Folge wunderbarer Frauengestalten bewegt sich durch Werfels Romane und Erzählungen, er verehrt spendende Brüste und bergende Schöße und Weiblichkeit aller Art. Babi (die Amme), Almtschi (Alma, seine Frau) und natürlich Maria. Als er in Lourdes zu ihr betet, rettet sie ihn tatsächlich vor den Nazis. Sein Gelübde erfüllend, schrieb er, in den USA, sein »Lied von Bernadette«. Unbeirrt von Prognosen, wer ein so absurd frommes Buch denn lesen solle. Es wurde ein Welterfolg als Buch und Film, und es ist sein schönstes Werk.

Werfels Erfolgsgeheimnis war seine fortdauernde Kindlichkeit. Trotz Welterfolge bleibt er in seinem Kinderbett. Sein schönstes Gedicht heißt »Des Menschen Bett« (1911).

Über seine Frau Alma, zuvor die Frau des Komponisten Gustav Mahler, weiß er: »Wär ich der Almtschi nicht begegnet, hätte ich noch ein paar gute Gedichte geschrieben und wär' selig verkommen.«

Aber die Almtschi ließ ihn nicht verkommen. Sie organisierte vorbildlich den Weltruhm und Geldstrom. Werfel wurde immer dicker. Sein Freund und Kritiker Anton Kuh giftete: »Der Werfel ist so ausgefressen von Berühmtheit.

MARTINA WIED

Der dämonische Briefträger

In der Literaturgeschichte wie in aller sonstigen Geschichte gibt es einen gewaltigen Verschleiß an Begabungen. Es bleibt unbekannt, wie viele auf der Strecke bleiben. Sie kommen nicht durch, obwohl sie gut sind. Zum Ausgleich dafür wimmelt es von schwächlichen Talenten, die sich eine ganze Zeitspanne an der Oberfläche halten, bis sie gerechtermaßen in Vergessenheit sinken, in jene Unbekanntheit, in der ungerechtermaßen die gescheiterten Genies verborgen sind.

Das ist der Grund, warum mich Martina Wied interessiert. Ein halbes Dutzend große Romane, Dramen, Gedichte, Novellen. Großer österreichischer Staatspreis für Literatur erstmalig an eine Frau (1952). Im Buchhandel nichts mehr, in Antiquariaten teure Seltenheiten. Man liest und ist gepackt von der Weite und Breite des Talentes, vom Atem und Rhythmus einer Erzählerin von Gnaden. Wie unverdient das Vergessen!

Martina Wied schreibt mit großer Umständlichkeit. Ihr dickster Roman, das Hauptwerk »Die Geschichte des reichen Jünglings« hat fast 800 Seiten (geschrieben 1928 bis 1943, erschienen 1952). Ihr seinerzeit erfolgreichster Roman »Rauch über Sankt Florian« (1936) ist auch nicht viel dünner.

Sie mutet dem Leser was zu. Aber ihre Umständlichkeit ist Genauigkeit in der Schilderung von Personen und Zeitabläufen. Sie fesselt die Leser – die's heut nimmer gibt –, indem sie rücksichtslos sie festhält schon ab den ersten Seiten. Der richtige Romanleser kriegt genau die Kost, die er mag und die er heute so selten findet. Ein jeweils ganzes Leben wird ihm kund, die Verflechtung und Verstrickung vieler Personen untereinander und in ihre Zeit.

Der Briefträger von Sankt Florian, Schöpfl mit

ANTON WILDGANS

»Bist mir ein Lied, du liebe Stadt«

In Wien 8, Josefstadt, gibt es versteckte kleine Anti-quariate. Liebhaber finden den Weg und die Öff-nungszeiten. Ich fand neulich eine schöne alte Aus-gabe, fünfbändig, gesammelte Werke, von Anton Wildgans (1881–1932). Ihn kannte seinerzeit jeder, er war zweimal Burgtheaterdirektor, 1920 bis 1923 und nochmals 1930/31. Heute ist er verschollen.

Für mich war er *der* Dichter meiner Jugend. Dass ich die Ausgabe wieder fand, in der ich ihn damals las – sie ging mir in den Zeitläufen verloren, samt Vaters Bücherschrank, samt elterlicher Wohnung –, versetzte mich in Nostalgie. Aber das Wiederlesen war eine gemischte Freude.

Seine Dramen »Armut« (1914) und »Liebe« (1916) waren meine ersten Begegnungen mit einem Dichter, der das Soziale und das Sexuelle drastisch darstellte. Heute sind sie nicht mehr zu lesen oder gar aufzuführen. Zu viel Pathos, zu viel, was hohl oder gar schon komisch klingt.

Anders steht es mit seinen Gedichten. Wildgans ist ganz Musik. Das wundersame Klingen und Schwin-gen der Verse ist zwar altmodisch, aber ebendrum von jener Anziehung, die sich über die Jahre hält und nicht verloren geht.

> »All dies ist tot und wird nicht mehr erwachen,
> Denn Stunden gibt es, die wie Geigen sind,
> Die nimmer klingen, wenn sie einmal brachen,
> Und Stunden sind, die wie verlorne
> Zum Strande treibt nicht Woge mehr und
> Wind.«

Aber es ist gar nicht wahr. Das Erwachen der Versmusik vollzieht sich! Man darf nur nicht furcht-sam sein, man muss sich die Loslösung zutrauen aus unserem tyrannischen Zeitgeschmack. Man muss sich dem Zwischenreich hingeben, das für Anton

Robert Kohl,
Straßenszene,
Öl auf Leinwand,
1930

Wildgans typisch ist − ein literarisches Reich, in welchem an allen Ecken und
Enden die Frage auftaucht: Ist es zeitlos schön? Oder ist Kitsch beigemengt,
Plüschgeruch aus verrufenen bürgerlichen Zeiten.

Ich scher mich nicht viel drum. Wenn mein Herz mitliest und die Rührung in
den Hals steigt, stört mich kein modernes Naserümpfen. Außerdem ist die
Entscheidung Kunst oder Kitsch überall dort leicht, wo Wildgans nicht im Allgemeinen bleibt, sondern wienerisch wird, österreichisch weltbürgerlich. Da ist er
echt, da ist er ein Zauberkünstler: ein Alchemist, der aus zweifelhaften Stoffen
echtes Dichtergold produziert.

Vor allem wenn er Kindheit mit hineinmischt:

>Ich bin ein Kind der Stadt. Die Leute meinen,
Und spotten leichthin über unsereinen,
Dass solch ein Stadtkind keine Heimat hat.
In meine Spiele rauschten freilich keine Wälder.
Da schütteten die Pflastersteine.
Und bist mir doch ein Lied, du liebe Stadt.«

Immer, wenn ich meine, mit Wildgans fertig zu sein, kommen mir dann solche Verse in die Quere. Und ich entschuldige mich, dass ich's einfach schön finde, was dem Manne da aus der bürgerlichen Dichterseele floss.

Anton Wildgans, geboren in Mödling bei Wien, stammt aus einer österreichischen Juristenfamilie, ohne Reichtum, aber genügend gepolstert für bescheidene Behaglichkeit. Als der Erste Weltkrieg kam, nahm der Patriotismus des Dichters militärische Züge an; Weltbürgerlichkeit und Friedensliebe gingen aber nicht verloren. Er war tief drinnen in der Zeit und stand doch drüber.

Die zeitgenössische Berühmtheit und Bedeutung von Anton Wildgans ruhte auf dem Engagement für sein Land. 1929 hielt er in Stockholm seine berühmte »Rede über Österreich«. Berühmt ist sie jetzt nimmer, aber gewisse Stellen darin verdienen ein Fortleben.

Wildgans spricht von der Republik als Erbin der alten Monarchie »nicht als engherziger Eigentümer, sondern als Treuhänder der gesamten kultivierten Menschheit«. Und fügt bei, es sei »an der Zeit, der Unart falscher Bescheidenheit und allzu unbedenklicher Selbstpreisgabe zu entsagen und in uns allmählich ein anderes herauszubilden, nämlich das historische Bewusstsein und den Stolz des Österreichers!«

Ich meine: das hat seine höhere Aktualität.

Wer von Wildgans heute noch etwas hält, hat's nicht leicht und ist froh über jeden Bundesgenossen. Als Nachwort zum »Kirbisch« (1927), in der Tat des Dichters bestes und Fortleben verdienendes Werk, schreibt Felix Mitterer, gewiss ein ausgewiesener Modernist. Er hat Mut zu den folgenden Sätzen:

»Für den heutigen Menschen muss dieses Werk auf den ersten Blick aberwitzig erscheinen ... Wie kommt einer auf die Ideee, über die Menschen eines österreichischen Dorfes ein monumentales Versepos in antiken Hexametern zu verfassen? ... (Aber) es entsteht ein Sog, ein unglaublich starker Sog aus Sprache, der einen ganz hineinzieht ... Man entdeckt, dass die Hexameter zur satirischen Überhöhung dienen, und ist amüsiert, auch erleichtert ... Wann je wurden ein Schweinskotelett und ein Kartoffelsalat derart treffend in Versen beschrieben, dass einem das Wasser im Mund zusammenläuft?«

LUDWIG WITTGENSTEIN

Ein Mystiker aus Wien

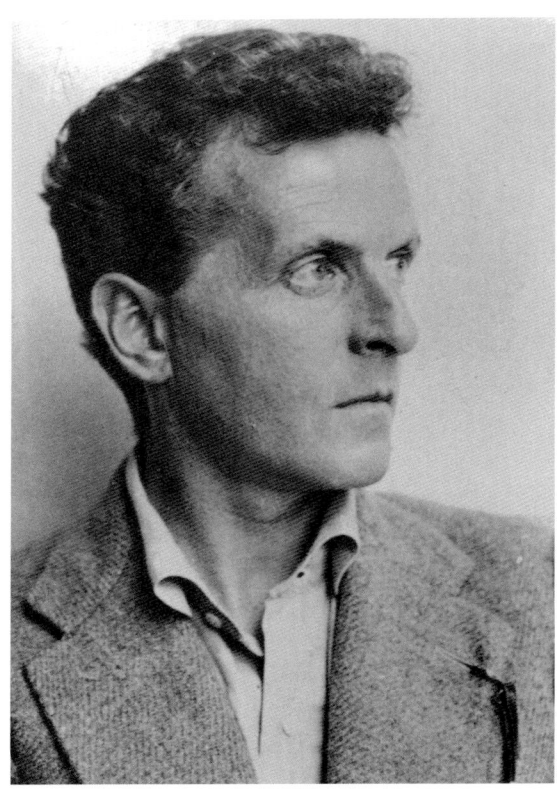

Es gibt geschwätzige Philosophen und schweigsame. Ludwig Wittgenstein (1889 Wien – 1951 Cambridge) ist einer der wichtigsten Philosophen des 20. Jahrhunderts – und hat zu Lebzeiten ein einziges Werk veröffentlicht, die »Logisch-Philosophische Abhandlung«, 1921, nach der deutsch-englischen Ausgabe 1922 meist »Tractatus-logico-philosophicus« genannt.

Es sind kaum hundert Seiten. Die sonstigen Texte Wittgensteins, einschließlich Nachlass: mehr als 30.000 Seiten. Zu seinem Nach- und Weltruhm hat beides beigetragen, der schmale veröffentlichte Text und die restliche ungeheure Textmasse, ein verschlungenes, geheimnisvoll fließendes Werk, voller Selbstzweifel und Widersprüchen.

Bei einem so beschaffenen Werk ist wahrhaft verständlich, dass sich bald auch Herausgeber, Nachlassverwalter und ungezählte Aus- und Fehldeuter unlösbar verknäuelten in ein Bündel aus Streit frucht- und unfruchtbarer Art.

Folglich geht es um die Rettung Wittgensteins vor den Wittgensteinianern. Er ist ein großartiger Schreiber, er gehört nicht nur in die Philosophie, sondern auch in die Literatur.

Im »Traktat« steht als letzter Satz, nummeriert mit 7. »Wovon man nicht sprechen kann, darüber muss man schweigen.« Der »Wiener Kreis« um die Professoren Mertz und Schlick und Rudolf Carnap, eine bedeutsame Philosophenschule in den zwanziger und dreißiger Jahren – begeisterte sich für Wittgenstein. Sie hießen »Positivisten«, weil sie nur an Tatsachen glaubten, alles Hintergründige, Übersinnliche verdammten und verlachten.

Der Satz Wittgensteins »Wovon man nicht sprechen kann, darüber muss man schweigen« ist ein Satz der

Hans Staudacher,
Poèsie objektive, Öl
und Collage auf
Jute, 1958

Demut und Ehrfurcht vor der Größe des Unaussprechlichen, missverstanden von den Positivisten als: »Wovon man nicht sprechen kann, das gibt es gar nicht.« Wittgenstein wollte »dem Denken eine Grenze ziehen … und was jenseits der Grenze liegt, wird einfach Unsinn sein«. So heißt es in der Einleitung zum »Traktat«. Die Positivisten überhörten die souveräne Ironie dieses Satzes. Jenseits des Denkens ist nicht »Unsinn«. *Dort* ist das eigentliche Leben.

Die pedantische Durchnummerierung der Sätze des »Traktats« ist Teil der Wittgensteinschen Ironie. Unnummeriert sind die entscheidenden Sätze – von den Positivisten freventlich beiseite geschoben – ein wunderbares Gedicht auf den Sinn und Übersinn des Lebens.

»Die Welt des Glücklichen ist eine andere Welt als die des Unglücklichen … Die Lösung des Rätsels des Lebens in Raum und Zeit liegt *außerhalb* von Raum und Zeit … Gott offenbart sich nicht *in* der Welt. Nicht wie die Welt ist, ist das Mystische, sondern *dass* sie ist ... Wir fühlen, dass selbst, wenn alle möglichen wissenschaftlichen Fragen beantwortet sind, unsere Lebensprobleme noch gar nicht berührt sind ... Es gibt allerdings Unaussprechliches. Dies *zeigt* sich, es ist das Mystische.«

Es gehört also eine gewisse professorale Arroganz dazu, den Mystiker Wittgenstein als Positivisten zurechtzuschnitzen, der nichts als Tatsachen gelten lässt.

1947, wenige Jahre vor seinem Tod (Prostatakrebs) schrieb er: »Es ist z. B. nicht unsinnig zu glauben, dass das wissenschaftliche und technische Zeitalter der Anfang vom Ende der Menschheit ist, dass die Idee vom großen Fortschritt eine Verblendung ist, wie auch von der endlichen Erkenntnis der Wahrheit; dass an der wissenschaftlichen Erkenntnis nichts Gutes oder Wünschenswertes ist und dass die Menschheit, die nach ihr strebt, in eine Falle läuft.«

Dass Wittgenstein ein tiefgläubiger Mensch war, haben seine Nachlassverwalter lange unter dem Hut gehalten. Seine Tagebücher 1914–1916 – sie enthalten schon die Hauptgedanken des »Traktats« – gaben sie heraus unter Auslassung dessen, was er in Geheimschrift niederlegt in Verzweiflung und Not als Freiwilliger im Ersten Weltkrieg. Erst 1991 gelang es Wilhelm Baum, einem Österreicher, der in Barcelona und Berlin lehrte, die »Geheimen Tagebücher« Wittgensteins zu publizieren.

Die im offiziellen Text ausgelassenen Stellen entzifferte Dr. Ulrike Baum (Wilhelm Baums Frau). Der Schlüssel ist einfach. A = Z, B = Y, C = X, D = W usw. Wittgenstein = DRGGTVMHGVRM. Fast wie in einem Kriminalroman kamen die Baums zum Text. Sie kopierten ihn aus dem Wittgenstein-Archiv der Universität Tübingen auf einem Münzkopierer.

»Gott gebe mir die Kraft. Amen. Amen. Amen ... Möge der Geist mich erleuchten ... die Gnade, die ich genieße, indem ich denken und schreiben kann, ist unbeschreiblich ...« – Sätze des angeblichen Atheisten Wittgenstein.

Wittgenstein war Exzentriker in allem und jedem. Aus sehr reicher jüdisch-böhmischer Industriellenfamilie – verschenkte er alles, was er hatte. Er war homosexuell – und lebte asketisch. Er war ein Genie – und war tätig als Volksschullehrer und Gärtnergehilfe. Auch als Professor in Cambridge bewohnte er eine kahle Kammer. Als er einsam und elend starb, trug er dem Arzt auf: »Sagen Sie allen meinen Freunden, dass ich ein wundervolles Leben gehabt habe.«

Wittgenstein, Jude und von den Nazis vertrieben (er ging übrigens in die gleiche Linzer Oberrealschule wie der um sechs Tage ältere Hitler, aber zwei Klassen über ihm) – war ein auf seine Weise leidenschaftlicher Österreicher, trotz seiner jahrzehntelangen Verbindung mit Cambridge und den dortigen Größen der Philosophie und Mathematik (Bertrand Russel vor allem).

Er liebte Grillparzer, Lenau, Nestroy, Karl Kraus. Der Kern seiner Philosophie: in dem, was man ausspricht, schwingt schweigend das Unaussprechliche mit – ist doch eine höchst österreichische Sprechweise.

OSWALD von WOLKENSTEIN

Mit einem Aug quer durch die Welt

Ich hab mein Bestes getan, um des Ritters und Dichters Oswald von Wolkenstein (1377–1445) Lied aus seinem tirolischen Mittelhochdeutsch oder schon Frühneuhochdeutsch zu übersetzen in verständliche Reime. Allzu Derbes, damals war man nicht zimperlich, hab ich gemildert, es ist noch immer arg genug. Oswald wurde im Pustertal auf Schloss Schöneck geboren. Er starb in Meran oder in Brixen, wo sein Grabmal ist. Als sechsjähriger Ritterbub verlor er sein rechtes Auge, standesgemäß beim Hantieren mit Pfeil und Bogen.

Oswald gilt als bedeutendster deutscher Dichter des späten Mittelalters. Von der Feinheit und Fadheit des Minnesangs zu dessen Hochblüte ist bei Oswald nicht viel übrig. Dafür schäumende Lebendigkeit und fröhlicher Reiz seiner Melodien. Seine Kompositionen sind erhalten in mehreren Handschriften, man kann sie heute noch gut singen.

Oswald ist heute integriert in den Südtiroler Fremdenverkehr. Zum Gedenken an ihn findet der Oswald-von-Wolkenstein-Ritt statt, zweitägig, in vier Stationen, von Prösels bis Kastelruth, rund um die Ruine Hauenstein. Auf diesem Schloss verlebte Oswald seine letzten Jahre, in ständigen Streitereien mit weltlichen und geistlichen Obrigkeiten.

Zur Freude der Touristen sind Reiter und Haflinger in schmucker Tracht und vollführen allerhand Kunststückerln, die mit dem Dichter Wolkenstein nicht das Geringste zu tun haben.

Außer kecke und wunderbare Lieder schuf Oswald das Gedicht seines Lebens als Haudegen und Lebemann, als Diplomat des deutschen Kaisers, als Anführer des Aufstandes der Südtiroler Adeligen gegen den Landesfürsten. Er war in harter Gefangenschaft und Folter, kam aber wieder frei.

Albin Egger-Lienz,
Am Kalvarienberg
bei Bozen, Öl auf
Leinwand, um 1922

Mit seinem einen Auge sah er fast die ganze damals bekannte Welt, von Skandi-
navien bis in den tiefsten Orient. Als Pilger, Geschäftsmann, Gesandter und Spielmann, immer buntest unterwegs.
Mit 10 Jahren läuft Oswald von daheim weg. 14 Jahre lang sieht er Südtirol nicht
wieder. Er wandert nach Holland, England, Spanien, erlernt die dortigen
Sprachen und auch das Maurische, die Sprache der in Spanien ansässigen Mus-
lime. In Nordafrika schlägt er sich zum spanischen Heer und erobert mit diesem
die marokkanische Festung Cauta gegenüber Gibraltar.
Am Konzil von Konstanz nimmt er teil im Gefolge des deutschen Königs, später
Kaisers Sigismund. Sein Gehalt beziffert er mit »300 ungarischen roten Gulden«.
In Portugal lernt er portugiesisch und irgendwann zwischendurch zeugt er mit
seiner schwäbischen Frau fünf Söhne.
In seinen Gedichten erzählt er von Reisen nach Syrien, von einem Kreuzzug ins
Heilige Land, Russland, Preußen, Litauen, Türkei zu den Tartaren, nach Armenien
und Persien. Manche Forscher glauben es ihm nicht.
»Es wär zu lang sollt ich erzählen all mein
not und wie mich bezwang ein Mündlein rot
davon mein herz ist wund bis in den bittern tod.«
Alle Gedichte Oswalds, auch die religiösen, sind Stücke seiner Selbstbiografie. Die
Landschaft, in der er geboren ist und der er so lange fern war, atmet in seinen
Liedern, es rauschen die Wasser des Eisack, es ragen die Felsen des Schlern. Auf
seinen Reisen lernt er französische, provencalische, ja auch spanisch-arabische

Dichtung und Musik kennen, nimmt sie auf in seine Lieder, wird zum großen Anreger für die deutsche Musik. Sehr modern löst er die Sprache aus den Bindungen der Grammatik und bereichert sie durch Volks- und Bauernsprache.

»zergangen ist mein herzensweh
seit dass nun fliessen will der schnee
herab die Seiser Alpe ...
erwachet ist der erde dunst
es mehren sich die wasserrunst
von Kastelruth in den Eisack
ich hör die vöglein groß und klein
in meinem wald um hauenstein
das will mir wohl behagen.«

Hermann Delago schildert in seinem Dolomiten-Wanderbuch: »Unter der 500 Meter hohen Steviolawand am Ende des Grödener Tals klebt wie ein Schwalbennest, kaum von den Felsen zu unterscheiden, die Ruine Wolkenstein, das Stammschloss der Wolkensteiner, auf 1563 Meter, längst unbewohnt.«

> In der Schenke
> Fröhlich geschrei wolln wir machen
> wem es nicht passt verlachen
> schon lag die dirn auf der bank
> mache mir's lang
> so sag ich dir dank
> für deinen gesang
> und speis und trank
> und süßes auf und ab
> wovon ich freuden hab.
> Da auch die herrin sich gab
> wer fidelt mir viel
> auf meinem seitenspiel
> so kommt nur heinz und jäckel
> ihr süßen schneckel
> und mag heinz nimmermehr
> so komm du jäckel her
> lehr mich das ABC
> und tu mir nicht weh
> Ite venite
> (wechselt euch ab)

DOROTHEA ZEEMANN

Sehr gemein und sehr begabt

Im modernen Kampf der Geschlechter lautet eine ungerechte Spielregel: Frauen müssen besser sein als Männer, sonst setzen sie sich nicht durch. Nun, besser war Dorothea Zeemann nicht als ihr langjähriger Liebes- und Lebensfreund Heimito von Doderer, der große Dichter und unmögliche Geselle.

Aber sie ist eine sehr begabte Erzählerin, deren schmales, eigenständiges Werk eine seltsame Leuchtkraft hat – eine weibliche Strahlung, die sich behaupten kann neben dem kalten Giga-Stern Doderer. Gerade für den eingefleischten Doderer-Fan ist Frau Zeemann ein literarischer Erholungsurlaub.

Neben Doderers großen Romanen mit ihrer monumentalen Umständlichkeit ist Dorothea Zeemann frisch, unvermittelt, ja und sehr gemein. Sie zielt und trifft gnadenlos – nicht nur ihren Geliebten Doderer, den Helden ihrer enthüllungsfreudigen Autobiografie »Jungfrau und Reptil« (1982) – sondern die Männer überhaupt, die in Dorotheas sonstigem Erzählwerk meist aufscheinen als mehr oder minder maskierte Doderers.

Dorothea Zeemann kennt die Grauslichkeit der Männer. Sie spießt sie auf wie Käfer – gnadenlos und liebevoll. Ja, sie liebt die Männer, im Laufe ihres langen Lebens (1909–1993) legt sie sich eine ganze Käfersammlung an. Zuletzt heiratet sie nochmals mit 84, in ihrem Todesjahr.

Die Männerporträts von Dorothea Zeemann – in ihren Romanen »Das Rapportbuch« (1959), »Eine unsympathische Frau« (1983), »Das heimliche Fest« (1986) – haben ihre ganz besondere Schärfe gerade darin, dass Zeemann überhaupt keine Feministin ist. Sie liebt die Männer gerade in ihren Schwächen. Die Autorin und alle ihre Frauengestalten sind gleichfalls

Herbert Boeckl,
Zwei Freundinnen,
Aquarell, 1921

schwach – immer dann, wenn es um Liebe, Freundschaft, Freude am Leben geht. Das Problem der Feministinnen ist der Hass. Richtig sehen sie, was die Männer für lausige Kerle sind. Aber ihr Hass macht aus den Männern zugleich mythische Figuren des absolut Bösen. Dorothea Zeemann hingegen ist ein fröhlicher Typ. Ihre Männer- und Frauengestalten ergänzen einander. Spielerisch, ironisch und sehr attraktiv passen sie zueinander in wechselseitiger menschlicher Hinfälligkeit. Dorothea Zeemanns Frauen lieben die Männer, obwohl oder weil sie männlich schwach sind. Ihre Männer lieben die Frauen, obwohl oder weil sie weiblich schwach sind. Die Welt Zeemanns ist voll Kalamitäten und Katastrophen, aber es ist eigentlich doch eine sympathische, liebenswerte Welt.

Heimito von Doderer, den sie in »Jungfrau und Reptil« ganz schön niedermacht, ist die große Liebe in Dorotheas wechselreichem Leben. So ist diese Autobiografie ihr schärfstes und liebevollstes Buch.

»Ich besuche ihn am Nachmittag in seiner neuen kleinen Parterrewohnung. Es ist ganz dunkel und wohlig, und er trägt nur eine kleine Dreieckshose. Kerzen brennen und riechen. Er ist geschäftiger Regisseur einer Szene ... holt aus einem Schuhkarton eine kurzstielige Peitsche. Sie hat Schnüre aus roten Samtbändern ... Er schlägt mich damit auf Schulter und Rücken. Ich lache aus Verlegenheit.«

Doderer wird wütend, geht in die Küche, wirft dort mit Holzscheiten herum. Er wird immer wütend, wenn Dorothea ihn nicht ernst nimmt, seine Kindereien, die er als ernste Rituale stilisiert. Dorothea Zeemann begleitet den großen Dichter und großen Narren liebevoll bis zum Tod.

Als sie sich kennen lernen, geschieht dies so, dass er sie von hinten ins Gesäß zwickt und von vorn ihr die Hand küsst. Als er stirbt, ist er nur noch ein »Hautsack«, der aus Trauer und Wut weint, weil's mit der Potenz vorbei ist. Sie nimmt ihn in die Arme wie ein Kind und kocht ihm einen Kamillentee.

Gehört sich das, einen ganz Großen den Literatur zu schildern in so gemeinem Detail? Es gehört sich nicht. Ich bin ein neugieriger Mensch, mich interessiert schon, was alles dazugehört zu einem großen Mann. Es erfüllt mit Schrecken und Erbarmen.

Dorothea Zeemann, die Doderer enthüllt, enthüllt sich selbst. Sie ist eine Erzählerin, die sich selbst so wenig schont wie andere. Wie man erfährt, wie schaurig der große Dichter war, so erfährt man auch, wie schaurig die Frauen sind – die liebevollen, begehrenswerten, gescheiten, ach, was sind die sonst alles noch.

Der Mensch besteht aus Sehnsucht und Perversion, da kommt Sigmund Freud gar nicht mit. Frau Zeemann entsetzt uns, belehrt uns, fesselt uns. So sind sie, die Frauen – unausstehlich, unwiderstehlich.

Unsere bösen guten Engel. Das bringt uns Dorothea Zeemann gut bei.

> Mann und Frau
> Wer sind wir? Was sind ich und er, den ich nur einverleibe. Ich habe keine Angst mehr, aber er hat Angst. Er erwacht aus dem Schlaf und ist misstrauisch. Ich habe kein Geheimnis, ich bewahre mich nicht …
> Ich bin traurig.
> Kommt es mir zu, etwas zu wollen?
> Meine Bereitschaft zu lieben, wird mit schlechtem Gewissen genützt. Tiefes Misstrauen in meine Öffnung …
> Blut fließt nicht.
> Verschorft sind die Gefäße.
> Das Korallenriff unserer Adern hält die Organe steif.
> Die Zeit des Verblutens ist vorbei …
> Fürchte dich nicht vor uns.
> Ein trauriger Geselle rasiert sich, zählt die restlichen Kopfhaare, drückt sie mit flachen Handtellern an den Schädel, bis sie haften, ich beobachte ihn mitleidig und sehe ein, dass er das nicht dulden kann.
> »Schau«, sag ich, »wie deine Venen hervortreten.«
> »Ein Zeichen«, sagt er.
>
> *Aus: »Jungfrau und Reptil«*

GUIDO ZERNATTO

Wie ein Waldtier, das schreit

Die österreichische Literatur ist ein weites Land, man kann drin wandern, suchen, finden, man kommt zu keinem Ende. Es ist so viel da! Wie komm ich dann ausgerechnet auf Guido Zernatto?

»Die große Welt? – Das kann schon sein.
Ich aber träum von Bäumen,
Die vielgeliebt den kleinen Garten säumen,
von blauen Tagen und mit dir allein.
Ich wünsch mir nicht, dass mir was gelinge,
Und wünsch mir nicht, dass ich's zu was bringe.
Ich möchte nichts werden. Ich will sein.«

Zernatto, 1903–1943, stammt aus einer Kärntner Bauernfamilie. Er hat deutsche, slowenische, italienische Wurzeln. Schrieb etwa hundert Gedichte, den einen und anderen Roman, Fragmente, Essays. Hauptsächlich verstrickte er sich in die Politik, und in was für welche?

Kurt von Schuschnigg, Chef des autoritären österreichischen Ständestaates – von seinen Gegnern als »Austrofaschist« deklariert – berief 1934 den damaligen Direktor des »Österreichischen Bundesverlags« in seine Regierung als Staatssekretär. Der 31-Jährige stieg rasch, wurde Minister, zuständig für Kultur und Propaganda. In der »vaterländischen Front«, der Einheitspartei des damaligen Regimes, werkelte der junge Schriftsteller als blauäugiger »Generalsekretär«.

»Den neuen Staat wollten wir erobern, bauen, gestalten. Ich erinnere mich der unbändigen und rührenden Sehnsucht, die wir alle nach diesem neuen Staat in uns trugen.«

Schreibt Zernatto in der Emigration in seinem Erinnerungs- und Rechtfertigungsbuch »Die Wahrheit über Österreich« (New York 1938). Er entkam den in Österreich einmarschierenden Truppen Hitlers nur ganz knapp. Die österreichischen Nationalsozialisten

Franz von Zülow,
Diana, Öl auf Lein-
wand, 1926

verfolgten die »Schwarzen«, die »Vaterländischen« mit besonderer Verbitterung. Zernatto kommt aus katholischem Milieu, er ist fromm. Kärntner Abwehrkampf (da ist er 16), Heimat und Bauerntum sind seine Grundfesten. In seiner Dichtung erhebt er sich weit über zeitgenössische Begrenzungen, in seiner politischen Biografie bleibt er stecken.

Der erste Chef des »Ständestaates«, Engelbert Dollfuß, wird im Juli 1934 von nationalsozialistischen Putschisten ermordet, als diese das Bundeskanzleramt besetzen. Dollfuss hatte seinerseits im Februar 1934 mit harter Hand einen Aufstand niedergeschlagen, den der sozialdemokratische »Schutzbund« versuchte, zur Rettung von Republik und Demokratie.

Es gab viele Tote, es gab Gehenkte, es gab »Anhaltelager«. Ein unseliger Riss zog sich durch Österreich. Zernatto ließ sich persönlich nichts zu Schulden kommen. Seiner unglücklichen Rolle war er sich tief bewusst.

> »Was bin ich in der Welt? – Ein Wind,
> Der eilig durch die Lüfte rinnt.
> Ein Flüchten und ein Eilen,
> Schon nicht mehr sein im Weilen.

Ein armes Menschenkind.
Was bin ich in der Welt? – Ein Schritt,
Den irgendwer im Gehen tritt. Die Spur zergeht. Das Schreiten
War bloß Vorübergleiten.
Ein irrer Wanderschritt.
Was bin ich in der Welt? – Ein Bach,
Der rinnt dem ewig Tiefren nach.
Er kommt vom sichren Lande her
Und endet ungewiss ins Meer.
Ein kleiner schneller Bach.
Was bin ich in der Welt? – Ein Schrei,
Kaum erst angesprochen – schon vorbei.
Das Echo äfft sein Tönen
Als wollt es ihn verhöhnen.
Ein kurzer geller Schrei.«

Das Gedicht stammt aus dem Nachlass, den 1981 der amerikanische Universitäts-professor Otmar M. Drekonja veröffentlichte. Der Amerikaner, wie schon der Name zeigt, ist ein Kärntner, Bruder des Salzburger Universitätsprofessors Gerhard Drekonja.

Kärnten ist ein Land von vielen Begabungen, untermischt mit Genies. Werner Berg, der hinreißende Maler des Kärntner Bauernlebens, Expressionist von kühnster Farbgewalt, hat gemalt, was Guido Zernatto in seinen Versen sich von der Seele schrieb: die Kärntner Lebenslust und die Kärntner Trauer, die Gewissheit, wie klein der Mensch ist und wie schön es doch ist auf der Welt.

»Die Sonnenuhr an unsrer Kirchenwand
blieb stehen.
Es war im Sommer, früh am Nachmittag.
Von Zäunen her warfen die gespitzten Latten
Ins zittrige der Schwüle lange Schatten
Und auf dem Kreuze glänzte golden der Beschlag …
Die Bauern waren auf den Feldern draußen.
Der Mesner schlief in seiner Stube unterm Turm.
Kein Mensch begriff. Nur meine Finger wiesen
Gespreizt vor Angst ins Nichts. Dann stießen
Winde ins Tal und gegen Abend kam der Sturm.«

Guido Zernatto – sein Großneffe ist der ÖVP-Chef in Kärnten und Ex-Landeshauptmann Christoph Zernatto, dem ich mancherlei Hinweise verdanke – wurde allernächster Zeuge des Unterganges, den Österreich 1938 erlitt – und aus dem es wieder auferstand.

Bundeskanzler Schuschnigg wurde im Februar 1938 zu Hitler zitiert, auf dessen Bergresidenz Obersalzberg bei Berchtesgaden. Hitler schrie den Österreicher zusammen und erzwang die Zulassung der damals illegalen Nationalsozialisten zur Regierung und an die Macht. Schuschnigg versuchte eine letzte Auflehnung.

Im März 1938 setzte er eine Volksabstimmung für die Unabhängigkeit Österreichs an. Hitlers Antwort war der Einmarsch.

Schuschnigg wurde eingesperrt. Seine NS-Kerkermeister spielten ihm seine letzte Rede vom Tonband vor, ununterbrochen, bis er fast zusammenbrach. Die Schlussworte Schuschniggs waren: »Gott schütze Österreich«.

Nun, das tat er auch, der liebe Gott, wenngleich auf dem bei ihm nicht ungewöhnlichem Umweg über Leid und Tragik, für Schuldige wie Unschuldige. Über den Globus breitete sich ein Leichenmeer.

In einem Gedicht aus dem Nachlass blickt Guido Zernatto in den Spiegel:

>   »Es ist ein graues Augenpaar
>   Vor mir.
>   Auf hoher Stirne braunes Haar,
>   Ein Mund, um den sich schmerzlich
>   Falten legen.
>   Und noch ein Unsichtbares,
>   Unsagbares ist in diesem Bild.
>   Wo ist der Mensch, dem dies als
>   Bildnis gilt?
>   Soll dieser Spiegelwiderschein
>   Mein Ganzes,
>   Soll's mein Abbild sein?«

STEFAN ZWEIG

Verwirrung der Gefühle

Ein Knabe, etwa acht, im feinen Südbahnhotel auf dem Semmering, mit seiner Mutter, die sich nicht sehr interessiert für ihn. Ihm ist dort fad, ihr auch. Ankommt ein interessanter junger Mann, Baron, auf Abenteuer aus. Der Weg zur Mutter führt über das Kind. Das Kind steht in Flammen für den wunderbaren neuen. Aber er verrät es, er will ja die Mutter, das Kind wird ihm lästig.

Scharfsinnig aus verschmähter Liebe und demgemäßen Hass, auf den Abenteurer und auf die Mutter, die sich mit ihm – fast – einlässt, ist das Kind im Stande, sich zum Tyrannen aufzuschwingen. Es entdeckt alle Heimlichkeiten und verhindert sie.

Den Fast-Fehltritt der Mutter verrät das Kind aber nicht an den Vater. Es schweigt und kriegt als Dank die Liebe seiner Mutter ... »ein Gelöbnis der alternden Frau, dass sie von nun ab nur mir, nur ihrem Kind gehören wolle und ihm die bitter-süße Last der Liebe wie ein Erbe überließ«.

»Brennendes Geheimnis«, eine Novelle von Stefan Zweig (1914). Man merkt die Nähe von Kunst und Kitsch, an welchem der einst Weltberühmte mit Millionenauflagen stets haarscharf vorbeischrammte. Zweig hat ein explosives Erzähltemperament, er malt seine Figuren mit feinster Psychologie, und Angelpunkt ist immer eine geheime »Verwirrung der Gefühle« (dies der treffende Titel einer Novelle, 1927). Die Verwirrung, einst ins Extrem getrieben, löst sich im schmerzlichen Happy End.

»Angst« (1925): Ehefrau verirrt sich in Untreue. Fällt in die Hände einer gemeinen Erpresserin. Lebt in unerträglicher Angst. Verlässt den Geliebten, den sie für einen Komplicen der Erpresserin hält. Der aber nichts dafür kann. Vielmehr kam der Ehemann, der die Untreue ahnte, auf eine absurde Idee: er mietet

Olga Wisinger-
Florian,
Der Posthof in
Karlsbad, Öl auf
Holz, 1895

eine Schauspielerin, die die Erpresserin spielt. So und nur so hofft er die Liebe seiner Gattin wiederzugewinnen.

So läuft's auch. Frau gesteht Fehltritt. Ehemann gesteht seinen Trick. Die Verwirrung der Gefühle löst sich in wahre Liebe. Stefan Zweig, Neuromantiker, folgt dem alten Rezept der Novelle. Goethe definiert sie: »Eine sich ereignete unerhörte Gegebenheit.«

Ruhm und Auflagen wuchsen noch, als Stefan Zweig von der Novelle weiterschritt zur Biografie großer Männer und Frauen (ab 1929). »Fouché«, »Marie Antoinette«, »Maria Stuart«, »Erasmus«, »Balzac« – immer gelingt ihm, bei annähernder historischer Treue, die Verwandlung in Zweig'sche Romanfiguren, die seinem Gesetz folgen: Verwirrung der Gefühle, Hochspannung, Lösung.

Stefan Zweig hatte ein schönes Leben und war doch Melancholiker – eine gar nicht seltene Kombination. In vollen Zügen genoss er das Dasein als Großliterat, das zunächst fortdauerte trotz Verdüsterung des Horizonts durch Hitler.

Seine Bücher wurden von den Nazis öffentlich verbrannt – unter anderem auf dem Residenzplatz in Salzburg, das er liebte und wo er wohnte von 1919 bis 1934. Im Paschinger Schlössl, Kapuzinerberg Nr. 5. Der Weg hinauf heißt jetzt Stefan-Zweig-Weg und oben gibt's auch eine Zweig-Büste.

Am Haus selber kein Hinweis. Salzburg hat zwiespältige Gefühle. 1992 gab's einen Zweig-Kongress im Schloss Leopoldskron. Man nascht am Nachruhm, ansonst Zurückhaltung, die strenge Kritiker als fortdauernde NS-Gefühle auslegen. Zweig, Sohn eines Wiener jüdischen Industriellen, kannte nie materielle Not. Familienreichtum und die Einnahmen aus den Büchern, Weltreisen, Übersetzung in Dutzende Sprachen. Emigration in England, dann New York, schließlich in Brasilien. Aber die Freiheit von Not half seiner empfindlichen Seele nicht.

Er war ein Leben gewohnt als Geistesfürst und Freund europäischer Größen seinesgleichen. Im Paschinger Schlössl waren Thomas Mann zu Gast, Arturo Toscanini, James Joyce, Paul Valéry, H. G. Wells, Romain Rolland, Rabindranath Tagore.

Größen aus der »Welt von Gestern«. So betitelte Zweig seine Selbstbiographie »Erinnerungen eines Europäers«. Es ist heute sein bekanntestes Buch, Mischung aus Stolz und Nostalgie, Dokument aus einer verschollenen Epoche der Sicherheit, die sich als Illusion herausstellte.

»Die Welt von Gestern« erschien 1944 in Stockholm. Zwei Jahre zuvor beging Zweig Selbstmord, gemeinsam mit seiner zweiten Frau. Brasilien war eine lateinamerikanische Diktatur. Sie bereitete ihm – dankbar für seine Bücher mit einschlägigen Themen (»Magellan«, »Brasilien«, »Amerigo«) ein Staatsbegräbnis.

Die alte Monarchie

Wenn ich versuche, für die Zeit vor dem Ersten Weltkrieg, in der ich aufgewachsen bin, eine handliche Formel zu finden, so hoffe ich am prägnantesten zu sein, wenn ich sage: es war das goldene Zeitalter der Sicherheit. Alles in unserer fast tausendjährigen Monarchie schien auf Dauer gegründet und der Staat selbst der oberste Garant der Beständigkeit ... Alles stand in diesem weiten Reich fest und unverrückbar an seiner Stelle und an der höchsten greise Kaiser; aber sollt er sterben, so wusste man (oder meinte man), würde ein anderer kommen und nichts sich ändern in der wohlberechneten Ordnung. Niemand glaubte an Kriege, Revolutionen, Umstürze. Alles Radikale, alles Gewaltsame schien bereits unmöglich in einem Zeitalter der Vernunft.

Erste Republik

... Österreichs geheimste, typisch österreichische Kraft: seine eingeborene Konzilianz. Denn die beiden größten Parteien, die sozialdemokratische und die christlichsoziale verbanden sich in dieser schwersten Stunde trotz ihrem tiefinnerlichen Gegensatz zu gemeinsamer Regierung. Jede machte der anderen Konzessionen, um eine Katastrophe zu verhindern, die ganz Europa mit sich gerissen hätte. Langsam begannen sich die Verhältnisse zu ordnen, und zu unserem eigenen Erstaunen ereignete sich das Unglaubhafte: dieser verstümmelte Staat bestand fort und war sogar später willens, seine Unabhängigkeit zu verteidigen, als Hitler kam, diesem opferwilligen, treuen und in Entbehrungen großartig tapferen Volke seine Seele zu nehmen.

Bildnachweis

Grapische Sammlung Albertina, Wien: 89, 264, 273, 315
Alekto Verlag, Klagenfurt: 228
ARGE/Grundlsee: 197
Benedikt Taschenverlag, Köln: 183
Bibliothek der Provinz: 137
Bildarchiv der Österreichischen Nationalbibliothek: 14, 23, 26, 35, 42, 45, 57, 60, 66, 74, 84, 94, 97, 100, 109, 115, 118, 121, 134, 146, 152, 155, 161, 164, 167, 170, 173, 176, 185, 191, 206, 209, 215, 218, 221, 234, 240, 243, 247, 253, 256, 259, 266, 269, 272, 278, 284, 287, 293, 302, 308, 314, 319, 326, 329, 332, 335, 338, 347, 351
Wilfried Daim: 33, 64, 81, 104, 150, 207, 229, 244, 275, 276
edition Atelier, Wien: 194
Europa Verlag, Wien: 143
Fischer Taschenbuch/Frankfurt am Main: 237
Paul Flora: 204
Galerie und Auktionshaus Hassfurther: 24, 49, 52, 55, 71, 92, 122, 135, 138, 141, 162, 168, 195, 219, 248, 288, 333, 348
Gössl, Grundlsee: 198
Sabine Hauswirth: 20, 29, 54, 77, 80, 125, 140, 200, 212, 231, 281, 290, 316
Historisches Museum der Stadt Wien: 11, 182, 186, 222, 254, 282, 317
Holenia-Gesellschaft: 179
Holle-Verlag: 226
P. Hubmann/Yvonne Weiler: 323
J. Karl, Entscheid: 106
Klett-Cotta/Lutz Möhring, Hamburg: 17
Karin Kramer Verlag, Berlin: 103, 267
Ernst Krenek Institut/www.kenek.com: 158
Georg Markus: 88
Isolde Ohlbaum: 38
Literaturverlag Droschl, Graz: 51, 63, 131, 263
Museum Moderner Kunst, Stiftung Ludwig, Wien: 132, 213
Neue Galerie der Stadt Linz: 339
Oberösterreichisches Landesmuseum, Linz: 180, 297
Österreichische Galerie, Belvedere, Wien: 36
Österreichische Gesellschaft für Literatur: 48
Österreichische Nationalbibliothek, Kartensammlung, Wien: 85
Peter Peitsch, Hamburg/peitschphoto.com: 70, 91, 128, 149, 203, 250, 305, 311
Privatbesitz: 129, 188, 201, 225, 135, 235, 238, 251, 279, 285, 291, 294, 296, 299, 300, 320
Residenz Verlag: 112
Salzburger Landessammlung Rupertinum: 189
Sammlung Dichand, Wien: 12, 18, 21, 39, 43, 58, 61, 67, 75, 95, 110, 144, 147, 156, 165, 192, 232, 257, 342, 345
Sammlung Essl, Klosterneuburg: 113, 126, 241, 327
Sammlung Leopold, Wien: 15, 27, 46, 98, 101, 107, 116, 119, 153, 159, 171, 174, 177, 210, 216, 260, 270, 303, 306, 309, 312, 336, 352
Sammlung, Rudolf Schmutz, Wien: 330

Erika Schmied/Residenz Verlag: 32
Wieland Schmied/Prestel Verlag: 30, 78
Suhrkamp Taschenbuch: 344
Tiroler Landesmuseum Ferdinandeum, Innsbruck: 341
VBK: 324

Der Herausgeber dankt allen Rechteinhabern für die Abdruckgenehmigung.

Personenregister